北京大学考古学丛书

杨哲峰 著

歷史時期考古研究

上海古籍出版社

自　序

本书是继 2022 年出版《汉唐陶瓷考古初学集》之后，将自己有关历史时期陵墓、量制、美术、边疆与民族以及研究方法等问题的思考汇集而成，内容虽以两汉时期为主，但部分文章涵盖的时间范围早到春秋、晚至元朝，故以"历史时期考古研究"名之。责任编辑缪丹女士对于文章的选排、分组、小标题的命名以及插图设计等都提供了很好的建议，在具体的文字编辑、校对方面更是付出了辛勤的劳动。可以说，本书目前呈现在大家面前的面貌，是与她的努力分不开的。这是需要特别感谢的！当然，若具体内容上还存在什么问题，则是我的责任。

书中收录的文章，大致分为五个小组，可以说是概括了自己在陶瓷考古之外所关注的几个主要研究方向。既然是自序，对于部分文章的写作情况，觉得还是有必要简要说明一下。

第一组主要是与陵墓研究相关，收录了 14 篇文章，是各组中篇数最多的。就历史时期考古的研究对象而言，本来墓葬材料就占据了绝大多数。其实不止历史时期考古，就连史前考古中文化的界定、编年框架的构建等也离不开大量同时期的墓葬材料。可以说，对于不同时期各类墓葬的研究是考古学研究中不可或缺的基础性工作。在北大求学过程中，我个人的学习兴趣虽然也曾多次转移，但幸运的是，保送研究生之后，在导师宿白先生的指导下，基本上没有离开考古学基础研究这一主题。从学士学位论文到硕士学位论文，再到博士学位论文，几乎都是围绕汉代的墓葬研究展开的。本书中收录的就包括了自己的硕士学位论文《曲村秦汉墓葬分期》，还有围绕博士学位论文的写作进行的一些专题研究，如《关中汉代空心砖墓》《秦汉时期的"洞室木椁墓"》等，还有对博士论文进行总结的《汉墓结构的时代特征》。一些曾发表在《中国文物报》上的文章,原先受版面限制,在注释和插图方面均有所简省。这次收入本书,大都进行了适当的补充。

为了参加2007年11月在洛阳召开的"汉魏陵墓制度研究"学术研讨会,曾对两汉帝陵的研究状况以及相关的历史文献资料进行了一次集中整理,结果发现了一些以前被忽略的问题。有关东汉帝陵陵位考证中对于"懿陵"重要性的忽视便是其中之一。原本提交的会议论文是关于洛阳地区两汉墓葬中"多人葬"的统计分析,到会议发言时,改为以"懿陵"为题阐述自己的相关看法,认为懿陵原本也应该是为东汉桓帝帝后合葬设计的,由于政治斗争的原因,在下葬了桓帝梁皇后之后,桓帝对懿陵进行了"追废",然后又兴建了新的帝陵——宣陵。因此,在进行东汉帝陵研究时也应将懿陵纳入视野。回京后,将发言稿整理后发给了《中国文物报》。在随后的一次学术会议上,黄展岳先生见到我就说"懿陵"这篇文章写得很好,使我备受鼓舞。后来这篇有关"懿陵"的文章和之前提交会议的有关"多人葬"的文章都被一并收入《洛阳汉魏陵墓研究论文集》[1]中。为了更好地探讨东汉帝陵的陵位问题,当时还撰写了《东汉时期的"追尊陵"》一文草稿,搁置了数年后才重新整理发表。

也就是在2007年秋冬时节,我注意到新发布的Googleearth卫星地图,发现坐在电脑前就能清晰地看到汉代帝陵的分布格局,并且还可以进行接近实地的测绘。于是就利用Googleearth卫星地图对西汉帝陵进行了一次网上测绘,发现长陵陵园内东西二陵的分布呈现平行错位的特征,而安陵、长陵的陵园及陵邑分布格局又存在着同样的系统偏差,感觉相关现象不是仅有那条"以汉长安城为中心的西汉南北向超长建筑基线"[2]就可以解释的。在全面考察渭水以北其他西汉帝陵的分布状况之后,进而发现咸阳塬上的西汉帝陵分布原来还存在着一条东北—西南走向的设计基线!同时,在梳理历史文献的过程中,还发现东渭桥、西渭桥的修建与阳陵、茂陵的密切关联,对于文献记载的西汉帝陵距离都城长安的间距也就有了新的解

[1] 洛阳市第二文物工作队《洛阳汉魏陵墓研究论文集》,文物出版社,2009年。
[2] 参见秦建明、张在明、杨政《陕西发现以汉长安城为中心的西汉南北向超长建筑基线》,《文物》1995年3期。

读。于是撰写了《渭北西汉帝陵布局设计之观察》《渭河三桥与渭北西汉陵区的形成》这两篇文章。

第二组收录的4篇有关量制的文章,其实最早是由整理汉代铜器铭文引发的。当时在整理过程中发现:汉代的大多数铜器如铜鼎、铜壶上刻写的容量标识都有奇零,数字之间显得杂乱无章;而自称"锺"的铜器,铭文标识的容量非常有规律,且器形特征都非常一致,尽管实际的器物尺寸仍存在一定的差异。为了解决心中的疑惑,便将有容量标识的铜锺资料进行了整理,同时也对与容量单位"锺"相关的历史文献记载进行了系统梳理和考察,结果发现了一系列问题,这才有相关文章的写作。记得我将《汉代铜锺与量制演变之关系新探》一文作为在职博士学习的作业交给宿白先生大约一年后,有一天去先生家聊天,先生突然提起这篇稿子,说如果还没有发表的话,就放到先生八十大寿的纪念文集中吧。我听后顿感受宠若惊。据说那部纪念文集收录的稿子都是由宿先生指定撰写并亲自审阅通过的,有不少稿件还被打回修改过,而我的这篇旧作业,先生竟然没有说要修改就直接纳入文集中了。

第三组收录的有关民族与边疆的6篇文章,除了《关于〈前帝国时期中国北方边疆〉的几个问题》一文实际上是选修林梅村老师的"丝绸之路与中外文化交流"课的课程作业以外,其余都与自己承担的一门研究生课程有关。在2000年春季,我按照事先的教学安排给本院的研究生新开设了一门专题课,当时的课程名称叫做"汉唐周边地区考古研究专题",是2学分的必修课,也是我留校工作10年后第一次开设专业课程。一年后改名"汉唐边疆考古",上调为3学分的课程。在那之前,北大除了中西文化交流之外,并无类似边疆考古课程,而当时国内高校所开设的同类课程中又通常是将东北及北方、西南及东南分别讲授的,似乎还没有谁将汉唐周边地区的考古资料作为一个整体纳入同一门课程之中。这门课的难度之大,可想而知。开设这门课对于我这样缺乏相应学术基础的人来说,如同之前讲授"中国历史文选(下)"和稍后的"汉至清历史文献""中国历史文献"课一样，基本上都是"赶鸭子上架"类型。我在备课时只能从零开始，边整理汉唐周边的考古资料，边熟悉汉唐周边民族史的研究进展，故撰写了几篇研究综述和个别与边疆历史相关的文献考证。其中以文献考证为主的文章之前未曾发表，此次也收入书中，聊以充数。尽管多年来，这门边疆考古课一直坚持下来了，并不断更新完善，以自己可怜的基础，也只是尽量做到对相关发现进行较全面的总结介绍而已，并无能力进行更深入的研究，想来甚觉汗颜。还好，从这门课走出去的学生，有不少已在边疆考古方面取得了卓越的成绩，这让我觉得自己的努力还是值得的。

第四组收录的5篇文章，内容相关，写作原因却不尽相同。

记得刚读研时，曾一度对美术考古颇感兴趣，导师宿白先生建议我去听听中文系的古代文学史课。当时古代文学史课堂上只有我一位外系的研究生选课旁听，授课的孙静老师问了我选课的缘由后，说可以不参加他们本科班的期末考试，但要求我写一篇作业，内容就是谈古代文学与考古研究的关系。于是我就在课余时间查阅资料，翻阅有关文献，最终完成了一篇作业《古代诗赋与考古学研究例说》。30多年过去了，文中提及的一些基本的想法至今未曾改变。尽管次年前往山东考察汉画像石归来，发现实在没有经费支撑相关的研究，但对美术考古的兴趣并未完全放弃。后来又写了一篇作业《略谈七贤壁画与七贤名称的排列》，提出南朝墓葬中七贤壁画所依据的东晋粉本应是以王戎为首的认识。那时作为研究生要经常去宿白先生家，每次去总得汇报点学习心得或收获，便将稿子带到先生书房，交给宿先生。先生看过后只说了一句："算你一家之说吧"，然后就将稿子放在书桌上了。数年后的1994年，当我自己都快忘记那篇作业时，有一天在校园东门附近遇见苏哲师兄，他叫住我，然后从包里拿出我的"七贤"稿子递给我，让我工整地誊抄一遍，说是宿先生吩咐了，将放在《考古学研究》上发表。于是，该文也就成了我在正式学术刊物上发表的第一篇论文，尽管不是我自己投的稿。

当年，中央电视台和北京大学商议合作拍摄《中华文明之光》系列片，刚开始分给我"汉代百戏"和"秦砖汉瓦"两个项目，后来只拍了《汉代百戏》一集，相关的稿件也被结集出版了[1]。这次收录时,增补了一些必要的插图。

那个年代,大家的工资收入都较低,出版社的编辑也在到处联系稿源,即便是在北大,也有一些青年教师参与了编书、译书之类,希望赚取微薄的稿费贴补家用。我也应邀与社科院考古所的杜金鹏君、焦天龙君合作,编写了《中国古代酒具》[2]一书。正是因为对古代酒具的关注,后来看见新报道的陕西蒲城元代壁画墓资料,才写了《从蒲城元墓壁画看元代匜的用途》一文。

第五组收录的文章内容较杂。其中关于考古报告的定位以及汉墓分类、汉墓研究的区域选择等都是自己在撰写博士毕业论文的过程中所关注的问题。至于《考古资料报道中的普遍性与特殊性》一文,原本是关于考古报告《鲁中南汉墓》[3]的读书札记,通过对该报告的墓葬资料进行统计后,竟然发现"实际发现数量越多的墓葬类型反而会在考古报告中看到的例证相对越少,而发现数量较少的一些特殊墓葬类型往往会在报告中展现得更为充分"。觉得对普遍性的"淡化"和对特殊性的"突出"这一现象在传统的列举式考古报告中普遍存在,这也是中国考古学界对类型学误用的一个典型例子,应引起高度重视,故改题今名。

原题《汉代的"大河郡"与"大河五"铁斧》一文,是在讲授"汉唐边疆考古"课的过程中,发现李京华先生在释读朝鲜平壤附近出土汉代铁斧上的"大河五"铭文时,没有注意到汉代"大河郡"的存在却采用了否定的论述,认为《汉书·地理志》中"没有以'大河'二字命名的郡县名",以致考释出现了明显的失误[4],故撰文改正。现改题为《慎说"无"——汉代的"大河五"铁斧》,以示对采用否定论述方式的一点警醒。

以上啰啰嗦嗦讲了本书中所收录部分文章的写作经过或相关题目变更的原

---

[1] 载《中华文明之光》第一辑,北京大学出版社,1999年。
[2] 杜金鹏、焦天龙、杨哲峰《中国古代酒具》,上海文化出版社,1995年。
[3] 山东省文物考古研究所《鲁中南汉墓》,文物出版社,2009年。
[4] 参见李京华《朝鲜平壤出土"大河五"铁斧》,《中原文物》2001年2期。

因。原本自己的专业训练几乎都是围绕着汉代考古(尤其是陵墓考古)展开的。不过留校以来,因为教学工作或研究项目的需要,或者别的原因,又撰写了一些其他内容的文章,但大致不出"历史时期考古"的范畴。严格来说,书中收录的不少文章,其写作并不是出于什么严谨的个人学术发展规划,而是出于教师的责任感,为了把课讲好而不得不为。或许这就是大学教师的使命所在吧。

之前,在《汉唐陶瓷考古初学集》的"后记"中,曾大致回顾了自己求学的部分经历以及如何关注陶瓷考古的历程,也介绍了自己在准备本科生课程"中国历史文选(下)"的过程中,曾利用到乡下"锻炼"的机会推算公元纪年与干支纪年之间相互换算方法一事。毕竟自认为相关换算方法在历史时期考古(尤其是野外考古调查)中也是非常有用的工具,这次就将补充后的相关稿件纳入本书中,附在了书末,也算是对那段孤寂时光的一点纪念。

是为序。

杨哲峰

2023年9月21日初稿,11月21日修订

目 录

自　　序 / 1

壹　陵与墓

1. 渭北西汉帝陵布局设计 / 3
2. 渭河三桥与渭北西汉陵区的形成 / 17
3. 从陵到冢
    ——关于东汉"懿陵"的思考 / 21
4. 东汉时期的"追尊陵" / 27
5. 汉墓结构的时代特征 / 39
6. 汉代的"整木棺"现象 / 43
7. 秦汉时期的"洞室木椁墓" / 49
8. 关中汉代空心砖墓 / 55
9. 曲村秦汉墓葬分期 / 63
10. 关于洛阳金谷园汉墓IM337的年代
    ——兼论洛阳地区出土的南方釉陶 / 103
11. 洛阳汉墓所见"多人葬"
    ——以烧沟和西郊墓群为中心 / 109
12. 江东"楚式墓"的发现与研究 / 125

13　北魏墓葬考古五十年 / 143

14　北魏宋绍祖墓的形制问题 / 149

贰　量制

15　关于齐国量制中的进位问题 / 155

16　两汉之际的"十斗"与"石""斛" / 163

17　汉代铜锤略说 / 169

18　汉代铜锤与量制演变之关系 / 175

叁　民族与边疆

19　秦汉时期周边地区的少数民族 / 191

20　西南地区的"大石墓" / 209

21　西南地区"石棺葬" / 219

22　Stone Sarcophagus 与"石棺葬" / 231

23　关于《前帝国时期中国北方边疆》的几个问题 / 235

24　"马城"与"马邑"
　　——关于田豫被鲜卑围困事件的再认识 / 241

肆　伎与艺

25　汉代百戏 / 253

26　关于洛阳三座汉壁画墓的年代序列 / 267

27 略谈七贤壁画与七贤名次 / 275

28 从蒲城元墓壁画看元代匜的用途 / 283

29 古代诗赋与考古学研究例说 / 289

伍 理论方法与纵论

30 考古报告的定位与生命力
　　——关于报告"过时"问题的思考 / 297

31 考古资料报道中的普遍性与特殊性 / 301

32 汉墓分类 / 313

33 汉墓研究的区域选择 / 319

34 慎说"无"
　　——汉代的"大河五"铁斧 / 323

35 消失的过程
　　——两汉的贸易活动 / 325

36 公元与干支纪年相互换算的新方法 / 337

图表索引 / 346

壹

陵与墓

渭北西汉帝陵布局设计

渭河三桥与渭北西汉陵区的形成

从陵到冢
——关于东汉"懿陵"的思考

东汉时期的"追尊陵"

汉墓结构的时代特征

汉代的"整木棺"现象

秦汉时期的"洞室木椁墓"

关中汉代空心砖墓

曲村秦汉墓葬分期

关于洛阳金谷园汉墓 IM337 的年代
——兼论洛阳地区出土的南方釉陶

洛阳汉墓所见"多人葬"
——以烧沟和西郊墓群为中心

江东"楚式墓"的发现与研究

北魏墓葬考古五十年

北魏宋绍祖墓的形制问题

1
渭北西汉帝陵布局设计

关于西汉帝陵的布局问题,已有不少学者进行了多方面的探索。然从已发表的关于西汉帝陵分布格局的研究来看,或许是因为焦点集中于昭穆制度的存在与否,尽管大家都注意到渭北西汉诸陵大致呈东北—西南走向线状分布,但很少有人利用地理坐标去观察诸陵的位置关系,也很少有人将帝陵封土、陵园的形制和方位与其所处的地理位置结合起来,去分析相互之间的关联性及其隐含的布局设计问题。鉴于此,笔者结合已有的西汉帝陵的遗迹分布图和相关数据,并通过现在的电子地图尤其是 Googleearth 所提供的地理信息[1],对渭北西汉诸陵的布局设计问题进行初步考察。现将所获认识汇报如下,以求抛砖引玉。

一

为了行文方便,先按地理坐标的经度自西向东将渭北西汉诸陵的相关信息列表如下(表1-1)。

需要说明的有以下四点:

1. 关于渭北咸阳塬上西汉诸陵的位置,本文采用20世纪70年代以来最流行的说法,即由西向东依次为:武帝茂陵—昭帝平陵—成帝延陵—平帝康陵—元帝渭陵—哀帝义陵—惠帝安陵—高祖长陵—景帝阳陵。这一顺序和《水经注》所载成国故渠自西向东流经的西汉帝陵顺序相同[2]。其中,武帝李夫人陵、元帝王皇

---

[1] 关于 Googleearth 提供的地理信息,均来源于网址:www.googleearth.com.cn。
[2] 李健超《成国渠及沿线历史地理初探》,《西北大学学报》1977年1期;杜葆仁《西汉诸陵位置考》,《考古与文物》1980年1期;刘庆柱、李毓芳《西汉诸陵调查与研究》,《文物资料丛刊》第6辑,文物出版社,1982年。

表1-1 渭北西汉帝陵相关信息表

陵　　名	年代序列	东　经	北　纬	封土方位偏差	距上一陵间距
茂陵	5	108°34′12″	34°20′18″	明显北偏西	
平陵西陵	6	108°37′49″	34°21′47″	同上	6 211 米
平陵东陵	6	108°38′24″	34°21′42″	同上	889 米
延陵	9	108°41′53″	34°22′30″	同上	5 534 米
康陵	11	108°42′45″	34°23′53″	接近正方向	2 868 米
元帝王皇后陵	8	108°44′03″	34°23′36″	同上	2 052 米
渭陵	8	108°44′21″	34°23′26″	同上	568 米
义陵	10	108°45′53″	34°24′03″	同上	2 614 米
惠帝张皇后陵	2	108°50′14″	34°25′23″	明显北偏西	7 089 米
安陵	2	108°50′30″	34°25′23″	明显北偏西	401 米
长陵西陵	1	108°52′35″	34°26′05″	北偏西 12°—13°	3 467 米
长陵东陵	1	108°52′52″	34°26′02″	北偏西 14°—16°	431 米
阳陵	4	108°56′27″	34°26′38″	正方向	5 588 米
景帝王皇后陵	4	108°56′51″	34°26′47″	正方向	670 米

后陵、惠帝张皇后陵的位置均在相应帝陵的西北方向,属于"帝东后西"之制;而景帝王皇后陵在阳陵的东北方向,属于"帝西后东"之制;但平陵、长陵的帝后陵孰东孰西,学界尚未达成共识,故表1-1暂称东、西陵以示区别。至于延陵、义陵、康陵附近的后妃墓葬,文献记载不明确,目前争议也较大[1],加上缺乏新的考古调查证据,故本文暂从略。

2. 关于西汉诸陵的年代序列,本文从规划设计角度出发,是以帝陵为主线的。至于那些与帝陵异穴合葬或者陪葬在帝陵周围的后妃陵墓,尽管实际的埋葬时间有先有后,表1-1仍按与帝陵并列处理。同时,在序列编排上,表1-1是将西汉的

---

[1] 王建新《西汉后四陵名位考察》,《古代文明》第2卷,文物出版社,2003年。

11座帝陵统一纳入考虑的,因文帝霸陵(年代序列3)和宣帝杜陵(年代序列7)不在渭北陵区,故表1-1没有列入。

3. 关于各陵的经纬度,由于以往的考古调查报告很少发表相关的信息,本文均以googleearth电子地图所显示的帝、后陵墓封土顶部正中位置的数据为准。不过,因分辨率的大小差异以及选择的中心点的具体位置略有不同而导致所读取数据会出现细微的变化。尽管如此,通过与新发表的长陵、阳陵的GPS实地勘测结果进行对比,我们发现,只有极细微的差异[1]。这说明,通过Googleearth电子地图读取的诸陵的地理坐标是完全可信的。考虑到本文主要讨论的是西汉帝陵的布局设计问题,故表中的经纬度只精确到秒的整数,对于小数点后的数字均进行了舍入。另外,本文所说的陵与陵之间的间距也都是指通过Googleearth电子地图所读取的各陵封土顶部中心位置之间的直线距离。因为可能存在细微的误差,所有数据也只精确到米的整数。

4. 关于各陵封土的方位偏差,1982年,有学者发表了西汉诸陵的实测方向数据[2],但并未说明测量方向的依据。现在通过卫星照片可以看出,如果原来所说的"方向"是指帝、后陵封土的方位偏差,那么有一些数据与实际明显不符。新公布的长陵东、西陵的方位偏差,也与原来测定的方向出入较大[3]。故本文表1-1除了采纳新发表的长陵、阳陵数据外,其余的暂时依据卫星照片所见,列出大致的方位偏差,精确的角度还有待于将来进行地面实测。

从表1-1可以看出,就渭北西汉诸陵的地理坐标来看,除最后葬入的平帝康

---

[1] 有关长陵、阳陵的地面勘测数据,参见:陕西省考古研究所《西汉长陵、阳陵GPS测量简报》,《考古与文物》2006年6期。其中长陵帝陵(简报指西陵)封土顶部中心(文中又称"顶部的最高处")的坐标为N 34°26′05.12133″、E 108°52′36.01625″;后陵(简报指东陵)封土顶部中心的坐标为N 34°26′01.92780″、E 108°52′52.57796″;阳陵帝陵封土顶部中心的坐标为N 34°26′38.97327″、E 108°56′26.80329″;景帝王皇后陵封土顶部中心的坐标为N 34°26′47.02044″、E 108°56′50.85018″。与笔者通过Googleearth读取的数据对比,误差均不超过1″。
[2] 刘庆柱、李毓芳《西汉诸陵调查与研究》,《文物资料丛刊》第6辑,文物出版社,1982年。
[3] 在《西汉诸陵调查与研究》一文中,称长陵东西陵的方向均为北偏西2°30′,但新的GPS测量数据显示长陵帝后陵的方位偏差均在12°以上,参见陕西省考古研究所《西汉长陵、阳陵GPS测量简报》,《考古与文物》2006年6期。

陵的纬度大于其东边的元帝渭陵、位置明显偏北[1]以外,其余8座西汉帝陵的纬度按自西向东的顺序,呈现逐渐递增的趋势。其中,从茂陵到平陵、从平陵到延陵、从延陵到渭陵、从渭陵到义陵、从义陵到安陵、从安陵到长陵的纬度递增幅度基本上都在35″到1′30″左右。属于合葬的帝、后陵(如平陵东西陵、长陵东西陵等)在纬度上的差距一般只有3″至5″,差距较大的元帝王皇后陵与渭陵之间也只有10″;差距最小的是惠帝张皇后陵与惠帝安陵,仅有0.34″。除康陵外的其余8陵,相邻的两座帝陵在经度上的差距通常也都在1′30″至3′30″左右,最多不超过4′40″,从而构成一条布局相对较匀称的、大致呈西南—东北(或东北—西南)走向的西汉帝、后陵分布带(图1-1)。若结合咸阳塬的地理状况,不难发现,咸阳塬上的"西汉帝陵均

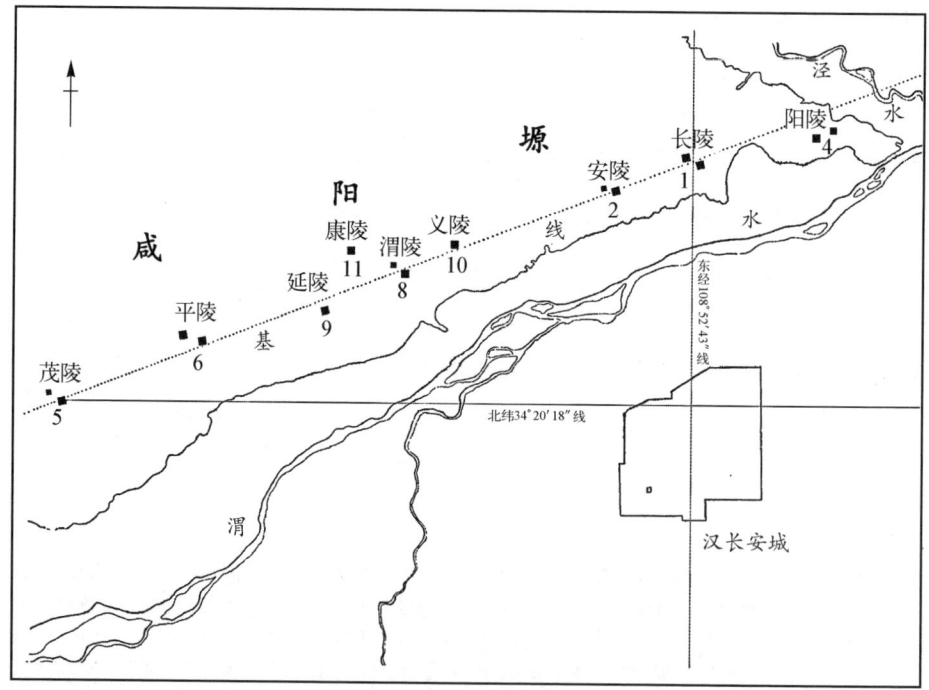

图1-1 渭北西汉帝陵的分布与基线示意图

―――――――

[1] 此处所说的康陵位置明显偏北,只是相对于其东西两侧的渭陵和延陵而言的。实际上,在"后四陵"中,康陵的纬度仍比义陵要低。

处在南部边缘地带"[1]。确切地说,是分布在靠近咸阳塬的二道塬南部边缘地带。从卫星照片上,我们能够清楚地观察到渭北西汉诸陵在咸阳塬上的具体分布情况。

二

当然,这一西汉帝、后陵分布带只是现在看到的一种最后的布局,要想弄清楚其背后是否存在某种设计,还必须结合相关的历史背景,考察其形成过程中的布局变化以及相互关系。

如果将渭北西汉诸陵按营建(或埋葬)的年代先后进行划分,似乎可以分成东、西、中三区,分别对应西汉早、中、晚三个时段。其中东区包括高祖长陵(年代序列1)、惠帝安陵(年代序列2)和景帝阳陵(年代序列4),西区包括武帝茂陵(年代序列5)和昭帝平陵(年代序列6)。中区是所谓"后四陵"分布区,包括元帝渭陵(年代序列8)、成帝延陵(年代序列9)、哀帝义陵(年代序列10)和平帝康陵(年代序列11)(参见图1-1)。从各区陵墓在埋葬早晚上的空间变化来看,似乎显得杂乱无章。但从布局设计的角度来看,却存在着许多值得注意的现象。

其中最为引人注目的就是最早在咸阳塬上营建的两座西汉帝陵——长陵和安陵,均位于汉长安城的正北面,不仅封土形制都是东西长大于南北宽的长方形[2],而且还都明显偏离正方向(参见图1-2、图1-3)。近年,通过GPS系统对长陵的实地勘测得知,其西陵的方位偏差为北偏西12°—13°,东陵为北偏西14°—16°。更为重要的是,作为帝后同茔不同陵的异穴合葬,环绕帝后陵封土的边长约780米的方形陵园也呈现出和帝后陵封土大致相同的方位偏差——明显偏向西北(参见图1-4)。

---

[1] 陕西省考古研究所《西汉长陵、阳陵GPS测量简报》,《考古与文物》2006年6期。
[2] 关于长陵东西陵、安陵的封土底部尺寸,依据早年刘庆柱和李毓芳先生的实测,分别为:长陵西陵东西长153、南北宽135米,长陵东陵东西长150、南北宽130米,安陵东西长170、南北宽140米,参见《西汉诸陵调查与研究》一文。最近采用GPS测量的长陵东西陵的数据精度明显提高,分别是:长陵西陵封土底部各边长为东126.415、南160.069、西129.421、北159.384米,长陵东陵封土底部各边长为东125.377、南155.871、西124.018、北150.940米,参见陕西省考古研究所《西汉长陵、阳陵GPS测量简报》,《考古与文物》2006年6期。

图1-2 长陵东、西陵卫星照片
（来源：Googleearth，图片为正方向）

图1-3 安陵卫星照片（西北侧小冢为惠帝张皇后陵）
（来源：Googleearth，图片为正方向）

至于长陵以西的安陵，最近的调查发掘表明，其陵园东西长940米、南北宽840米，形制和方位也都与偏于陵园东南的惠帝安陵封土一致，而且惠帝张皇后陵也正好与惠帝安陵位于同一陵园内，帝、后陵大致呈东南—西北的错位分布（参见图1-3）[1]。

---

[1] 陕西省考古研究所《西汉安陵调查简报》，《考古与文物》2002年4期。按：该简报中未见（转下页）

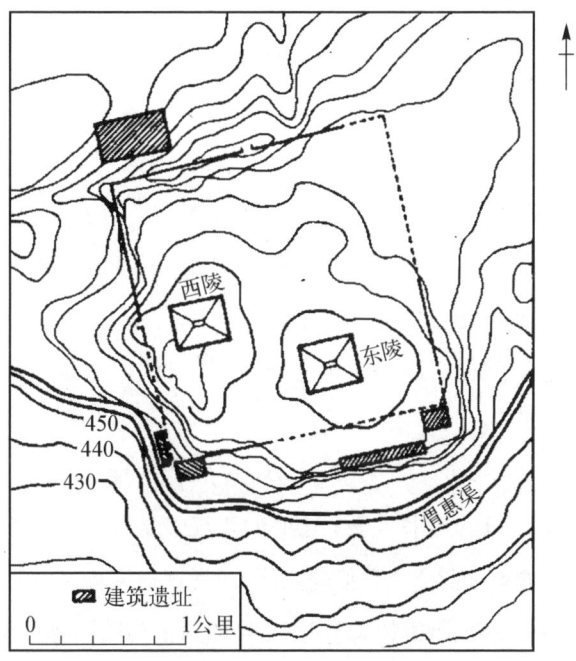

图 1-4 长陵陵园平面图

（来源：《考古与文物》2006 年 6 期）

据文献记载，长陵和安陵还都设有陵邑。经考古调查发现，其陵邑均位于陵园之北，且陵邑的南墙均与陵园的北墙重合。由此可见，两者的方位偏差也应大体一致。这种属于"合葬"的帝、后陵在封土、陵园乃至陵邑的方位偏差上的共性，表明当初在设计上很可能就是一体的。

长陵、安陵以西的西汉诸陵中，武帝茂陵的营建时间最早，也是渭北西汉帝陵

（接上页）公布安陵的封土以及陵园的实测方位，发表的安陵陵邑、陵园平面示意图中还把陵园的方位标错了。依据早年的勘查资料，惠帝张皇后陵封土东距安陵封土 269 米，为"夯土筑造，高 8、底部东西长 70、南北宽 63 米。坟顶方形，边长 28 米"。尤为重要的是其"封土南底边与安陵封土北底边成一直线"，说明两者的方位偏差应是一致的。参见：咸阳市博物馆《汉安陵的勘查及其陪葬墓中的彩绘陶俑》，《考古》1981 年 5 期。有关孝惠张皇后陵的讨论还可参见：孙铁山《关于西汉安陵的新发现》，《考古与文物》2002 年 4 期。至于长陵陵园中的东、西两座陵墓，谁是高祖陵、谁是吕后陵，学界一直存在完全相反的意见。如果东陵埋葬的是汉高祖刘邦的话，帝后陵格局就和安陵一致了。有关讨论参见岳起、刘卫鹏《由平陵建制谈西汉帝陵制度的几个问题》，《考古与文物》2007 年 5 期。

中位于最西端、封土规模最大的。据历史文献记载，汉武帝继位后不久便开始营建寿陵，设置了茂陵邑，还在渭水上建造了连接茂陵与都城长安的大桥——"便门桥"，又称"便桥"[1]。可是，汉武帝将寿陵确定在长陵西南约30公里[2]的汉长安城的西方，其选址的依据是什么？从对茂陵的调查、钻探资料得知，帝陵的封土形制与长陵、安陵相比，已经发生了明显变化，实测其封土底边东长236、西长228、南长224、北长226米。尽管如此，茂陵帝陵封土及其周围的近正方形的陵园却仍保留着明显的北偏西的方位偏差，只是角度略小一些（参见图1-5）。茂陵邑虽然位于陵园的东北方向，其方位偏差也与茂陵封土及陵园大致相同[3]。

　　关于咸阳塬上第一座西汉陵——长陵位置的特殊性，学者们早已有所注意。曾有学者指出，长陵位于以汉长安城为中心的西汉南北超长建筑基线上[4]。但对于长陵为什么方位偏差如此之大且偏向西北，却一直未见有合理的解答。按常理，既然汉武帝的父亲——景帝阳陵（年代序列4）的封土与陵园等都已改为按正方向布局，且在陵园规划上形成了新的模式[5]，为何汉武帝自己的寿陵要作如此设计

---

[1] 据《汉书·武帝纪》，汉武帝在继位后的次年（即建元二年），便"初置茂陵邑"，开始了茂陵的规划营建；至建元三年，还"赐徙茂陵者户钱二十万，田二顷"，同时"初作便门桥"，兴建连接茂陵和长安城的渭河大桥。

[2] 笔者通过Googleearth电子地图读取的茂陵至长陵东、西陵的距离（指封土顶部中心位置之间的直线距离）分别为30 489米和30 130米。

[3] 咸阳市文物考古研究所《汉武帝茂陵钻探调查简报》，《考古与文物》2007年6期。文中附有较详尽的茂陵附近的遗迹分布以及钻探所获茂陵陪葬坑分布图，但遗憾的是，没有提供有关茂陵的地理坐标以及封土和陵园的方位偏差的具体数据。若依据以往的测量，茂陵的"方向"为北偏西5°，参见《西汉诸陵调查与研究》一文。

[4] 秦建明、张在明、杨政《陕西发现以汉长安城为中心的西汉南北向超长建筑基线》，《文物》1995年3期。该文公布的长陵东、西陵"中点"的地面实测地理坐标为E 108°52′42″、N 34°26′3″。而最近笔者利用Googleearth电子地图所读取的长陵东西陵之中间点，若以封土顶部中心点的连线为参照，其坐标应为E 108°52′43″、N 34°26′03″。两相比较，只在经度上有1″的出入。

[5] 在长陵和安陵之后营建于渭北的景帝阳陵，封土和陵园的形制、方位，以及帝后陵的格局均发生了明显的变化。参见：李岗《浅议汉阳陵的营建规划》，《考古与文物》2006年6期。笔者认为，由于阳陵所处地理位置的特殊性，所谓"阳陵模式"的某些方面是否仍为权宜之策，也是值得探讨的。《史记·孝景本纪》曾提及，在景帝前元四年后九月"更以弋阳为阳陵"，似乎暗示阳陵的选址曾经过调整，这对于阳陵的设计或许也会产生一定的影响。从阳陵明显偏离渭北帝陵的设计基线来看，更有可能与地处泾渭之会、受地理环境的制约有关。另外，数量众多的长陵陪葬墓向（转下页）

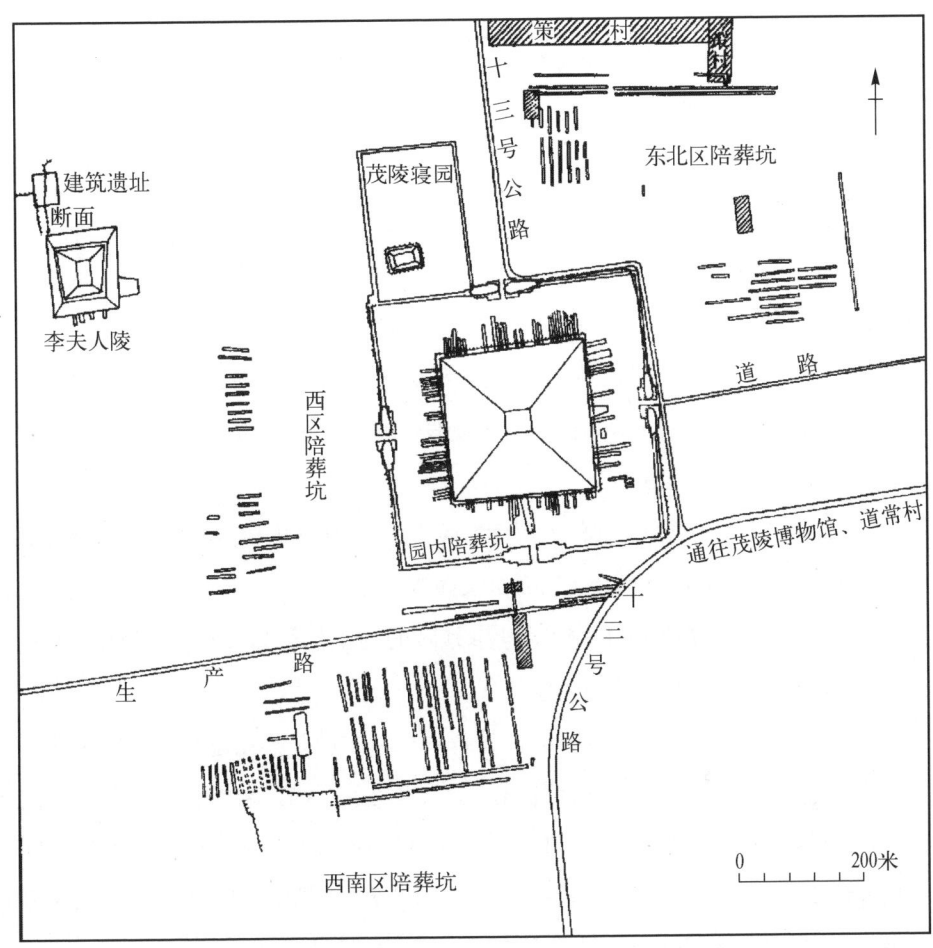

图 1-5 茂陵陵园平面图

（来源：《考古与文物》2007 年 6 期）

呢？从长陵西至茂陵一线的帝后陵的分布格局基本上都呈东南—西北走向分布来看，其背后可能存在某种设计规划，而相关陵墓的封土和陵园的方位偏差也都与这一设计有关。

为了进一步验证，笔者仔细观察了现在的高精度卫星照片，结果又发现了以下

（接上页）东偏北一直延伸到靠近泾水的断崖边（今徐家寨一带），也可能是促使阳陵向东南方向偏移并将皇后陵改设在帝陵东北方向的原因之一。

值得注意的现象:

1. 如果以长陵东、西陵之间的中间点[1]为基点,与稍晚于长陵的惠帝安陵封土顶部的中心点连接起来并向前延伸,就形成一条与南北经线相交约69°的东北—西南走向的延长线。该线在今咸阳市以东大致与现在所见的渭河河谷平行,并且紧贴着咸阳塬上的二道塬南部边缘向西延伸,正好从茂陵封土北侧穿过(参见图1-1)。

2. 如果将茂陵、安陵的封土顶部中心点连接起来并且延长,该延长线也从仅有280米间隔(平行间距不足100米)的长陵东、西陵封土之间穿过。

3. 如果再将茂陵封土顶部的中心点分别与长陵东、西二陵封土顶部的中心点进行连接,惠帝安陵的封土又恰处于两条连线之间的位置,张皇后陵则紧靠着茂陵与长陵西陵的连线之北侧。

4. 继茂陵之后在渭北营建的西汉帝后陵,除平帝康陵的位置略偏北,其余的如平陵东陵[2]、元帝渭陵、成帝延陵、哀帝义陵等均分布在上述延长线或连线上,或者在其附近不远处(参见图1-6)。其中延陵的封土仍和平陵东、西陵的封土一样,保持着明显的北偏西的方位偏差特征。

这些现象应当不是纯偶然的巧合,其背后揭示的应是一条超长距离的东北—西南走向的西汉帝陵布局设计基线的存在(参见图1-1)。若以长陵东西陵之间的中点与茂陵封土顶部正中的连线作为参考,这一设计基线与东西向纬度线之间形成大约21°的夹角。依据该基线所经过的咸阳塬南部地区的地理特征来看,其设计者应对咸阳塬的地形和地貌十分熟悉,而且,这条基线可能是经过精确测量才确定的。

值得注意的是,汉武帝时期兴修的著名的成国渠,就是利用咸阳塬上二道塬与

---

[1] 本文所说的长陵东、西陵之间的中间点是就连接长陵东、西二陵封土顶部中心位置的连线的中点而言的,具体地理坐标参见《陕西发现以汉长安城为中心的西汉南北向超长建筑基线》,《文物》1995年3期。

[2] 最近对平陵东、西二陵的钻探资料表明,东陵有可能是昭帝陵,西边的才是上官皇后陵,这与以往判断的平陵"帝西后东"格局恰恰相反。参见:咸阳市文物考古研究所《西汉昭帝平陵钻探调查简报》,岳起、刘卫鹏《由平陵建制谈西汉帝陵制度的几个问题》,均载于《考古与文物》2007年5期。现在,从平陵东陵比西陵更靠近茂陵、安陵、长陵的连线的情况来看,似乎又增加了东陵为帝陵的一个新证据。

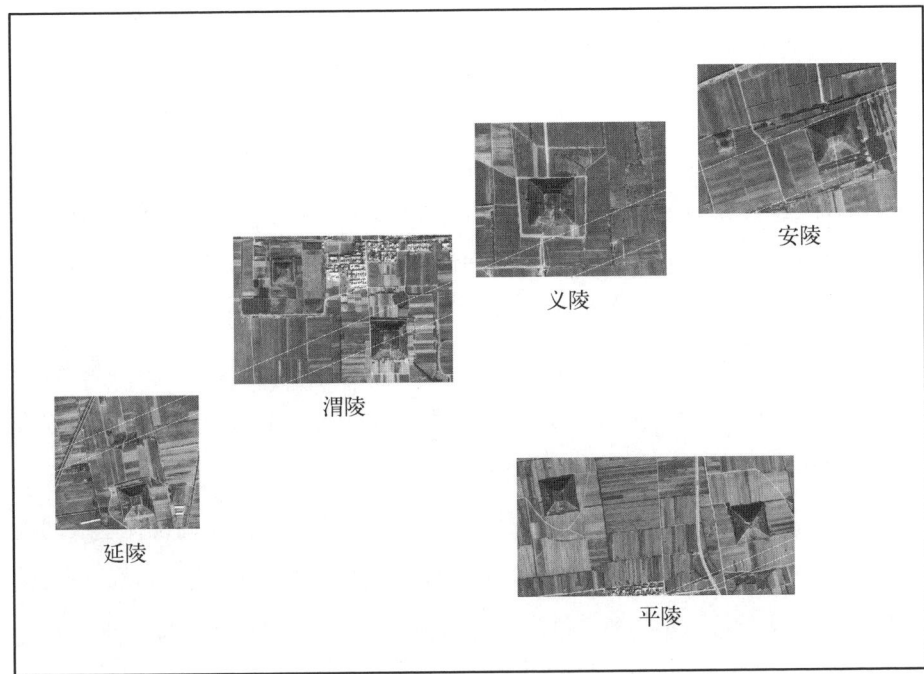

图 1-6 茂陵与长陵东、西陵的连线穿过中间诸陵时的情形

头道塬之间的过渡地带,自西向东循着等高线递减的,正好也从上述西汉帝后陵分布带的南侧经过,其比降大约为 1/3 300 至 1/2 500[1]。成国渠的成功开凿充分说明,至迟在西汉中期,对于咸阳塬地形、地貌的了解已经达到十分精准的程度。从成国渠的流向与茂陵至长陵的连线大致平行,以及贴近渭北西汉帝后陵分布带的事实推测,其兴建的真实目的之一恐怕也与解决陵区的供水以及物资(如木材)运输等不无关系[2]。事实上,汉武帝在营建茂陵的同时兴修流经渭北陵区附近的成国渠,这本身就是一个值得深思的问题,或许成国渠原本就是渭北西汉帝陵整体布局设计中的一个配套工程。

---

[1] 李健超《成国渠及沿线历史地理初探》,《西北大学学报》1977 年 1 期。
[2] 据《汉书·沟洫志》记载,成国渠的主要功能似乎是"溉田"。但这并不能排除其为满足陵区需要提供其他配套服务的可能性,更何况流经陵区的成国渠附近除了帝后陵墓以外,还分布着大量的陪葬墓群,有的陪葬墓还位于成国渠以南地势略低的区域。

三

过去我们已知道,采取同茔异穴方式合葬的西汉长陵不仅位于都城长安的正北方向,而且东、西二陵之间的中间区域还处于汉长安城安门大街的北向延长线上[1]。现在通过 Googleearth 提供的地理信息,我们又发现,茂陵实际上正位于长陵和安陵的西向延长线上,连接茂陵和安陵封土顶部中心点的延长线也正好从长陵东、西二陵之间穿过。种种迹象表明,作为西汉第一陵的长陵[2],在具体选址、帝后陵布局以及陵园方位等诸多方面都经过精心的策划,并且对以后渭北西汉帝陵的选址和布局设计产生了深远的影响。

既然茂陵位于长陵和安陵的延长线上,说明渭北西汉帝陵布局设计基线的规划时间似不应晚于安陵的营建,甚至可能在营建长陵时就已经确定。这样一来,长陵帝、后陵封土的错位布局和方位偏差也因此可以得到一种解释:即应该与穿行其间的东北—西南走向的西汉帝陵布局设计基线有关。这一设计基线的存在不仅可以从安陵的形制、布局及其与长陵的关系上得到验证,就连位于西部的武帝茂陵、昭帝平陵的帝、后陵的布局以及相关陵墓的封土与陵园的方位偏差等,可能也是出于同样的设计原理[3]。

就单座帝陵及其陵邑的营建而言,我们看到的是一种经过严密的统一规划的结果。而从整体上看,渭北西汉诸陵,从高祖长陵、惠帝安陵到武帝茂陵与昭帝平陵,在东西相隔20至30公里的情况下,帝陵封土、陵园,乃至陵邑等建筑所呈现出的"系统偏差",也应该是采用相同的设计规划的反映,而这些都与西汉初年确定

---

[1] 介于未央宫和长乐宫之间的安门大街为汉长安城内最重要的南北向大街,经地面实测,安门的地理坐标为 E 108°52′46″、N 34°17′33″,参见:秦建明、张在明、杨政《陕西发现以汉长安城为中心的西汉南北向超长建筑基线》,《文物》1995年3期。

[2] 关于西汉第一陵,或以为当属埋葬汉高祖之父的万年陵。然从严格意义上的帝陵来说,应为高祖长陵才对。本文讨论的是渭北西汉帝陵的分布格局,故暂未将太上皇的万年陵考虑在内,但并不排除长陵的设计也和万年陵之间存在某种关联的可能性。

[3] 对于同茔不同坟的西汉帝后陵而言,为了避免帝、后陵神道的交叉或被彼此的封土所阻挡,以便某些丧葬礼仪的实施,采取平行错位的布局手法应该也是一种理想的选择。

的渭北西汉帝陵的布局设计基线分不开的。

当然,要说明茂陵的选址定位,仅有前述的一条渭北帝陵布局设计基线似乎是不够的。结合茂陵的纬度位置来看,其封土顶部中心所在的北纬 34°20′18″线在今天的西安市地图上,大致从汉城乡杨善寨中部穿过,并与其东侧的凤城七路接近重合。若对比汉长安城的所在位置,该纬度线正好从汉长安城的北部经过,大致介于汉长安城内的两条东西向大街——即宣平门大街和雍门大街之间。故不排除茂陵的选址定位手法就是将汉长安城内东西向大街的西向延长线与渭北帝陵的布局设计基线相交汇的可能性[1]。若果真如此,那么,这和长陵大致位于安门大街的北向延长线上的定位手法如出一辙(参见图 1-1)。

到"后四陵"时,已经废黜了陵邑制度,除延陵以外的帝陵封土和陵园大都接近正方向。但如果从陵墓之间的间距上看,作为中区"后四陵"中最早营建的元帝渭陵,不仅也位于前述长陵、安陵、茂陵所在的设计基线上,而且还处于东、西陵区之间的正中间位置。这说明,在宣帝之后,元帝重返渭北选择陵位时,尽管出于某种原因(如辈分的考虑),想尽可能与东、西陵区拉开间距[2],但具体的定位仍应遵循了早已规划好的设计基线。否则很难想象,在安陵和平陵之间将近 20 公里的空白地带,渭陵是如何做到定位于两者中间并且能保持在同一条直线上的。

综上所述,渭北西汉诸陵在布局上应存在一条明显的设计基线,而且,这条基线应该是依据咸阳塬的地理特征、在西汉初年就已经测定了的。如果说长陵和安陵在名称上是"分别取长安城的长安二字,以示吉祥"[3],那么,由长陵、安陵的形制、布局等所揭示的渭北西汉帝陵的布局设计基线,从理论上讲是可以无限延伸的,因此所反映的也应是一种企盼"长治久安"的设计理念。

---

[1] 由于笔者尚未见到有关汉长安城宣平门和雍门的地理坐标数据,茂陵的定位究竟与哪条大街的关系更为密切,也只好留待将来进一步探讨。

[2] 笔者通过 Googleearth 电子地图读取的渭陵东至安陵的距离约为 10 064 米,而该数据也是由渭陵西至平陵东、西陵之中间位置的距离。另外,渭陵至延陵、义陵的距离分别为 4 147 米和 2 614 米,而延陵至平陵东陵的间距为 5 534 米,义陵至安陵的间距为 7 463 米。这些数据表明,元帝之后的成帝延陵和哀帝义陵,在选址上也都表现出靠近元帝渭陵、而与西边的平陵和东边的安陵尽可能拉开间距的特点。

[3] 孙铁山《关于西汉安陵的新发现》,《考古与文物》2002 年 4 期。

或许正是因为在长陵营建之初，便对未来西汉帝陵的整体布局有过通盘的设计，文献中才对包括长陵、茂陵等在内的渭北诸陵的选址原因大都略而不提，反而对离开渭北陵区的文帝、宣帝二人在寿陵选址上的考虑大书特书[1]。这种刻意强调的背后，恰说明渭北咸阳塬才是西汉王朝真正规划的陵区所在。另外，据《汉书》记载，成帝曾经对位于渭北的在建寿陵位置表示不满，以致在长安城以东另建昌陵。这也暗示出，原来在渭北的延陵选址极有可能就是依照某种预定的设计规划进行的。

　　（本文原名"渭北西汉帝陵布局设计之观察"，载《文物》2009年4期。此次重刊略有修订。）

---

[1] 参见《史记》卷一〇二《张释之传》（《汉书》卷五〇《张释之传》同）、《汉书》卷八《宣帝纪》等。

2
渭河三桥与渭北西汉陵区的形成

关于西汉帝后的丧葬,《史记》《汉书》中大都有明确的记载。11座帝陵中,除文帝霸陵、宣帝杜陵之外,其余9座均分布在渭水以北的咸阳塬上,这一点后世均无异议,而且在宋代以前有关渭北西汉诸陵的大致方位和相对位置的记载也基本一致,并留下了诸陵距离长安城远近的数据。通过分析相关记载后,笔者发现,在一些看似矛盾或费解的地方恰隐含了相关帝陵在陵位选择方面的重要信息,进而意识到西汉渭北陵区的形成实与当时渭水上的桥梁存在着紧密的关联。试略述管见,以供参考。

依据文献记载,在西汉都城长安附近的渭水上,大致从汉武帝时期开始出现三座大桥并存的格局。三座大桥中,最早修建的是介于秦都咸阳宫殿区以南与后来的汉长安城横门之间的一座,被称为"横桥",据说是秦昭王时期为了连接渭南的兴乐宫与渭北的咸阳宫而建造的,"长三百八十步""广六丈"。今人推算,该桥长宽应分别达到526米和13.8米以上,规模相当惊人,成为秦汉时期连接渭水南北的重要通道。《史记正义》引《三辅黄图》称:"秦始兼天下,都咸阳,因北陵营宫殿,则紫宫象帝宫,渭水贯都以象天漠(汉),横桥南度以法牵牛也。"(今本《三辅黄图》略同)可见,该桥本身也被纳入了秦"法天象"的宏大建筑工程体系之中。从《史记》《汉书》有关代王刘恒进京继位的记载来看,该桥在汉代又被称为"渭桥"。至于所谓"中渭桥"之称,应该是在渭河三桥的格局形成之后才出现的。

就在文帝继位之前,渭北的咸阳塬上已经安葬了两位西汉皇帝,即汉高祖刘邦葬长陵、惠帝刘盈葬安陵。后世记载这两座帝陵与长安城之间的距离分别是:长陵"去长安城三十五里"(《史记集解》引皇甫谧,《三辅黄图》同)或"在长安北四十里"(《汉书》注引臣瓒),安陵"在长安北三十五里"(《三辅黄图》以及《史记集解》

引皇甫谧、《汉书》注引臣瓒均相同）。另外，皇甫谧和《三辅黄图》还都提及安陵"去长陵十里"。按常理，既然安陵和长陵之间相距10里之遥，两者到长安的距离怎么可能都是35里呢？即使是按臣瓒的说法，由长陵到长安的距离增加为40里，与从安陵到长安之间的距离也只差5里，怎么可能是两者相距10里呢？其实，如果联系到当时跨越渭水的桥梁所在位置，这一看似矛盾的记载，就可以涣然冰释了。从《水经注》有关成国故渠自西向东"又东迳惠帝安陵南……又东迳渭城北……又东迳长陵南"的描述来看，渭城（原秦都咸阳）在安陵和长陵之间偏南的位置是很明确的。而前述当时唯一的渭河大桥就是为了连接渭水南北之间的秦宫殿而修建的，恰位于长陵和安陵之间的秦咸阳故城南侧渭水上。若从汉长安城的横门北上渭桥（横桥），当到达渭水北岸之后，就会发现，长陵和安陵实际上应分别位于这条南北向交通干线的东、西两侧。推测汉武帝划分三辅时，左冯翊与右扶风的分界很可能也与这条交通干线有关，以致后来诸陵划归三辅时，长陵属于左冯翊，而安陵属于右扶风（《汉书·地理志》）。比较后世所载渭北西汉诸陵与长安城的间距，埋葬时间较早的长陵和安陵恰是距离最近的两座，说明当时在选择陵位时应充分考虑到了交通条件，并且遵循了就近原则。如果说将长陵安排在长安城南北中轴线的延长线上具有特殊的象征意义（参见《文物》1995年3期），那么，横桥的存在无疑为其具体实施提供了便捷的交通保障。

等到景帝开始营建阳陵的时候，选址在长陵之东的泾渭之会。从陆地交通条件来说是进入了一个"死角"，于是，景帝便在渭河上新修了一座大桥。《史记·孝景本纪》载："五年三月，作阳陵、渭桥。五月，募徙阳陵，予钱二十万。"可见，景帝建桥（注意，也称"渭桥"）与营陵几乎是同时进行的。由于西汉前期在营建帝陵时往往设陵邑并大规模徙民，加上营陵所需的大量物资运送，以及为将来送葬的方便程度考虑，就阳陵所处的地理位置而言，修建连接长安城的渭桥也就显得十分必要。关于该桥的位置，史载有阙，推测应在灞水以西的阳陵南侧渭水上，与新发现的唐之"东渭桥"位置不同。据《汉书》注引臣瓒，"阳陵在长安东北四十五里"（今本《三辅黄图》同）。问题是，现在我们看到的阳陵和长陵的间距显然要大于长陵和安陵之间"十里"的间距，如果阳陵距离长安45里是从长安城北上走横桥后经长陵向东计算的话，就会与前述臣瓒所言长陵至安陵和长安的里数发生矛盾，故推测应是从景帝新建的渭桥这条路线计算的，臣瓒注明"东北"二字的用意恐怕也在此。尽管这样，阳陵至长安的距离仍然比长陵和安陵都要远，而以后在渭北营建的西汉帝陵，与长安之间的距离又都没有比阳陵更近的了。

汉武帝时，将寿陵选择在咸阳塬的西端。这时，如果还从长安城北的横桥北上再拐向西沿渭水北岸的道路前往茂陵所在地，该线路显然过于迂回和漫长，于是武帝又在渭水上修建了一座大桥，这就是"便门桥"，或称"便桥"。后世所谓"渭河三桥"的格局至此形成。据《汉书·武帝纪》，在"初置茂陵邑"的第二年，便"赐徙茂陵者户钱二十万，田二顷。初作便门桥"。尽管唐代颜师古作注时对汉长安城"便门"的位置已不甚明了，但他认为"于此道作桥，跨渡渭水以趋茂陵，其道易直"，显然是正确的。汉武帝在渭河上建新桥应该是和景帝一样，从近处看都是为了满足营建帝陵和建设陵邑的交通需要，同时从远处看也可以使从长安城前往东北高陵方向的蒲关道，以及西出前往西域方向的道路变得更为便捷，从而达到一举两得之功效。以后，昭帝平陵的营建，自然也借用了通过便门桥连接长安的交通路线。后世记载"茂陵在长安西北八十里也""平陵在长安西北七十里"（《汉书》注引臣瓒，今本《三辅黄图》同），应该都是从长安城西出便门桥的路线计算的。和景帝阳陵一样，因计算路线不同，故注明"西北"以示区别。

至宣帝继位时，在咸阳塬上与渭河三桥就近的交通便利位置已埋葬了5位西汉皇帝，并且帝陵附近还都设有规模庞大的陵邑，迁入了大量的人口，以致形成了"地小人众"的局面。等到宣帝之后，元帝再次回到渭北选择陵位时，毅然决定废除陵县制度。所谓"勿置县邑"的背后，除了学者们常论及的政治、经济等方面的原因以外，当时与长安城之间交通便利的渭北邻近区域所剩下的空间已十分有限，恐怕也是元帝不得不考虑的重要因素。此时，如果不在横桥与便桥之间的渭水上再架设新的桥梁，要从长安城前往安陵以西至平陵以东的中间区域，无论走横桥还是走便桥，距离都相对较远。而且出于辈分考虑，元帝陵既不应向东太靠近惠帝安陵，也不应向西与昭帝平陵太近。事实也证明，元帝的确将寿陵选在了安陵和平陵之间大致中间的位置。《汉书·元帝纪》称元帝"以渭城寿陵亭部原上为初陵"，表明在选址时也充分考虑了交通条件。以后,成帝"以渭城延陵亭部为初陵"(《汉书·成帝纪》),哀帝"以渭城西北原上永陵亭部为初陵"(《汉书·哀帝纪》),应该都是出于同样的原因。值得注意的是:尽管元、成、哀、平这4位皇帝的帝陵(今所谓"后四陵")实际上均位于汉长安城的西北方向,但《汉书》《后汉书》注却说元帝渭陵"在长安北五十六里也"(或"在长安北五十里")、哀帝义陵"在长安北四十六里"、平帝康陵"在长安北六十里"。推测冠以"长安北"的真正原因,当是为了表明这些数据和前述的长陵、安陵一样都是从横门北上渭河大桥(横桥)的道路计算的。其远者不超过昭帝平陵70里之数,说明就近原则在营建"后四陵"时仍然被遵循,只是为了与原有渭北东、西陵区保持一定的距离,元帝以后的3座帝陵在选址时也不得不将彼此之间的距离进一步拉近了,而陵县制度的废黜则为这种距离缩减创造了条件。

(本文原名"渭河三桥与渭北西汉陵区的形成",载《中国文物报》2008年4月18日7版;曾收入汉阳陵博物馆编《汉阳陵与汉文化研究》第一辑,三秦出版社,2010年,191—193页。)

3
从陵到冢
——关于东汉"懿陵"的思考

在中国古代有关丧葬的语汇中,大致从秦汉以降,称墓葬为"陵"还是"冢"或"墓""坟",正如称死亡为"崩""薨""卒"一样,是有明显的等级区分的。或许正是因为如此,将某些人物(如皇祖考、皇考妣之类)的墓葬追尊为陵或改葬称陵,就成了一种表示尊崇的特殊方式。又因为通常只有帝王才有资格实施,追尊与改葬称陵也就成为维护皇权或进行政治斗争的一种手段,从汉代以后一直到明清时期都常被采用,其中在唐代还曾出现"号墓为陵"的独特做法。反过来,作为一种惩罚或追贬的方式,原本称陵的墓葬,也可以被追废而改变称谓,只是这种情况比较少见,笔者所知,东汉桓帝时期的"懿陵"便是其中之一。窃以为,无论"追废"的结果如何,懿陵原本是一座东汉陵并曾安葬了一位东汉皇后的事实是无法改变的,因此,在探讨东汉时期的陵墓制度时也不应将之遗忘。故撰此短文,就有关问题略作分析,不足之处,敬希指正。

东汉时期,桓帝是策立皇后最多的一位皇帝。据《后汉书·孝桓帝纪》和《后汉书·皇后纪》的记载,懿陵中埋葬的是桓帝的第一位皇后——懿献梁皇后,崩于延熹二年(159)的七月丙午日,埋葬时间是在七月乙丑日。需要说明的是:这位懿献梁皇后与崩于桓帝和平元年(150)的梁太后(顺烈梁皇后)均为当时的大将军梁冀的妹妹。东汉的外戚梁氏,自和帝永元九年(97)追尊并改葬生母章帝梁贵人和外祖父梁竦之后,势力得以发展壮大,最终形成"一门前后七封侯,三皇后,六贵人,二大将军,夫人、女食邑称君者七人,尚公主者三人,其余卿、将、尹、校五十七人"(《后汉书·梁冀传》)。自顺帝崩后,大将军梁冀的妹妹顺烈梁皇后以太后身份临朝,梁冀变得"侈暴滋盛",不仅残害朝中大臣,还弑杀了质帝,又立桓帝。为了巩固梁氏的地位，又将梁冀的另一个妹妹嫁给桓帝，成为后来的懿献梁皇后。史载："时太后秉政而梁冀专朝，故后独得宠幸，自下莫得进见。后借姊兄荫势，恣极奢靡，宫幄雕丽，服御珍华，巧饰制度，兼倍前世。及皇太后崩，恩爱稍衰。后既无子，潜怀怨忌，每宫人孕育，鲜得全者。帝虽迫畏梁冀，不敢谴怒，然见御转稀。"（《后汉书·皇后纪·懿献梁皇后》）等到梁皇后崩后，桓帝终于忍无可忍，开始策划诛梁冀之事。就在安葬梁皇后于懿陵 12 天后的八月丁丑日，东汉朝廷里发生了一件重大事件——桓帝利用宦官一举剿灭了外戚梁冀的势力，梁冀和妻子皆自杀，被诛杀的宗亲达数十人，而受牵连的朝中官员不计其数，以致出现了"朝廷为空"（《后汉书·梁冀传》）的局面。紧接着，在八月壬午这一天，桓帝策立了新的皇后邓氏，同时"追废懿陵为贵人冢"。也就是说，所谓"懿陵"，如果从七月乙丑日安葬梁皇后算起，到八月壬午被追废为贵人冢，前后存在不过短短的 17 天时间。在袁宏《后汉纪》一书中，"追废懿献后为贵人"是被放在"冀自杀"与壬午立皇后之间叙述的。似乎表明，在将懿陵废为贵人冢之前，已经将梁后的身份追废为贵人了。

　　问题是：作为一座已经建成并安葬了一位皇后的陵墓，懿陵是通过怎样的方式被"追废"为贵人冢的？这种"追废"使得"懿陵"本身的外在形制与规模、内部结构和随葬品、附属建筑、相应的祭祀礼仪等方面究竟发生了哪些变化？这些自然都应该是在进行洛阳地区东汉陵墓的考古调查与钻探、确定东汉陵墓地望的过程中必须考虑的。从东汉明帝马皇后母亲之墓因"起坟微高"被"减削"（《后汉书·皇后纪·明德马皇后》）的记载来看，至少表明东汉时期有关坟冢的高度仍是有明显的等级规定的。如果回溯到西汉晚期哀帝时期，哀帝祖母——元帝傅昭仪崩后合葬渭陵时"称孝元傅皇后云"，即应该是以元帝皇后的丧葬规格埋葬的。等到哀帝崩后，王莽便"奏贬傅太后号为定陶共王母，丁太后号曰丁姬"，并以"冢高与元帝山齐"以及随葬的玺绶"不应礼"等为由提出所谓"改葬"，实际上就是一种追废，具体措施包括挖开墓冢、取出并"消灭"不应礼的玺绶，并徙归定陶、改葬于恭王（傅昭仪之子、哀帝之父）冢次等。后来王莽还不甘心，又提出更换棺材、"去珠玉衣"之类要求，以致开傅太后棺后"臭闻数里"，最后还掘平了"故冢"（《汉书·外戚传·定陶丁姬传》）。以王莽之恶，对于哀帝母亲和祖母墓葬的所谓"改葬"，破坏程度不可谓不彻底。尽管很难想象桓帝对于懿陵的"追废"也会采取类似的举措，然按照当时的礼制规定对原来的陵墓规格有所改变似乎也是理所当然。由于缺乏相关的文献记载，有关懿陵由陵到冢的追废情形，只有等待将来的考古工作去揭开这个谜团了。

还有一个更为重要的问题就是：既然懿陵的追废是与外戚梁氏的覆灭密切相关的，是政治斗争的一种结果，那么懿陵原来究竟是为谁设计的呢？换句话说，在安葬桓帝梁皇后之前，懿陵的营建是专为梁后设计的？还是原本就是为桓帝自己准备的寿陵？

众所周知，东汉12位皇帝（不包括曾短暂继位的北乡侯和弘农王）的陵墓，除末帝汉献帝的"禅陵"修建于曹魏时期并且位于河内山阳以外，其余均位于都城洛阳附近。根据文献记载，东汉时期的帝陵采取的是帝后同穴合葬的方式，除三少帝（殇帝、冲帝、质帝）未提及有策立皇后之外，其余9帝共策立皇后15位，但只有9位皇后最终与皇帝"合葬"于帝陵，分别是：光烈阴皇后合葬原陵、明德马皇后合葬显节陵、章德窦皇后合葬敬陵、和熹邓皇后合葬顺陵（慎陵）、安思阎皇后合葬恭陵、顺烈梁皇后合葬宪陵、桓思窦皇后合葬宣陵、灵思何皇后合葬文陵、献穆曹皇后合葬禅陵。这些得以合葬帝陵的皇后，一般都晚于皇帝而终。如果某位皇帝在位期间不只策立1位皇后，则合葬帝陵的都是最后策立的那位皇后。至于其他6位未能合葬于帝陵的皇后，多是因为皇帝在世时就被废黜，或以忧死，或被杀害，唯独桓帝梁皇后是以皇后身份终并以皇后身份安葬的（具体参见表3-1）。

从前述梁皇后由崩到葬的时间间隔仅20天来看，懿陵在梁皇后崩之前应该就已经开始修建了。懿献梁皇后是在桓帝继位之初就立为皇后的，至延熹二年崩，已在位13年。此时桓帝在位也已经有14年了。按照有关汉代营建帝陵的文献记载，西汉时期皇帝继位的第二年就开始规划营建寿陵了（《续汉书·礼仪志》注引《汉旧仪》）。东汉时期开始营建寿陵的时间未见明确的统一规定，从《后汉书》中所载有关光武帝、明帝"初作寿陵"的时间来看，虽比西汉时期明显推迟，但仍然是皇帝在位期间就已开始了。其中明帝便是在继位十四年时开始营建寿陵的，这与安葬懿献梁皇后时桓帝已在位的时间大致相同。尽管东汉时期也有短命夭折的皇

表 3-1　东汉皇后卒葬情况简表

皇　后*	死 亡 时 间	丧 葬 情 况	备　　注
光武郭皇后	建武二十八年夏六月丁卯薨	"葬于北芒"	建武十七年冬十月辛巳废
光烈阴皇后	永平七年春正月癸卯崩	二月庚申"合葬原陵"	
明德马皇后	建初四年六月癸丑崩	秋七月壬戌"合葬显节陵"	
章德窦皇后	永元九年闰八月辛巳崩	丙申"合葬敬陵"	
和帝阴皇后	永元十四年"以忧死"	"葬临平亭部"	永元十四年六月辛卯废
和熹邓皇后	永宁二年三月癸巳崩	丙午"合葬顺陵"	和帝陵或称"慎陵"
安思阎皇后	永建元年春正月辛未崩	二月甲申"合葬恭陵"	
顺烈梁皇后	和平元年二月甲寅崩	三月甲午"合葬宪陵"	
桓帝懿献梁皇后	延熹二年秋七月丙午崩	乙丑葬于"懿陵"	"冀自杀,追废懿献后为贵人"。八月壬午,"立皇后邓氏,追废懿陵为贵人冢"。
桓帝邓皇后	延熹八年"以忧死"	"葬于北邙"	延熹八年二月癸亥废
桓思窦皇后	熹平元年六月癸巳崩	秋七月甲寅"合葬宣陵"	
灵帝宋皇后	光和元年"以忧死……父及兄弟并被诛"	"诸常侍、小黄门在省闼者……收葬废后及勃父子,归宋氏旧茔皋门亭"	光和元年冬十月废
灵思何皇后	中平六年被董卓"弑而崩"	冬十月乙巳"合葬文昭陵"	应为"合葬文陵"
献帝伏皇后	建安十九年十一月丁卯"曹操杀皇后伏氏,灭其族及二皇子"	？	未见有关丧葬情况的记载
献穆曹皇后	曹魏景元元年薨	"合葬禅陵,车服礼仪皆依汉制"	

* 依时间先后排列。

帝,如冲帝是在驾崩后才"北卜山陵"(《后汉书·李固传》)的,但种种迹象表明,懿陵如果在梁后崩之前已开始营建,原本极有可能是按照东汉时期寿陵的常制为帝后合葬设计的。由于是先葬梁后,后诛梁冀,因此关于懿陵的设计与营建,在"省中咳唾之音，冀必知之"(袁宏《后汉纪》)的情况下，当时权倾朝野的梁冀恐怕没有理由不知情。如果说懿陵原本只是专为梁后设计的，这既不符合东汉帝后同穴合葬的惯例，同时也等于是明白地向外戚梁氏摊牌。尤其是后者显然与桓帝"逼畏久，恒怀不平，恐言泄，不敢谋之"(《后汉书·宦者列传》)的情形是矛盾的。至于所谓"梁后家犯恶逆，别葬懿陵"(《后汉书·陈球传》)之说，应该只是就追废懿陵的结果而言的，未必符合懿陵在设计上的实情。

关于桓帝宣陵的营建情况及其与懿陵的关系，缺乏相应的文献记载，有关问题也只有通过将来的考古发现来解答。在此之前，有一个疑问不妨留在这里：即懿陵很可能并不是一座专门设计的皇后陵，而原本应该是以帝陵的规格(即为帝后合葬)修建的，只是因为"追废"的原因，才有后来宣陵的营建。

2008 年元旦初稿，1 月 8 日修订。

(本文原名"从陵到冢——关于东汉'懿陵'的思考"，载《中国文物报》2008 年 2 月 1 日 7 版；曾收入洛阳市第二文物工作队编《洛阳汉魏陵墓研究论文集》，文物出版社，2009 年，88—91 页。)

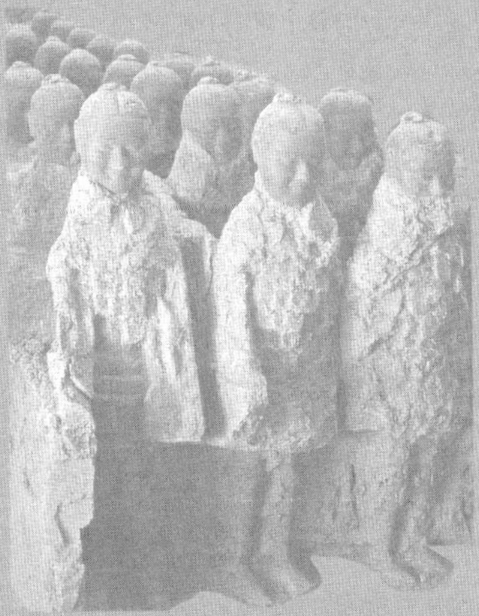

4
东汉时期的"追尊陵"

本文所说的"追尊陵",是指因墓主人被追上尊号而被冠以"陵"称的墓葬。依据范晔《后汉书》等文献记载,在历时近200年的东汉时期,除专门修建的埋葬皇帝的帝陵各有陵名[1]之外,被冠以"陵"名的还有10座追尊陵。依照追尊的时间先后依次是:"章陵"(初称"昌陵")、"西陵"、"敬北陵"与"甘陵"、"恭北陵"、"乐成陵"与"博陵"、"敦陵"与(河间)"慎陵"[2]、"文昭陵"(参见表4-1)。这些追尊陵的出现通常都与墓主人的子孙登上帝位后所进行的追尊活动有关,是东汉时期因皇位传承的变故所导致的特殊丧葬安排的集中体现,与皇权政治紧密相连,同时也构成了东汉陵墓制度发展演变的一个重要组成部分。尤其是那些位于洛阳帝陵兆域的"追尊后陵"的存在,对于探索东汉帝陵的名位问题也具有十分重要的参考价值。故撰此短文略作梳理。

依据追尊陵的墓主人(被追尊者)与追尊者之间的关系,东汉时期的"追尊陵"大致包括了以下四种情形:

---

[1] 据传世文献,东汉一朝(25—220)共196年,一共经历了14位皇帝。除两位少帝外,有11位皇帝在都城洛阳附近修建了陵墓,依次是:光武帝"原陵"、明帝"显节陵"、章帝"敬陵"、和帝"慎陵(顺陵)"、殇帝"康陵"、安帝"恭陵"、顺帝"宪陵"、冲帝"怀陵"、质帝"静陵"、桓帝"宣陵"、灵帝"文陵",而末帝汉献帝禅位后被封为山阳公,葬于河内(今焦作),墓称"禅陵"。此外,桓帝在位期间还曾修建一座"懿陵",参见拙稿《从陵到冢——关于东汉"懿陵"的思考》,《中国文物报》2008年2月1日7版。

[2] 此处"慎陵"前之所以加上"河间"二字,是为了与洛阳附近的和帝"慎陵"区别开。顺带说明的是,文献所见东汉和帝山陵除了被称为"慎陵"以外,还被称为"顺陵"。唐人李贤等注《后汉书·殇帝纪》"葬孝和皇帝于慎陵"时曾指出"俗本作'顺'者,误"(按:本文所引中华书局标点本《后汉书》,均据1965年5月1版,下文不另注明。196页)。但对于《后汉书·皇后纪》和熹邓皇后"合葬顺陵"(430页)以及《后汉书·魏霸传》"和帝崩,典作顺陵"(886页)的记载均未作说明或更正。今人对于和帝山陵的名称仍存在争议。若从同朝陵名不应重复的角度考虑,如果追尊的灵帝父亲之陵为"慎陵"不误,则和帝陵名似应以"顺陵"为是。

表4-1 东汉时期的"追尊陵"简表

陵　称	追　尊　时　间	陵墓主人及尊号	备　　注
昌陵	光武帝建武二年(26)	光武帝之父亲南顿令刘钦(皇考南顿君)、祖父钜鹿都尉刘回(皇祖考)	置陵令守视。后来昌陵改为章陵,设庙祭祀。
西陵	和帝永元九年九月(97)	和帝生母——章帝小梁贵人(恭怀皇后)	仪比敬园,别就陵寝祭之。西陵还葬有恭怀皇后姊——章帝大梁贵人。
敬北陵	安帝永宁二年三月(121)	安帝祖母——章帝大宋贵人(敬隐皇后)	亦就陵寝祭,太常领如西陵。与敬隐皇后妹——章帝小宋贵人合葬?
甘陵	同上	安帝父母——清河孝王刘庆和左姬(孝德皇和孝德后)	庙曰昭庙,置令、丞,设兵车周卫,比章陵。
恭北陵	顺帝永建二年六月(127)	顺帝生母——安帝宫人李氏(恭愍皇后)	就陵寝祭,如敬北陵。
乐成陵	质帝本初元年九月(146)	桓帝祖父母——河间孝王刘开和夫人赵氏(孝穆皇和孝穆后)	庙曰清庙,皆置令丞。
博陵	同上	桓帝父亲——蠡吾侯刘翼(孝崇皇)	庙曰烈庙,皆置令丞。元嘉二年(152)桓帝生母(孝崇匽皇后)崩,合葬博陵,礼仪制度比恭怀皇后。
敦陵	灵帝建宁元年闰二月(168)	灵帝祖父母——解渎(犊)亭侯刘淑和夫人夏氏(孝元皇和孝元后)	庙曰靖庙,皆置令丞。
慎陵	同上	灵帝父亲——解渎(犊)亭侯刘苌(长)(孝仁皇)	庙曰奂庙。常以岁时遣中常侍持节之河间奉祠。中平六年(189)灵帝生母(孝仁董皇后)崩,归葬河间慎陵。
文昭陵	献帝兴平元年二月(194)	献帝生母——灵帝王美人(灵怀皇后)	仪比敬、恭二陵。

第一种是"章陵"。原称"昌陵",为东汉开国皇帝光武帝父祖的陵墓。既是东汉时期最早出现的追尊陵,也是东汉时期第一座被冠以"陵"称的墓葬。光武帝刘秀自称为西汉景帝之子——长沙定王发的后人,按辈分为汉高祖的九世孙,和西汉

成帝同辈。也正因为光武帝"于成帝为兄弟,于哀帝为诸父"[1]的辈分关系,从而为衔接两汉皇位的承继关系、确立光武帝自身皇位的合法性带来了一定的阻碍,也为宗庙的祭祀活动安排增加了难度。于是,光武帝不得已采取了一系列措施,以树立东汉皇族的政治地位以及确立自身皇位的合法性。在称帝之初就尊称父祖为皇考、皇祖,并追尊父祖墓为陵,便是其中的举措之一。据《后汉书·宗室四王三侯传·城阳恭王祉传》载:"建武二年,以皇祖、皇考墓为昌陵,置陵令守视。后改为章陵,因以舂陵为章陵县。"[2]又《后汉书·光武帝纪》载:"(建武)六年春正月丙辰,改舂陵乡为章陵县。世世复徭役,比丰、沛,无有所豫。"[3]也就是说,光武帝追尊父祖墓的时间在建武二年(26),即光武帝称帝后的次年。初称"昌陵",建武六年(30)又将父祖墓所在地——南阳郡的舂陵乡升级为章陵县[4],并且与西汉高祖故乡丰沛相提并论,使其成为名副其实的"世世复徭役"的帝乡。其政治意图自然是再明显不过了。

光武帝不仅尊父祖墓为陵,还专为父祖等设立了"亲庙"进行祭祀。最初是在建武三年(27)正月,设"亲庙"于洛阳,用以祭祀"父南顿君以上至舂陵节侯"[5]。后来在建武十九年(43),才将父祖庙设在墓葬所在地,改为由"所在郡县

---

[1]《后汉书·光武帝纪》注引《汉官仪》语,70页。
[2] 中华书局标点本,562页。
[3] 中华书局标点本,47页。
[4]"昌陵"之名,已见于西汉朝,为成帝时期未完工的陵墓。光武帝与成帝同辈,或许是因为这个原因,光武帝才对父祖的追尊陵名进行了更改。从有关记载来看,将"昌陵"改为"章陵",并将陵墓所在地"舂陵乡"改为"章陵县"之后,陵名就与县名一致了。西汉所设陵邑也大多与陵名相同,因此,东汉章陵县的设置,在某种程度上也是仿效了西汉的做法。据《续汉书·祭祀志》,光武帝的皇考至高祖均各自设有"园庙",如"南顿君称皇考庙,钜鹿都尉称皇祖考庙",然而《后汉书·宗室四王三侯传·城阳恭王祉传》却说"以皇祖、皇考墓为昌陵"。这样给人的印象似乎就是:父祖各自有庙,但追尊的陵名却只有一个。此种陵、庙关系的确颇耐人寻味。唐人李贤等注安帝追尊皇考"甘陵""比章陵"时,径称章陵为"皇考南顿君庙"(《后汉书·章帝八王传·清河孝王庆传》,1805页),也是值得注意的一种看法。另外,《续汉书·祭祀志》所载张纯与朱浮的奏议中也特别提及"孝宣皇帝以孙后祖,为父立庙于奉明"之事(中华书局标点本,3193页),这对于理解"昌陵"("章陵")的设置或许是有帮助的。那么,光武帝所追尊的"昌陵"("章陵")与父祖墓的对应关系究竟如何?当时的陵与庙的位置关系又是怎样的?恐怕也只有通过相关的考古工作来解答了。
[5]《续汉书·祭祀志》,3193页。

侍祠"[1]。

光武帝在位期间曾多次到南阳,"幸章陵,祠园陵""修园庙,祠旧宅"等。光武之后的其他东汉皇帝,如明帝、章帝、和帝、安帝、桓帝等,也都曾南幸章陵。尤其是作为东汉第一位"外立"的皇帝——安帝,还是在南幸宛、祠章陵园庙后返回洛阳的途中驾崩的。由此可见,"章陵"对于东汉皇族的政治象征意义是多么重要。正如杨宽先生所言:

> 中国历代帝王之所以重视陵寝(陵墓及其附设"寝"的建筑)的建设及其朝拜祭祀的礼仪,无非是作为推崇皇权和维护身分等级制度的一种手段。[2]

第二种包括"西陵""恭北陵"和"文昭陵"。其中西陵是和帝生母——章帝小梁贵人的陵墓,"恭北陵"为顺帝生母——安帝宫人李氏的陵墓,文昭陵则为献帝生母——灵帝王美人的陵墓。不难看出,这三陵均与"庶出"皇帝的生母(皇妣)有关。

东汉时期光武帝之后嗣位的皇帝,除明帝刘庄、少帝刘辨之外,均非皇后所生。也就是说,不少东汉的皇帝(如章帝、和帝、顺帝等)都是"庶出"的。而当"庶出"的皇帝又出现后嗣断绝时,只好选立诸侯王或王子为帝,于是就出现了"外立"的皇帝,如和帝之子殇帝早夭,临朝的邓太后就选择了与殇帝同辈的清河王刘祜即位,是为安帝。也正是由于东汉皇后大多未生育皇子,便对后宫中生有皇子的其他贵人、美人等产生了一定的威胁,加剧了后宫的矛盾冲突,诬陷和迫害之事时常发生,以致出现了灵帝王美人那样因害怕皇后何氏、怀孕后竟擅自服药打胎的事情[3]。这种恶性循环构成了东汉宫廷政治的一大特色。对于庶出的后嗣皇帝而言,即位后往往要给自己受到不公正待遇的生母"平反昭雪",于是就有追加尊号、改葬生母并将坟墓尊以为陵的一系列举措。

---

[1]《续汉书·祭祀志》,3194页。
[2] 杨宽《中国古代陵寝制度史研究》,上海古籍出版社,1985年。
[3]《后汉书·皇后纪·灵思何皇后》,449页。

属于此类追尊改葬的追尊陵,在东汉时期最早出现的就是埋葬和帝生母——章帝小梁贵人的"西陵"。史载章帝在位期间,梁竦的两个女儿均在后宫为贵人,其中小梁贵人她生有皇子刘肇,却被章帝窦皇后养为己子。不仅如此,窦皇后"欲专名外家而忌梁氏"[1],于是就联合窦氏亲族构陷梁氏,导致梁贵人之父梁竦被杀,两位梁贵人也因此"以忧卒"。但葬于何处,史无明文。待章帝崩后,章帝窦皇后成了临朝太后,而继位的皇帝却是小梁贵人所生之子刘肇,即和帝。据称"宫省事密,莫有知和帝梁氏生者"[2]。直到永元九年(97)窦太后崩后,因梁氏家族成员上书朝廷,和帝才得知自己的身世,"感恸良久",于是对生母进行了追尊和改葬。"帝以贵人酷殁,敛葬礼阙,乃改殡于承光宫,上尊谥曰恭怀皇后,追服丧制,百官缟素,与姊大贵人俱葬西陵,仪比敬园"[3]。或以为"盖以其地在敬陵之西,故称西陵"[4]。也就是说,"西陵"的得名是与位于章帝敬陵之西有关。推测改葬的礼节应该是按追尊为"恭怀皇后"或"皇太后"的级别进行的,所谓"仪比敬园",当是指在礼制规格方面和章帝敬陵陵园接近的意思。《后汉书》唐李贤等注误以为此处"敬园"是指"安帝祖母宋贵人之园也",即20多年之后安帝才追尊的"敬北陵"(追尊时间为永宁二年,公元121年,详下),应予更正。值得注意的是,"与姊大贵人俱葬西陵"应指将章帝的另一位梁贵人(和帝生母小梁贵人的中姊)也同时改葬,并葬在了西陵。这样一来,西陵就成了章帝两位梁贵人的合葬陵园。在追尊梁贵人的同时,和帝还遣使迎丧,将外祖父梁竦也葬至西陵附近,并且"赐东园画棺、玉匣、衣衾,建茔于恭怀皇后陵傍"。和帝还"亲临送葬","百官毕会"[5]。这表明梁竦的丧葬仪式是相当隆重的。既然是"建茔于恭怀皇后陵傍",则应该是在西陵陵园的附近另设茔地安葬。如此,则在和帝永元九年这一年,不仅对章帝敬陵本身进行了与皇后的合葬活动,而且还在敬陵附近新增加了梁贵人的西陵以及梁竦的茔地。了解这些变化对于现在探索和确认敬陵的陵位,应该是有帮助的。

---

[1]《后汉书·皇后纪·章德窦皇后》,416页。
[2]《后汉书·梁竦传》,1172页。
[3]《后汉书·皇后纪·章德窦皇后》,417页。
[4]《资治通鉴》卷48《汉纪·孝和皇帝下》胡三省注,中华书局标点本,1547页。
[5]《后汉书·梁竦传》,1174页。

依据《后汉书·和帝纪》的记载,永元九年九月甲子"追尊皇妣梁贵人为皇太后。冬十月乙酉,改葬恭怀梁皇后于西陵"[1]。则西陵的营建应该是在永元九年的九月甲子至十月乙酉之间。而窦太后是在当年的闰八月辛巳崩、丙申合葬敬陵的。就在辛巳至丙申之间的 15 天时间里[2],有关窦太后的丧葬问题,朝中大臣们还曾专门进行了讨论,而梁氏家族成员也乘机上书,想让和帝生母梁贵人获得与章帝合葬、在世祖庙配享的机会。尽管未能如愿,但西陵的出现以及对梁竦的赐葬显然为梁氏家族日后的飞黄腾达奠定了基础。丧葬所具有的政治影响于此可见一斑。

历史在不断重演。安帝在位时,安帝阎皇后不仅鸩杀了安帝所幸宫人李氏,还诬毁李氏所生的皇子——当时已经立为皇太子的刘保,结果皇太子保被废为济阴王;灵帝在位时,灵帝何皇后又鸩杀了皇子刘协的生母——灵帝王美人。等到刘保、刘协最终登上皇位之后,他们也都仿效和帝,对被皇后迫害而死的生母进行了追尊和改葬,于是又出现了两座新的追尊陵:恭北陵和文昭陵。

史载安帝崩后,阎后与兄弟阎显等迎济北惠王刘寿之子北乡侯懿为帝,是为少帝,不久少帝薨。宦官孙程等乘机消灭了阎氏兄弟,拥立废太子济阴王刘保为帝,是为顺帝。次年阎太后崩,顺帝才得知生母的丧葬情况。原来顺帝生母李氏被安帝阎皇后杀害后就埋葬在洛阳城北。于是顺帝"亲到瘗所,更以礼殡,上尊谥曰恭愍皇后,葬恭北陵"[3]。据《后汉书·孝顺帝纪》,追尊与改葬的时间均记在永建二年(127)的夏六月乙酉日[4],上距安帝阎皇后的丧葬已一年有余[5]。由此推测,"恭北陵"应该就是在这一段时间内修建的。大概是因位于安帝恭陵之北,故名[6]。这和章帝梁贵人"西陵"位于敬陵之西侧略有不同,但应该都在帝陵附近。从《续汉书·祭祀志》所言"就陵寝祭,如敬北陵"来看,恭北陵与下文将要讨论的

---

[1] 中华书局标点本,184 页。
[2]《后汉书·和帝纪》,184 页。
[3]《后汉书·皇后纪·安思阎皇后》,437—438 页。
[4]《后汉书·顺帝纪》,254 页。
[5] 安帝阎皇后崩于永建元年(126)正月辛未日,葬于二月甲申日。参见《后汉书·顺帝纪》,252 页。
[6] 唐人李贤等注《后汉书·皇后纪·安思阎皇后》曰"在恭陵之北,因以为名"。438 页。

敬北陵至少在祭祀礼仪制度方面也应该是接近的。

灵帝时,由于王美人生育有皇子刘协,被"性强忌"的何皇后"酖(鸩)杀"。据《后汉书·孝献帝纪》:兴平元年(194)在献帝加元服之后,"二月壬午,追尊谥皇妣王氏为灵怀皇后,甲申,改葬于文昭陵"[1]。在《后汉书·皇后纪下·灵思何皇后》中也提到这次改葬,称"仪比敬、恭二陵"。唐人李贤等作注时以为"敬、恭二陵"是指章帝敬陵和安帝恭陵而言,事实上应理解为"敬北陵"和"恭北陵"才更为合理。当时献帝尚在长安,故"使光禄大夫持节行司空事奉玺绶,斌(王美人之兄)与河南尹骆业复土"[2]。据《太平御览》卷137引《续汉书》,是"起坟文陵园北"[3]。

综合而言,上述三座被追尊并改葬的皇妣陵墓,大概都是以追尊"皇后"的礼制规格葬于相应帝陵的附近,或在帝陵西侧,或在帝陵北侧。这对于确定相应帝陵的具体位置无疑是十分重要的信息。只是东汉的皇帝与皇后按照惯例是合葬于同一陵墓之中的,那么,因追尊而修建的庶出皇帝生母的陵墓,与帝后合葬的陵墓相比,在形制规格上究竟有何区别呢?

第三种是"敬北陵",为安帝祖母——章帝大宋贵人的陵墓,与"外立"(同时也是"庶出")皇帝安帝对皇祖妣的追尊有关。

据史载,章帝在位期间,除了前述梁竦的两个女儿被封为贵人外,宋杨的两个女儿也在宫中为贵人,其中大宋贵人所生皇子刘庆年长于小梁贵人所生皇子刘肇,被立为皇太子。后来,同样是因遭到窦皇后的诬陷[4],宋氏姐妹"同时饮药自杀",被章帝敕令葬在洛阳城北的"樊濯聚"。大宋贵人之子——皇太子刘庆也受牵连,被废为清河王。窦皇后将自己的养子(前述小梁贵人所生的皇子刘肇)扶上帝位,是为和帝。但和帝即位后,对兄长清河王刘庆优待有加,"常共议私事",甚至

---

[1] 中华书局标点本,375页。
[2]《后汉书·皇后纪·灵思何皇后》,452页。
[3] 至于《后汉书·皇后纪·灵思何皇后》所载灵帝何皇后被董卓弑崩后"合葬文昭陵"(450页)之"昭"字,显系衍文,因为何后是与灵帝合葬在"文陵"中的。现在,王美人又被改葬到文陵的北侧。
[4] 以造纸著名的宦官蔡伦就受章帝窦皇后的旨意参与了诬陷宋贵人的事件,待安帝追尊祖母宋贵人之后,蔡伦自杀。参见《后汉书·宦者列传·蔡伦传》,2513—2514页。

一起谋划如何除掉外戚窦氏。在前述和帝追尊生母梁贵人并改葬于西陵之后,作为和帝之兄长的清河王刘庆也想为自己的生母——章帝宋贵人建"祠堂"祭祀,然因自己曾是废太子身份,担心被误解而没敢提出要求[1]。和帝去世,刘庆因悲伤过度而发病。待殇帝即位,和帝邓皇后临朝,诸王被要求就国。刘庆到封国清河后不久也就离开了人世。临朝的邓太后(和熹邓皇后)一方面派人将原来葬于京师的刘庆妾左姬(安帝生母)之丧送回清河,"与王合葬广丘"。同时又把刘庆之子刘祜[2]留在京师,以备非常。果然,殇帝不久夭折。和熹邓皇后便将刘祜立为后嗣皇帝,即安帝。

作为东汉第一位"外立"的皇帝,安帝对祖母的追尊是在邓太后(和熹邓皇后)崩后与对父母的追尊同时进行的。据《后汉书·孝安帝纪》载,永宁二年三月(按:该年七月改元建光)"癸巳,皇太后邓氏崩。丙午,葬和熹皇后。……戊申,追尊皇考清河王曰孝德皇,皇妣左氏曰孝德皇后,祖妣宋贵人曰敬隐皇后"[3]。《续汉书·祭祀志》载:"建光元年(121),追尊其祖母宋贵人曰敬隐后,陵曰敬北陵。"[4] 此时,距离安帝即位已有 15 年之久了。或许因为两位宋贵人原本都是由章帝"敕掖庭令葬于樊濯聚"的,故有关安帝追尊祖母的记载并未明确提及改殡或改葬之事。然《后汉书·章帝八王传·清河孝王庆传》提及当时也曾"追赠敬隐后女弟小贵人印绶"[5]。这就意味着还有可能重新安葬小宋贵人。由此,也就不能完全排除将大宋贵人改葬到章帝敬陵附近的可能性。当时章帝敬陵西侧已有梁贵人"西陵"存在,既然宋贵人陵称作"敬北陵",似乎与改葬到敬陵北侧有关。当然,具体情形如何,恐怕也只有等待考古发现进行证实了。《续汉书·祭祀志》称"亦就陵寝祭,太常领如西陵"[6],说明敬北陵在祭祀的礼制规格上和西陵是接近的,设有

---

[1]《后汉书·章帝八王传·清河孝王刘庆传》:"欲求作祠堂,恐有自同恭怀皇后之嫌,遂不敢言。"1801 页。

[2] 今中华书局标点本 1803 页刘庆长子之名写作"祐"。《后汉书·周章传》亦同,见 1158 页。

[3] 中华书局标点本,232 页。

[4]《续汉书·祭祀志》,3197 页。

[5] 中华书局标点本,1804—1805 页。

[6] 中华书局标点本,3197 页。

陵寝,并且均由太常负责相关事宜。

第四种包括"甘陵""乐成陵""博陵""敦陵"和"慎陵"。这5座陵均与"外立"皇帝对父祖墓的追尊有关。东汉时期"外立"的共有4位皇帝,均为章帝刘炟之后,依次是:1. 章帝之孙——安帝刘祜,父为清河孝王刘庆,生母为左姬,祖母即章帝大宋贵人;2. 章帝之玄孙——质帝刘缵,父为渤海孝王刘鸿,生母为陈夫人;3. 章帝之曾孙——桓帝刘志,父为河间孝王刘开之子——蠡吾侯刘翼,生母为蠡吾侯翼媵妾匽氏;4. 章帝之玄孙——灵帝刘宏,父为河间孝王开之孙——解渎(犊)亭侯刘苌,生母为解渎(犊)亭侯苌夫人董氏。上述4帝中,质帝因年幼,且父母均健在,祖父和曾祖父作为诸侯王又都葬在洛阳,故未提及追尊之事。其余3帝均对已故的父祖进行了追尊。

如前所述,东汉第一位外立的皇帝——安帝即位时,生母左姬已经去世并且已与清河孝王刘庆合葬在清河国的广丘。或许因为安帝为临朝邓太后(和熹邓皇后)所立,故直到邓太后驾崩,有司才上言追尊之事。《后汉书·章帝八王传·清河孝王庆传》记载了当时的追尊活动:首先是"告祠高庙";然后派司徒和大鸿胪"奉策书玺绶之清河,追上尊号";另外,"又遣中常侍奉太牢祠典,护礼仪侍中刘珍等及宗室列侯皆往会事""尊陵曰甘陵,庙曰昭庙,置令、丞,设兵车周卫,比章陵"[1]。值得注意的是,在有司所上追尊的理由中,特别提及西汉时期"宣帝号父为皇考"的故事,表明有将安帝比宣帝的意思。但在甘陵的礼仪制度方面却又更进一步,"比章陵",则显然还有其他的政治意图。甘陵的追尊未提及改葬,推测可能仍在原来下葬的广丘。唐人李贤等注《后汉书·安帝纪》时说:"甘陵,孝德皇后之陵也,因以为县,今贝州清河县东也。"[2]实际上,至桓帝时,梁冀恶清河名,又将清河改为甘陵,则甘陵又成了王国名。问题是,原本合葬了左姬的清河孝王墓,在被追尊为陵之后,既然是"比章陵",那么在礼制建筑、坟墓的形制规模等方面是否有变化以及变化究竟有哪些?还有,在安帝登基之后就被邓太后遣送回清河的刘庆的夫

---

[1] 中华书局标点本,1804页。
[2] 中华书局标点本,233页。

人——安帝嫡母耿姬仍健在,故在追尊皇考和皇妣同一年的四月丁巳,安帝又"尊孝德皇元妃耿氏为甘陵大贵人"[1],或称"耿贵人"。那么,后来耿贵人的丧葬又是如何安排的呢?这些都是需要将来的考古工作去揭示的。

至于桓帝和灵帝,虽与安帝同属外立,但即位时生母均健在,且父祖与临朝太后之间并无直接的个人恩怨,因此,对于桓帝和灵帝父祖的追尊都是在即位之初就由临朝的太后下诏进行的。也正是因为太后(先帝皇后)临朝,对于尚健在的皇帝生母(皇妣),往往只是先封为"贵人",等到临朝太后失势或驾崩后,才进一步将皇妣尊为"皇后"或"皇太后"之类。

据《后汉书·章帝八王传·河间孝王开传》记载:

> 梁太后诏追尊河间孝王为孝穆皇,夫人赵氏曰孝穆后,庙曰清庙,陵曰乐成陵。蠡吾先侯曰孝崇皇,庙曰烈庙,陵曰博陵。皆置令、丞,使司徒持节奉策书、玺绶,祠以太牢。[2]

《后汉书·孝桓帝纪》记载了具体的追尊时间,即本初元年(146)九月戊戌。此时,桓帝才继位数月,质帝已被安葬在静陵。如前所述,或许因为梁太后(顺帝梁皇后)临朝的原因,对于桓帝尚健在的生母——蠡吾侯翼的滕妾匽明,只是在同年冬十月甲午尊为"孝崇博园贵人",并留在封邑内。直到和平元年(150)梁太后崩后,"乃就博陵尊后为孝崇皇后",并且在当地修建永乐宫,按照太后长乐宫的规制配置有太仆、少府等官署[3]。元嘉二年(152),皇妣驾崩后"合葬博陵"。也就是说,蠡吾侯刘翼的坟墓在被追尊为"博陵"之后还进行过合葬,成为桓帝父母的合葬墓。至于"乐成陵",则原本是桓帝祖父河间孝王刘开和祖母赵氏的合葬墓。刘开的另一个儿子淑被封为解渎(犊)亭侯。桓帝死时没有后嗣,桓帝窦皇后迎立解渎(犊)亭侯淑的孙子——年仅12岁的刘宏即位,是为灵帝。灵帝即位后,和桓帝一样,也对

---

[1] 中华书局标点本,233 页。
[2] 中华书局标点本,1809 页。
[3] 《后汉书·皇后纪·孝崇匽皇后》,442 页。

自己的父祖进行了追尊。

据《后汉书·章帝八王传·河间孝王开传》载："建宁元年(168)，窦太后诏追尊皇祖淑为孝元皇，夫人夏氏曰孝元后，陵曰敦陵，庙曰靖庙。皇考苌为孝仁皇，夫人董氏为慎园贵人，陵曰慎陵，庙曰奂庙。皆置令、丞，使司徒持节之河间奉策书、玺绶，祠以太牢。常以岁时遣中常侍持节之河间奉祠。"[1] 也就是说，"敦陵"原本是灵帝祖父解渎(犊)亭侯淑及祖母夏氏的墓葬，而"慎陵"原为灵帝父亲解渎(犊)亭侯苌的墓葬。当时，灵帝生母——解渎(犊)亭侯苌的夫人董氏尚健在，同样因为窦太后临朝的原因只是被尊为"慎园贵人"。待宦官诛灭外戚窦武势力之后，窦太后失势、被迁往南宫云台，灵帝才将生母董氏迎至京师，"上尊号曰孝仁皇后，居南宫嘉德殿，宫称永乐"[2]，灵帝王美人之子刘协也由孝仁皇后亲自抚养。孝仁皇后还在窦太后崩后参与朝政。灵帝崩后，作为"蕃后"的孝仁董皇后与临朝的何太后（灵帝何皇后）之间冲突加剧，被何进等大臣参奏，要求"迁宫本国"，"后忧怖，以疾病暴崩……丧还河间，合葬慎陵"[3]。如此，则河间慎陵就成为灵帝父母的合葬墓了。与桓帝父刘翼的墓葬一样，在追尊为陵之后还都进行过合葬。

综合来看，东汉时期的追尊陵，第一、四两种情形，追尊的中心在于皇帝的父祖，即不曾即皇帝位的皇考、皇祖考等，被追尊之陵均分散在郡国，均设庙，由所在郡国负责祭祀。其中章陵（昌陵）在南阳郡，甘陵在清河国，其余桓灵二帝追尊的四陵均应在原河间国范围内。问题是：在追尊为陵之前这些墓葬均已存在，那么，在被追尊、设庙祭祀之后（尤其是清河博陵和河间慎陵后来还都进行了合葬），包括墓葬形制、坟丘的规模以及附属的礼制建筑等在内的一系列丧葬设施是否也要发生变化？如果答案是肯定的，又究竟发生了哪些变化？当时是怎样实施的？陵与庙的位置关系如何？至于第二、三两种情形，追尊的中心在于庶出皇帝的生母或外立皇帝的祖母。她们原本都是先帝后宫之贵人、美人之类，多是因当朝皇后的迫害而早夭，未能享有相应的丧葬待遇。因此，在被追尊的同时

---

[1] 中华书局标点本，1809页。
[2] 《后汉书·皇后纪·孝仁董皇后》，446页。
[3] 《后汉书·皇后纪·孝仁董皇后》，447页。

也大多牵涉到重新改葬的问题,且大多被改葬到相应帝陵的附近,形成所谓追尊后陵,并且在祭祀上多采用"就陵寝祭"的方式,与合葬了皇后的帝陵有别。然具体的区别有哪些呢?

之所以撰此短文,也是希望通过对相关资料的初步梳理,能引起相应地区考古工作者的重视,在进行具体的调查发掘工作时能将有关问题考虑在内。尤其是追尊后陵的存在,为了解东汉帝陵兆域的陵墓格局、探讨部分东汉帝陵的陵位问题等提供了重要的信息,是值得今后多加注意的。

2007 年 12 月 8 日初稿,2016 年 10 月 18 日修订。

(本文原名"东汉时期的'追尊陵'",载《华夏考古》2017 年 4 期。)

5
汉墓结构的时代特征

汉朝人口殷盛,加上国祚长久,所遗留下来的墓葬遗存非常丰富。根据笔者初步统计,截至目前,已发表的以汉墓资料为主或包含有汉墓资料的考古报告(包括简报)约2 000篇(部),所报道的汉墓数量将近2万座。加上各类简讯、消息、综述之类文字中提及的发掘数字,近百年来经过发掘的汉墓数量当在5万座以上。若再加上那些已经被发掘但目前尚未进行任何报道的墓葬以及经过考古调查发现但尚未发掘的墓葬(或墓群)在内,已知汉墓的数量是十分惊人的。

通过对已发表的墓葬结构明确的汉墓资料的综合考察,笔者以为,汉墓结构的发展演变主要有以下三大特征:

一、两大类别并行发展

所谓两大类别,是就墓圹采用竖穴或洞穴的结构形式而言的。在汉朝的广阔疆域内,竖穴墓与洞穴墓的长期并存与相互影响,构成了汉墓结构变迁的一个重要特征。其中竖穴墓圹结构为传统的墓葬结构形式,先秦礼制有关墓葬等级的许多规定基本上都是针对此类结构的墓葬而言的。在汉代采用竖穴结构的除传统的竖穴木椁墓和无椁的竖穴土(岩)坑墓以外,新流行的主要有竖穴空心砖墓、竖穴砖椁墓、竖穴砖室墓之类竖穴砖构墓葬,竖穴石椁墓、竖穴石室墓之类竖穴石构墓葬,以及属于混合类型的竖穴砖石合构墓等。而洞穴墓圹结构则是战国晚期至秦统一以来才在华夏文化区域内逐渐流行的一种新的墓葬结构形式。在汉代以前主要流行的是结构比较单纯的土洞墓。进入汉代以后,除在土壤(主要是黄土)中挖掘的结构单纯的土洞墓始终流行以外,还一度出现了像满城中山王墓、永城梁王墓、徐州楚王墓之类的开凿在山岩之中的巨型崖洞墓，成为汉代墓葬结构中独具特色的一类墓葬遗存。另外，汉代流行的木椁墓、空心砖墓、(小砖结构的)砖室墓等也有不少是将墓室(或椁室)砌筑在预先挖好的洞穴墓圹之中的。例如，1959年出版的《洛阳烧沟汉墓》所报道的225座汉墓，尽管报告按墓葬形制分为"五型十式"，但实际上"都是洞室墓"。具体而言，包括土洞墓、洞穴空心砖墓、洞穴空心砖小砖合构墓、洞穴砖室墓等。又如，最近出版的《西安龙首原汉墓·甲编》所报道的42座西汉早期墓中，大约有20余座是在洞穴墓圹中砌筑有木椁(或类似框架结构)的洞穴木构墓葬。类似西安、洛阳汉墓所见在预先挖好的洞穴墓圹中再构筑墓室(椁室)结构的做法，对汉代及其以后墓葬结构的发展演变都产生了极为深远的影响。

二、多种材质前后更迭

此处的多种材质是指构筑墓葬(椁室或墓室)的建筑材料而言的，主要包括木材、砖材、石材等几种。其中，按照考古学界的惯例，砌筑墓葬的砖材又至少可分为空心砖和(实心)"小砖"两大类。从构筑墓葬的材质变化来看，汉代墓葬结构发展演变的总体趋势是木构墓葬逐渐衰落，被新兴的砖、石结构(包括砖石混合结构)的墓葬所取代。汉代以前，传统的墓葬建筑用材主要是以木材为主，木椁是其最为重要的结构部分，木椁的有无以及棺椁的"重"数之类成为墓主等级身份的重要标志。进入西汉以后，传统的棺椁制度仍延续了一段时间，并一度出现了像北京大葆台汉墓和老山汉墓、高邮天山汉墓、长沙象鼻嘴一号墓那样以"黄肠题凑"表明墓主特殊身份的木结构墓葬，使得传统的木结构墓葬在结构上达到了前所未有的复杂程度。但好景不长，从东汉早期开始，除了边远地区仍残存有少量木椁墓以外，延续千年之久的传统木结构墓葬以及与之相应的所谓棺椁制度终于被彻底抛弃，淡出历史的舞台。而秦统一前后已经出现的砖、石结构的墓葬，在进入汉代以后(尤其是西汉中期以后)均得到了迅速的发展。其中，砖构墓葬的发展在汉代主要经历了由空心砖墓到小砖结构的砖室墓的转变，其间曾一度流行空心砖和小砖混合结构的墓葬类型(如著名的洛阳卜千秋壁画墓便是其中的一例)。石构墓葬在汉代的发展演变趋势主要是由封闭式的石椁结构向开放式的石室结构转变,这一发展趋势在今苏鲁豫皖交界地区表现得至为明显。此外,在木构墓葬走向衰落而砖构、石构墓葬的发展壮大过程中,还出现了一些由不同材质混合砌筑的墓葬结构类型。如在木椁仍然保留的情况下加入了砖材而出现的砖木合构墓葬(有的考古报告称之为"砖壁木椁墓"),以及木椁消失之后、综合砖构和石构墓葬的结构特点而出现的砖石混合结构墓葬(如南阳赵寨砖瓦厂画像石墓),等等。总之,墓葬结构演变中不同材质的新旧交替在汉代表现得十分明显,传统木构墓葬的衰落与新兴砖构、石构墓葬以及砖石混合结构墓葬的发展繁荣呈现明显的消长互动态势。

三、平面布局和立面构成均复杂多变

此处的平面布局是指包括墓道、甬道(过道)、墓室(或椁室)以及附属的耳室(龛室)、侧室、回廊等结构在内的整体布局而言的。在汉代,无论是采用洞穴或是竖穴墓圹的木构、砖构、石构或砖石混合结构墓葬,其平面布局均呈现出复杂多变的特点。尤其是汉代新流行的砖构、石构或砖石混合结构之类墓葬,按墓室多寡而言均存在单室、双室、三室(多室)等的繁简之别。其中单室以上的墓葬,墓葬各室之间的排列又都存在并列、纵列,以及不规则排列等形式,或仅以宽窄的变化相区别,或筑墙分隔,或通过过道相连接。因此,考古报告所说的"双室"墓,实际上有并列双室或前后室的区别(墓室是呈"并列"或是呈"前后"排列,大多是依据墓道或墓向而定的)。同样,"三室"墓则有并列三室、纵列三室(即前中后三室)等形制。至于三室以上的墓葬,情况就更为复杂。中轴对称型布局是汉代墓葬结构中最为常见的平面布局方式(如著名的望都东汉壁画墓、安平东汉壁画墓等),但也有不少是不规则的排列(如新繁清白乡东汉画像砖墓)。汉代还流行所谓"外藏椁"制度,专为放置随葬品而设置的耳室或龛室之类也非常发达,规模较大的墓葬还将外藏椁建成类似回廊的形式(如定县北庄汉墓、济宁肖王庄一号汉墓等),或在墓葬主室之附近埋设器物坑(从葬坑或陪葬坑)、祭祀坑(如章丘洛庄汉墓)之类。受葬俗观念的影响,尤其是出于合葬(通常是多人合葬)的需要,汉墓中的侧室也比较

常见。这些都使得汉墓的平面布局呈现出日益复杂化的发展趋势。

此外,与墓圹的开凿方式和墓室(椁室)材质结构的差别,以及墓室平面布局等均有密切关系的墓室(椁室)的立面(剖面)构成,也同样呈现出复杂多变的特点。前述的《洛阳烧沟汉墓》将所报道汉墓的墓葬形制分为"五型十式",所谓"平顶""弧顶""单穹隆顶""双穹隆顶""抛物线顶"之类的说法,便是充分考虑了墓葬立面(剖面)构成的时代早晚区别进行划分的。就汉墓的墓顶结构而言,传统的木椁墓的椁盖(如果看作墓顶的话)基本上都是以平铺为主,但砖构、石构墓葬兴起以后,墓顶结构均出现了明显的变化。其中空心砖墓的墓顶大致经历了由无顶(或木顶)到空心砖砌筑的平顶—人字顶—屋脊顶之类的发展演变;小砖墓最初也是无顶(或木顶)结构,到后来才出现了券顶、穹隆顶等不同的墓顶结构形式;石构墓葬常见的墓顶结构除类似空心砖墓或木椁墓的平顶、小砖墓的券顶或穹隆顶之外,还有独特的(抹角)叠涩顶、覆斗式顶之类结构形式等;至于砖石合构墓葬,其墓顶结构往往兼有砖构、石构墓葬的某些特点。如果说丧葬观念的转变(如模拟现实居住环境的需要)是导致上述墓顶结构发生变化的重要因素,那么,从整体来看,这种丧葬观念的转变又是通过墓葬材质结构的变化以及相应的技术发展来实现的,洞穴墓圹的影响则在一定程度上起到了催化作用。

综合而言,汉代洞穴墓圹结构的流行及其与竖穴墓圹结构的并行发展,木构墓葬的衰落和砖、石结构墓葬的兴起,以及墓葬平面布局和立面(剖面)结构复杂多变的发展演变趋势,都充分体现了汉墓结构的时代特征。联系汉代前后墓葬结构的发展演变不难看出,汉墓结构的复杂面貌从总体上呈现出明显的破"旧"与立"新"相交替的过渡性特点,这应该说也是与汉代社会所处的历史发展的转型时期相适应的。

(本文原名"汉墓结构的时代特征",载《中国文物报》2003年9月5日7版。)

6
汉代的"整木棺"现象

关于汉代的棺具,目前尚缺乏全面系统的整理。就各类木质棺具而言,除了类似长沙马王堆 M1 四重套棺那样的个案研究以外,对于不同结构形制的木棺背后是否隐含了不同的文化含义,还很少有人关注。然而就在引人注目的马王堆汉墓中,M3 三重套棺的"中棺"据称是"两侧和底用一根整木雕凿而成"[1]。这在长沙地区的汉代墓葬中是罕见的现象。那么,这一现象究竟具有怎样的意义?是否对墓主人的身世存在着某种暗示呢?

事实上,早在 20 世纪 50 年代,广州、江都等地的汉代墓葬中就已发现了不少类似马王堆 M3 中棺那样结构形制的木棺,以后同类木棺的发现范围又进一步扩大,数量也越来越多。兹略举数例:

1. 1953 年清理的广州龙生岗汉墓,为双棺合葬,"两具棺材是用一段大木凿成,像独木舟,只盖板和头尾板是另板合上的,其中一具头尾用两条麻带束着,外面涂上厚厚的黑漆,里面涂上红漆,用银锭形榫头(汉书称细腰)加封"[2]。依据后来整理出版的《广州汉墓》报告的分类,该墓属于当地木椁墓中的"假双层分室墓"类型。

2. 1955 年在江都凤凰河拓宽工程中清理的 M20,为单棺木椁墓,木棺棺盖已朽,棺身是"用一段整木凿砍制成,形制像一只独木舟,从剖面看呈'凹'字"。棺南北挡板"两端安入两侧棺板的 M 字形榫槽"[3]。

3. 1963 年清理的盐城三羊墩 M1,为三棺合葬墓,椁外另筑头箱和侧箱放置随

---

[1] 湖南省博物馆、中国科学院考古研究所《长沙马王堆二、三号汉墓发掘简报》,《文物》1974 年 7 期。
[2] 《广州市郊发现巨大的东汉木椁古墓》,《文物参考资料》1954 年 1 期。
[3] 江苏省文物管理委员会《江都凤凰河二〇号墓清理简报》,《文物参考资料》1955 年 12 期。

葬品。"棺皆用完整的楠木料斫成、断面呈 U 形,首尾两端的前和及后和都是用整块木板插入的。棺盖与棺身的接缝及插入木板的地方,都用方棱及斜面的子母卯槽紧密套合。"[1]

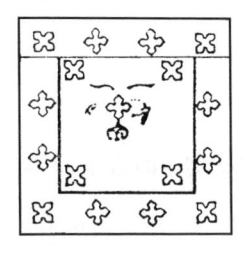

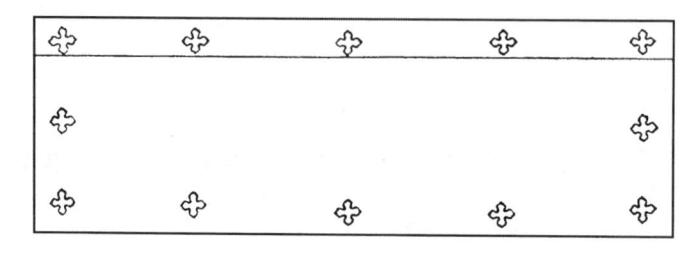

图 6-1　盐城三羊墩 M1 中棺(棺侧及头端)

(据《考古》1964 年 8 期)

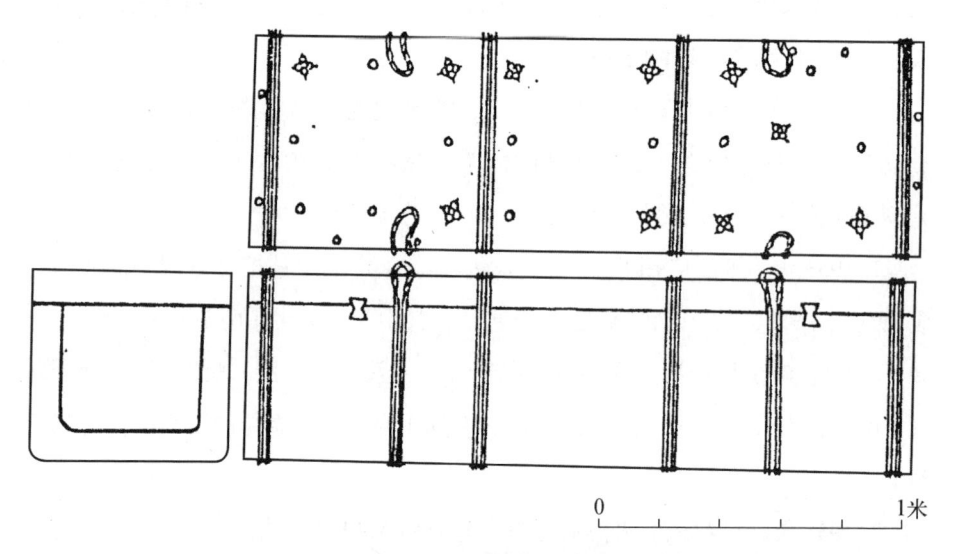

图 6-2　海州侍其繇墓木棺

(据《考古》1975 年 3 期)

4. 1973 年在连云港市发现的侍其繇墓,实际上是两座木椁墓并穴合葬,均单棺单椁另附边箱,两棺"棺底和棺帮系用整段楠木剜空而成,另用挡板插入两端的

---

[1] 江苏省文物管理委员会、南京博物院《江苏盐城三羊墩汉墓清理报告》,《考古》1964 年 8 期。

榫槽内。棺帮上口两周尖榫,与棺盖下部沿边两周凹槽紧密吻合。棺盖和棺体每侧各用两枚'细腰'榫合"[1]。

5. 1983年发掘的成都凤凰山木椁墓,为双层木椁结构,上层置双棺,"两棺棺身均系用一截整圆木,外面砍成长方形后,中间挖一木槽,两头嵌入两块方木板而成"[2]。

类似上述采用整段圆木经加工后挖凿棺身、使棺底部与两侧壁连为一体、前后两端另插挡板、然后加盖的木棺,属于汉代木棺中的一种特殊形制。前述马王堆M3的发掘简报描述过于简略,推测其中棺也是前后两端另插挡板的结构。笔者认为,尽管此类木棺的外形也是规整的长方盒形,但毕竟与那种常见的六面木板(即底板、两侧壁板、前后挡板、盖板)均分别制作(有的每面木板还不止一块),然后以榫卯套接的完全拼合式"长方盒形棺"(或"长方形盒状棺")不同。另外,尽管其棺身也采用整木挖凿,但结构又与完全挖槽形成的所谓"独木舟式棺"或"船棺"有别。鉴于目前考古学界对于此类木棺尚无明确的界定,本文暂称之为"整木棺"。

根据笔者的初步统计,截至目前,已在山东、江苏、安徽、江西、湖北、湖南、四川、广东等省区20多个县市的汉代墓葬中发现了"整木棺"。其中,保存较好、形制能够确认的整木棺数量在150具以上,而尺寸清楚的90余具:长约在1.9至2.6米之间,以2.2—2.4米为多;宽0.5至1米不等,以0.6—0.8米为多;高在0.4至1米不等,以0.5—0.7米为多;两侧壁及盖底的常见厚度约在8—15厘米之间。与同时期六面均采用木板拼合的长方盒形棺(大型套棺除外)相比,规格大小基本相当,但通常要显得厚重一些。个别墓葬中还出现整木棺与长方盒形棺并置一椁的合葬现象。制作整木棺的木材,从木棺的宽高计算,其直径至少都在0.7米,结合对加工损耗的考虑,所用树木的直径在1米以上的应占绝大多数。如前述成都凤凰山木椁墓之整木棺,发掘者认为"至少要用直径1.3米以上的圆木,才能作成"。在赣榆清理的一座三棺合葬墓中,还发现"三付木棺是用同一根圆木截成三段后外削内凿

---

[1] 南波《江苏连云港市海州西汉侍其繇墓》,《考古》1975年3期。
[2] 徐鹏章《成都凤凰山西汉木椁墓》,《考古》1991年5期。

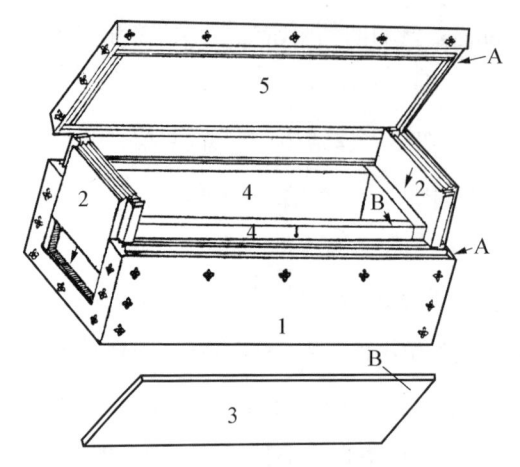

图 6-3 安徽天长 M6 整木棺结构示意图

1. 棺墙板 2. 棺头板 3. 棺内望板 4. 棺内镶墙板 5. 棺盖板（据《安徽天长县汉墓的发掘》，《考古》1979 年 4 期）

而成"的现象[1]。经鉴定，汉代的整木棺以楠木为主，此外还有楸木、杉木。少数整木棺的前后挡板还采用了梓木，可能是有仿效"梓宫"之意。

已知使用整木棺的汉代墓葬是以竖穴木椁墓为主的，也有少量砖木合构墓葬以及无椁单棺墓。流行年代主要是西汉，少数可能晚至东汉初年甚至更晚。从广州地区晋代砖室墓中仍有此类木棺的情况来看，东汉时期相关地区的砖、石结构墓葬中使用整木棺的可能性，也不是完全不存在。只是受保存状况的影响，目前还缺乏确凿的例证。

根据目前的考古发现资料，采用整段木材挖凿制成的葬具，在先秦时期主要流行于长江上游的四川盆地和长江下游及其以南的东南沿海地带，如成都的船棺和独木棺[2]、贵溪的"崖墓"[3]、绍兴的印山木椁墓[4]等，应属于蜀、越等民族文化的产物。值得注意的是，除了形制特异的独木舟式棺或船棺、仿干栏建筑的屋形棺之外，类似汉代整木棺的木棺结构形制也已经在相应区域出现。而地处其间的长江中游地区以及淮河流域的楚墓中流行的是悬底"弧棺"或"方棺"之类，目前还未见到采用整木挖凿棺身的例子。由此推测，汉代整木棺的渊源很可能与先秦蜀、越等民族的葬具制作方式有关。

---

[1] 仲璟维、高立保、于惊鸿《江苏赣榆县金山乡发现一座汉墓》，《考古》1986 年 11 期。
[2] 成都市文物考古研究所《成都市商业街船棺、独木棺墓葬发掘简报》，《文物》2002 年 11 期。
[3] 江西省历史博物馆、贵溪县文化馆《江西贵溪崖墓发掘简报》，《文物》1980 年 11 期。
[4] 浙江省文物考古研究所、绍兴县文物保护管理所《浙江绍兴印山大墓发掘简报》，《文物》1999 年 11 期。

众所周知,在秦汉统一的历史进程中,包括蜀人、越人在内的各类人群的活动空间均发生了很大变化,而目前发现整木棺的区域除了蜀、越故地以外,发现数量最多的江淮地区恰是西汉时期越人内迁后的主要安置地(《史记·东越列传》),恐怕也不完全是偶然的巧合。尽管在统一的历史环境下,汉代整木棺的使用者可能并不局限于蜀人、越人及其后裔,但整木棺本身所蕴含的民族或地域文化背景却是不应忽视的。这也是本文提出"整木棺现象"的初衷。

至于汉代的整木棺在空间分布上的变化,以及具体的结构形制和相应的墓葬结构、随葬品构成等方面的地域差别,也都应该放在秦汉统一进程中的民族迁移、文化变迁与融合等历史背景下进行具体的分析。受篇幅限制,容另文讨论。

(本文原名"汉代的'整木棺'现象",载《中国文物报》2004年12月24日7版。今补图3幅,并对正文略有修订。)

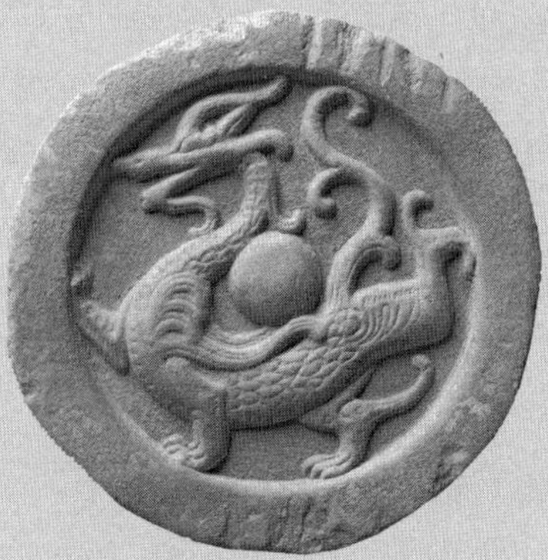

7
秦汉时期的"洞室木椁墓"

秦汉时期是中国古代墓葬结构发生重大变化的时期。各类洞室（洞穴）结构墓葬的出现和传播，成为这一时期墓葬发展演变的一大特色。

早在20世纪50年代，王仲殊先生就曾注意到"洞室墓而使用木椁的"现象。但当时所知道的只有阳高的一座汉墓，被看作"是绝无仅有的孤例"。因而王先生认为"各种洞室墓的棺材及随葬品放置在洞室中，洞室本身就起了椁的作用，洞口经封堵，即能避免填土浸入，没有另筑椁室的必要"[1]。尽管后来的大量事实证明，洞室内砌筑木椁的做法在秦汉时期实际上是大量存在的，然而有关发现并未引起足够重视。直到最近，仍有学者认为"土洞墓的洞室本身起木椁的作用，洞内无需再设椁室"，于是有"以洞代椁"之说[2]。实际上在《汉代丧葬制度》第303页叙述山西地区的土洞墓时，就曾提到孝义张家庄的土洞墓中有"木椁室"存在[3]。笔者以为，从汉代的大量空心砖墓和小砖墓其实也是构筑于预先挖好的洞室（洞穴）之中的情况来看（如洛阳烧沟汉墓），所谓"以洞代椁"的提法显然是值得考虑的。因此，对于在洞室中砌筑有木椁（或类似木椁结构）的墓葬，应该与结构较为单纯的土洞墓区别开，正如将竖穴土坑中筑有木椁的墓葬称为竖穴木椁墓一样，不妨将"洞室墓而使用木椁的"墓葬称为"洞室（或洞穴）木椁墓"。

根据笔者初步统计，已知秦汉时期的"洞室木椁墓"数量已达100座以上，在今陕西、河南、河北、山西、内蒙古、宁夏、甘肃、青海等省区均有发现。其分布范围主要是黄土高原及其邻近的适宜开凿土洞洞穴墓室的地区。已报道的资料中较为重

---

[1] 王仲殊《墓葬略说》，《考古通讯》1955年创刊号。
[2] 李如森《汉代丧葬制度》，吉林大学出版社，1995年，308页。
[3] 有关资料参见《山西孝义张家庄汉墓发掘记》，《考古》1960年7期。

要的有：1956—1958年在陕县后川等地发掘的一批[1]、1976年在临潼上焦村发掘的一批[2]、1977年在凤翔高庄发掘的一批[3]、1973—1981年在大通上孙家寨发掘的20座[4]、自1982年起在朔县发掘的一批[5]、1985年在阳原三汾沟发掘的一批[6]、1988年在西安东郊国棉五厂发掘的2座[7]、1989—1992年在西安北郊龙首原发掘的22座[8]等。还有一些零散的报道，在此不一一列举。

和同时期其他洞室结构的墓葬一样，就墓圹的形制而言，已知的秦汉洞室木椁墓也可以分为竖井墓道洞室木椁墓[9]、斜坡墓道洞室木椁墓[10]、竖井与斜坡相结合式墓道的洞室木椁墓[11]等类型。通常每墓只有一条墓道，位于墓室一端，但也有部分合葬墓在第二次埋葬时从墓室另一端开挖新的墓道，从而形成所谓"双墓道木椁洞室墓"[12]。部分地区（尤其是关中东部地区）的洞室木椁墓还常见带有龛室。龛室或位于墓道一侧，或位于洞室入口处的一侧，每墓龛室的数量以一个为常见，主要用于放置随葬品。

就洞室内木椁的构造而言，除关中地区以外，通常是和当地并存的竖穴木椁墓中的木椁结构大体接近。不过，洞室木椁墓的椁室因为是构筑在洞穴之中的，在结构上也就有自己的特色，并且因时间或地域的差异在具体的构造上也存在一些变化。从已知结构较为清楚的例子来看，有以下几个值得注意的现象：

一是椁室内分室的情况较少。由于受洞室限制，椁室的规模有限，通常是在置棺后形成的棺前或棺侧剩余空间放置随葬品，还有的是将随葬品放置在与椁室不

---

[1]《陕县东周秦汉墓》，科学出版社，1994年。
[2]《临潼上焦村秦墓清理简报》，《考古与文物》1980年2期。
[3]《陕西凤翔高庄秦墓地发掘简报》，《考古与文物》1981年1期。
[4]《上孙家寨汉晋墓》，文物出版社，1993年。
[5]《山西朔县秦汉墓发掘简报》，《文物》1987年6期。
[6]《河北阳原三汾沟汉墓群发掘报告》，《文物》1990年1期。
[7]《西安东郊国棉五厂汉墓发掘简报》，《文博》1991年4期。
[8]《西安龙首原汉墓·甲编》，西北大学出版社，1999年。
[9] 如西安西北医疗设备厂M164，《西安龙首原汉墓·甲编》，参见图一。
[10] 如西安西北医疗设备厂M168，《西安龙首原汉墓·甲编》。
[11] 如临潼上焦村M11和M18，《考古与文物》1980年2期。
[12] 如朔县GM116，《文物》1987年6期。

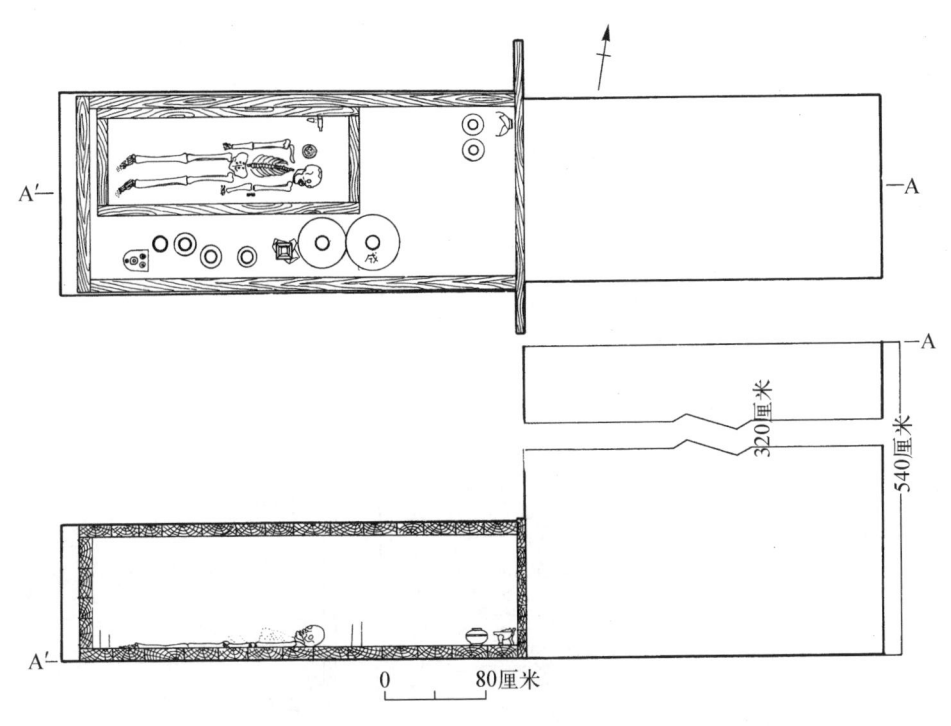

图 7-1　西北医疗设备厂 M164

（据《西安龙首原汉墓》页 162 图一〇六）

相连的龛室中。

二是椁室前壁多采用立柱式（或竖立的木板式）结构。年代越晚，这种结构就越常见。或与封门设施合而为一，或在前壁外侧再加上土坯木板之类封堵。

三是在椁室两侧靠近洞室壁往往还竖立木柱以加固椁室[1]，或在木椁外侧增设木构架[2]。

四是部分墓葬的椁室采用的是立柱加棚顶式结构，椁壁由原木立柱构成[3]，有的甚至没有木构的椁顶或椁底，连原木立柱构成的椁壁也只有两侧壁和前壁[4]。

---

[1] 如大通上孙家寨 M135，《上孙家寨汉晋墓》，参见图 7-2。
[2] 如阳原三汾沟 M9，《文物》1990 年 1 期。
[3] 如朔县 GM144，《文物》1987 年 6 期。
[4] 如大通上孙家寨 M137，《上孙家寨汉晋墓》。

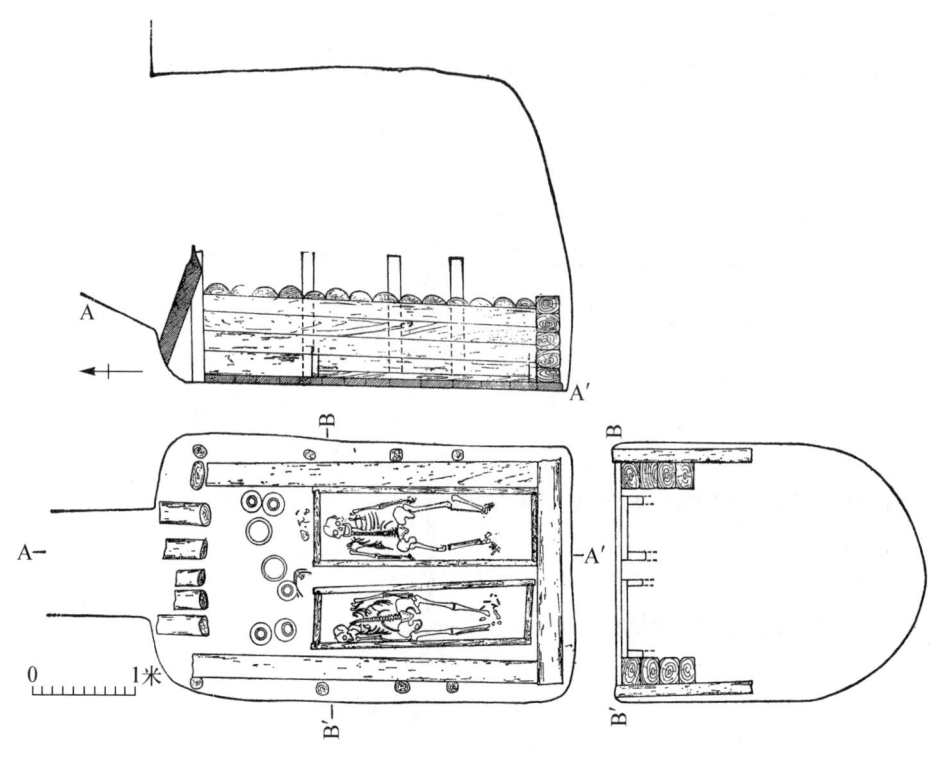

图 7-2　青海大通县上孙家寨 M135

（据《上孙家寨汉晋墓》页 25 图一八）

由于大部分洞室木椁墓中的木构部分多已腐朽，有些现象仅仅是依据残存的痕迹推测的，因此，对各地洞室木椁墓细部结构特征的比较、对其发展演变规律的认识等，都还有待将来更多的新发现。

从已知的资料来看，洞室木椁墓大致在秦统一前后出现，早期主要集中分布于关中地区。之后洞室木椁墓的传播大致是以关中地区为中心，主要向北、向西扩散的。尤其是西汉中晚期，洞室木椁墓的空间分布范围显著扩大，北方长城沿线的代郡以西至西北新设的金城郡一带多有发现。当中原地区的洞室木椁墓逐渐被放弃、开始流行在洞室中采用小砖砌筑墓室时，西北黄土地带便成为洞室木椁墓的主要分布区域。值得注意的是，在西北，许多地区往往还同时流行竖穴木椁墓（通常是竖穴木椁墓早于洞室木椁墓出现），形成洞室木椁墓和竖穴木椁墓并驾齐驱的局面。大约从东汉早期开始,随着上述区域小砖结构墓葬的普及,洞室木椁墓和竖穴木椁墓一起消退。而关中以东地区,从秦统一前后至东汉初年,仅局部地区(如三门峡、济源一带)出现洞室木椁墓,至于盛行洞室墓的洛阳地区,迄今仍未见报道有洞室木椁墓发现。由此可见,同样是在洞室墓的分布区域,墓葬结构的演变也具有明显的地域差异。

众所周知,先秦时期的礼制中对墓葬有许多等级规定。然而从目前的考古资料来看,古代文献记载的以木构墓葬为特征的棺椁制度,基本上都是指竖穴式结构的木椁墓而言的。那么,洞室木椁墓的出现势必会对传统礼制意义上的棺椁制度产生冲击,或者说,它的出现本身就是传统的棺椁制度已经动摇的征兆之一。无论如何,在秦汉时期(尤其是西汉时期),黄土高原及其邻近地区洞室木椁墓与竖穴木椁墓的并行发展,都是不容忽视的事实。事实上,这也是秦汉时期洞室(洞穴)结构和竖穴结构两大类别的墓葬并行发展的一个组成部分。汉代洞室木椁墓在西北地区的传播,和该地区出现的其他结构类型的汉墓一道,都应该是在汉王朝开拓西北地区的大历史背景下进行的,是汉代西北地区文化演进在埋葬方式上的一个缩影。

(本文原名"秦汉时期'洞室木椁墓'简论",载《中国文物报》2003年3月28日7版。此次重刊略有修订。)

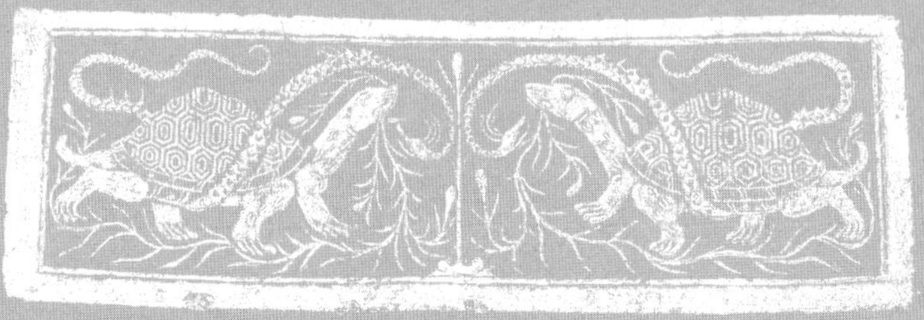

8

关中汉代空心砖墓

空心砖墓从战国时期开始出现,直到东汉时期衰落,其空间分布范围主要是中原地区,以今河南省境内发现最多。研究表明,秦汉时期空心砖墓大致是以嵩山附近的新郑、郑州至洛阳一带为中心向外扩散的。邻近河南的陕西、山西、山东、江苏、安徽、湖北诸省都发现了汉代的空心砖墓或用于墓葬建筑的空心砖。关中地区便是其主要的传播地之一。过去由于材料较少,加上早先报道的资料中有几座墓的空心砖本身具有一定的特殊性,给人一种错觉:似乎关中地区空心砖墓的出现主要是利用地面建筑的旧砖砌筑而成的。随着新材料的不断增加,该地区汉代空心砖墓的真实情形已逐渐凸显出来。

一、发现和分布

早在20世纪50年代,在关中地区(西安附近)就曾发现过汉代的空心砖墓,但详细资料一直未见报道。直到近20年来,才不断有新的发掘资料陆续发表。根据笔者初步统计,已知关中地区发现的汉代空心砖墓(包括采用空心砖和实心小砖混合砌筑的墓葬)约30座,是除河南省以外报道汉代空心砖墓最为集中的地区。其中较重要的资料有:1979年在咸阳茂陵东南发现的4座[1]、1980年在咸阳市北(塔儿坡附近)发现的3座[2]、1988年在咸阳织布厂发现的6座[3]、1995年在咸

---

[1] 陕西茂陵博物馆、咸阳地区文管会《陕西咸阳茂陵西汉空心砖墓》,《文物资料丛刊》第6辑,文物出版社,1982年。
[2] 咸阳市文管会、咸阳市博物馆《咸阳市空心砖汉墓清理简报》,《考古》1982年3期。
[3] 咸阳市文物考古研究所　孙德润、贺雅宜《咸阳织布厂汉墓清理简报》,《考古与文物》1995年4期。

56　历史时期考古研究

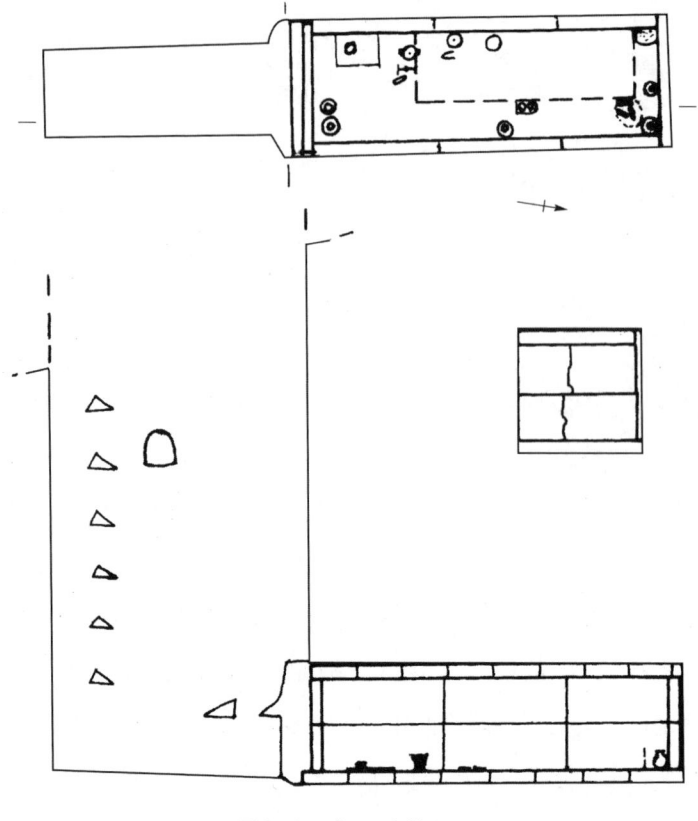

图 8-1　咸阳马泉镇 M2

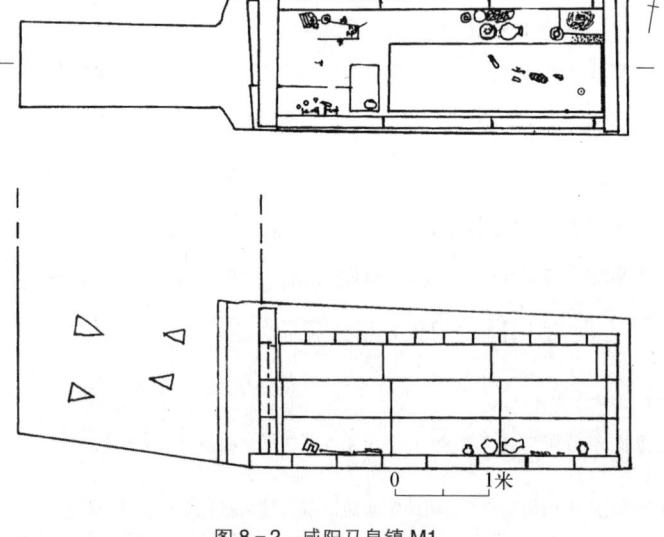

图 8-2　咸阳马泉镇 M1

阳茂陵镇陕西第二针织厂发现的 11 座[1]、2000 年在咸阳马泉镇发现的 2 座[2]，等等。以上见于报道的空心砖墓主要分布在关中东部今咸阳市附近,以汉武帝茂陵以东至昭帝平陵以南一带最为集中。尤其是茂陵东南约 2—3.5 公里范围内发现的就有 21 座之多。这一分布特点对于我们正确理解关中地区的空心砖墓无疑是有帮助的。

二、墓葬的结构特点

关中地区已报道资料中,空心砖墓形制明确者多数为洞室墓,仅个别为竖穴墓。洞室结构的墓葬又以竖井墓道为多,约占 80%,只有少数为斜坡墓道。无论采用洞穴结构还是竖穴结构,已知的墓葬规模均相对较小,以单室为主,少数为双棺室。单室墓墓室一般长 3—4 米,宽 1—2 米,墓室面积多在 5 平方米上下。双棺室的墓室面积也大致在 7—8 平方米。

完全采用空心砖砌筑的单纯的空心砖墓,其墓顶结构主要有平顶和人字顶两种。平顶结构者使用的空心砖形制相对简单,多为长方形,只是规格大小略有区别。单棺室的墓葬墓壁通常为 2 层砖侧砌,高 1 米左右,墓室用砖数量大致以 30 块上下为常(如 2000 年发现的马泉镇 M2);个别墓室加高、墓壁为 3 层砖的,其用砖数量可增加至 40 块以上(如 2000 年发现的马泉镇 M1)。平顶双棺室的空心砖墓使用空心砖数量则可达到 50 余块(如 1995 年陕西第二针织厂 M3)。人字顶结构的空心砖墓用砖数量通常更多,结构也更为复杂、严密。例如 1979 年在茂陵附近发现的 M1,采用斜坡墓道,整个墓室共使用各类空心砖 102 块,是关中地区已知使用空心砖数量最多、结构最复杂的一座。

空心砖与实心小砖(长条形砖或方形砖)混合构筑的墓葬中,墓室各部位使用空心砖和小砖的搭配情况非常复杂:墓壁及墓底或以小砖砌筑,或以空心砖砌筑,

---

[1] 解峰、陈秋歌《陕西第二针织厂汉墓清理简报》,《文博》1999 年 3 期。
[2] 咸阳市文物考古研究所《咸阳马泉镇西汉空心砖墓清理报告》,《文博》2000 年 6 期。

或兼用空心砖和小砖,其中实心方形砖通常用于铺地;墓顶结构除个别可能为小砖外,绝大多数都由空心砖构成,包括平顶、人字顶两种结构形式。尽管用砖情况复杂,但混合结构墓葬中的空心砖形制反而简化,仍以规整的长方形空心砖为主,用于搭建人字顶的空心砖有时增加了特制的榫卯。

通常上述砌筑墓葬的空心砖上模印的纹饰多为几何纹。较为特殊的是咸阳市北郊塔儿坡附近发现的3座墓,所用空心砖上施有四神纹饰,据推测原来可能是用于地面建筑的[1],因此,其形制和纹饰都和其他专为砌筑墓葬而烧制的空心砖不同。

三、与郑洛地区空心砖墓结构之比较

共同点主要体现在:1. 均以竖井墓道洞室墓为主;2. 均存在平顶和人字顶之类的结构类型;3. 均流行空心砖与小砖混合结构的墓葬。

差异主要体现在:1. 关中地区空心砖墓的墓室规模比较小,以单室单人葬为主,缺少郑洛地区常见的各类合葬形式;2. 墓葬结构相对简单,耳室或龛室之类均不如郑洛地区的同类墓葬发达,也未见郑洛地区晚期空心砖墓流行的屋脊顶式结构;3. 混合结构中采用方形砖铺地的做法在郑洛地区很少见到。这些情况表明,两地的空心砖墓既有密切的联系,又存在一定的区别。

四、年代与墓主人问题

目前的资料显示,至迟在西汉中期,空心砖墓便已在关中地区出现,并持续到西汉晚期。部分空心砖与小砖混合砌筑的墓葬出土有货布、货泉和布泉等新莽钱币,还可能晚至新莽末年。从茂陵、平陵附近发现的20余座空心砖墓的结构和空心砖的形制来看,关中地区空心砖墓的主流显然也和关东其他地区的空心砖墓一

---

[1]《咸阳市空心砖汉墓清理简报》,《考古》1982年3期。

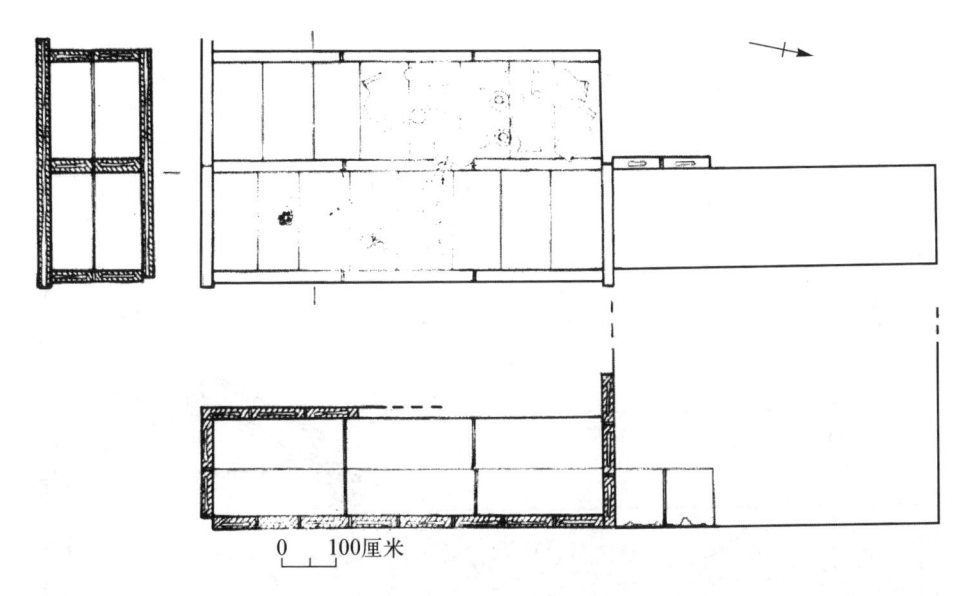

图 8-3 咸阳第二针织厂 M3

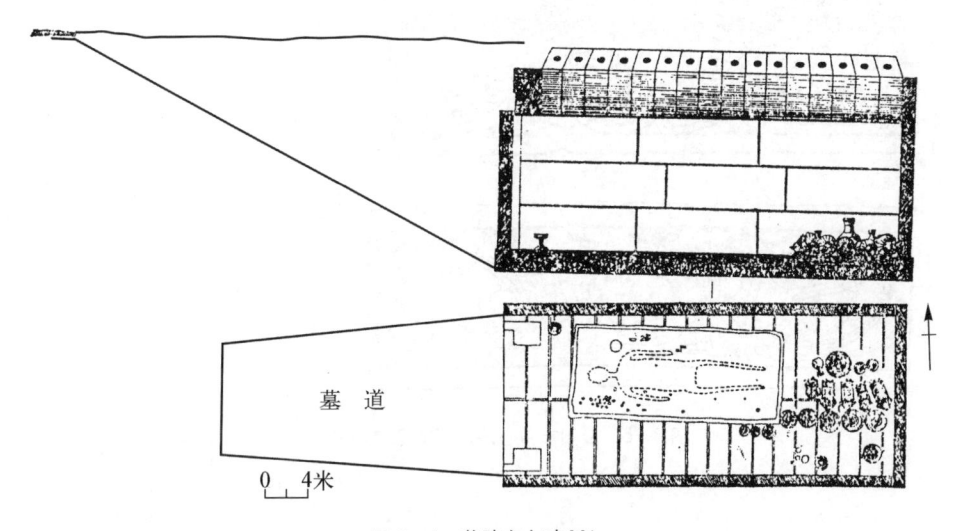

图 8-4 茂陵空心砖 M1

60　历史时期考古研究

图 8-5　咸阳市空心砖墓 M36 及其四神纹饰

样,是将空心砖作为专门的建墓材料烧造并使用的,并且持续了相当一段时间。其墓葬结构上的变化以及随葬品的时代差异,也证明了空心砖墓在该地区是有一个发展演变过程的。通过与郑洛地区汉代空心砖墓的比较还可以看出,这一过程和关东空心砖墓的演进有着密切的联系,只是在出现的时间上晚于关东地区,在数量上少于关东地区,其发展演变的内容不如关东地区丰富而已。由此说明,空心砖墓在传播过程中也出现了明显的地域差异。

关于关中地区空心砖墓的主人。曾有学者对前述咸阳市北郊发现的空心砖墓进行了分析,指出其出现恐怕只有在西汉末年特殊的历史背景下才有可能,"或许是墓主家族来自关外,将老家的习俗就地取材施用于关中亦未可知"[1]。现在知道,这些"就地取材"的空心砖墓只是关中地区晚期空心砖墓中的一种特殊现象,并且数量上只占很少一部分。至于关中地区较早出现的空心砖墓,现在确知的是茂陵、平陵附近发现的那一批。根据有关文献记载,西汉时期曾采取设置陵邑并迁入关东人口的办法来充实关中。陵邑的设置从西汉初年就开始,直到西汉元帝时期才废止(《汉书·元帝纪》)。从该区域空心砖墓出现的时间和分布的地点来看,应该是和汉代充实关中的移民政策有着密切的关系。尤其是集中分布在茂陵东南不远处的空心砖墓,不仅年代可早至茂陵邑设置后不久("西汉中期偏早阶段"),而且位置也和学者们推定的茂陵邑的范围非常接近。故推测,其主人很可能与迁入陵邑的来自关东空心砖墓流行区域的人群有关。当然,茂陵东部的上述空心砖墓分布区域附近也是茂陵陪葬墓集中分布的地区,因此也不排除陪葬墓或陪葬墓主人之后代的墓葬采用空心砖结构的可能性。

(本文原名"关中地区汉代空心砖墓刍议",载《中国文物报》2003年1月24日7版。此次重刊略有修订。)

---

[1] 瓯燕《洛阳汉墓之管见》,收入《洛阳考古四十年》,科学出版社,1996年,251页。

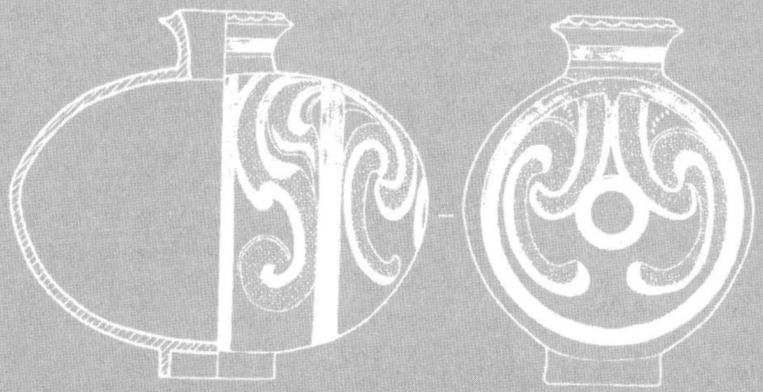

9
曲村秦汉墓葬分期

一、前言

　　天马—曲村遗址的发现与发掘是探索晋文化的重大收获之一。该遗址地处曲沃盆地,总面积约为 3 800×2 800 米。通过对其文化面貌的认识,该遗址被认为很有可能就是《史记·晋世家》所谓"方百里"的晋始封之地[1]。

　　自 1979 年晋国墓地发现以来,北京大学考古学系师生会同山西省考古研究所对该墓地进行了数次有计划的发掘。在全面揭露的同时,清理了一批秦汉时期(包括战国末年秦占领时期)的墓葬。这批墓葬集中分布在曲村镇北,紧靠居民区(参见图 9-1)[2]。从已揭露的范围来看,秦汉墓葬的分布大致呈东北—西南走向,墓葬之间的排列非常有规律,说明在当时应该是一块集中的葬地。

　　晋中南地区已发表的有关秦汉时期的墓葬资料较为有限,且非常零散。个别资料比较集中的地点也做过一些分期研究[3]。曲村墓地由于采取了全面揭露的发掘方法,所获资料非常全面;墓葬分布的相互关系清楚,时间上早晚衔接紧凑,这些都为分期的研究带来了极为便利的条件。正因此,曲村秦汉墓葬的整理研究可为晋中南地区树立较为可靠的断代标尺。

---

[1] 北京大学考古专业商周组等《晋豫鄂三省考古调查简报》,《文物》1982 年 7 期。1991 年以来晋侯墓地的发现与发掘,进一步证实了天马—曲村遗址正是早期的晋都所在,参见邹衡先生《论早期晋都》,《文物》1994 年 1 期。

[2] 1992 年至 1995 年,在对晋侯墓地进行抢救性发掘的同时又陆续清理了一批汉代墓葬,作者在 1993 年秋亦参加了相关汉墓的发掘。这批汉墓位于曲村镇东北天马—曲村遗址的中部偏北处,年代相对曲村镇北的汉墓而言略晚,个别墓的材料已见诸报道,如《1992 年春天马—曲村遗址墓葬发掘报告》,《文物》1993 年 3 期。

[3] 山西省文管会侯马工作站《侯马地区东周、两汉、唐、元墓葬发掘简报》,《文物》1959 年 6 期。

1	3
2	4

1. 墓葬区位置示意图
2. A区墓葬分布图
3. B区墓葬分布图
4. C区墓葬分布图

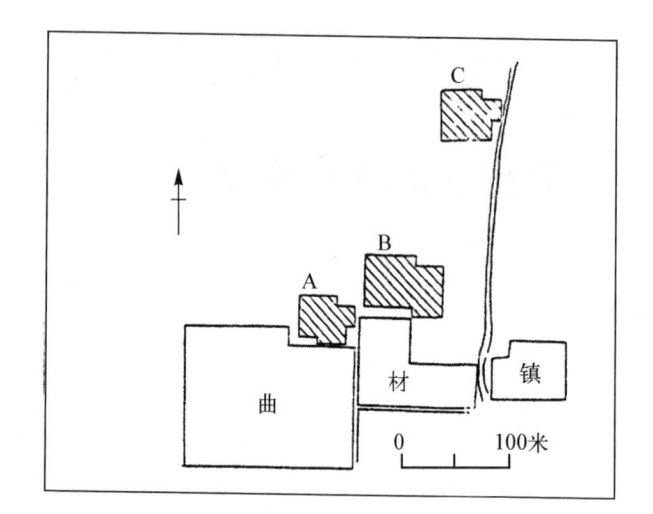

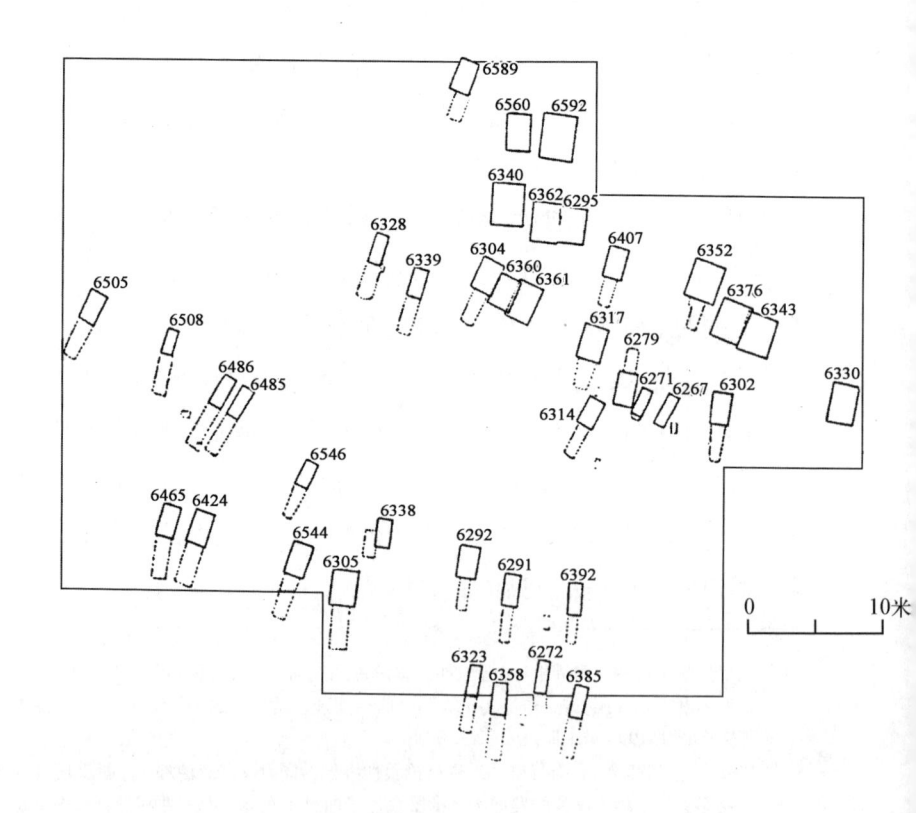

图 9-1 曲村秦汉墓葬分布图

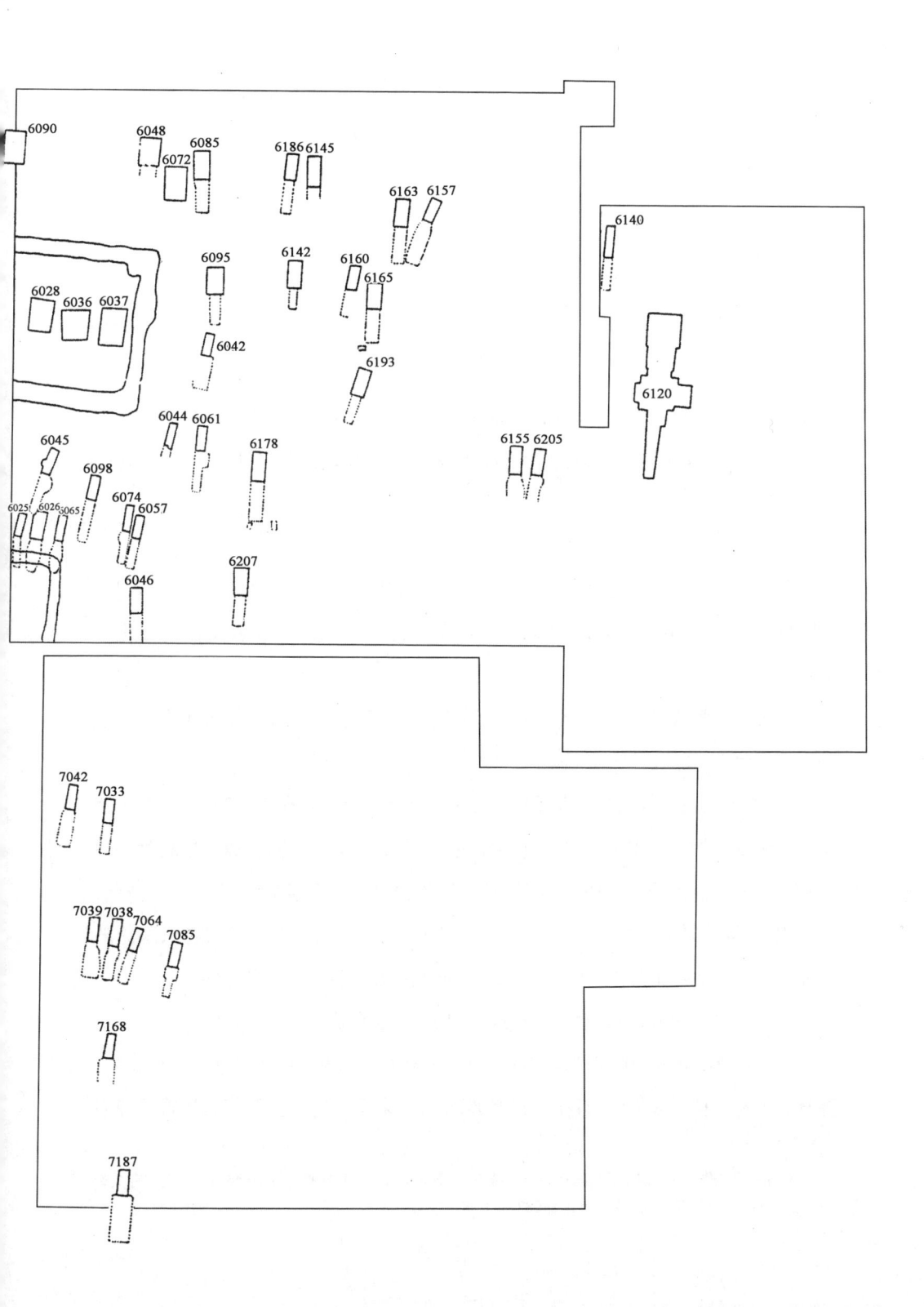

曲村秦汉墓葬分期　65

通过初步整理发现,该墓地从战国末至西汉中叶有两套随葬品系统并列发展的现象。类似情况在中原地区过去亦有发现[1],但材料都远不如曲村的丰富。而上述现象对于探讨秦汉之际的社会变革无疑是非常重要的。

二、墓葬形制

1. 类型

包括竖穴土坑墓、竖井墓道洞室墓、砖室墓以及瓦棺葬四大类。曲村镇北秦汉墓地已发掘的 94 座墓中,以洞室墓为数最多,约占 2/3;而砖室墓最少,仅 1 例(编号 M6120)。

第一类

竖穴土坑墓,共 17 座。平面长方形,均南北向,头向均朝北。墓口长 2.3—3.5 米,宽 0.93—2.6 米不等,不见斜坡一类墓道,属小型墓。据早晚形制的变化分 3 式:

Ⅰ式 宽敞式竖穴,墓口宽一般在 2 米以上,墓壁有收分,呈口大底小状。近底有二层台 1—2 层。

例 M6592:方向 8°,墓口及墓底长宽分别为 3.4×2.6 米和 2.9×2.05 米,深 3.25 米。墓底四周均留有生土二层台,其中北壁有二层。葬具已朽,据板灰推断为一椁一棺,椁底发现有 7 道东西横向土棱,似用以代替垫木。人架 1 具,为仰身直肢葬,上肢内曲,双手置于腹部,面部盖以若干石圭片。右肘部位有 1 件铁带钩,陶质随葬品均置于椁北生土台上,计有鼎 2、盒 2、壶 2、小壶 3 件,盘、匜各 1 件。

Ⅱ式 墓口变窄,两侧壁近乎垂直,南北两端近底略外扩,无二层台。

例 M6330:方向 10°,口、底长宽分别为 2.63×1.7 米和 3.02×1.6 米,深 3.65 米。葬具为一椁一棺。人架仰身直肢与 M6592 同,唯未见石圭片。随葬品均置于椁内

---

[1] 河南文物工作队第一队《郑州岗杜附近古墓葬发掘简报》,《文物参考资料》1955 年 10 期。有关论述参见叶小燕《秦墓初探》,《考古》1982 年 1 期。

南北两端，计有陶鼎、盒、小壶、钫、盘各1件，罐2件。

Ⅲ式　狭窄型竖穴，底部外扩，呈口小底大状。例M6271：方向21°，口、底长宽分别为2.3×0.93米和3.1×0.96米，深3.3米。葬具已朽，似为单棺。人架已朽，仅知头向北，余不明。墓底北端相当于头箱部位低下6厘米，集中放置随葬品，计有陶鼎1、鼎盖1、盒2、茧形壶2、瓶1、罐1件。另外，约头骨部位还出有3枚铜半两钱。

第二类

竖井墓道洞室墓，共62座。墓向亦为南北向，头向朝北。洞室绝大部分都开凿于墓道南端，仅个别墓的洞室位于墓道之北（M6279）或略偏于墓道一侧（M6338）。就墓葬规模而言，皆为小型墓。除了因残或其他原因而形制不明的墓以外，其余的据早晚形制的变化试分为4式：

Ⅰ式　墓道长宽均大于洞室。墓道以口大底小者为常见，宽多在1.3米以上，最宽将近2.5米。洞室均窄于墓道，长一般不足2.5米，最短者仅1.8米。葬具均为单棺，棺前与洞室口之间一般很少留有余地来放置随葬品，有的则空无一物。

例M6317：方向15°，墓道口底长宽分别为2.93×2.05米和2.7×1.68米，深2.65米。墓道填土经过夯打，从上到下约有夯土7层。洞室位于墓道南端，平面大致呈长方形，长约2.25、宽约1.5米，平顶高约1.5米。洞室底部人架部位略低于墓道底。葬具已朽，人架1具，为蹲踞式屈肢葬。该墓未见随葬品。

Ⅱ式　墓道仍宽于洞室，然洞室明显加长，均大于墓道长度，洞室前端多留有1米左右的地方以放置随葬品。

例M6305：方向8°，墓道四壁垂直，长2.75、宽2、深3.7米。洞室位于墓道南端正中，底与墓道底平，长3.2、宽1.4、高约2.1米，平顶。单棺位于洞室后部，已朽。人架1具，仰身直肢葬。随葬品集中于棺前与洞口之间，计有陶茧形壶1、鼎1、盒2、壶2、鉴1、釜1、鱼1件，共9件，此外，在洞室封口处有红色漆器残痕，上有动物骨骼。

又例M6163：方向5°，墓道四壁垂直，长2.6、宽1.4、深3米。洞室位于墓道南端，略偏于东侧，长3.2、宽1.2米。整体平面呈"刀"形。葬具、人架均朽。随葬品置洞口内,计有陶鼎2、盒2、壶2、瓿1、罐1件,铜带钩1件。此外,该墓于墓道上口填土中还置有陶瓮1件。

Ⅲ式 墓道变窄,宽与洞室大致相当。墓道宽一般都在1.3米以下,最窄仅0.8米。以四壁垂直者为多,亦有口小底略大或墓口扩成"盘口状"者。洞室平面呈长方形,少数带有龛室。

例M6385:方向7°,墓道四壁垂直,长2.7、宽1.2、深4.5米。洞室宽与墓道同,长3.1米,弧顶高约1.4米。洞室底部大致与墓道底平齐,葬具为单棺,已朽。人架仰身直肢。随葬品位于洞室前端,计有陶鼎1、盒2、茧形壶2、瓿1、罐1件,共7件。此外,棺内人架腰部有铜带钩1件,墓道上口填土中还有陶大口罐1件。

又例M6045:方向22°,墓道长2.42、宽0.8米,四壁垂直,深3.5米,墓道上口两侧辟有一小壁龛,内置有罐和筒瓦。该墓发现有封土痕迹,由河卵石与五花土组成,残高仅20余厘米。封土堆以下的墓道填土为一层层夯土和一层层河卵石交相叠压,每层厚约20厘米,离墓口约1.3米以下的填土则未经夯实。洞室狭长,宽与墓道同。洞室前部东侧壁辟有一龛室,宽1.4、高0.7、进深0.55米。葬具为单棺,人架仰身直肢。随葬品置洞室前端及龛室中,计有陶鼎2、盒2、壶2、瓿1、瓮1、鸮鸮1件,共9件。另有铅器及残漆痕。

Ⅳ式 窄墓道、宽洞室墓。墓道宽多在1米以下,然洞室均明显宽于墓道。出现双棺合葬(M6042、M7187、M7039等)。洞室仍以土洞室为主,出现封门砖墙(M6155)或石墙(M7038),少数墓则以空心砖筑室(M6157)或小砖筑室(M7064)。

例M7042:方向10°,墓道长宽为2.3×0.85米,深2.32米。洞室底与墓道底平,平面亦呈长方形,宽约1.5、长3.95米。葬具、人架均朽。随葬品计有陶瓮1、灶1、罐7件,另有残漆痕。

第三类

斜坡墓道砖室墓。曲村镇北秦汉墓地只发现1座,编号M6120,位于六区东部(见分布图9-1,3),南北向,墓道朝南。墓室仅残存底部,结构不甚清楚,大致由甬道、前中后三室以及耳室等几部分构成,总长约10.3米。墓底为人字纹错缝铺地砖。葬具及人架情况均不明。随葬品残存有釉陶耳杯、盘、案以及灰陶罐、石臼等,并有五铢钱若干。此外,在墓地以外的周围地区亦有零星砖室墓发现,均残,本文从略。

第四类

瓦棺葬,共 14 座。均为小孩墓。墓圹很小,平面有椭圆形、四边形、长方形等几种。葬具均由板瓦 3—4 块上下对扣而成,绝大多数在头端处套置 1 陶釜。少数在脚端还加套 1 陶盆。不见有其他随葬品。本文从略。

2. 葬具和葬式

葬具 木质者多腐朽无存,只能据板灰痕迹来推断,因此细部结构难以确知。大致是:竖穴土坑墓以一椁一棺为主,少数为单棺,椁棺的套制情况不外乎以下三种:① 棺椁紧套,中间空隙很小,有陶质随葬品者均置椁外(如 M6592、M6362、M6295 等);② 椁略比棺宽,但明显长于棺,多在一端隔出"头箱"以放置随葬品(M6072、M6037 等);③ 椁无论长宽均明显大于棺,棺椁之间有较大空隙,平面近"回"形,随葬品仍置椁内"头箱"部位(如 M6376)。洞室墓以单棺为主,少数为双棺合葬。一般不见有木椁。极少数墓洞室底部发现有明显大于棺的底板痕迹(M6358),或在洞室两侧壁发现有挡板痕迹(M7187),但两种情况未见共存。从残存痕迹推测,这类葬具与木椁应该是有区别的。

葬式 人架多腐朽,可辨葬式者以仰身直肢为主,少数为屈肢葬。直肢葬以上肢放置部位的不同分三种情况:① 上肢内曲,双手置于下腹部,似"叉腰"状(如 M6072);② 两上肢一自然伸直,另一内曲,手置下腹部(如 M6292);③ 两上肢均自然伸直,垂于体侧(如 M6304)。以第③种最为常见。屈肢葬有侧身蹲踞式(M6317)和仰身下肢微屈两种,其中后者亦有上肢垂直于体侧(M6360)或交叉于骨盆部位(M6160)的区别。但无论哪一种,下肢均向西侧屈。

3. 随葬品的种类及陈置

随葬品的种类多样。以质地论有陶、铜、铁、玉石、漆木器及铅器等。以陶器为主,具体情况详见下节。铜器主要是带钩、镜、环、璜一类服饰用品,不见武器,容器极少，仅 M6272 出土有铜、鉴之属共 4 件。铁器有少量的剑、匕首一类的武器，个别有铁带钩、铁铺首；容器仅 M6057 出土铁釜 1 件。玉石器很少，仅个别墓出土有成组的串饰。较早的竖穴土坑墓中还见有以石圭片覆盖尸体的现象。漆木器出土时多已腐朽，一般仅见残痕，可辨器形主要是耳杯、盘之属。其中 M7042 在残漆皮上还发现有墨书"日利"二字[1]。铅器仅少数较晚的墓有出土，形似铜泡钉，用途不明。

竖穴土坑墓中均未发现龛室，随葬品的数量不多，一般都在 15 件以下。陶器以置于椁内头箱部位为常见，亦有因椁内空隙有限而置于椁外头前方与坑壁之间（如 M6295）甚或二层台上者（如 M6362）。武器及服饰用品均随身入棺。洞室墓亦如此，没有太大差异。陶器之属在洞室墓中绝大多数都是置于棺前与洞室口之间，有龛室的则置龛室之中（如 M6061、M6045、M6074 等），少数因洞室较短而棺前空地有限者则略偏于棺侧（如 M6304、M6407 等）。

值得注意的是，62 座洞室墓中，除因残墓口情况不明的 4 座墓以外，墓道内或墓口置有陶罐、瓮、筒瓦之属的就有 24 例之多。主要有下列三种情况：

第 1 种，单置筒瓦者 2 座，筒瓦均筒口朝下竖插于墓道上口。

第 2 种，单置罐或瓮者 12 座。罐瓮口朝下者底部多残，而口向上者则有盖以石块的现象。有的将墓道上口拓宽成"盘口"状，陶罐置于"盘口"内的一角（如 M6062、M6207）。有些墓道呈现出口小底大而罐在墓口线之外者，推测有可能是原墓口已被破坏之故。以上各墓均未发现封土。

第 3 种，置筒瓦再加上罐（瓮）者 10 座。筒瓦多筲口朝下插于罐瓮的大口之中（如 M6044、M6061 等），或包住罐瓮口部（如 M6045），亦有罐瓮口部盖以石块而筒瓦套置者（如 M6074）。较为复杂的如 M6155，则罐瓮套置再加筒瓦，旁置异形罐和小砖。个别墓发现有封土，如 M6045，据称发掘时揭去表土后，筒瓦便已从残存的封土中露出来。由此推测，一些没有封土的墓，罐、瓮、筒瓦之属亦有可能露出当时的地面而起到一定的标识作用（当然这并不排除再借助他物的做法），众多的洞

---

[1]"日利"乃秦汉时期商业上常用的吉祥语。同样文字亦见于洛阳中州路出土的汉代陶器上，见《洛阳中州路》38 页图十七：8，科学出版社，1959 年；另外，四川芦山亦出土有"日利"一类字样的吉语印，见周日琏《四川芦山出土巴蜀符号印及战国秦汉私印》，《考古》1990 年 1 期。

室墓成组并列而绝少见有相互打破的现象,似乎也说明了这一点。

总之,随葬品的陈置,由棺内的武器、服饰用品到棺外的成组礼器(或生活用器),到墓口的罐瓮筒瓦之属,实际上应该说是丧葬礼仪中入敛—入葬—墓祭几大步骤的遗迹[1]。

4. 墓葬排列方式

三墓成组和两墓成对的现象均较流行。三墓成组的以竖穴土坑墓为主,一般东西并列,并且有围墓沟出现,如 M6028、M6036、M6037 一组;亦见有墓口紧邻而略带打破者,如 M6304、M6360、M6361 一组。两墓成对的以洞室墓为主,大约晚于前者出现,有的两墓紧邻,仅距离 10 厘米多(以上均见图 9-1)。

三、陶器类型与组合

1. 陶器类型

陶器不外乎礼器、生活用器、模型明器三大类。以陶礼器为主,主要器形有鼎、盒、壶(茧行壶)、钫、甗、盘(盆)、匜等;其次是生活用器,包括罐、瓮等器类;模型明器较少,主要是井、灶之属。较晚的洞室墓中还常见有鸱鸮,其用途尚待考。

陶质、陶色　和中原地区同时期的墓葬一样,均以泥质灰陶为主,兼有少量夹砂灰陶、夹砂红陶。由于火候的原因,也出现少数灰褐、红黄一类杂色,个别器物还见有掺滑石粉的现象。约西汉晚期墓中始见有釉陶随葬。

纹饰　以彩绘为主,主要见于陶礼器。以红、白两色最为常见,也有黄、蓝、黑色彩绘。少数器物在画彩绘前还施以褐色底色或白色陶衣。常见彩绘纹样主要有弦带纹、同心圆纹、卷云纹、涡云纹、流云纹、水波纹、网格纹、三角纹、花草以及铺

---

[1] 曲村秦汉墓中流行的墓口置罐与筒瓦之属的现象,本人认为当与墓祭有关,限于篇幅,不拟展开。有关古代祭祀礼俗的问题,可参见王世民《中国春秋战国时代的冢墓》一文中的有关论述,见《考古》1981 年 5 期。

首、动物纹等。凡彩绘，以红白相间或交叉的画法最为常见，而单色彩绘较少。其次是绳纹，主要见于罐、瓮、釜等器类，并且以在绳纹上再施凹弦纹（即所谓旋断或间断绳纹）最为常见。再次是暗纹，主要见于生活用器，少数早期的礼器亦施以暗纹。其纹样有弦纹、网格纹、锯齿纹等。有时暗纹和绳纹同时出现在一件器物上（主要是罐），这时暗纹多位于颈部和腹上部，而绳纹多偏于腹下部。此外，还有少量凸弦纹、划纹、瓦纹等。而模印浮雕纹饰则主要见于壶、灶一类器物。

主要器类的型式划分如下：

鼎　共72件，出自46座墓。其中出2件者26座，仅出1件者20座。以耳、足之区别试分为三型：

Ⅰ型　无耳，浅腹，器形较小。分2式：

①式　圜底略尖，三足较直，模印兽面纹，盖上三纽，饰暗锯齿纹，腹部凸棱一周。标本M6592：3，口径12.4、通高13.5厘米（图9-2,5）。

②式　腹变浅，三足外撇，球面盖。标本M6036：8，素面，口径15、高13厘米。盖顶内侧戳印"平市"陶文。

Ⅱ型　板耳鼎。分3式：

①式　深腹，圜底或平底，盖有纽盖和弧顶盖之分，足有柱足或兽足之别。标本M6072：4，口径12.8、通高18.4厘米。通体饰红白相间彩绘（图9-2,7）。

②式　腹变宽，圜底或圜底略尖，兽足。标本M6302：4，覆钵状纽盖，腹壁上部较直，圜底略尖，三足较矮，板耳上部外折，彩绘已脱落。口径17.2、通高15.2厘米（图9-2,1）。

③式　浅腹，弧顶盖，整体扁圆，三蹄足有附加堆纹（泥条）。标本M6465：4，口径14.5、通高14.6厘米，红色彩绘（图9-2,4）。

Ⅲ型　复耳鼎。分A、B两亚型：

ⅢA型　高蹄足，器形较大者。分4式：

①式　标本M6305：4，子母口内敛，子口较高，圆唇，深腹，圜底，蹄足高直，断面呈半圆形。附耳高直，穿长方孔。浅盖，三兽纽。饰彩绘，口径14、腹深8.8、通高16.2厘米（图9-2,9）。

曲村秦汉墓葬分期　　73

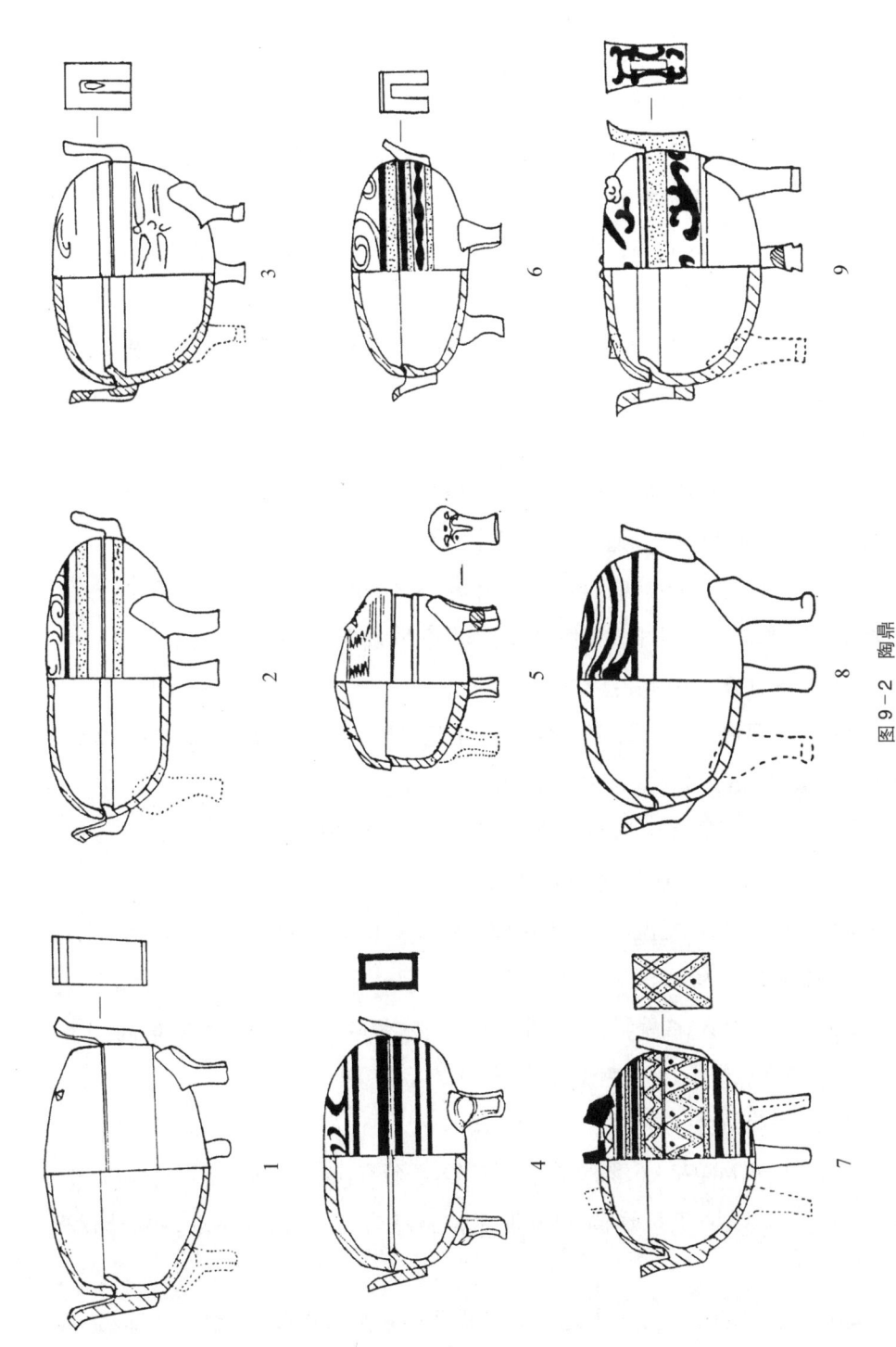

图 9-2　陶鼎

1. M6302：4　2. M6061：5　3. M6330：7　4. M6465：4　5. M6592：3　6. M6267：3　7. M6072：4　8. M6157：7　9. M6305：4

②式　标本 M6330：7,敛子母口,斜方唇,深腹,圜底,盖略加深,三蹄足内倾。褐底白色彩绘,腹宽 18.2、通高 15.6 厘米(图 9-2,3)。

③式　标本 M6157：7,蹄足明显加高,腹变浅,整体扁圆。彩绘出现红白相间流云纹,口径 18.4、通高 19.2 厘米(图 9-2,8)。

④式　标本 M6061：5,腹加宽,变扁。彩绘同上式。口径 20、腹深 5、通高 14.2 厘米(图 9-2,2)。

ⅢB 型　足较窄,器形较小,通高均在 13 厘米以下,最矮者仅 8 厘米。分 2 式：

①式　标本 M6267：3,子母口低矮,尖唇,圜底,三兽蹄足略高,弧顶盖。红白相间彩绘,口径 15.6、腹深 5.2、通高 12.2 厘米(图 9-2,6)。

②式　标本 M6323：7,浅腹平底,三矮柱状足,盖顶扁平。器形整体扁圆,彩绘同上。口径 14、腹深 3.7、通高 8.4 厘米。

盒　87 件。出自 46 座墓,其中出 2 件者 38 座,单件者 7 座。除个别墓外,均与陶鼎、壶(或茧形壶)共出。根据器形结构之不同试分三型：

Ⅰ型　平底盒。分 4 式：

①式　小平底,纽盖。器形一般较小,不见彩绘。标本 M6592：6,口径 12.5、通高 12.2 厘米,盖面施暗纹(图 9-3,5)。

②式　弧顶或平顶盖,腹略深,均饰彩绘。标本 M6037：9,口径 13.6、高 13 厘米,彩绘红白相间菱格、弦带纹等(图 9-3,6)。

③式　小平底,圈足盖。标本 M6465：5,口径 15.2、高 14.4 厘米,彩绘出现波纹、卷云纹,以红彩为主(图 9-3,8)。

④式　平底增大,腹壁斜直,盖圈足极低。标本 M6061：1,口径 17.6、高 11.6 厘米,彩绘白色弦带纹、橙黄色波纹(图 9-3,7)。

Ⅱ型　圈足型盒,均为圈足盖。分 3 式：

①式　标本 M6072：6,深腹弧壁,子口较高、斜直,圆唇。圈足上下对等,微外撇。口径 13.6、圈足径 8、通高 13.6 厘米,通体饰红白相间弦带纹、同心圆纹(图 9-3,9)。

②式　子口变低,斜方唇或尖圆唇,盖圈足径均增大,器形整体略扁圆,彩绘亦

曲村秦汉墓葬分期　　75

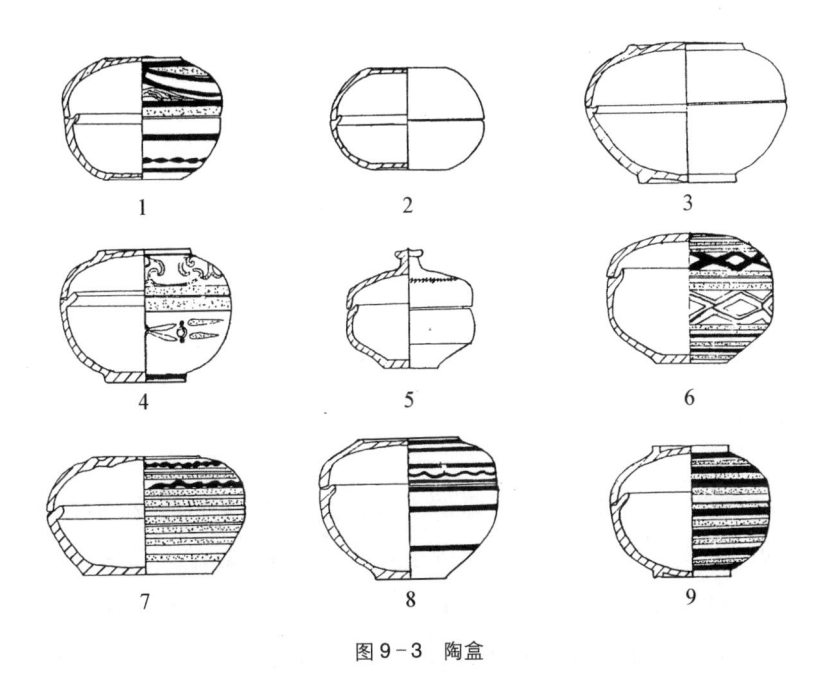

图9-3　陶盒
1. M6323:8　2. M6065:6　3. M6074:13　4. M6505:5　5. M6592:6
6. M6037:9　7. M6061:1　8. M6465:5　9. M6072:6

发生变化,底有圈足和假圈足之分。标本M6505:5,假圈足,腹宽18、通高13.5厘米,褐底红白彩绘,器内通体涂成红色(图9-3,4)。标本M6358:6,圈足,盖腹微鼓,腹宽17.4、通高11.9厘米,亦为褐底红白彩绘。

③式　浅腹、斜壁、子口低平。标本M6074:13,腹宽21.6、通高14.6厘米,彩绘已脱落(图9-3,3)。

Ⅲ型　凹底或称为凹圈足型,共11件,出自6座墓,均与茧形壶共存。器形较小,高10—13.2厘米,分2式:

①式　标本M6323:8,腹略深,盖微鼓,腹宽16.8、通高12.4厘米,饰红白彩绘(图9-3,1)。

②式　标本M6065:6,腹变浅,整体扁圆,腹宽16.5、通高10.4厘米,彩绘不详(图9-3,2)。

壶　63件,出自35座墓,其中出2件者21座,3件、6件者各1座,余12座墓各

1件。壶形制复杂,试分为六型:

Ⅰ型　侈口圆唇,纽盖,无彩绘,分2式:

①式　平底,鼓腹最大径偏上,颈略长,正中有棱一周,盖腹微折。颈部及盖面饰暗纹。标本M6592：1,口径11.4、腹径15.6、通高25.6厘米(图9-4,1)。

②式　圈足,圆鼓腹,颈略短,盖腹斜壁。标本M6090：4,口径10.6、腹径15.2、通高25.3厘米(图9-4,2)。

Ⅱ型　小口平底,长圆腹。分2式:

①式　折沿圆唇。标本M6343：6,颈略细长,平底较小,口径7.1、底径8、腹径18.5、高24厘米。彩绘红白相间弦带纹、三角纹(图9-4,3)。

②式　浅盘口。标本M6424：11,侈口平沿有领,细颈,瘦腹最大径偏上,口径8.9、底径9.3、腹径18.4、高27.8厘米。彩绘弦带,云气纹等(图9-4,6)。

Ⅲ型　圈足,细颈,扁圆腹。分3式:

①式　标本M6302：2,侈口有领,浅盘状口,细长颈,圆鼓腹,矮圈足,带桦纽盖,彩绘已脱落。口径11.7、腹径21.6、通高33.6厘米(图9-4,11)。

②式　标本M6505：7,侈口有领,细颈,扁圆腹,高圈足。彩绘以红白为主,饰弦带纹、三角纹等。口径12.2、腹径20.6、高27.2厘米(图9-4,4)。

③式　侈口短颈略粗,扁圆腹。标本M6323：1,口径10、腹径20.4、高23厘米。彩绘红白相间弦带纹、卷云纹等(图9-4,5)。

Ⅳ型　圈足,粗颈较直,圆鼓腹。分2式:

①式　标本M6186：3,折曲状圈足,球形腹。最大径适中,颈略长,侈口有领,伞状盖。腹上部贴塑铺首衔环一对。腹饰凹弦纹,口部内侧涂红,其余彩绘均已脱落。腹径27.2、通高42.6厘米(图9-4,9)。

②式　标本M6157：1,圈足外撇,鼓腹最大径上移。颈略短,侈口有领,带博山盖。红、白、蓝等色彩绘。腹径31.2、通高59.1厘米(图9-4,12)。

Ⅴ型　束颈,广圆腹。分2式:

①式　标本M6074：8,侈口有领,球面盖,束领较细,广圆腹,腹上部模贴对称铺首衔环。彩绘已脱落。圈足底径19.7、腹径29.6、通高42.5厘米(图9-4,10)。

曲村秦汉墓葬分期　　77

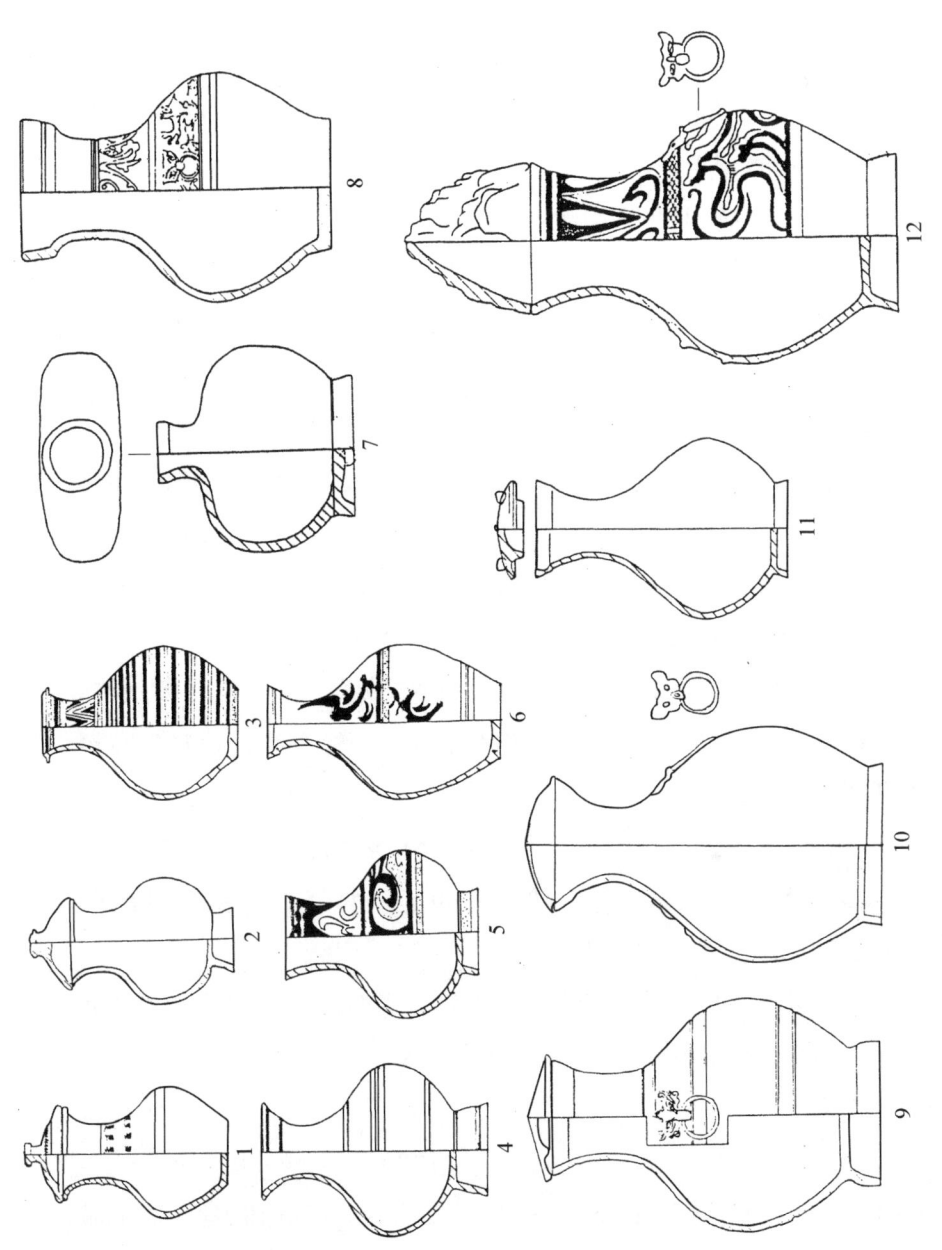

图 9-4　陶壶

1. M6592：1　2. M6090：4　3. M6343：6　4. M6505：7　5. M6323：1　6. M6424：11　7. M7187：3　8. M6155：10
9. M6186：3　10. M6074：8　11. M6302：2　12. M6157：1

②式　标本 M6061：7，空心假圈足，博山盖。彩绘红、白、蓝等色弦带纹、流云纹。底径 22.2、腹径 30、通高 46 厘米。

Ⅵ型　盘口，长颈，扁圆腹，筒状空心假圈足。标本 M6155：10，通体白衣，饰红、蓝等色彩绘，腹上部模印浅浮雕狩猎纹，并有铺首衔环一对。口径 17、腹径 21、底径 16、高 28.2 厘米(图 9-4，8)。

扁壶　1 件。标本 M7187：3，直口短颈，腹扁平。矮圈足呈长椭圆形，通体施白色陶衣，彩绘不详。口径 7.6、高 23.2 厘米(图 9-4，7)。

茧形壶　共 41 件，出自 23 座墓，其中出 2 件者 16 座，3 件者 1 座(M6544)，另有 6 墓各出 1 件(其中 M6036 为填土所出)。据颈部粗细之不同试分为 A、B 两型：

A 型　粗颈型，共 11 件，共同特点是：宽折沿下斜，沿面内外侧各有一周凹弦纹。颈部及圈足均饰凸弦纹，腹部为凹弦纹，颈部内侧交接处均抹圆。据早晚变化分 3 式：

①式　宽折沿，方唇，鼓腹成茧形，两头略尖，器身黑皮似磨光。标本 M6028：1，圈足低矮，口径 11.5、底径 11.2、高 23.7 厘米(图 9-5，6)。

②式　折沿同上，唯沿面凹弦纹加深，唇变薄抹圆呈尖圆唇上翘状。标本 M6305：5，折曲状圈足较高，口、颈部均见有涂朱现象。口径 13.6、底径 11.8、高 31 厘米(图 9-5，3)。

③式　折沿变薄，尖圆唇同上式，圈足外撇。器形整体与上式一致，唯腹部凹弦纹明显减少，出现满饰的彩绘。标本 M6424：10，口径 11、底径 11.4、高 30 厘米。彩绘红、白等色云纹及宽带纹等(图 9-5，1)。

B 型　细颈型，共 30 件。共同特点是，器壁较薄，均施彩绘，不见凸、凹一类弦纹。窄沿，颈部较细，颈部交接处内侧均有明显接合痕，以凸棱最为常见，腹两端圆缓或扁平。分 2 式：

①式　侈口，口沿内侧凸起，尖唇或圆唇。细颈略高，呈喇叭状。圈足外侈。标本 M6267：10，口径 12.2、底径 8.9、高 28.4 厘米。彩绘为红白相间卷云纹、弦带纹，多已脱落(图 9-5，4)。

②式　窄沿近平，斜方唇或圆唇，短颈较直，器形变小，圈足矮直。标本

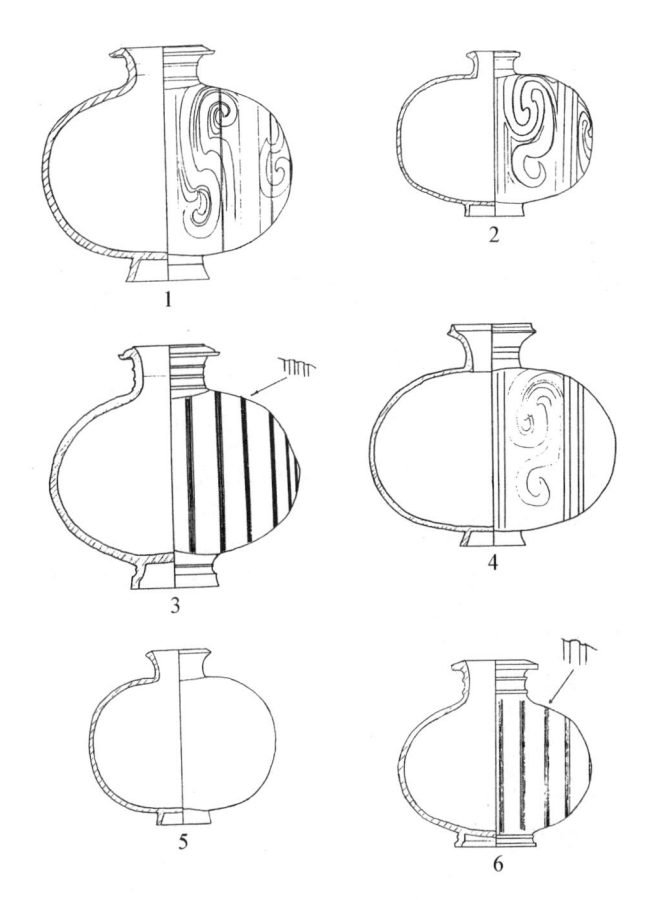

图 9-5 陶茧形壶

1. M6424∶10 2. M6385∶4 3. M6305∶5 4. M6267∶10 5. M6065∶1 6. M6028∶1

M6385∶4,腹两端扁平,口径 7.6、底径 7.8、高 21.4 厘米。红白相间彩绘(图 9-5,2)。标本 M6065∶1,口微侈,腹短圆,口径 9.2、底径 7.1、高 22.5 厘米。彩绘不详(图 9-5,5)。

甗　由锜、甑配套而成,较完整的有 28 件,一般每墓只出 1 件。试分成 A、B 两型:

A 型　深腹型,分 4 式:

①式　标本 M6544∶6,锜直口平沿,深腹,平底,腹中部有一宽凸沿,三雁足。

甑为宽折沿深腹盆形甑,尚未修复,暂缺。锜口径8.5、高13.7厘米。腹上部饰凹弦纹和彩绘(图9-6,10)。

②式 折沿深腹盆形甑,圈足较高,甑腹弧壁或微折,锜小口深腹,圆底,三蹄足。标本M6465:14,甑折沿略下斜,方唇,底五圆孔,锜蹄足略矮,腹部凸棱适中,较平。甑口径19.2厘米,锜腹深10.3、通高20.8厘米,彩绘已脱落(图9-6,8)。标本M6186:4,甑腹微折,锜深腹呈球形,凸棱微上翘。三蹄足略高。甑口径20.4厘米,锜腹深13、通高25.3厘米,彩绘已脱落(图9-6,5)。

③式 甑腹壁斜直,圈足低矮;锜小口深腹,圆底或平底,凸棱上翘。高蹄足。标本M6045:13,甑平沿方圆唇,底三圆孔,口径22.4厘米;锜腹深10.5、通高23.2厘米。彩绘已脱落(图9-6,9)。标本M6098:8,甑底为三长方形孔,锜为平底,三足外撇,通高22.8厘米。饰彩绘(图9-6,6)。

④式 标本M6205:8,甑斜沿尖圆唇,底四楔形孔,并有刻槽(未穿透)。口略大,唇部加厚,甑底套置锜口中,通体白衣,有黄、黑等色彩绘,纹样难以看清。甑口径20.2厘米,锜腹深11.2、通高21.6厘米(图9-6,7)。

B型 浅腹型,分2式:

①式 折沿圈足浅腹盆形甑,锜小口扁腹矮兽蹄足。标本M6424:9,甑为宽折沿下斜,圆唇,腹壁斜直,底有六圆孔。锜为圜底。腹中部凸棱尖圆,下有抹痕。甑口径14.4厘米,锜腹深5.2、通高12.9厘米。彩绘为红色弦带纹,多已脱落(图9-6,1)。标本M6178:4,甑为窄沿方唇,折腹,底七圆孔;锜为平底。甑口径17.8厘米,锜腹深5.3、通高13.6厘米,饰彩绘(图9-6,2)。

②式 敞口平沿、凹底、浅腹钵形甑;锜小口,矮柱状足。标本M6026:12,甑弧壁,底三圆孔,口径15.2厘米;锜腹部凸棱适中,腹深6、通高12.2厘米,彩绘脱落(图9-6,3)。标本M6323:9,甑折腹,底三孔呈等边三角形分布;锜腹扁圆,凸棱偏下,三柱足矮小。甑口径15.6厘米,锜腹深5.3、通高11.1厘米。彩绘为橙、黄、白色相间弦带纹、波纹(图9-6,4)。

釜甑 一套,标本M6046:2,釜平底无足,腹部凸棱下有切削痕;甑折沿圆唇,深腹斜壁,小平底,七孔。甑底套置釜口中,通高12.5厘米,饰彩绘(图9-9,1)。

曲村秦汉墓葬分期　　81

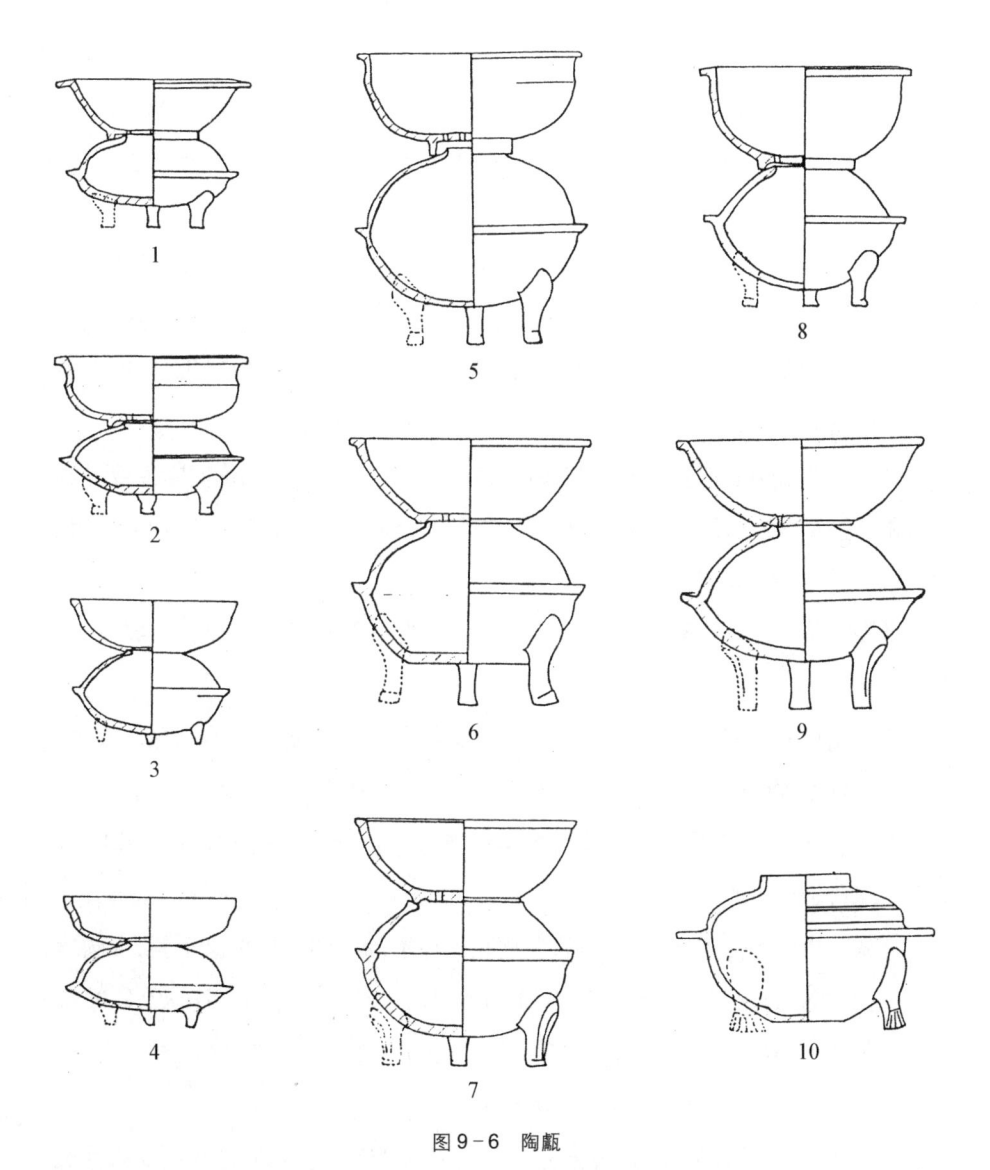

图 9-6　陶甗

1. M6424∶9　2. M6178∶4　3. M6026∶12　4. M6323∶9　5. M6186∶4　6. M6098∶8
7. M6205∶8　8. M6465∶14　9. M6045∶13　10. M6544∶6

罐　主要的可分为以下三型：

Ⅰ型　小口折沿，厚唇，颈部较直略矮，广圆腹，大平底。纹饰以间断绳纹为主，少数饰有暗纹。分3式：

①式　圆角方唇，广肩圆鼓腹，最大腹径适中，约与高接近。标本M6343：5，口径12、底径16、腹径26.4、高26厘米。间断绳纹较细，腹下部则为交错细绳纹（图9－7,1）。

②式　折沿方唇，腹最大径上移，腹径小于高，平底或平底微凹，绳纹明显变粗。标本M6165：2，圆肩，平底微凹。口径13.4、底径16、腹径27.2、高31厘米。腹下部为粗横绳纹。又标本M6271：1，方唇微凹，圆肩微折。口径12.1、底14.5、腹径26.4、高30.5厘米。腹下部为斜向粗绳纹（图9－7,2）。

③式　器形明显增高。标本M6074：2，折平沿方唇，腹部仍饰间断绳纹，均直向较细，凹弦纹较浅，近底留有空白。口径15、底径16、腹径33.5、高39厘米。肩部阴刻一"公"字（图9－7,3）。

Ⅱ型　侈口，薄唇，高颈微束，鼓腹略瘦，多为小平底，纹饰有暗纹、绳纹。分3式：

①式　折沿下斜，方唇或圆唇。腹部绳纹多抹平，以施加暗纹为常见。束颈部位适中。标本M6302：1，方唇较薄，鼓腹最大径部位抹成宽带凹弦纹两周，以上至颈部饰暗纹，腹下部仅局部有绳纹残痕，不明显。口径12.2、底径13、腹径24.6、高28.3厘米（图9－7,4）。

②式　束颈部位上移接近口沿，腹瘦长。标本M6186：1，折沿下斜，尖圆唇，肩部凹弦纹两周，以下为绳纹。口径13、底径12、腹径23、高31.2厘米（图9－7,5）。又标本M6160：2，方唇，肩部亦饰凹弦纹两周，以上至颈部为暗弦纹，腹下部为横绳纹。口径11.2、腹径23.8、高29.5厘米。

③式　侈口尖圆唇，耸肩，瘦长腹，平底。标本M7033：1，腹部绳纹仅余残痕。口径15、底径13、腹径26、高35厘米（图9－7,6）。

Ⅲ型　大口罐，分2式：

①式　侈口斜沿，广肩圆折，平底。以素面为主，少数在局部有绳纹残痕。标

曲村秦汉墓葬分期　83

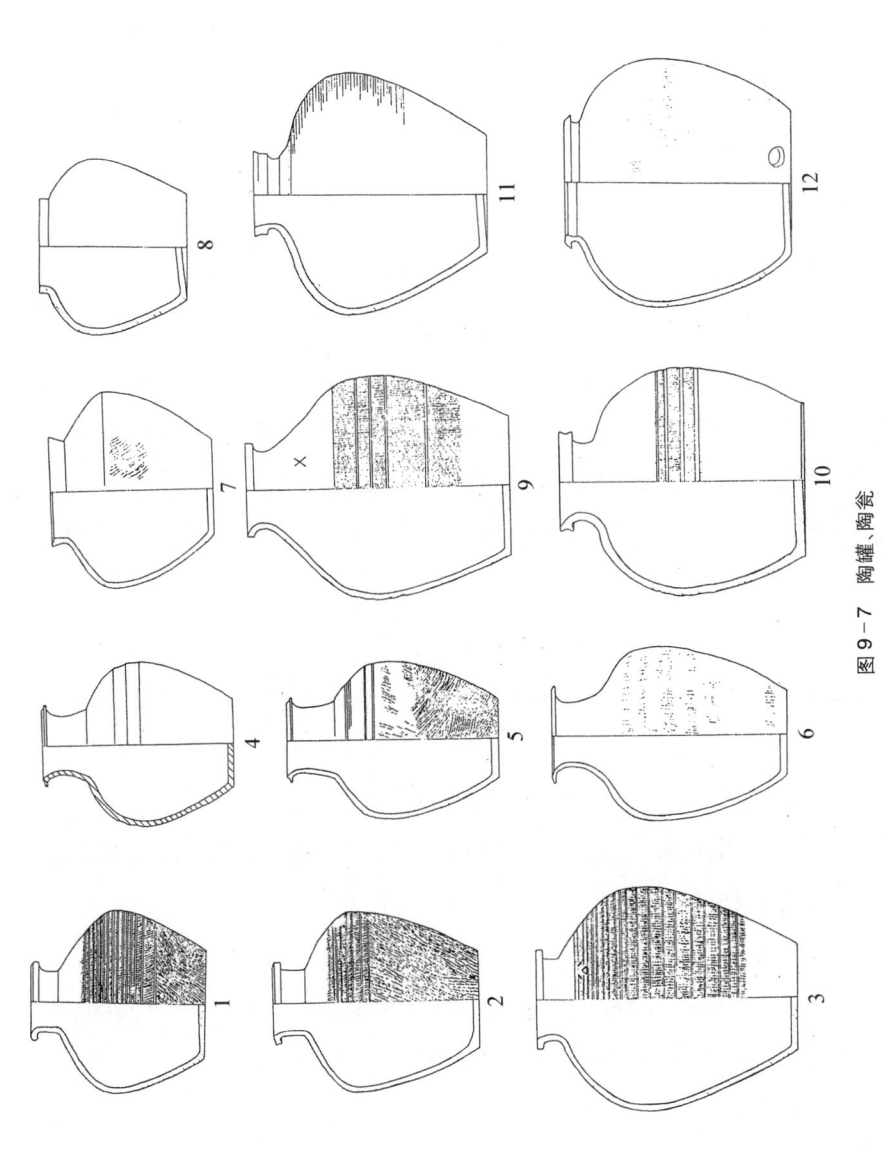

图 9-7　陶罐、陶瓮

1. 罐（M6343：5）　2. 罐（M6271：1）　3. 罐（M6074：2）　4. 罐（M6302：1）　5. 罐（M6186：1）　6. 罐（M7033：1）　7. 罐（M6385：1）　8. 罐（M6140：2）　9. 瓮（M6074：21）　10. 瓮（M7042：2）　11. 瓮（M7039：2）　12. 瓮（M7042：16）

本 M6385：1，口径 16、底径 14、高 24.5 厘米（图 9-7，7）。

②式　直口平沿，圆肩鼓腹，平底或内凹。均素面。标本 M6140：2，口径 14.5、底径 16、高 22 厘米（图 9-7，8）。

瓮　分三型：

Ⅰ型　小口，束颈，大平底瓮。纹饰以绳纹为主，分 2 式：

①式　标本 M6074：21，翻沿方唇，束颈，溜肩，鼓腹，大平底。腹饰间断绳纹，肩部有"×"字刻记。口径 14、底径 20.5、高 38.6 厘米（图 9-7，9）。

②式　标本 M7042：2，耸肩，凹唇，器形略显矮胖，腹正中饰间断绳纹数道，大平底微凹。口径 14.3、底径 22.5、高 36.5 厘米（图 9-7，10）。

Ⅱ型　小口广肩瓮。标本 M7039：2，直口平沿厚唇，短颈，广圆肩，鼓腹，下腹斜直，平底内凹。饰弦纹和划纹。口径 12.8、腹径 36.4、高 34.5 厘米（图 9-7，11）。

Ⅲ型　卷沿大口瓮。标本 M7042：16，卷沿尖唇，圆鼓腹，大平底内凹。腹部有细绳纹残痕，近底部一侧有一直径约为 3 厘米的圆孔。口径 15.8、高 33.6 厘米（图 9-7，12）。

小罐　分两型：

Ⅰ型　侈口平沿小平底，似盂，标本 M6028：2，圆腹，口略小，颈部对穿有 2 小孔。饰弦纹和暗纹。口径 8.8、底径 8.3、高 14.3 厘米（图 9-8，7）。标本 M6376：3，敞口，腹略浅，素面。口径 11.7、底径 7.6、高 11.2 厘米（图 9-8，8）。

Ⅱ型　折沿短颈，鼓腹，平底。标本 M6085：7，折沿方唇，素面。口径 10.6、腹径 17.2、高 16.7 厘米（图 9-8，9）。

小壶　12 件，分 2 式：

①式　10 件，器形较小，鼓腹平底，多带盖，均素面。标本 M6090：2，腹略瘦，盖扁平，通高 7.1 厘米（图 9-9，4）。标本 M6592：9，腹圆鼓，带榫盖，盖面下凹，通高 7 厘米（图 9-9，3）。

②式　2 件。标本 M6505：10，侈口有领，带榫盖，束颈，鼓腹偏下，平底。彩绘已脱落，通高 13.3 厘米（图 9-9，6）。标本 M6330：3，带榫盖，口径 4.8、通高 12.6 厘米（图 9-9，5）。

曲村秦汉墓葬分期　　85

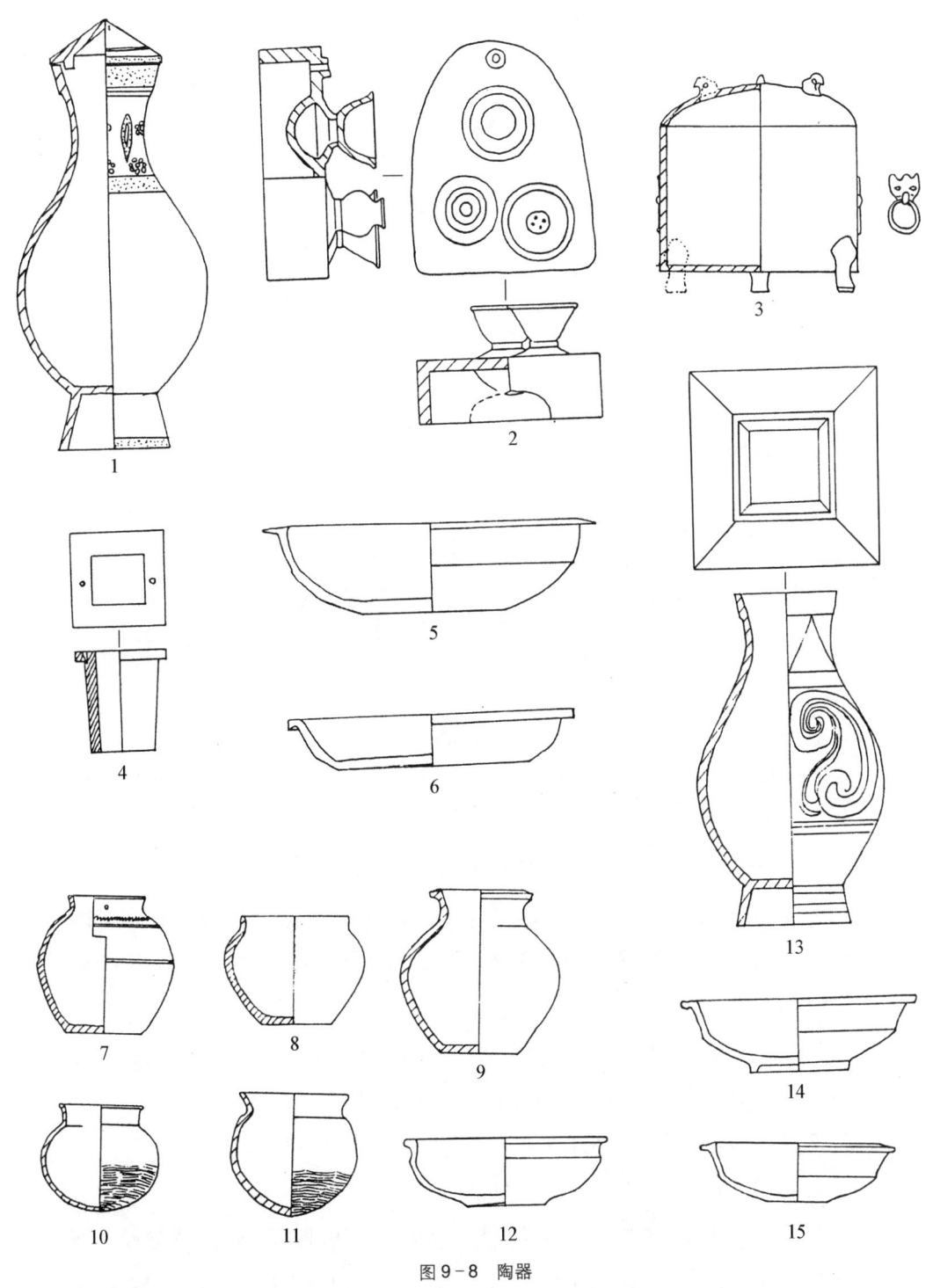

图 9-8　陶器

1. 钫(M6330:1)　2. 灶(M7038:6)　3. 樽(M6074:1)　4. 井(M6205:2)　5. 鉴(M6305:6)　6. 盘(M6330:5)　7—9. 小罐(M6028:2、M6376:3、M6085:7)　10、11. 釜(M6305:2、M6085:6)　12. 盘(M6037:14)　13. 钫(M6505:3)　14、15. 盘(M6302:8、M6424:8)

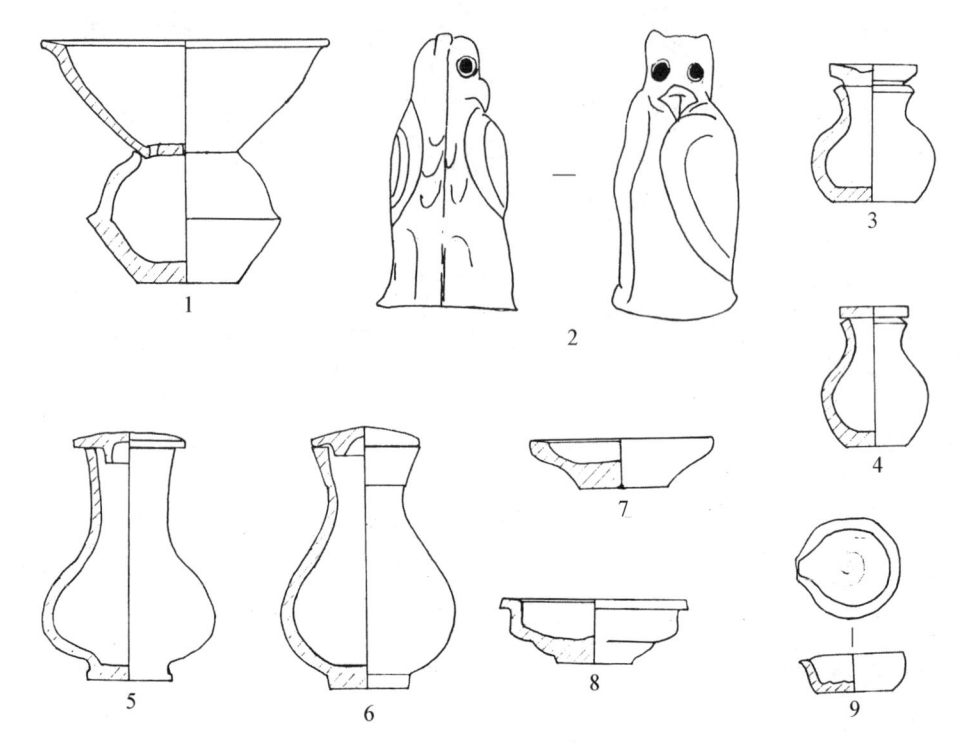

图9-9 陶器

1. 釜甑(M6046∶2) 2. 鸱鸮(M6140∶8) 3—6. 小壶(M6592∶9、M6090∶2、M6330∶3、M6505∶10) 7、8. 盘(M6036∶7、M6592∶10) 9. 匜(M6592∶1)

钫 5件,器形方正,口、腹俯视均呈正方形。分2式:

①式 侈口平沿有领,细长颈,高圈足。标本M6330∶1,带榫尖顶盖,器身饰彩绘,领部及圈足底部均涂白,腹部依稀可辨绘有铺首衔环。口边长12、通高45厘米(图9-8,1)。

②式 形同上式,唯颈部粗短,圈足略矮。标本M6505∶3,无盖,器身饰红、白等色彩绘,腹部为卷云纹,颈部为三角纹,领部涂白,足为红、白相间弦带纹。口边长11.3、高34.8厘米(图9-8,13)。

盘 5件,分2式:

①式 小平底,器形很小,均素面。标本M6592∶10,折沿方唇,折腹较浅。口径9.9、底径4.1、高3.2厘米(图9-9,8)。又标本M6036∶7,口径9.4、底径4.7、高

2.6厘米,素面(图9-9,7)。

②式　宽折平沿,方唇、浅腹、大平底。标本 M6330：5,浅腹近底有切削痕,大平底微凹,器身饰彩绘,唇部涂白,沿面为红白交叉网纹,腹内壁为红白相间网格纹,由四重八角纹交叉构成,每一格内均有一白点。底部为红白相间同心圆纹。口径 31.2、底径 21.3、高 5.2 厘米(图9-8,6)。

盆　可分2式:

①式　折沿小平底盆,均带彩绘。标本 M6037：14,折平沿圆唇,腹壁微折,平底微凹。口径 22、底径 8.6、高 7.6 厘米。器壁内外均饰红白相间弦带纹彩绘(图9-8,12)。标本 M6424：8,折沿下斜,方唇。口径 21.4、底径 6.8、高 6.4 厘米。器壁内外均施彩绘(图9-8,15)。

②式　折沿圈足盆。标本 M6302：8,宽折平沿圆唇,浅腹微折,矮圈足。口径 26、底径 11、高 7.6 厘米。彩绘已脱落(图9-8,14)。

鉴　1件,标本 M6305：6,宽折沿尖唇,深腹平底,器形仿铜鉴,素面。口径 36.8、底径 15.6、高 9.6 厘米(图9-8,5)。

匜　3件,器形很小,均素面。标本 M6592：1,口部近圆形,带流、浅腹、平底。口径 5.2、高 2.1 厘米(图9-9,9)。

鸱鸮　7件,出自7座墓。形状大致相同,呈站立猫头鹰形,平底或微凹,均中空,顶部有小孔,高 13—17 厘米不等。标本 M6140：8,头侧视,眼、嘴、翅膀各部位均明显塑出,并加以彩绘勾勒。底宽约7、高 14 厘米(图9-9,2)。

樽　1件。标本 M6074：1,直口,圆筒状腹,平底,三蹄足,腹部对称模贴二铺首衔环。带盖,盖上有三鸟头纽。彩绘已脱落。直径 22、腹深 14.6、通高 24 厘米(图9-8,3)。

井　1件。标本 M6205：2,方形井筒,无底,井栏两侧有对称二孔,估计为立井架用。底边长 8、井栏边长 10、高 10.8 厘米。素面(图9-8,4)。

灶　6件。出自6座墓,均前宽后窄呈箕形,灶面均为三火眼。标本 M7038：6,拱形火门,灶面附置盆、甑、罐各一,尾部穿透一烟眼。长 23.5、宽 20、高 7 厘米(图9-8,2)。

釜 3件。标本M6305：2，卷沿圆唇，直颈，鼓腹，圜底。为夹砂红陶，腹下部及底饰横篮纹。口径9.4、腹深11厘米（图9-8，10）。标本M6085：6，夹砂红陶，侈口圆唇，深腹微鼓，尖圜底，饰横篮纹。口径12、腹深12.1厘米（图9-8，11）。

洗 1件。标本M7064：3，平沿圜底，夹砂并掺滑石粉，素面。口径24.8、深8.4厘米。

2. 陶器组合

曲村秦汉墓地已发掘的竖穴土坑及竖井墓道洞室墓共计79座。其中有较完整成套陶礼器的墓45座，与之并行或更晚的其他陶器组合的墓有19座，因残而组合不全或不明的墓6座，墓葬完整而没有陶器甚或空无一物的墓有9座。通过以墓（主要是陶礼器墓）为单位进行分类排比发现，陶器组合中茧形壶的有无在器类演变及器形变化上含有一定差异。为了便于分析，本文将主要陶器组合的演变按茧形壶的有无分成两大类分别叙述（仅有少量陶器的墓均用作参考），然后再综合对比进行分期。

A类 不含茧形壶的陶器组合，大致可分为以下六组：

第Ⅰ组 鼎、盒、壶、小壶、盘、匜。组合完整的如M6592、M6362、M6036，均为竖穴土坑墓。每墓鼎、盒、壶各2件，小壶3件，盘、匜各1件，组合非常整齐。鼎均无耳，为Ⅰ型；盒均为小平底纽盖，为Ⅰ型①式；壶均侈口圆唇纽盖，为Ⅰ型；小壶为①式，盘为①式小盘，另有小匜，以上器形均仅见于该组。值得注意的是，M6036填土中出土了一件完整的茧形壶，这在关东地区同类组合的墓葬中甚为罕见。考虑到茧形壶出土位置的特殊性，本文暂不另作划分。残墓M6090据残存器形亦当归入此组。

第Ⅱ组 鼎、盒、壶、罐、盆。共9座墓，即M6037、M6072、M6085、M6046、M6165、M6291、M6302、M6314、M6343。其中土坑墓3座、土洞墓6座。鼎、盆每墓1件，鼎皆为Ⅱ型板耳鼎；盆均带彩绘，有平底和圈足之分。盒以每墓2件为常，流行Ⅰ型②式和Ⅱ型①式。壶则器类多样，流行Ⅱ型①—②式和Ⅲ型①式，个别较为特殊。罐以每墓1件为常，以Ⅰ型①式为主，出现Ⅰ型②式和Ⅱ型①式，个别墓随葬小罐（Ⅱ型）1件。此外，M6085多出1件陶釜，M6046另有釜甑1套。然不再见其他陶器，说明该组组合亦相当整齐。

第Ⅲ组 鼎、盒、钫、小壶、罐、盘。仅1例，即M6330，为竖穴土坑墓。鼎1件，为复耳蹄足（ⅢA型②式）；盒为Ⅰ型③式。罐2件，一大一小，属Ⅰ型罐。盘为②式大平底盘。①式钫和②式小壶的共存为该组的主要特色。

第Ⅳ组 鼎、盒、壶、罐、甗。组合完整的有4座墓，即M6186、M6272、M6163、M6328，均为洞室墓。组合的特点以甗的出现为标志，不见盘、盆一类器物，而且鼎、盒、壶每墓各2件。鼎流行ⅢA型复耳鼎，不见板耳鼎。盒以Ⅱ型为主，壶流行Ⅳ型①式。甗每墓1件，以A型为主。罐每墓1—2件，流行Ⅱ型②式，个别墓出现Ⅰ型①式瓮。此外，M6186出有1件瓠壶。不再见有其他陶器，组合同样整齐。属该组的M6272出土了4件铜容器，是这批秦汉墓中唯一出铜容器的墓。

第Ⅴ组 鼎、盒、壶、罐（瓮）、甗、鸮鸮。组合完整的有7座墓，即：M6074、M6157、M6045、M6098、M6061、M6140、M7168，均为洞室墓。组合变化以鸮鸮的出现为标志，每墓1件，且均与甗共存。组合整体上看是继承了第Ⅳ组。鼎、盒、壶仍以每墓各2件为常，个别墓缺鼎而有4盒（M6098），较为特殊。鼎均为ⅢA型，流行③、④式。盒器形多样，流行Ⅰ型④式和Ⅱ型③式。壶流行空心假圈足（Ⅴ型）。Ⅳ型壶仍存在，仅见②式，出现博山盖并仅见于该组。Ⅰ型罐仍存在，仅见③式。不见Ⅱ型罐，出现Ⅲ型②式大口罐。上组始见的Ⅰ型瓮于该组普遍流行。墓口完整者均见有筒瓦。属该组的M6140出土有五铢钱1枚。

第Ⅵ组 以灶的出现为标志，鸮鸮已不见。主要组合是壶、罐、瓮、灶或罐、瓮、灶。完整的有6座墓。属前者的2座（M6155、M6205）为一对并穴墓，位于六区东部一隅。且M6205还出有1件A型④式甗，并伴出1件陶井。属后者的4座均位于七区（图9-1，4），且M7039、M7038、M7064为从西向东并列，位于M7064之东的M7085虽没有灶，但以罐、瓮为主，亦应归入此组。总之，鼎、盒一类礼器已基本不见，而代之以模型明器和生活用器。壶的形态亦发生了变化，仅见Ⅵ型。罐以Ⅲ型②式最为流行，瓮以Ⅰ型为主，出现Ⅱ型小口广肩瓮和Ⅲ型卷沿大口瓮。属该组的有3座墓出有西汉五铢，然均未见新莽钱。

B类　含茧形壶的陶器组合。除 M6036 之茧形壶出自填土较为特殊外,其余 22 座含茧形壶的墓葬按时代早晚之序列分为五组:

第Ⅰ组　茧形壶、罐。2 座墓,即 M6028、M6376,均为竖穴土坑墓。其中 M6028 与 M6036、M6037 并列,并且在这一组并列墓的北、东、南三面均发现"墓沟",西边未发掘,情况不详。M6376 打破 M6343,但两墓基本上是平行的。M6028 的茧形壶与 M6036 填土所出十分接近,均为 A 型①式。该组与茧形壶共出的罐为Ⅰ型①式和小罐。

第Ⅱ组　鼎、盒、壶、茧形壶、鉴、釜。仅 1 例,即 M6305,为Ⅱ式土洞墓。鼎 1 件,为ⅢA 型①式,盒、壶各 2 件,分别属于Ⅰ型②式和Ⅱ型①式。茧形壶为 A 型②式,出现涂彩现象。鉴、釜器形均较独特。此外,该墓还出有 1 件陶鱼(长 11.8、宽 5 厘米,中空,摇动时有响声),亦不见于其他墓。总之,该墓组合与 AⅡ组非常接近,但没有罐,且除盒、壶外,其他器类均具有自己独特的形制。

第Ⅲ组　主要组合特征是茧形壶与钫共存。2 座墓,即 M6544、M6505,均为土洞墓。两墓共同的器类是ⅢA 型②式鼎、Ⅱ型②式盒、②式钫、A 型③式茧形壶。不同的是 M6505 另有小壶 1 件、壶 2 件;M6544 则有①式盆 1 件,并出现了 A 型①式甗 1 件。与 BⅡ组相比,鼎虽仍为单件,但茧形壶的数量增加了,M6505 有 2 件,M6544 则有 3 件(出 3 件者仅此一例),茧形壶腹部凹弦纹减少,而出现满饰的彩绘。此外,两墓中仍没有出现罐。M6505 出土了"榆荚钱"和半两钱。

第Ⅳ组　鼎、盒、壶、茧形壶、甗、盆。2 座墓,即 M6424、M6465。两墓并穴,均为土洞墓。鼎、盒、茧形壶各 2 件,壶、甗、盆则各 1 件。盒均Ⅰ型③式,壶均为Ⅱ型②式,盆为①式,以上三类是两墓相同的,其余则两墓器形不一致。M6465 的鼎为板耳,而 M6424 的鼎为复耳。M6465 的甗为深腹 A 型②式,M6424 的甗则为浅腹 B 型①式。M6424 的茧形壶继承上组,为 A 型,而 M6465 的则为细颈 B 型。另外,两墓中仍不见 A 组常见的陶罐。M6424 另出有陶锜 1 件。

第Ⅴ组　鼎、盒、茧形壶、罐、甗。共 15 座,即 M6267、M6271、M6095、M6193、M6178、M6358、M6145、M6486、M6485、M6385、M6323、M6339、M6025、M6026、M6065。其中土坑墓 2 座,余为土洞墓。(此外,M6546 虽不见壶或茧形壶,但从其

他器类的形态上看似应归入该组。)与上组相比,罐与含茧形壶的礼器组合共存并成为普遍随葬的器类(16座墓中,仅1墓缺罐),流行Ⅰ型②式、Ⅱ型①式和②式。盆已不见。鼎、盒、茧形壶均以每墓各2件为常,仍共出壶者仅2例(Ⅲ型②式和③式壶)。鼎除个别为异形外,余均为ⅢB型。盒则有Ⅰ型③式、Ⅱ型②式、Ⅲ型①式和②式,其中Ⅲ型盒仅见于该组。茧形壶均为细颈(B)型,且器壁越来越薄,器形越来越矮小。瓿每墓1件,个别残失或缺,器形均为浅腹B型,流行①、②式,而以②式瓿最具特色。墓葬排列上,属该组的墓常见与AⅣ组的墓并列或相邻,如M6145、M6186之类。此外,该组的M6026则被AⅤ组的M6045打破。这些都为A、B两类组合的对比提供了可参考的依据。属该组的M6065在墓道填土中还发现五铢钱1枚。

综合A、B两类各组主要器形的共存关系如表9-1。从表中可以看出,主要器形若以在两类中出现先后为序,大致有下列演变关系:

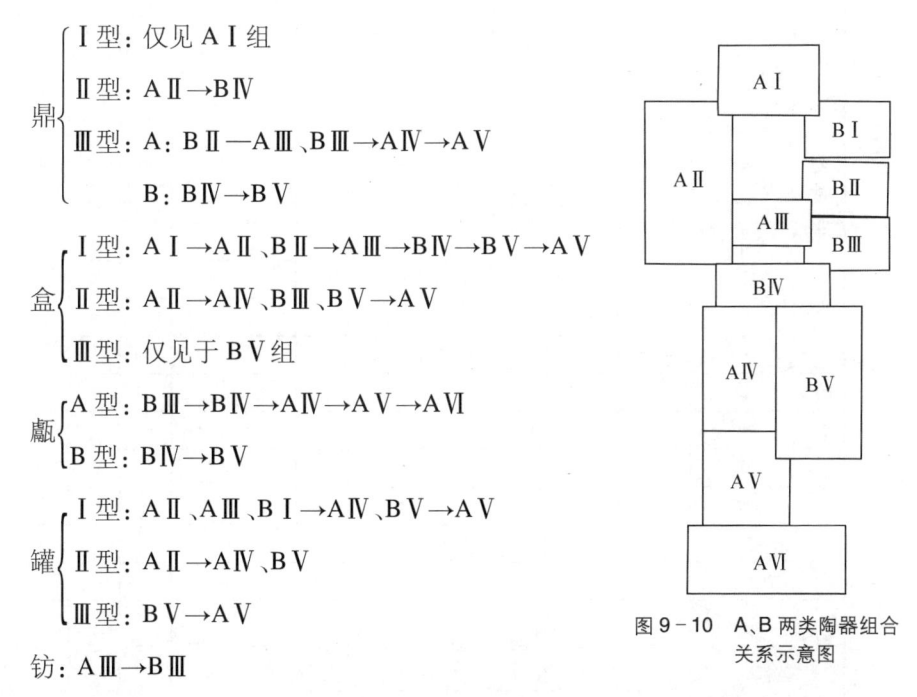

鼎 $\begin{cases} Ⅰ型:仅见AⅠ组 \\ Ⅱ型:AⅡ→BⅣ \\ Ⅲ型:A:BⅡ—AⅢ、BⅢ→AⅣ→AⅤ \\ B:BⅣ→BⅤ \end{cases}$

盒 $\begin{cases} Ⅰ型:AⅠ→AⅡ、BⅡ→AⅢ→BⅣ→BⅤ→AⅤ \\ Ⅱ型:AⅡ→AⅣ、BⅢ→BⅤ→AⅤ \\ Ⅲ型:仅见于BⅤ组 \end{cases}$

瓿 $\begin{cases} A型:BⅢ→BⅣ→AⅣ→AⅤ→AⅥ \\ B型:BⅣ→BⅤ \end{cases}$

罐 $\begin{cases} Ⅰ型:AⅡ、AⅢ、BⅠ→AⅣ、BⅤ→AⅤ \\ Ⅱ型:AⅡ→AⅣ、BⅤ \\ Ⅲ型:BⅤ→AⅤ \end{cases}$

钫:AⅢ→BⅢ

图9-10 A、B两类陶器组合关系示意图

结合墓葬形制的演变(参见表9-2),以及墓葬之间的并列或打破关系,从而得出A、B两类各组之间的相互关系大致如图9-10。

表 9-1　A、B 两类组合与主要器形关系简表

组合\器型	灶	鸭鸮	瓿 A	瓿 B	茧形壶 A	茧形壶 B	鼎Ⅰ	鼎Ⅱ	鼎Ⅲ A	鼎Ⅲ B	盒Ⅰ	盒Ⅱ	盒Ⅲ	壶Ⅰ	壶Ⅱ	壶Ⅲ	壶Ⅳ	壶Ⅴ	壶Ⅵ	罐Ⅰ	罐Ⅱ	罐Ⅲ	小罐Ⅰ	小罐Ⅱ	小罐Ⅲ	瓮Ⅰ	瓮Ⅱ	瓮Ⅲ	盆	钫	小壶	盘	匜
A类 Ⅰ					?	1,2	1,2				1			1,2										√							1	1	√
A类 Ⅱ			2				1,2	1,2			2,3	1			1,2	1,3				1,2	1					1			1,2		1		
A类 Ⅲ		√	2,3	1,2			2,3	2,3			3	2					1			1	2,3					1						1,2	2
A类 Ⅳ			4	2			3,4	3,4			3,4	3					2	1,2		3		2											
A类 Ⅴ		√																	√				√			2	√						
A类 Ⅵ	√							1			2				1		2			1			√	√		1	√	√					
B类 Ⅰ		1	1	1	1,2	1	1	2			1,3	2			2	2													2				
B类 Ⅱ		2	2	1,2	2	1,2	2	3		1	2,3	2	1,2	1,2	2	2,3				1,2	1,2	1							2	2	2		
B类 Ⅲ			3	2	3		3		1,2	1,2																							
B类 Ⅳ																																	
B类 Ⅴ																																	

表 9-2　墓型与陶器组合相互关系简表

墓型	数量 组合	A类 I	II	III	IV	V	VI	B类 I	II	III	IV	V	其他(包括残墓) 有陶器	无陶器
竖穴土坑墓	I	3	3					2					2	4
	II			1										
	III											2		
竖井墓道洞室墓	I												5	5
	II		4		2				1	2	2	2		?
	III		2		2	5						12	4	
	IV					2	7						2	

四、分期

通过对墓葬形制与陶器组合演变的综合考察,并与相邻地区比较,试初步分期如下(图9-11):

第一期　战国晚期至秦,分早、晚两段。

早段　以Ⅰ式竖穴土坑墓为主,典型组合为AⅠ组。类似组合常见于中原地区的战国晚期墓,如郑州岗杜[1]、二里冈[2]、洛阳烧沟[3]、中州路[4]等地均有发现,但在组合的具体搭配上多缺少小壶,而且鼎、壶均以每墓1件为常;就器形而言亦有一定差别,以鼎为例,二里冈的鼎均为复耳蹄足,中州路则以横耳为典型,仅M2738的1件鼎无耳而与曲村接近。当然,这些应该是反映了共同的时代特征下的地域性差异。曲村AⅠ组的Ⅰ型①式盒和Ⅰ型纽盖壶从器形以及纹饰来看,都

---

[1] 河南文物工作队第一队《郑州岗杜附近古墓葬发掘简报》,《文物参考资料》1955年10期。有关论述参见叶小燕《秦墓初探》,《考古》1982年1期。
[2] 河南省文化局文物工作队《郑州二里冈》,科学出版社,1959年。
[3] 王仲殊《洛阳烧沟附近的战国墓葬》,《考古学报》第八册,1954年。
[4] 中国科学院考古研究所《洛阳中州路》第四章第四节,科学出版社,1959年。

94　历史时期考古研究

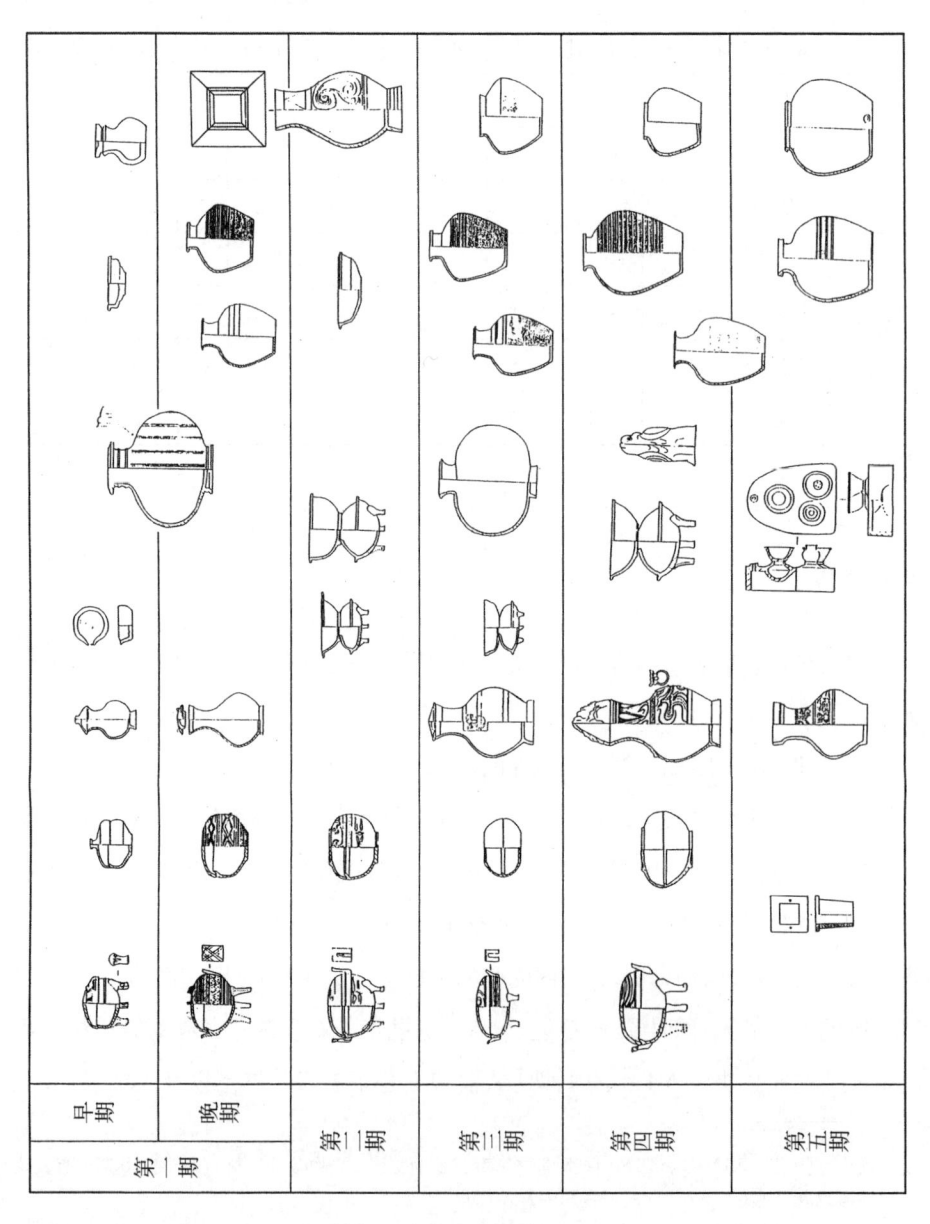

图 9-11　分期

更具有当地特色,而与邻近的侯马上马战国晚期墓[1]极为接近。上马 M3 中亦无小壶,而且组合上还保留有高柄豆和鬲,器形上盒、匜、壶的形态亦明显要早一些。事实上,曲村西部五区战国墓亦有类似的盒、壶出现。由此推测,曲村 AⅠ组的上限应不早于侯马上马 M3。

至于该组的下限,引人注目的属该组中略晚的 M6036。首先,该墓与分属 BⅠ组的 M6028(西侧)、AⅡ组的 M6037(东侧)并列位于同一"墓沟"内。类似的围墓沟在侯马乔村墓地[2]有较多的发现。1983 年,三门峡市第二自来水厂亦发现带护墓沟的战国晚期墓[3]。尽管这类墓沟的具体含义尚有待进一步探讨,但同一墓沟内并列墓葬之间在相互关系上的密切性应是毋庸置疑的。其次,M6036 的填土中出土了 1 件完整的茧形壶,器形特征与西侧邻墓 M6028 所出的 1 件极为接近,均折沿方唇,属 A 型①式,从而更加证明两墓在时间关系上的接近。相同的茧形壶在大荔朝邑[4]、凤翔高庄[5]、成都羊子山[6]、云梦睡虎地[7]等地均有发现,可见其分布范围非常广泛。尤其是云梦睡虎地秦墓的发现,一般认为,茧形壶一类关中秦墓常见器形在关东的墓葬中出土,应该是与秦人出居关东密切相关的。而 M6028 在随葬品组合上显然继承了关中秦墓的特点(如西安半坡)[8]。史载秦昭襄王时期占领河东地区后,曾移民于此地[9]。由此推测,茧形壶在河东地区的墓葬中出现,似当与这次移民有关。再次,M6036 出土的鼎、盒器内均出现有"平市"

---

[1] 王克林《山西侯马上马村东周墓葬》,《考古》1963 年 5 期。
[2] 山西省文物管理委员会、山西省考古研究所《侯马东周殉人墓》,《文物》1960 年 8、9 合期;山西省文物工作委员会写作小组《侯马战国奴隶殉葬墓的发掘》,《文物》1972 年 1 期。
[3] 中国考古学会《中国考古学年鉴 1984》,文物出版社,1984 年,134 页。
[4] 山西省文管会、大荔县文化馆《朝邑战国墓葬发掘简报》,《文物资料丛刊》第 2 辑,文物出版社,1978 年,75—91 页。
[5] 雍城考古队《陕西凤翔高庄秦墓地发掘简报》,《考古与文物》1981 年 1 期。
[6] 四川省文物管理委员会《成都羊子山第 172 号墓发掘报告》,《考古学报》1956 年 4 期。
[7] a. 湖北孝感地区第二期亦工亦农文物考古训练班《湖北云梦睡虎地十一座秦墓发掘简报》,《文物》1976 年 9 期;b. 湖北省博物馆《1978 年云梦秦汉墓发掘报告》,《考古学报》1986 年 4 期。
[8] 金学山《西安半坡的战国墓葬》,《考古学报》1957 年 3 期。
[9] 《史记·秦本纪》载:"(昭襄王)二十一年,错攻魏河内。魏献安邑,秦出其人,募徙河东赐爵,赦罪人迁之。……二十二年,……河东为九县。"按:战国晚期,秦出关每攻克一地,往往要移民以巩固其统治,而有关秦人的遗迹在全国各地多有发现。论见叶小燕《秦墓初探》。

戳印。同样戳印亦见于咸阳黄家沟战国晚期墓[1],被认为是"平阳市府"的戳记[2]。平阳为河东九县之一,果如此,则平阳市府的设立应在秦设河东郡之后。归结以上几点,似可初步断定 M6036 的入葬时间应不早于秦昭襄王二十二年(前 285)。

若仔细考察 AⅠ组的几座墓,M6090 亦出有"平市"陶文,M6362 填土中还出土 1 枚"半两"铜钱(直径 2.7 厘米,方穿),都说明其时间非常接近。考虑到整个墓地的变化,曲村战国早、中期的墓葬均集中于村西五区,而晚期的这批墓葬却与之相去甚远,并且经常发生叠压打破早期祭祀坑的情况,从而在墓地选择上给人一种特殊变迁的感觉。这种变迁应当反映了一种现实的社会变革。联系到具体的时间和地点,其最大的可能性就显而易见了。由此推测,曲村镇北这片墓地在战国晚期重新使用的时间约当秦占领之初。在曲村南离墓地约 1 公里,发现 1 座战国至汉代的小城址,由于工作尚未展开,该城的具体兴起时间还不大清楚,不过很有可能与曲村北秦汉墓地有密切关系。

晚段　Ⅰ式竖穴土坑墓仍然流行,竖井墓道洞室墓大量出现,流行Ⅰ、Ⅱ式,均为宽墓道型土洞墓。陶器组合以 AⅡ组为主,同时并存的有 BⅠ、BⅡ组。流行Ⅱ型板耳鼎,几乎与此同时,B 类组合中,茧形壶开始加入礼器性的陶器组合,但共出的鼎的作风却明显不同,为ⅢA 型①式复耳鼎,整体器形更为接近关中秦墓所出的铜鼎[3]或仿铜陶鼎[4],具有明显的秦式风格。在云梦睡虎地秦墓中,陶茧形壶还与这类秦式铜鼎以及铜蒜头壶、钫共出[5]。此外,与茧形壶共出的陶釜亦与关中秦墓所出器形一致[6]。又 BⅡ组不出 AⅡ组常见的陶罐,且以仿铜陶鉴代替Ⅰ型

---

[1] 秦都咸阳考古队《咸阳黄家沟战国墓发掘简报》,《考古与文物》1982 年 6 期。
[2] 俞伟超《秦汉的"亭"、"市"陶文》,见《先秦两汉考古学论文集》,文物出版社,1985 年。
[3] 如凤高 M16∶6,《考古与文物》1981 年 1 期,27 页图十七∶2;咸阳黄家沟 M43∶5,《考古与文物》1982 年 6 期,11 页图七∶1;大荔朝邑 M203∶3,《文物资料丛刊》第 2 辑,文物出版社,1979 年,80 页图十∶1,等。
[4] 如凤高 M39∶11,《考古与文物》1981 年 1 期,25 页图十五∶7。
[5] 湖北省博物馆《1978 年云梦秦汉墓发掘报告》,《考古学报》1986 年 4 期。
[6] 如凤高 M6∶5,《考古与文物》1981 年 1 期,26 页图十六∶4。

彩绘盆,都与AⅡ组形成对照。这种组合上大体一致而在典型器形上却明显不同,应该说是两种不同的系统并存的反映。晚段的时间大约从秦庄襄王延续到秦统一时期。

第二期 约相当于秦汉之际。

墓葬形制以洞室墓为主,流行Ⅱ式;竖穴土坑墓仅见个别,为Ⅱ式。陶器组合以BⅢ、BⅣ及AⅢ组为主。以钫最具特色,出现甗。茧形壶流行A型③式,数量增加,但仍与壶共存,且壶的形制均见于AⅡ组。鼎流行ⅢA型②式,BⅣ组中出现Ⅱ型③式鼎。BⅢ、BⅣ组中与茧形壶共存的盆均为Ⅰ型②式,亦见于AⅡ组。然BⅢ、BⅣ两组中均不见罐,这也是B类组合在演变过程中较为独特的地方。又盆甗共存不见于A类组合,亦不见于BⅤ组,都说明第二期具有明显的过渡性质。属BⅢ组的M6505出有6枚半两钱和数枚"榆荚钱",具有汉初特征。BⅣ组出有1枚蟠螭纹铜镜,亦为汉初所常见。由此推测BⅢ、BⅣ组的时间大致相当于西汉初期,亦有可能早到秦。AⅢ一类组合在新乡五陵村[1]战国末到西汉初的墓葬中非常盛行,且器形亦接近,具有中原地区的地方特点。而BⅢ组中茧形壶、钫、甗、鼎的共存不见于新乡,却在关中时间更早的秦墓中已出现[2],这种差异的确耐人寻味。

第三期 大致相当于西汉文景武帝时期。

盛行等宽型(Ⅲ式)洞室墓,竖穴土坑仍有少量存在,时间略偏早。陶器组合以BⅤ组为主,数量众多,同时并行的有AⅣ组。两组的共性是组合上的一致性,然在器形上的差异却又是明显的。BⅤ组以B型茧形壶为代表,共存ⅢB型鼎、B型甗、Ⅲ型盒;AⅣ组没有茧形壶,而以Ⅳ型壶为代表,共存ⅢA型鼎、A型甗。以上几类器形在两组中绝少互见,然分属BⅤ、AⅣ两组的墓葬在分布上却又常见并列(或并穴)现象。联系到BⅠ、AⅠ、AⅡ三类墓葬并列,以及BⅠ组的墓打破AⅡ组的墓且互相平行排列等,似乎这种差异是一直存在的。早期A类墓均在东侧,B类墓均在西侧,而这时却相反,至于其内在的含义,尚有待于今后研究。至于陶罐,BⅤ组以

---

[1] 新乡市博物馆《河南新乡五陵村战国两汉墓》,《考古学报》1990年1期。
[2] 如凤高M39,《考古与文物》1981年1期。

Ⅰ型②式为主，其次是Ⅱ型①、②式，并出现Ⅲ型①式；AⅣ组则以Ⅱ型②、③式为主，并出现Ⅰ型瓮。很明显，B类早期的陶器组合BⅡ、BⅢ、BⅣ组中均不见罐，而BⅤ组却大量出现，应该是仿效了A类组合的特点。属BⅤ组的M6065在墓道填土中出有1枚"下半星"五铢钱，其特征应晚于武帝五铢，而有可能将该组墓的下限延至昭帝时期。在出茧形壶的墓葬中发现五铢钱尚属罕见。

第四期　约相当于西汉昭宣元时期。

竖穴土坑墓已不见。洞室墓流行Ⅲ、Ⅳ两式，Ⅲ式墓多带龛室，Ⅳ式墓则有空心砖筑室出现，并出现双棺合葬。典型陶器组合为AⅤ组，以鸮鹗为代表性器物，且仅见于该组，而绝无与茧形壶共存者。又属AⅤ组的M6045打破了BⅤ组的M6026（按：为洞室尾端打破墓道，与早期的并列打破关系有所不同），亦说明AⅤ组应大致晚于BⅤ组。就共同的葬俗即墓口置罐与筒瓦而言，第三期的AⅣ、BⅤ两组中均以第2种即单置罐或瓮者为主，个别为第1种即单置筒瓦，而不见该组流行的第3种即置筒瓦再加上罐或瓮。第3种晚于第1、第2种是不成问题的。AⅤ组的鼎继承AⅣ组，流行ⅢA型③、④式，而不见ⅢB型鼎。陶甗、盒、壶、瓮等器类亦多继承AⅣ组，而且器形高大，制作精美。而第三期BⅤ组的器形越来越小型化，至第四期时则已基本不见。这种两类组合此消彼长的现象，伴随着茧形壶的消失和鸮鹗的出现，绝不是一种偶然巧合。事实上，AⅤ组的代表性器物鸮鹗在邻近的东部新乡地区早已出现，而在曲村，它的出现却标志着具有典型西部特点的茧形壶的消失，这应当是当地现实社会变迁的一种折射。典型器物及其在文化内涵上的差异由此可见一斑。属AⅤ组的M6140亦出土有1枚五铢钱，具有西汉中晚期特征。该组的陶器器形亦和大约同时的中原其他地区呈现出较强的一致性。

第五期　约相当于西汉末期，即成、哀、平时期。

仍流行竖井墓道洞室墓，以Ⅳ式为主，出现小砖封门或小砖筑室的现象。墓葬形制呈现出由土洞室向砖室的转变。陶器组合以灶的出现为标志。成套陶礼器已逐渐消失，罐、瓮之属在随葬陶器中占据了主要地位。罐盛行Ⅲ型②式。瓮除Ⅰ型继续流行外，还出现了小口广肩瓮和卷沿大口瓮。墓葬分布亦发生了变化：以墓地北部七区相对集中,而南部六区属于该期的仅 M6155、M6205 一对并穴墓,且偏于墓地东侧,显得相对孤立。随葬品中均有壶,个别还有甗。而七区属该期的墓均已不见上述器形。七区与六区相距 100 余米,中间地带的汉墓情况尚不清楚。上述差异是时间差异还是风格的不同,尚有待于今后的工作来证实。本文暂定为一期。这批墓葬中出五铢钱的有 3 座,然均不见新莽货币,推测当在西汉末期新莽以前。

此外,在六区东部还发现 1 座砖室墓。编号 M6120,从残存形制看,与曲沃苏村汉墓[1]接近。随葬品残存有釉陶耳杯、盘、案之属。村西五区和村东八区亦发现有残砖室墓,随葬品中还有釉陶井,个别墓出现鸡、狗一类的陶俑,推测均应属于东汉时期。由于没有完整墓例,本文暂从略,不另作分期[2]。

五、结语

综合前面的分析可以看出,曲村秦汉墓地的主要陶器组合大致可以据茧形壶的有无分成两大系统。两大系在演变轨迹上的相互关系,从某种程度上可以说反映了当地秦汉之际的社会变迁。我个人初步认为,两类系统相互关系之演进可以分为以下三个阶段:

第一阶段　具有显著差异的并存期,时间约相当于秦昭襄王后期。代表性墓例有两组:第一组:M6028、M6036、M6037;第二组:M6352、M6376、M6343。尤以第一组最为典型。M6036 的陶器组合属 AⅠ组,类似组合广泛见于中原地区的战国晚期墓;M6028、M6376 则为 BⅠ组,这类组合主要见于关中地区。两类组合在分布地域上的差异,表明它们分别代表了两个不同的地方文化系统。BⅠ组当为秦系统,而 AⅠ组属韩魏的本地系统,是毋庸置疑的。至于 M6037、M6343 亦可看作是继 AⅠ组后的本地系统。造成上述现象的原因,应该与秦占领河东并向该地移

---

[1] 临汾地区文化局、曲沃县文化馆《晋南曲沃苏村汉墓》,《文物》1987 年 6 期。
[2] 1990 年以后在天马—曲村遗址又陆续发掘了 10 多座汉墓(包括土洞墓和砖室墓),在分期上至少可增加新莽和东汉两期。

民有密切关系。

第二阶段 模仿与初步融合,时间大致相当于秦庄襄王至汉初。BⅡ→BⅢ→BⅣ三组在器形上的演变大致反映了融合的初步进程。其突出表现在于茧形壶逐步进入礼器性组合行列,并且其自身形态亦逐步"礼器化"。在 BⅡ组中,茧形壶进入礼器性组合所共存的是 AⅡ组的组合形式,但鼎的形态却不见于 AⅡ组,当是仿秦式铜鼎而来。同时伴出的Ⅰ型釜亦明显具有关中特点,然不见 AⅡ组流行的罐。从某种意义上讲,日常生活用器应更具有地方特性。由此可见,茧形壶当不是简单地被纳入当地组合,BⅡ组的组合结构是模仿的产物。到 BⅢ组时,茧形壶在墓中组合上的地位明显变得突出,而满饰的彩绘则证明它已成为专为随葬而做的"礼器"。在 BⅡ至 BⅣ组中,我们还看到,茧形壶虽然已逐步礼器化,但仍与壶共出,而且壶的相同形制均见于 AⅡ组。上述情况表明,模仿的主动者似属外来系统,而被模仿的却是本地系统,关中盛行的洞室墓在该地出现并大量流行,也说明了外来系统的渗入。

第三阶段 定型化与走向衰落——融合的完成,时间大致相当于西汉早中期。典型组合是 BⅤ组,在该组中,茧形壶终于取代了壶,并且将 A 类组合中早已流行的罐纳入固定组合。这种生活用器趋于一致,似乎表明了生活习惯及风俗的趋同。A、B 两类组合均流行同样结构的洞室墓以及墓口均有相同的置罐习俗,也说明了这一点。然而在相当一段时间内,BⅤ组中罐的形制没有发生新的变化。相反,变化的却是鼎、盒、茧形壶、瓿一类的礼器,器形越来越小,制作也越来越简单。而与之并行的 AⅣ组,则采纳了 B 类组合中先已出现的瓿和鼎的形制,而且制作越来越精美,器形也越来越高大,到 AⅤ组中则表现得更为充分。就 BⅤ组本身而言,ⅢB 型②式鼎、Ⅲ型盒、B 型②式茧形壶、B 型②式瓿的共存,显然是一种衰落。然而衰落本身在融合的过程中应该是"被融合"的体现。

总之,在上述三阶段中,变化最为显著的似属以茧形壶为代表的 B 类组合,而该类组合在曲村的出现,很明显具有外来的因素。据前面的初步分析,应和战国晚期关中秦地民族的东渐有着密切联系。然曲村墓地尚未发现被认为具有典型关中秦式风格的蒜头壶、仓一类器物,这种差异也是值得重视的。

从目前已知的材料来看,茧形壶的早期形制主要见于关中地区[1]。大约战国晚期,茧形壶从关中传至关外,应该是没有问题的。但有关茧形壶的起源及其文化内涵,都还是有待于解决的课题。曲村秦汉墓葬中茧形壶的大量出土,而且时间延续之长,则无论关内关外都非常少见,这也是该墓地的特异之处。本文关于 A、B 两类组合的划分只是一种初步设想,当然也不可能将之绝对化。事实上,该墓地中 A、B 两类组合的墓葬常见并列乃至并穴现象。至于这种现象反映了墓主之间一种什么样的联系,还有待于今后深入研究。

附记:

本文是在导师宿白先生指导下完成的硕士论文,略有改动。1989 年秋至 1990 年春,根据宿白先生的安排,在商周教研室各位老师的大力协助下,作者前往曲村工作站对历年来在天马—曲村遗址清理的一批秦汉墓葬资料进行了整理。文中所引用的器物,绝大部分为作者在曲村实习时绘制,其尺寸、纹饰等均应以即将出版的正式报告为准。在资料收集和整理过程中曾蒙邹衡先生、孙华和刘绪诸位老师的帮助和指导,在此一并致谢。

[本文原名"曲村秦汉墓葬分期",载《考古学研究》(四),科学出版社,2000 年,235—265 页。此次重刊略有修订。]

---

[1] 早期茧形壶的形态特征主要是圜底不带圈足。这类器形在关中广泛出土,如凤翔西村(《考古与文物》1986 年 1 期)、八旗屯(《考古与文物》1986 年 5 期)、咸阳黄家沟(《考古与文物》1982 年 6 期)、大荔北寨子(《文物资料丛刊》第 2 辑)、西安半坡(《考古学报》1957 年 4 期)等,本文不一一列举。

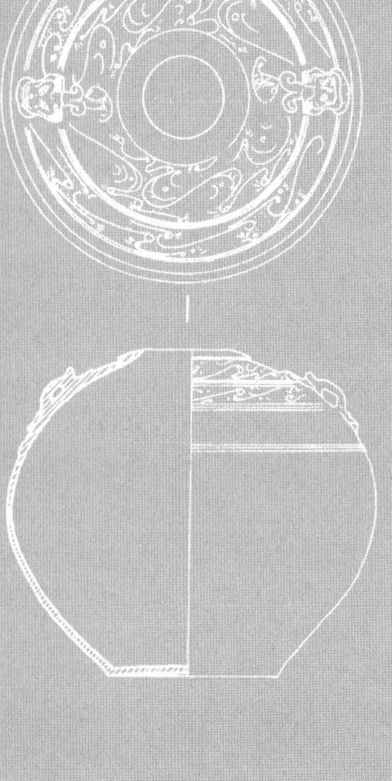

10
关于洛阳金谷园汉墓IM337的年代
——兼论洛阳地区出土的南方釉陶

1992年3月,洛阳市第二文物工作队为配合基建清理了一座编号为IM337的汉墓[1]。该墓为竖井墓道砖室墓,其双十字形耳室结构在已报道的洛阳汉墓中并不多见。墓中随葬品大部分保存完好,包括铜、铁、陶等质地的器物70余件,其中有8件釉陶器,无论器形还是质地在已报道的洛阳汉墓中也比较少见。该墓的发现对于进一步完善洛阳地区的汉墓编年以及了解当时不同地区之间的物质文化交流,都是十分重要的第一手资料。然而,原《简报》认为该墓年代为"东汉中期—晚期"。这与该墓的真实年代相差甚远。笔者认为,IM337实际上是一座西汉墓。理由如下:

首先是墓葬形制。洛阳地区是最早进行汉墓编年的地区之一,20世纪50年代完成的《洛阳烧沟汉墓》[2]对该地区汉墓形制演变进行了较系统的研究[3]。根据《简报》"结语":

> 从该墓的形制看,其甬道已不单纯起过道的作用,而是为墓葬的前室,供生者祭祀用,已成为东汉中晚期横列前室墓的雏形,其时代当为东汉中期—晚期。

可见该墓形制正是简报作者判断年代的主要依据。然而,结合《简报》中IM337的

---

[1] 有关该墓的报道见《洛阳金谷园东汉墓(IM337)发掘简报》,《文物》1992年12期,下文简称《简报》。
[2] 以下简称《烧沟》。
[3] 中国科学院考古研究所《洛阳烧沟汉墓》,科学出版社,1959年。

墓葬平剖图[1]，不难发现，《简报》对墓葬形制的理解有以下两点值得商榷：

第一是该墓有没有"甬道"的问题。所谓墓葬的"甬道"，虽未见明确的界定，但通常指墓葬中介于墓道和墓室之间的过渡性结构部分。以洛阳地区为例，以往的发现表明，汉墓常见的甬道不仅在结构上与墓室有一定的区别，而且其宽度和高度也往往与墓室不同。过去《烧沟》就曾以甬道的有无作为分式的依据之一。根据《简报》中的有关介绍，IM337 的竖井墓道位于墓室东侧，墓门有两层，外层以小砖砌筑，内层用空心砖封门。墓门内侧便直接是弧形券顶墓室，在墓室前端的南北两侧还分别附有十字形耳室。尽管从平面上看，该墓与《烧沟》列举的被认为有甬道的 M74（Ⅱ型 2 式）接近，但纵剖面的"墓室顶线与前壁线相接之处"并无折曲，而是直接相交成直角状（《简报》图二）。此种结构按照《烧沟》的型式划分标准，自应归入无甬道的 Ⅱ 型 1 式[2]。至于《简报》中所界定的所谓"甬道"，既然"与墓室没有明显分界""结构同墓室"，显而易见是把墓室前端的一部分当成了甬道。

第二是所谓"横列前室"问题。如果笔者没有理解错，《简报》"结语"中的"东汉中晚期横列前室墓"大概就是指《烧沟》中提出的第五型"前堂横列墓"，又称"横前堂墓"。根据《烧沟》的型式标准所划分的"横前堂墓"，的确流行于东汉中晚期。但问题在于《烧沟》所谓"横前堂"被认为是在穹隆顶前室出现之后才逐渐发展演变而成的，而 IM337 无论从墓室券顶的形式还是从墓室的平面结构来看，都还保留着穹隆顶出现之前的形制，因而它与"横前堂"的形制还相距甚远。《简报》中将该墓与"前堂横列墓"联系起来，恐怕只是简单地从平面上把两侧的耳室连带考虑在内，也就是把原本属于墓室部分的所谓"甬道"与南北两侧的耳室作为一个"横前堂"的整体来看待，殊不知这与穹隆顶前室出现之后的横向发展有着本质的区别。

由此可见，《简报》中认为该墓有"甬道"的说法缺乏依据，将之与"横前堂墓"

---

[1]《简报》图一、图二。

[2] 洛阳地区新莽时期墓葬出土成套耳杯、案、勺、樽的组合情况可参见：a. 洛阳市第二文物工作队《洛阳五女冢 267 号新莽墓发掘简报》，《文物》1996 年 7 期；b. 洛阳市第二文物工作队《洛阳五女冢新莽墓发掘简报》，《文物》1995 年 11 期；等等。

相联系,也是难以成立的。在此错误认识的基础上,仅根据墓葬形制所作的年代判断,自然会与实际相差甚远。事实上,按照《烧沟》的墓葬分期,类似于 IM337 的 II 型 1 式墓葬主要流行于"第三期前段",即西汉晚期。

其次是随葬品的年代。尽管该墓随葬器物保存状况相当完好,器物组合也十分完整,并具有鲜明的时代特征,但《简报》"结语"在断代时却不知为何视而不见。以陶器为例,组合上仍保留有完整的鼎盒壶的搭配并且成对出土,这在洛阳地区本身就是年代大致早于东汉的一个重要特征。其他如直颈折腹瓮、带盖假圈足彩绘壶等,也都是洛阳地区西汉中晚期流行器形。就该墓出土的釉陶壶、瓿而言,同样器物在江浙一带也主要流行于西汉中晚期,而且过去在洛阳地区的类似发现也未见晚至东汉时期的[1]。考虑到洛阳地区新莽墓葬中大量流行的案、耳杯、勺、樽的搭配尚未在该墓中出现[2],加上鼎、盒、壶、瓮、仓、罐等陶器的器形也具有早于该地新莽墓中同类器物的特点,IM337 随葬陶器所反映的年代也应大致在西汉晚期(新莽以前),绝不可能如《简报》所言晚到东汉中期。

综上所述,IM337 无论从墓葬形制还是从随葬品来看,都应是一座西汉时期的墓葬,年代大致应在西汉晚期。

在这里需特别提出讨论的还有 IM337 出土的几件釉陶器,包括瓿(《简报》称"罐")2 件、壶 6 件。《简报》将釉陶壶分为 3 式,每式 2 件,形制基本相同。其中 I 式和 II 式的尺寸大小基本相当,高在 20 厘米上下。III 式的器形较大,高达 44 厘米。尤其值得注意的是 2 件 III 式壶和 2 件瓿的装饰手法也基本一致。同样类型的釉陶壶、瓿的搭配在浙江龙游[3]、杭州[4],江苏南京[5]、仪

---

[1] 参见安徽省文物工作队《芜湖市贺家园西汉墓》,《考古学报》1983 年 3 期;中国硅酸盐学会主编《中国陶瓷史》,文物出版社,1982 年,124 页。
[2] 洛阳地区新莽时期墓葬出土成套耳杯、案、勺、樽的组合情况可参见:a. 洛阳市第二文物工作队《洛阳五女冢 267 号新莽墓发掘简报》,《文物》1996 年 7 期;b. 洛阳市第二文物工作队《洛阳五女冢新莽墓发掘简报》,《文物》1995 年 11 期;等等。
[3] 朱土生《浙江龙游县东华山汉墓》,《考古》1993 年 4 期。
[4] 浙江省文物管理委员会《杭州古荡汉代朱乐昌墓清理简报》,《考古》1959 年 3 期。
[5] 葛家瑾《南京栖霞山及其附近汉墓清理简报》,《考古》1959 年 1 期。

征[1]，安徽芜湖[2]等地均有报道，而且器形和纹饰也都非常相似。笔者认为，这些釉陶器连同过去在洛阳地区发现的同类器物，都可能是直接来自南方的产品，应称为"南方釉陶"。

众所周知，汉代的釉陶在不同区域有着不同的发展体系。这里所说的"南方釉陶"，主要是指长江下游原吴越地区生产的釉陶器，其陶质、釉色、器形及装饰花纹均有自己独特的风格和传统[3]。西汉时期，此类釉陶在江浙一带及其邻近的山东、安徽等地广为流行。但在黄河流域及以北地区，还只有少量的发现。迄今所知，洛阳及其周围地区还算是发现较为集中的区域，除上述 IM337 出土的 8 件以外，类似的发现主要还有：

1. 20 世纪 50 年代在洛阳烧沟汉墓群中的 M175 和 M1034 汉墓中发现的釉陶壶，各出 1 件。《烧沟》报告中在分类时作"异型"处理，属于六种异型壶中的第二种。其中 M175 出土的壶就和 IM337 的 II 式釉陶壶器形一致[4]。

2. 1957—1958 年在洛阳烧沟汉墓群西南不远的金谷园村发掘一批汉墓，其中编号为 3227 的墓中曾出土 10 件釉陶壶和 5 件釉陶瓿。原报告和《烧沟》一样，也将釉陶壶作"异型"处理，据称也包括大、中两型。从发表的材料看，编号为 M3227：62 的壶，器形、尺寸及装饰花纹都和 IM337 出土的 III 式釉陶壶一致，只是后者还增加了盖。至于瓿，原报告称异型 I 式罐，标本 M3227：69 高 28.5 厘米，器形、尺寸也与 IM337 出土的瓿（高 29 厘米）接近，只是装饰有繁简之别[5]。

---

[1] 南京博物院《江苏仪征石碑村汉代木椁墓》，《考古》1966 年 1 期。

[2] 安徽省文物工作队《芜湖市贺家园西汉墓》，《考古学报》1983 年 3 期。

[3] 本文所说的"南方釉陶"，过去称为"原始瓷"，其产地被认为在江苏南部和浙江一带，参见中国硅酸盐学会主编《中国陶瓷史》，文物出版社，1982 年，124 页。

[4] 中国科学院考古研究所《洛阳烧沟汉墓》，科学出版社，1959 年。根据报告所附《墓葬总表》，M175 的年代为"三期前段"，即西汉晚期。M1034 的年代为"三期"，未标明前后段，但该墓出土有新莽钱币，年代应略晚于 M175。

[5] 中国科学院考古研究所洛阳发掘队《洛阳西郊汉墓发掘报告》，《考古学报》1963 年 2 期。根据报告所附表六《洛阳西郊汉墓墓葬登记》，M3227 被归入第三期（新莽或稍后）。然而将之与已知洛阳地区保存完好的新莽墓葬比较，其年代应不晚于新莽时期。

3. 1972年在洛阳东面不远的巩县叶岭村汉墓中出土5件釉陶壶、2件瓿（原报告称为"釉陶罐"）。其中釉陶壶也有大小之分，高分别在40厘米以上和20厘米左右，而且2件大壶和2件瓿在装饰上也是一致的[1]。

诸如此类的发现，也许是因为数量相对较少，加上发表的资料非常零散，一直未引起学者们的重视。有关报告不仅在分类上对此类釉陶多以"异型"处理，而且在器物定名上也没有和南方地区的同类器物取得一致，更没有同南方发现的同类器物进行比较研究。有关论文在讨论包括洛阳在内的中原地区出土的汉代釉陶时，往往只涉及铅釉系统的釉陶，忽略了南方釉陶的存在。事实上，弄清西汉时期南方釉陶在中原及北方地区出现的时间及其传播途径，不仅有助于更好地把握当时不同区域之间物质文化交流的脉络，而且对正确理解汉代釉陶南北之间的关系及解决铅釉的起源问题，都具有积极的意义。

已知洛阳及其附近地区出土上述南方类型釉陶的汉墓，年代大致集中在西汉晚期至新莽时期。器形仅见壶、瓿两种，在随葬品的组合中似乎处于从属地位。值得注意的是，几乎与此同时，与南方釉陶有着显著区别的铅釉陶也开始在洛阳地区的汉墓中出现，不仅器类明显增加，而且器形特征也大多模仿当地流行的同类灰陶器。例如1972年发掘的金谷园汉墓M11，在出土的190余件陶器中属于铅釉系统的就有鼎、敦（盒）、壶、罐、瓮、奁（樽）等器形，共计21件[2]。

一般认为，大约在西汉中期铅釉陶首先出现在关中地区，随后扩展到包括洛阳在内的关东地区。洛阳地区的上述发现表明，至迟在西汉后期，当地墓葬除使用铅釉陶器随葬以外，也同时用南方釉陶器随葬。只是目前还很少见到两种釉陶同出一墓的情况。目前所知，洛阳地区这种南北两种釉陶并存的现象，可能持续到王莽末年。大约从东汉初年开始，洛阳乃至整个北方地区都很少见到南方釉陶了，釉色浓郁的各类铅釉陶器逐渐成为该地区汉墓中常见的器物。而江浙

---

[1] 巩县文化馆《河南巩县叶岭村发现一座西汉墓》，《考古》1974年2期。报告推断该墓年代为"西汉末至新莽时期"。
[2] 洛阳市文物工作队《洛阳金谷园车站11号汉墓发掘简报》，《文物》1983年4期。

一带的南方釉陶自身的发展也经历了一次重大变化，并最终完成了向瓷器过渡的历史性变革。

（本文原名"关于洛阳金谷园汉墓IM337的年代——兼论洛阳地区出土的南方釉陶"，载《华夏考古》2003年2期。此次重刊略有修订。）

11

洛阳汉墓所见"多人葬"
—— 以烧沟和西郊墓群为中心

一墓之中埋葬多人的现象自新石器时代以降便屡见不鲜,且分布相当广泛,然因时代、地域、族群等的差异,其具体的表现方式往往千差万别,文化内涵也在不断地发生着变化。本文所说的汉代"多人葬",是指同一墓葬中埋藏人数在3人以上(含3人)的情况而言的。由于在埋葬人数上超出了当时流行的一夫一妻同穴合葬的规模,因此,汉代多人葬的出现的确是一个十分值得注意的现象。已有不少学者从不同角度进行了一些有益的探讨[1],或以为,多代合葬一墓是汉代出现的一种新葬俗[2]。然而,对于汉代多人葬,埋藏人数的差别有哪些?各埋葬个体之间的关系如何?满足"多代合葬"条件的墓葬究竟有多少?多人葬与墓葬形制演变之间的关系如何?等等问题,目前或很少论及,或缺乏实证的研究。

本文试以发掘数量较多、发表资料较为系统的洛阳烧沟[3]和西郊[4]两处汉墓群的资料为例,通过统计分析,将其与"多人葬"有关的数据揭示出来,并结合与洛阳邻近的中原其他地区已报道的汉墓资料,就洛阳地区汉代多人葬的种类、数量,以及阶段性变化和相应的历史背景等略作探讨,希望能为相关问题的研究提供一点参考。不足之处,敬希指正。

---

[1] 例如:李如森《汉代丧葬制度》,吉林大学出版社,1995年;韩国河《试论汉晋时期合葬礼俗的渊源及发展》,《考古》1999年10期;齐东方《祔葬墓与古代家庭》,《故宫博物院院刊》2006年5期;等等。

[2] 俞伟超《考古学中的汉文化问题》《秦汉考古学文化的历史特征》,均见《古史的考古学探索》,文物出版社,2002年。

[3]《洛阳烧沟汉墓》,科学出版社,1959年。

[4]《洛阳西郊汉墓发掘报告》,《考古学报》1963年2期。

一、多人葬的种类和数量

根据《洛阳烧沟汉墓》(以下简称《烧沟》)和《洛阳西郊汉墓发掘报告》(以下简称《西郊》)的有关报道和附录的墓葬登记表,笔者对这两处汉墓群的埋藏人骨情况进行了初步统计,所得结果如表 11-1。

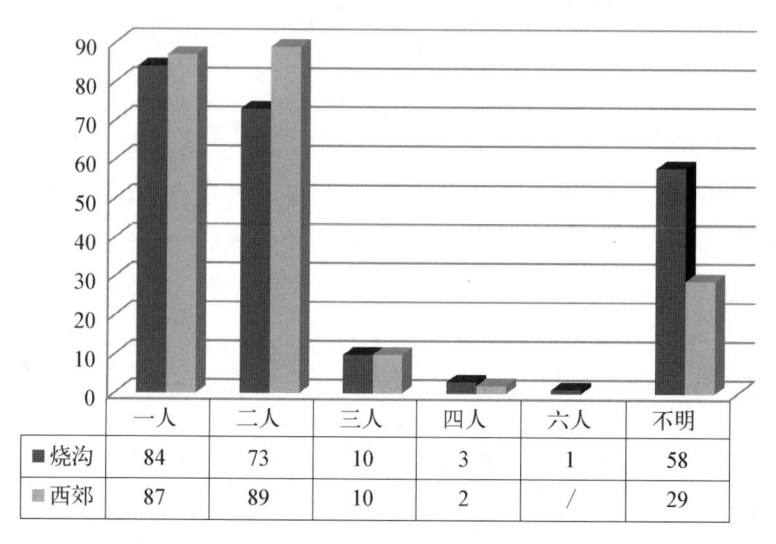

表 11-1 《烧沟》和《西郊》汉墓群埋藏人数统计表

	一人	二人	三人	四人	六人	不明
烧沟	84	73	10	3	1	58
西郊	87	89	10	2	/	29

需要说明的是:《烧沟》自称报道墓葬 225 座,可能是由于少数形制特殊的墓葬(指墓号带 A、B 者)在统计时有分合的差别,原报告第Ⅱ型和第Ⅲ型墓所附"墓葬形制分述表"(即《烧沟》"表三"和"表四")中所列举的墓葬数量,均比报告中相关的"墓葬综合说明"多出 2 例,故报告末尾所附的《墓葬总表》(即《烧沟》"表六七")实际所列墓葬可统计为 229 座[1]。其中,因受盗扰以及保存状况的影响,人

---

[1]《烧沟》报告对于部分墓葬采用了 A、B 式编号,并且在墓葬形制划分上有的还归入了不同的型式,因理解不同,可能会造成统计结果略有出入,但这类墓的数量较少,对于总体上把握《烧沟》所报道的埋葬人数情况影响不大。本文暂以报告的墓葬总表所列 229 座作为总数。

骨情况不明者共计58座。其他171座墓葬中[1]，埋葬人数为1人的（本文以下均称"单人葬"）有84例、埋藏人数为2人的（本文以下均称"双人葬"）有73例、埋藏人数为3人的（本文以下均称"三人葬"）有10例，而埋藏人数在3人以上的墓葬总共只有4例。具体来说，在这4座墓中，M1034和M416各埋葬4人（本文以下均称"四人葬"）；而M36，原报告"表三"统计为5人，但"表六七"统计为4人，且《烧沟》33页称该墓为"一墓四棺"，故本文暂以4人计。准此，则《烧沟》报道的汉墓中，埋藏人数为4人的可统计为3座。而埋葬人数在4人以上的就只有M1035一例了，共埋藏6人（本文以下称"六人葬"）[2]。

《西郊》报道的217座汉墓中，人骨情况不明者29例，其他188座墓中的埋藏人数可分为四种情况，即单人葬87例、双人葬89例、三人葬10例、四人葬2例。未见埋葬4人以上的墓例。

由于洛阳西郊汉墓群与烧沟汉墓群地域邻近，均位于汉河南县城的北郊，加上墓葬的规模、形制和年代范围均大体一致，故本文将这两处墓群的资料综合在一起进行考察。在如上所述两处墓群的累计446例中，排除人骨情况不明的87例，《烧沟》和《西郊》所见埋藏人数明确的主要有5种情况，分别是：单人葬171例、双人葬162例、三人葬20例、四人葬5例和六人葬1例。这五种情况应该说大致反映了汉代洛阳地区中小型墓葬中埋葬人数的基本面貌。从这些数据不难看出，随着埋藏人数的增加，墓葬的总数量呈现出显著减少的趋势，其中又以从双人葬到三人葬的墓葬总量变化最为悬殊。前两者（单人葬和双人葬）加起来约占墓葬总数的75%。而后三者（即本文所说的"多人葬"，包括三人葬、四人葬和六人葬三种情

---

[1] 事实上，即便是《烧沟》报道的可以统计人骨数量的171座墓中，人骨的保存状况均极差，绝大多数墓葬的埋葬人数主要是依据痕迹所作的推断，加上盗扰的影响，有的统计数据未必准确，故在报告中还出现了统计数据前后矛盾的现象。本文中所列的相关数据基本上都以报告的墓葬总表为依据，其结果也只是作为一种参照，目的在于通过类似的统计分析，寻找一种解决问题的思路，同时也希望将来的考古报告能够给予类似的现象足够的重视。
[2] 韩国河认为该墓"合葬7人"（《试论汉晋时期合葬礼俗的渊源及发展》，《考古》1999年10期），推测可能是出于对该墓之"后二室"（主室？）埋葬人数不止一人的考虑。从砖棺垫的位置推测，这种可能性是存在的。由于该墓被盗扰，情况可能已发生变化，难以确知。故本文仍按报告所述统计为6人。

况)分别约占墓葬总数的 4.5%、1.1%、0.2%,累计还不足墓葬总数的 6%(参见图 11-1)。若再考虑到比这两处汉墓群年代要早的西汉早期洛阳当地主要流行单人葬的情况[1],多人葬在洛阳地区整个两汉时期墓葬中所占比例显然还可能更低一些。即便是排除人骨数量不明的墓葬,就烧沟和西郊两处墓群中埋藏人数基本清楚的 359 座墓而言,26 例多人葬亦只占 7.24%。因此,从数量上讲,可以说单人葬和双人葬仍为洛阳地区汉代丧葬的主流。证之洛阳地区已报道的其他汉代墓葬,这一点也应该是毫无疑问的。

若单就多人葬考虑,烧沟汉墓和西郊汉墓群所见又明显以三人葬为主,约占多人葬总数的 77%,四人葬和六人葬则各占 19%强和 4%弱(参见图 11-2)。从陕县刘家渠汉墓群[2]、西安白鹿原汉墓群[3]等有关统计数据来看,多人葬的种类和数量比也都大致和上述烧沟汉墓和西郊汉墓群接近。可以认为,相应的比例关系对于从整体上把握洛阳地区乃至整个中原地区汉代多人葬的真实情形,无疑是非常有帮助的。

---

[1] 洛阳地区已报道的西汉早期墓葬资料相对较少,可参见《洛阳邙山战国西汉墓发掘报告》(《中原文物》1999 年 1 期)、《洛阳北郊 C8M574 西汉墓发掘简报》(《考古与文物》2002 年 5 期)、《洛阳北邙 45 号空心砖墓》(《文物》1994 年 7 期)、《洛阳市文管会配合防洪工程清理出二千七百余件文物》(《文物参考资料》1955 年 8 期)等。

[2] 距离洛阳不远的陕县刘家渠墓地,在 1956 年曾发掘 46 座汉墓。据报告《河南陕县刘家渠汉墓》(《考古学报》1965 年 1 期)的统计,人骨不明者 18 座;骨架明确的 28 座墓中,单人葬 6 例、双人葬 11 例、三人葬 8 例、四人葬 2 例、六人葬 1 例。按照本文对"多人葬"的界定,刘家渠汉墓群的多人葬也包括三人葬、四人葬和六人葬这 3 种情形。多人葬的数量在人骨明确的墓葬中所占比例约为 39%,占墓葬总数的 23.9%。这一比例略高的情况,可能与该墓群的绝大多数墓葬年代均属于东汉时期有关。若就三人葬而言,其所占多人葬总数的比例 72.7%,仍和烧沟和西郊墓群接近。顺带说明的是,俞伟超先生在《考古学中的汉文化问题》(《古史的考古学探索》,文物出版社,2002 年)一文曾引用刘家渠汉墓群的 M3,认为是"四对夫妇葬于四室",以此作为汉代"多代合葬"的例证。然查检原报告,M3 虽为多室墓,但被盗扰,人骨数量不明。

[3] 陕西省考古研究所编著的《白鹿原汉墓》(三秦出版社,2003 年)报道两汉时期墓葬 94 座,据统计,"除人骨无存者外,能够辨别为单人葬者有 53 座,双人葬者 9 座,三人葬者 6 座,四人葬者 1 座、六人葬者 1 座"。如此,则人骨不明者应为 24 座,但据报告附录三《墓葬登记表》,人骨不明者有 28 例,相应的,单人葬降为 49 例,其余 17 例合葬墓则相同,只是在原报告 253 页列举合葬墓时误作 15 座。按照本文对"多人葬"的界定,这批墓葬中多人葬共计 8 例,在人骨明确的墓葬中所占比例约为 11.4%(单人葬按 53 座计算),占墓葬总数的 8.5%。单就多人葬而言,同样也是以三人葬为主,占多人葬总数的 75%。

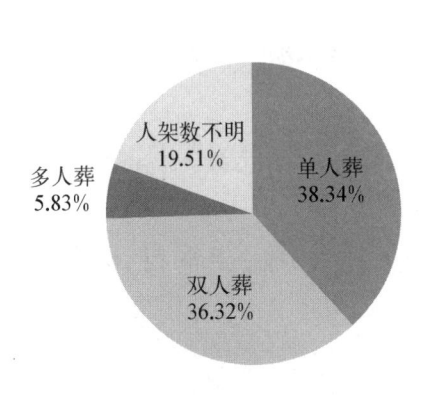

图 11-1 《烧沟》和《西郊》所见墓葬埋藏人数情况

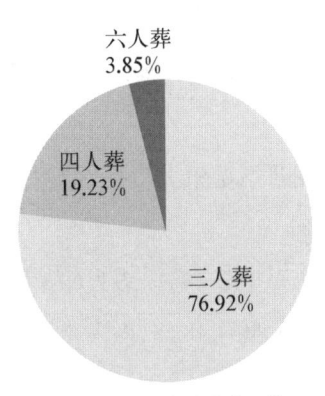

图 11-2 多人葬中的占比情况

二、多人葬与墓葬形制之关系

按照《烧沟》对墓葬形制的划分(《西郊》基本同《烧沟》),可将烧沟和西郊两处汉墓群中各型墓葬中的埋葬人数情况统计如下(表 11-2)。

表 11-2 《烧沟》和《西郊》墓葬类型与埋藏人数对应表

	单人葬	双人葬	三人葬	四人葬	六人葬	不明	合计
Ⅰ型墓	36	31				10	77
Ⅱ型墓	93	89	5	2		41	230
Ⅲ型墓	31	29	8	3		20	91
Ⅳ型墓	9	4	3			8	24
Ⅴ型墓	2	9	4		1	2	18
存疑墓						6	6
合计	171	162	20	5	1	87	446

从表 11-2 的统计数据可以推知,前述烧沟和西郊两处汉墓群中各型墓葬所见多人葬的数量及所占比例大致是:

第Ⅰ型墓77座,未见多人葬;

第Ⅱ型墓230座,多人葬7例,包括三人葬5例和四人葬2例,占Ⅱ型墓总数的3%;

第Ⅲ型墓91座,多人葬11例,包括三人葬8例和四人葬3例,占Ⅲ型墓总数的12.1%;

第Ⅳ型墓24座,多人葬3例,均为三人葬,占Ⅳ型墓总数的12.5%;

第Ⅴ型墓18座,多人葬5例,包括三人葬4例和六人葬1例,占Ⅴ型墓总数的27.8%;

另外还有存疑墓葬6座,人骨情况均不明。

通过上述的统计发现,从数量上讲,烧沟和西郊汉墓群中的多人葬是以《烧沟》所界定的第Ⅱ型墓和第Ⅲ型墓为多,累计18例,约占多人葬总数的70%;第Ⅳ型和第Ⅴ型墓本身数量相对较少,所见多人葬亦达到8例;而第Ⅰ型墓则未见多人葬。就各型墓中多人葬各自所占比例来看,从第Ⅰ型墓到第Ⅴ型墓是呈现出比例逐渐增加的趋势的。若以各型墓葬中埋藏人数明确的墓葬数量计算(具体数据参见表11-2),则第Ⅰ至Ⅴ型墓中多人葬各自所占比例分别是0%、3.7%、15.5%、18.8%和31.3%。尤其值得关注的是,在第Ⅱ型墓和第Ⅲ型墓之间似有一明显分界。这似乎表明,墓葬形制的某种变化(在烧沟和西郊汉墓群中主要表现为前后分室的出现)的确在一定程度上为多人葬的实施提供了便利的条件。不过,从三人葬在第Ⅱ至Ⅴ型墓中均有发现、而四人葬主要见于第Ⅱ和第Ⅲ型墓的情况来看,从第Ⅱ型墓到第Ⅴ型墓并未出现随着墓葬形制的变化而单座墓葬中埋藏人数显著递增的趋势。相反,在各型墓中,多人葬的墓葬数量仍明显少于同型墓中双人葬和单人葬的墓葬数量之和。由此可见,尽管墓葬形制的发展演变在某种程度上为多人葬的实施提供了便利条件(如前述Ⅲ型墓中多人葬所占比例相比Ⅱ型墓的显著增加),但墓葬形制变化的动因恐怕并不是为了埋藏更多的人。事实上,在多人葬的墓葬中,我们往往能看到埋葬人数与墓葬设计之间的明显不协调现象:除了主墓室中正常陈放的棺柩以外,不少墓葬中还在本应放置随葬品的耳室或前室之中陈放了尸体[1]。这种非正常埋葬现象似乎也可以从另一角度说明墓葬中埋葬人数的增加并不一定都是出于预先的安排,而是具有一定的偶然性或特殊性。

三、多人葬的阶段性变化

按照《烧沟》和《西郊》的分期研究,两处汉墓群中多人葬的出现时间似略晚于双人葬的流行。被认为是夫妇同穴合葬的双人葬在《烧沟》第一期即西汉中期偏早阶段已经流行,而多人葬大约出现于《烧沟》第二期即西汉中期偏晚阶段。统计数据显示(具体参见表11-3),洛阳地区汉代多人葬中最早出现的似为三人葬。从第二期2例、第三期3例、第四期3例、第五期6例、第六期6例的情况看,似乎随

表11-3 《烧沟》和《西郊》所见"多人葬"分期统计简表

	一期	二期	三期	四期	五期	六期
Ⅱ型墓		西 M3159 西 M8013	烧 M632 烧 M36(四) 烧 M416(四)		西 M7046 西 M9018	
Ⅲ型墓			西 M7051 西 M9002 烧 M1034(四)	西 M7052 烧 M1020* 西 M7017(四)	西 M7036 西 M7043 西 M9014 烧 M1009B 西 M6004(四)	
Ⅳ型墓				烧 M1024*		烧 M20 烧 M148
Ⅴ型墓						烧 M144 烧 M161 烧 M1036 烧 M159A 烧 M1035(六)

说明:表中冠以"烧"或"西"字的墓葬编号,分别代表《洛阳烧沟汉墓》和《洛阳西郊汉墓发掘报告》的墓葬编号;墓葬编号后括弧内注明的数字"四"或"六"代表该墓埋藏人数,未注明者均为三人。

* 烧沟 M1020 原报告断代为四至五期,今暂入第四期。

---

[1] 对于这种现象,齐东方先生曾指出"汉代的衬葬墓一般不改变流行的墓葬形制,而是改变某些空间的功能"。参见齐东方《衬葬墓与古代家庭》,《故宫博物院院刊》2006年5期。

着时间的推移,当地三人葬的墓葬数量还呈现出逐渐增加的趋势。大约西汉晚期至新莽前后(即《烧沟》第三期),四人葬也开始出现。然而,这两处汉墓群中四人葬的墓葬数量不仅比三人葬显著减少,而且其发展趋势也似与三人葬不同:总共 5 例中属于西汉晚期至新莽前后的有 3 例,属于东汉早期(《烧沟》第四期)和东汉中期(《烧沟》第五期)的各 1 例,至东汉晚期则未见。至于六人葬,亦仅见东汉晚期(《烧沟》第六期)的 1 例。

为了更好地把握和理解烧沟和西郊汉墓群中多人葬的发展趋势,试将其阶段性变化归结如下图(图 11-3)。

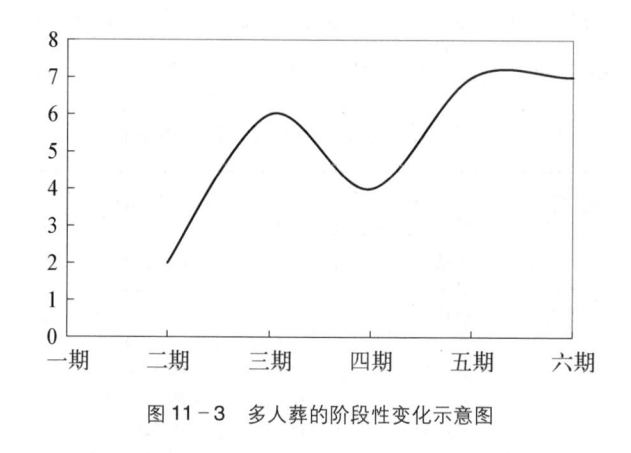

图 11-3 多人葬的阶段性变化示意图

从图 11-3 中可以看出,在烧沟和西郊汉墓群中,多人葬的墓葬数量并非呈现直线上升的发展趋势,而是有两个明显的高峰时期:一是西汉晚期至新莽前后时期(《烧沟》第三期),二是东汉中晚期(《烧沟》第五、第六期)。结合表 11-3 的统计可知:在第一个高峰期内主要流行的是三人葬和四人葬(各 3 例);至第二个高峰期出现了六人葬,但数量极少,仅有 1 例,占主流的仍是三人葬。

关中地区汉墓所见多人葬的出现时间似乎略晚于洛阳地区,但东汉中晚期数量较集中的情形却是一致的[1]。介于关中和洛阳之间的陕县刘家渠汉墓群中,

---

[1] 就《白鹿原汉墓》(三秦出版社,2003 年)报道的 94 座两汉时期墓葬来看,所谓"同穴合葬墓"中,属于西汉者仅见双人葬,而多人葬主要出现于东汉时期,尤其是 2 例四人葬和六人葬的墓葬年代均在东汉晚期。关中地区西汉时期罕见多人葬的情况,还可从《长安汉墓》[陕西人民出版社,(转下页)

多人葬的年代基本上也都属于东汉时期,唯一的1座六人葬M158中还出土有"阳嘉四年"朱书罐,为我们了解此类多人葬的年代提供了重要依据[1]。其实,汉代多人葬的例子较集中于东汉中晚期这一现象,不少学者早已注意到[2]。弄清了多人葬的主要流行时间及其阶段性变化,将有助于我们探讨其出现原因和性质问题。

四、关于多人葬的性质及出现的原因

多人葬的性质应该是由多人葬墓葬内埋葬的人数及各个体之间的相互关系来决定的。由于汉代墓葬中墓志之类的直接文字证据还非常缺乏,在现代科技手段(如DNA技术)介入之前,对于墓葬内各埋葬个体之间的相互关系,只能根据有关埋葬现象,并结合相关文献记载进行推测。

依据现存的文献资料可知,在流行夫妇合葬的汉代,人们常引用《诗经》中"谷则异室,死则同穴"来解释实施夫妇"合葬"(尽管未必是指我们现在所理解的"同穴合葬")的理由,其主要观念便是所谓"夫妇一体"[3]。"同穴"在当时似乎也成了实施夫妇合葬的代名词[4]。《白虎通义·崩薨篇》则明确说:"夫妇生时同室,死同葬之。"所谓"合葬者,所以固夫妇之道也"。基于这种观念,目前学界通常将汉代墓葬中所见的一男一女同葬一墓或并列一室的情形视为一对夫妇合葬(尽管这一前提尚需证明)。

从烧沟和西郊汉墓群来看:无论三人葬还是四人葬,基本上都是以一对成年

(接上页)2004年]得到进一步的证明,该报告公布的139座西汉中晚期墓葬中,除1座人骨不详外,"双人合葬墓30座,单人葬墓108座",也没有1例多人葬。目前所知,年代大致在西汉末至王莽时期的西安净水厂M36中葬有3人(《西安净水厂汉墓清理简报》,《考古与文物》1990年6期),是关中地区东汉以前较为少见的多人葬例证。

[1]《河南陕县刘家渠汉墓》,《考古学报》1965年1期。
[2] 例如,韩国河在《试论汉晋时期合葬礼俗的渊源及发展》(《考古》1999年10期)一文中还指出,除了四川境内的崖墓以外,东汉至魏晋时期"在黄河流域乃至辽河都可见到多人的合葬"。
[3]《汉书·哀帝纪》《汉书·外戚传下·定陶丁姬传》。
[4]《后汉书·列女传·阴瑜妻传》。

男女居于主室(或后室)的情况为主,另外1—2人(成年或未成年)多位于耳室或侧室、前室之中。推测其主体仍应该是以最基本的家庭结构为单位的,是以一对夫妇合葬为基础、附葬子女1—2人的两代人合葬的可能性为最大,个别四人葬中也有可能是两对夫妇合葬。如西郊M9002(图11-4),属于单穿隆顶前后室墓,前室左右两侧带有耳室,在砖筑的后室中放置双棺,而位于土圹前堂南壁的另一棺则"横陈于南耳室入口处"。烧沟M36(图11-5,左),属于"弧顶双棺室小砖券墓",除了主室内放置的棺柩外[1],在左右两耳室内另放两个小棺,《烧沟》报告推测"似乎不是成年人的合葬,或是死者所属夭殇的子女附葬的"。又如烧沟M1034

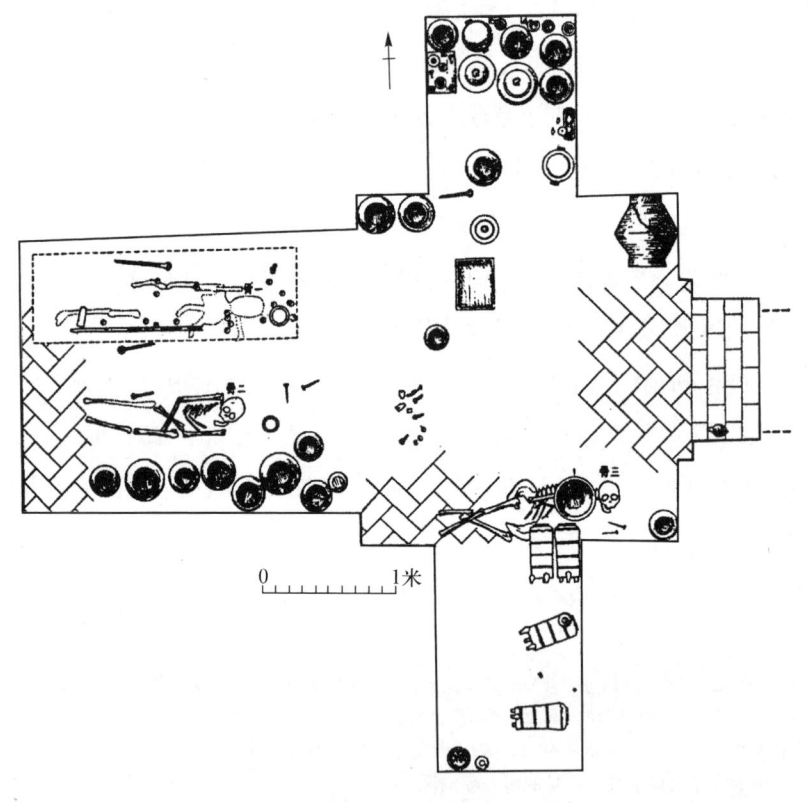

图11-4 洛阳西郊M9002平面图

---

[1] 关于该墓主室中安葬的人数,《烧沟》的描述前后自相矛盾,本文暂以双棺计算。

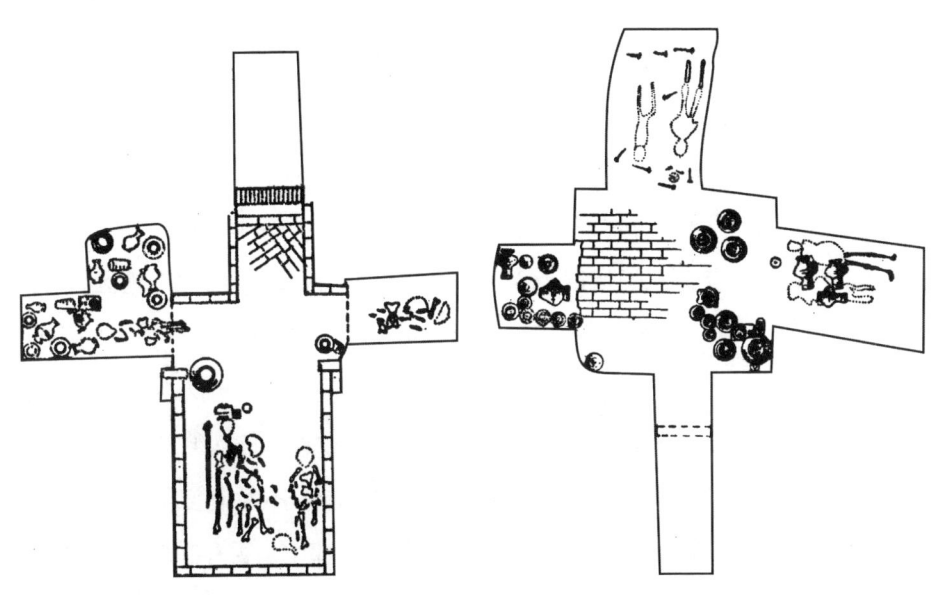

图 11-5　洛阳烧沟 M36(左)和 M1034(右)平面图

（图 11-5,右），属于"单穹隆顶墓",除了主室埋藏的一对男女可能是夫妇合葬以外,埋藏在侧室中的另一对男女也可能是一对夫妇。相对于主室夫妇来说,埋葬在侧室中的如果是晚辈,就形成两代人两对夫妇合葬,当然也不排除其他情况的可能性。另外,三人葬中亦偶见主室之中并列三棺的情况,如烧沟 M632 所见,若是同辈人,是否与一夫多妻的家庭结构有关呢？如果不是,为什么该墓有足够的空间而三棺却要挤在一起？尽管目前还难以对这样的疑问给出满意的解释,但有一点却是相对比较明确的,正如已有学者所指出那样,即如果在同一墓葬中实施"多代合葬"的过程中有一代是夫妇合葬,那么满足其基本条件的人数应不少于 4 人[1]。准此,前述烧沟和西郊汉墓群中埋藏有两代人以上的墓葬,恐怕就只有学者们常引用的烧沟M1035 一座。然据《烧沟》报告,M1035 为横前堂双后室砖券墓,通常情况下此类墓葬中的棺柩应安置在双后室中,但该墓除双后室以外,横前堂的一侧也

---

[1] 如西晋裴祇墓便是很好的一个例证,参见黄明兰《西晋裴祇和北魏元暐两墓拾零》,《文物》1982 年 1 期。

发现有棺痕,显示出某种特殊性。

分析汉代多人葬出现的原因,以往的研究在将多人葬与汉代的土地所有制变化以及相应的家庭(或家族)关系的强化联系起来的同时,往往很少考虑到汉代多人葬的具体人数差异以及不同人数的多人葬各自出现的频率等问题。通过对烧沟和西郊两处汉墓群的考察,所谓"多人葬"应是以夭殇的(未成年)子女附葬于父母墓的情况为主。在战国秦汉时期的中原北方地区,对于未成年人的埋葬曾一度流行瓮棺葬或瓦棺葬之类,往往位于父母墓葬的附近或房屋周围[1]。多人葬的出现则表明,对于夭殇的(未成年)子女的安葬方式也发生了一些变化。从强化家庭观念这一出发点来看,或许将子女纳入父母的墓葬之中,是与之相应的一种表现方式,但从数量上是否已构成一种制度化的表现或流行的丧葬习俗,还值得进一步探讨。至于在这些多人葬中是否存在所谓"多代合葬",从前述的统计数据看,其可能性应该很小,即使有,其出现频率也应该是极低的[2]。

事实上,也有学者在将汉代的多人葬上升为"土地私有制的发展在墓葬制度上的表现"的同时,还注意到了另外一种可能导致多人葬的情形,即《后汉书》所载"收葬"灵帝宋皇后及其父亲和兄弟,"归宋氏旧茔皋门亭"[3]的特殊历史事件,认为"合葬一室的可能性极大"[4]。从另外两座常被引用的晚于汉代的墓葬实例,即洛阳周公庙西晋裴祗墓(葬于293年)[5]和洛阳西晋士孙松墓(葬于302年)[6]来看,前者是裴祗夫妇与其母亲和女儿惠庄的合葬墓,后者是傅宣之妻士孙

---

[1] 参见白云翔《战国秦汉时期瓮棺葬研究》,《考古学报》2001年3期。
[2] 学者们在讨论汉代多人葬时经常引用的另一个例证,即西安净水厂M18(《西安净水厂汉墓清理简报》,《考古与文物》1990年6期),埋葬人数达到8人,报告认为"至少是两代人的合葬",但也只是一种推测。至于"侍妾""家庭内部侍仆人"加入合葬的说法,也需要进一步证明。据墓葬平面图,在该墓北侧室的东北角还有"殉人骨骸",其真实性亦值得商榷。但无论如何,类似净水厂M18这样的多人葬出现在东汉中晚期,的确值得我们高度重视。
[3] 《后汉书·皇后纪》。
[4] 韩国河《试论汉晋时期合葬礼俗的渊源及发展》,《考古》1999年10期。
[5] 黄明兰《西晋裴祗和北魏元暐两墓拾零》,《文物》1982年1期。
[6] 《洛阳晋墓的发掘》,《考古学报》1957年1期。

松与其夭殇二子的合葬墓,两墓中均存在将子女与父母(或父母之一)共葬一墓的情形。两墓的埋葬时间上距东汉灭亡不足百年,墓志所载墓葬中的人物关系,为我们理解当地汉代的多人葬提供了重要参考信息。更为重要的是,关于裴祗墓的埋葬背景,黄明兰先生曾指出:

> 从此墓结构看,确系一次建造,也当是一次下葬,一家三代老少四口同时同墓而葬尚不多见。据墓志,裴祗死于晋惠帝元康三年(293)七月,时八王之乱初起,裴祗一家之死是否与此有关,尚待考。[1]

由此可见,作为丧葬结果的多人葬,其出现的原因可能是多方面的。以前在讨论汉代的多代合葬时,学者们还常以四川地区东汉崖墓的埋葬情况作为例证。从大家常引用的宋代洪适《隶释》著录的所谓"张宾公妻穿中二柱文"[2]来看,张伟伯与其少子叔元既然在"建初二年六月十二日""俱下世",本身就暗示了其死亡背景的特殊性。至于1991年在偃师发现的东汉"肥致墓"出土的碑文,也为我们探讨东汉时期的多人葬提供了一种新的思路。从碑文看,该墓有可能是一群具有相同宗教信仰的方术之士或道教信徒的多人合葬墓[3]。

除了前述政治或宗教原因以外,至少还有一种因素也值得重视,即汉代多人葬数量最集中的东汉中晚期,既是阶级矛盾激化、社会出现动荡、包括道教在内的宗教乘机发展的时期,同时也是汉代疫病盛行时期。作为东汉都城所在的洛阳地区便是当时疫病流行地区之一,史载有"延光四年冬,京都大疫"[4]"桓帝元嘉元年正月,京都大疫"[5],等等。由于瘟疫所导致的"民多病死,

---

[1]《西晋裴祗和北魏元暐两墓拾零》,《文物》1982年1期。
[2] 参见齐东方《祔葬墓与古代家庭》,《故宫博物院院刊》2006年5期。
[3]《偃师县南蔡庄乡汉肥致墓发掘简报》,《文物》1992年9期。
[4] 司马彪《续汉书·五行志》。
[5] 司马彪《续汉书·五行志》。

死有灭户"[1]，以及"或阖门而殪，或举族而丧者"[2]，或许也能从一个侧面帮助我们理解该地区东汉中晚期多人葬墓葬数量增加，以及个别墓葬中埋葬人数增加的现象。事实上，早在西汉末期，汉朝廷对于因疾疫而亡故人数较多的家庭还赐"葬钱"以助安葬，其"赐死者一家六尸以上葬钱五千，四尸以上三千，二尸以上二千"[3]的记载，也为我们正确理解汉代多人葬的埋葬人数情况提供了重要的参考信息。

总之，通过对烧沟和西郊汉墓群所揭示的"多人葬"的统计分析，本文可以做出这样的推测：即多人葬在汉代当地的丧葬习俗中并不居于主流，而且从多人葬单座墓葬的埋藏人数上讲，总体上仍可能是以夫妇合葬为基础但又有别于单纯的一夫一妻合葬，推测其主体仍应该是以最基本的家庭结构为单位的，但也不排除会有少数的例外。由于汉代的家庭结构本身复杂多样，多人葬的表现方式也可能不尽相同。对于其出现与流行的原因，除了学者们论及的土地所有制变革导致的丧葬制度或风俗的变化（如对核心家庭观念的强化）等原因以外，本文认为对因疾疫或其他原因导致的非正常死亡者的丧葬安排，也是不能不考虑的重要因素——某些多人葬中埋葬人数及其布局与墓葬形制之间的明显不协调，或许更有助于说明墓中埋葬人数的增加所具有的某种特殊性或偶然性。更何况，汉代墓葬中出现的埋葬人数的差别，并不一定都是制度化的结果。某些现象是否可以称得上是一种新的丧葬习俗或丧葬制度的反映，还要看其普及或流行程度如何。因此，对于汉代丧葬制度或丧葬习俗的研究，还应该注意不同现象的量的变化以及在等级、地域、时代等方面的差异，尤其不应该将特殊性与普遍性相混淆。对于某些特殊现象，应该放到当时当地具体的历史环境中去考察，方有可能得到令人满意的解答。这也是本文写作的根本出发点。借此希望将来能利用现代科技手段对汉代多人葬墓中各个体之间的亲缘关系、死亡原因等进行鉴定和分析研究，也希望考古工作者在发掘过程中对有关现象的记录能够更为细

---

[1] 司马彪《续汉书·五行志》刘昭注引张衡语。
[2] 司马彪《续汉书·五行志》刘昭注引曹植语。
[3] 《汉书·平帝纪》。

致、精确,为相关的研究保存更为翔实的资料——相信这样才有可能真正揭开汉代多人葬的面纱。

2003年8月28日初稿,2007年11月二稿,2008年1月三稿。

(本文原名"洛阳地区汉墓所见'多人葬'问题——以烧沟和西郊墓群为中心",载洛阳市第二文物工作队编《洛阳汉魏陵墓研究论文集》,文物出版社,2009年。此次重刊略有修订。)

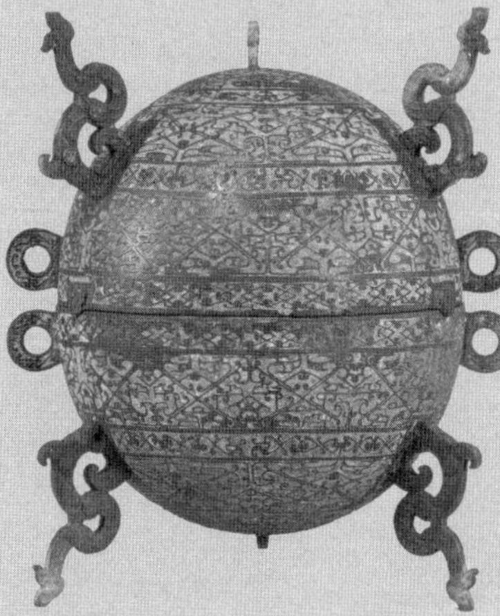

12
江东"楚式墓"的发现与研究[1]

本文所说的江东地区是以长江下游干流为界,指下游北流干流段以东至大海之滨的广大地区,大致相当于现在的江苏和安徽两省长江干流以南部分、江西省东北部、上海市和浙江省中北部地区。这里在先秦时期本是吴越故地,然依据历史文献记载,楚威王时曾"尽取故吴地至浙江"[2],后来楚考烈王时黄歇又曾"请封于江东""因城故吴墟,以自为都邑"[3]。这些都说明战国中晚期楚国势力东移时曾控制江东的部分地区是毫无疑问的。自20世纪50年代以来,越来越多的具有典型楚文化因素的墓葬(本文暂统称为"楚式墓")在江东地区被发现,也进一步证实了楚文化在江东地区的存在与影响,并为我们探讨楚文化在江东地区的渗透与发展演变,以及江东地区的文化变迁等提供了科学的依据。

截至目前,已报道的相关墓葬资料约30座,散见于安徽宣城,江苏无锡、武进、苏州、吴县、南京、江宁,上海嘉定、青浦,浙江安吉、绍兴、余姚、宁波等地。这些墓葬与吴越地区流行的土墩墓传统有着明显的区别,大多为竖穴土(岩)坑墓,有的带斜坡墓道,多有木椁,且木椁周围填有青膏泥或白膏泥,有的还使用木炭,随葬品以具有典型楚文化特色的泥质陶鼎、豆、盒、壶、钫之类仿铜陶礼器组合为特征,少数墓葬出土有楚式铜容器或兵器,部分墓葬还出土有陶俑、漆木器、玉石器、青铜车马器、铜镜,也有的还共存少量印纹硬陶器、原始瓷器。

关于江东地区具有典型楚文化因素的"楚式墓"的考古发现与研究,基本上都

---

[1] 本研究为"教育部人文社会科学研究重大项目《秦汉时期江东地区的文化变迁》课题"(项目批准号:11JJD780005)的研究成果之一。
[2]《史记》卷41《越王句践世家》,中华书局标点本,1959年,1751页。
[3]《史记》卷78《春申君列传》,2394页。

是在新中国成立以后才逐步展开的,本文认为可大致分为以下三个阶段。

第一阶段:20世纪50年代至70年代,主要是零散的发现与资料报道。

其中最早经过科学发掘并报道的完整墓例,应该是1955年江苏无锡施墩清理的M5,为一长方形竖穴土坑墓,出土器物包括黑胎陶鼎2件、黑陶簠(盒)[1]1件、陶钫2件、黑陶杯2件、陶钵(勺)2件、陶碟(斗)2件,以及陶俑2件等(具体器形参见图12-1)。其中陶俑是由"陶制的头和手,木制的身干(已朽,无法复原)"构成。当时由于江东地区类似的发现还很少,报告在器物定名上多有出入。发掘者虽注意到该墓出土器物在组合及器形上的独特面貌,认为"随葬的器物中黑陶簠、鼎、杯、俑等很特殊,不但在无锡的汉墓中过去少有,就是江苏省及长江以南所发掘的汉墓中过去也都很少见过",但并未与楚文化的影响联系起来。故关于墓葬年代,也只是笼统地推断"属于西汉以后或者汉中叶时期"[2]。

另一座较早报道的墓葬是1959年在上海嘉定外冈清理的1座土坑墓,据称出土器物14件,全为陶器,包括泥质灰陶鼎、黑陶方壶(钫)、灰陶瓿、泥质灰陶杯、灰陶勺、泥质灰陶豆以及黑皮灰陶"郢爰"、残破的陶盒等器形。发掘者认识到出土遗物中的鼎、豆等器物,尤其是陶质"郢爰""都具有战国楚器的特征",推断该墓是一座"战国晚期至西汉初期的墓葬"[3]。这似乎也是最早在江东地区报道的墓葬中注意到楚文化因素的存在。

其实在20世纪50年代,江东地区还有一些类似的发现,如1955—1956年就曾在浙江宁波市郊清理了一批出土有鼎、豆、壶、敦之类陶器的战国、西汉土坑墓,但资料报道过于简略,具体情况不明[4]。据姚仲源介绍,后来在宁波火车站发掘的第125号战国墓,出土的陶器组合也以泥质灰陶的鼎、豆、壶、盒、杯为主[5]。据陈

---

[1] 文中括弧内的器物名称均为笔者依据发表的器物线图或照片对原报告的称谓所作的更正,以下同,不另注明。
[2] 谢春祝《无锡施墩第五号墓》,《文物参考资料》1956年6期。
[3] 黄宣佩《上海市嘉定县外冈古墓清理》,《考古》1959年12期。按:孙维昌《上海发现一座战国—汉初时代墓葬》(《文物》1959年12月,65页),与黄宣佩报道的似为同一座墓。
[4] 赵人俊《宁波地区发掘的古墓葬和古文化遗址》,《文物参考资料》1956年4期。
[5] 姚仲源《浙江德清出土的原始青瓷器——兼谈原始青瓷生产和使用中的若干问题》,《文物》1982年4期。

元甫,在宁波火车站清理这批战国墓的时间应在1975年[1]。

同样在1975年,在浙江绍兴凤凰山也清理了两座战国时期的木椁墓,编号为M1和M2,均为长方形土坑竖穴墓,葬具都是一椁一棺,在木椁四周还都填有"白胶泥"。其中M2的木棺是"用整段原木破成二半雕凿而成。断面呈U形,两侧两端卯槽,插入二块圆木板,作为棺的前后壁。棺盖和棺身接触处有榫,上下对缝弥合,棺外涂黑漆,内为朱漆"。该墓的随葬品数量丰富,包括黑陶盖鼎2、敦2、壶2、豆2、三足盘2、匜2、盉1、盆(洗)2、甗1、甑1、弦纹罐(三足罐)1、小罐3件,印纹陶四耳罐1件,漆豆4件,木梳1、木案1件,以及竹编等。而M1出土的遗物较少,包括印纹陶小罐1件,铜剑1、戈1、镦2、圈2件,玛瑙环1件等。发掘者只是笼统地将两墓的年代定为战国时期,没有讨论墓葬的文化属性[2]。但在1979年发表的《三十年来浙江文物考古工作》一文中总结道:

> 在绍兴凤凰山等地发现的木椁墓,宁波南郊以泥质灰陶的鼎、豆、壶为随葬品的战国土坑墓,……都是楚文化在浙江留下的印迹。[3]

在以后的研究中,对于绍兴凤凰山M1、M2的年代和文化属性判断,都一直存在争议。

此外,1973年12月在江苏无锡前洲出土了一批青铜器,其中的1件铜鉴、2件铜豆上均有铭文,且铜鉴铭文保存完好,从而引起了学界的关注。李零、刘雨撰文对这批器物进行了介绍,并对铭文进行了考证,认为"是一位楚王子所作""大约是作于公元前306—223年的八十四年间,而且比较大的可能是在这一段时间的靠后,即在楚徙都寿春后的十八年间"[4]。李学勤则进一步推断这组青铜器"应为

---

[1] 陈元甫《宁绍地区战国墓葬楚文化因素考略》,宁波市文物考古研究所、宁波市文物保护管理所编著《宁波文物考古研究文集》,科学出版社,2008年,88—97页。
[2] 绍兴县文物管理委员会《绍兴凤凰山木椁墓》,《考古》1976年6期。
[3] 浙江省博物馆《三十年来浙江文物考古工作》,收入文物编辑委员会编《文物考古工作三十年》,文物出版社,1979年,217—227页。
[4] 李零、刘雨《楚郘陵君三器》,《文物》1980年8期。

一座墓葬的随葬品,器主是鄩陵君王子申","可能是楚幽王之子,也可能是其弟","王子申之封,只能是黄歇被李园刺杀之后,即公元前237年之后"[1]。此后,学者们大多将这组铜器视为一座战国晚期的楚墓所出。

总的来看,由于该阶段有关楚文化的系统研究还只是刚刚起步,研究重心主要是在长江中游及淮河流域,而江东地区发现的具有典型楚文化因素的墓葬数量还很少,加上资料报道简略、零散,尚未引起足够重视。直到类似无锡前洲那样有铭文的楚国铜器的发现,情况才似乎有所改变。

第二阶段:20世纪80年代至90年代中期,资料积累与初步总结。

这一时期新报道的相关墓葬资料主要有:1975年在江苏苏州虎丘清理的1座东周墓[2]、1980年在江苏武进孟河清理的1座战国墓[3]、1982年在安徽宣城县砖瓦厂清理的1座土坑木椁墓[4]、1983年在上海青浦县福泉山清理的3座被认为是战国晚期的宽长方形土坑墓[5]等。另外1980年发现的江苏吴县何山东周墓的正式简报也在这一时期公布[6]。

其中苏州虎丘、吴县何山与武进孟河这3座东周墓均遭到不同程度的破坏,大部分随葬品已被群众取出,除虎丘东周墓的棺木尚存且为"独木棺"以外,其余两座墓葬的形制也不甚明了,然而一个共同的特点是:墓葬出土遗物(包括征集所得文物)均以铜器为主,尤其是都出土了具有楚文化特点的青铜器。苏州虎丘东周墓出土遗物包括:铜鼎2、铜壶1、铜豆1、铜盉1、铜鉴1、铜匜1件,灰胎黑衣陶豆1件。发掘者指出:"出土铜器形制多与中原战国时期铜器相似,而纹饰又具有楚器作风。鼎、豆、壶的组合也盛行于东周。""因此初步判断这一墓葬属于战国早、中期",不过未就墓葬的文化属性进行说明,对于墓葬使用的"独木棺"也未作讨

---

[1] 李学勤《从新出土青铜器看长江下游文化的发展》,《文物》1980年8期。
[2] 苏州博物馆考古组《苏州虎丘东周墓》,《文物》1981年11期。
[3] 镇江市博物馆(肖梦龙执笔)《江苏武进孟河战国墓》,《考古》1984年2期。
[4] 安徽省文物队 丁邦钧、汪景辉《宣城县土坑木椁墓》,《安徽省考古学会会刊》第7辑,1983年。
按:承蒙安徽省文物考古研究所的吴卫红先生提供相关资料,在此表示感谢。
[5] 上海市文物保管委员会《上海青浦县重固战国墓》,《考古》1988年8期。
[6] 吴县文物管理委员会(张志新执笔)《江苏吴县何山东周墓》,《文物》1984年5期。

论[1]。吴县何山东周墓出土遗物均为征集所得,推测"应该是一个墓葬内的随葬品",共计35件,其中青铜器33件(套),即鼎5件、盉1件、簠2套、缶1件、匜1件、盘1件、戈3件、矛3件、镞14件、軎辖2套,另有小方格纹硬陶罐1件和原始瓷碗1件。因铜盉自铭"楚叔之孙途为之盉",在发现之初发表的简讯中曾被称为"楚墓"[2],但4年后发表的正式简报改称为"东周墓",认为该墓出土铜器"明显地包括两种不同的风格",其中制作精细、有装饰花纹的部分铜器"应该是春秋晚期的楚器","很可能是吴人掠回的战利品,赐给攻楚的功臣,死后随葬的"。另一部分制作简朴的铜器"具有明显的吴越地区风格"。发掘者推断墓主人可能是公元前506年攻楚有功之人,墓葬年代"估计应在周敬王十四年吴楚战争结束后或稍晚"[3]。武进孟河墓的大部分随葬品也被群众取出,加上清理所得,共出土了铜器12件,包括鼎2、铜敦(盒?)1、铜壶2、铜勺2、铜带钩1、铜剑1、铜弩机1、铜盘1、铜匜1件,另外还有1件红陶俑头和1件青玉璧。简报作者认为"这座墓的形制、出土铜器的组合及器形都明显具有楚墓的特点",在与湖北、湖南等地楚墓出土遗物进行比较之后,推测"时代应为战国中期偏晚","当为这一地区归属楚国以后所葬"[4],并且还就前述1973年无锡前洲和1980年吴县何山发现的楚式铜器进行了讨论,认为都是楚墓所出。然而,在以后的研究中,对于苏州虎丘墓和吴县何山墓的年代与文化属性的认识,一直存在较大的分歧(详下)。

至于宣城县砖瓦厂木椁墓和青浦县福泉山的3座土坑墓,出土遗物均以泥质陶器为主。据介绍,宣城县砖瓦厂木椁墓出土器物29件,其中14件泥质灰陶器的组合完整,为鼎2、豆2、方壶(钫)2、盒2、罐4、杯2件,共存的还有玉璧1、漆耳杯5、木俑5件以及木梳、木篦(梳篦的数量未交代)等。发掘者认为该墓年代为"战国晚期","墓主人可能属于士的阶层",但并没有就该墓的文化属性进行说

---

[1] 苏州博物馆考古组《苏州虎丘东周墓》,《文物》1981年11期。
[2] 张志新《吴县何山楚墓出土文物及其意义》,江苏省文物管理委员会、南京博物院编《文博通讯》33期,1980年。
[3] 吴县文物管理委员会(张志新执笔)《江苏吴县何山东周墓》,《文物》1984年5期。
[4] 镇江市博物馆(肖梦龙执笔)《江苏武进孟河战国墓》,《考古》1984年2期。

明[1]。后来,曾为简报作者之一的丁邦钧在一篇论文中才将该墓确认为楚墓,认为"其风格与湖南、湖北地区同时期楚墓风格也是基本一致的"[2]。高至喜进一步认为该墓是战国晚期"楚都'钜阳'和'寿春'时的楚墓",与前述无锡施墩 M5 的陶器相同,"可能因为墓的年代较晚,越文化的影响已经消失"[3]。

上海青浦县福泉山 3 座宽长方形土坑墓出土的泥质陶器组合与宣城砖瓦厂木椁墓比较接近,编号为青福 M1 墓葬出土了泥质灰陶鼎 2、盒 2、壶 2、豆 2 件,泥质红陶罐 1 件,玉璧 2 件;青福 M2 出土了泥质灰陶鼎 2、盒 2、壶 2、豆 2、杯 2、匜 1 件,泥质红陶罐 1 件;青福 M4 出土了泥质红陶鼎 1、盒 1、钫 1、勺 2、俑头 2、俑手 4 件,泥质灰陶豆 1、壶(凹圜底绳纹罐)1 件(具体器形参见图 12-2)。发掘者参照了高至喜有关湖南楚墓的研究[4],推断这 3 座墓的年代同属于战国晚期,其所反映的文化特征属楚文化体系[5]。值得关注的是,在青福 M2 出土的 1 件红陶罐的肩部出现了"吴市"戳印文,但并未引起发掘者的重视。在以后的有关研究中,也极少有学者注意到这一重要细节。

这一时期伴随着楚文化、吴越文化研究的进步,尤其是江东地区楚铭文铜器的发现,有不少学者开始重视江东地区文化演进中出现的楚文化因素,并从楚文化东渐的角度开始对江东地区所发现的楚文化遗存进行初步总结。其中代表性的研究主要有刘兴《从江苏东周时期遗存看楚文化的东渐》[6]、高至喜《论战国晚期楚墓》[7]、杨权喜《绍兴 306 号墓文化性质的分析——兼述楚文化对吴越地区的影响》[8]、刘和惠《楚文化的东渐》[9]等。

---

[1] 安徽省文物队 丁邦钧、汪景辉《宣城县土坑木椁墓》,《安徽省考古学会会刊》第 7 辑,1983 年。
[2] 丁邦钧《江淮地区楚文化考古述略》,《文物研究》第 2 辑,1986 年。
[3] 高至喜《论战国晚期楚墓》,《东南文化》1990 年 4 期。但高至喜有关该墓出土陶器的介绍是"鼎盒壶钫豆各二件,已不见敦",未提及罐和杯,却多出了 2 件壶。
[4] 高至喜《试论湖南楚墓的分期与年代》,《中国考古学会第一次年会论文集(1979)》,文物出版社,1980 年。
[5] 上海市文物保管委员会《上海青浦县重固战国墓》,《考古》1988 年 8 期。
[6] 楚文化研究会编《楚文化研究论集》第一集,荆楚书社,1987 年,281—292 页。
[7] 高至喜《论战国晚期楚墓》,《东南文化》1990 年 4 期。
[8] 杨权喜《绍兴 306 号墓文化性质的分析——兼述楚文化对吴越地区的影响》,《东南文化》1992 年 6 期。
[9] 刘和惠《楚文化的东渐》,湖北教育出版社,1995 年。

1987年，刘兴发表的《从江苏东周时期遗存看楚文化的东渐》[1]一文，首次从楚文化东渐的角度分析了江苏地区东周墓葬所见的楚文化因素，认为"在吴国未灭亡以前，楚文化对其已有影响"，到了战国时期，影响继续深入。提出吴县何山东周墓和苏州虎丘东周墓的年代均属于战国早中期，在"时间上或略有早晚区别"，其中吴县何山东周墓还"属于楚国贵族墓葬无疑"；而无锡前洲出土铜器和武进孟河战国墓的年代同属于战国晚期，尤其是武进孟河墓的葬式和出土铜器组合"已完全同于晚期楚墓的类型"。

冯普仁《略论无锡汉墓的分期》[2]对于早年发掘的无锡施墩M5的年代进行了修正，认为"应属西汉早期，其下限约当文景时期"。

高至喜在1987年发表的《再论湖南楚墓的分期与年代》[3]一文中，也开始注意到安徽宣城砖瓦厂发现的楚墓；在1990年发表的《论战国晚期楚墓》一文中，更是全面总结了战国晚期的楚墓资料，文中除了提及安徽宣城砖瓦厂M1之外，还将江苏无锡施墩M5的年代进一步提早到战国晚期，认为该墓"其实是一座典型的战国晚期楚墓"；另外纳入战国晚期楚墓范畴的还有浙江绍兴凤凰山M1和M2，以及宁波的相关发现，认为绍兴凤凰山M1和M2是"保存有若干越文化因素的楚墓"，时代"约在楚灭越之后不久，可定在战国晚期之初"[4]。

1992年，杨权喜在《绍兴306号墓文化性质的分析——兼述楚文化对吴越地区的影响》[5]一文中，赞同原发掘简报关于吴县何山东周墓、苏州虎丘东周墓的年代判断，认为吴县何山东周墓为春秋晚期墓，"属于越墓，而同时随葬了越、楚两种不同风格的器物"；苏州虎丘东周墓为战国墓，其墓葬形制和随葬器物"都表现出较

---

[1] 刘兴《从江苏东周时期遗存看楚文化的东渐》，楚文化研究会编《楚文化研究论集》第一集，荆楚书社，1987年，281—292页。
[2] 冯普仁《略论无锡汉墓的分期》，《江苏省考古学会1982年年会论文选》，1983年，56—62页。
[3] 高至喜《再论湖南楚墓的分期与年代》，楚文化研究会编《楚文化研究论集》第一集，荆楚书社，1987年，24—34页。
[4] 高至喜《论战国晚期楚墓》，《东南文化》1990年4期。
[5] 杨权喜《绍兴306号墓文化性质的分析——兼述楚文化对吴越地区的影响》，《东南文化》1992年6期。

单纯的楚文化特点"。至于无锡前洲铜器,认为"也是一批较单纯的楚文化遗存"。

1995年,刘和惠出版《楚文化的东渐》[1]一书,在书中的第五章专门讨论了战国晚期的楚墓,并总结了"东境楚墓"的特点,认为"已发现的(东境)楚墓时代均为战国晚期,此前确凿无疑的楚墓尚未有发现"。"春秋晚期和战国前期的墓葬,虽非楚墓,但不论蔡墓、舒墓、吴墓、越墓都不同程度地受到楚风的影响,并引起了东境葬俗的变革。这种变革首见于大型墓葬,小型墓葬则要晚一些。这反映出楚文化传播的过程,首先是社会的上层仿效、认同,然后逐渐扩大到社会的中下层。"在有关江东地区战国晚期楚墓的认定上,与高至喜1990年《论战国晚期楚墓》一文相比,除了沿袭安徽宣城砖瓦厂M1、江苏无锡施墩M5之外,还新增加了1959年上海嘉定外冈墓、1983年上海青浦发掘的3座战国墓、1980年江苏武进孟河战国墓,对于资料一直未详细报道的浙江宁波的发现则未提及。关于浙江绍兴凤凰山战国木椁墓M1和M2,刘和惠是放在第三章中有关"越人葬俗的变革"一节中叙述的,认为其年代应断为战国前期,"可能接近战国中期",尤其是M2"是一座具有浓厚楚风的越墓"。至于苏州虎丘东周墓、吴县何山东周墓,刘和惠认为均属于吴地春秋晚期的墓葬,只是已具有楚文化因素,反映的是吴楚文化的交流。

通过以上的列举可以看出,这一时期对于江东地区发现的具有楚文化因素的墓葬开始有了较多的讨论,但对于不少墓葬的年代判断和文化属性的认定,还存在明显的分歧。其实,关于江东地区战国墓所反映的不同文化因素,姚仲源早在1982年发表的一篇论文中就曾关注,他通过对浙江地区战国墓所见陶瓷器的共存情况的分析,认为存在三种情况:

> 第一种如绍兴地区发现的一些战国时代墓葬,原始青瓷器多与印纹硬陶共存;第二种以宁波火车站第125号战国墓等为代表,随葬品中的陶器火候较低,多以泥质灰陶的鼎、豆、壶、盒、杯等器为主,可能属明器之类,其器形与湖南长沙等地战国墓中的陶器器形颇为相似;第三种是绍兴凤凰山木椁墓中出

---

[1] 刘和惠《楚文化的东渐》,湖北教育出版社,1995年。

土的黑皮泥质灰陶鼎、敦、壶、瓿、匜等,器形也与湖南长沙等地战国墓中出土的陶器器形相似,但其中又有鼎、盉等与绍兴地区出土的原始青瓷鼎、盉相似,且有麻布纹印纹硬陶罐等共存。

关于这三种情况所反映的墓葬文化属性,姚仲源进行了推测,提出了分别代表越文化、楚文化、楚文化与越文化的融合体的推论[1]。前引杨权喜1992年的论文中,也对吴越地区所见楚文化遗存进行了分析,认为主要分两种情况:"一是楚遗物与越遗物共存于越遗迹之中;二是遗迹、遗物皆属楚。""从越遗迹、遗物中看,如在越的铜器或陶器上很难找到楚文化的因素,说明楚文化被越文化吸收、融合的情况较少。"他还总结说:"秦统一中国以后,在吴越地区的考古发现中,楚文化的痕迹便很难找到了。"[2]

此外,关于无锡前洲出土青铜器的器主、铭文释读[3]等问题,也有不少文章进行了讨论,提出了器主为"春申君"[4]或"王子负刍"[5]等不同的看法。1992年底,位于江苏苏州附近的真山墓地遭到破坏,考古工作者进行了抢救性清理发掘。钱公麟、朱伟峰撰文对有关发掘情况进行了介绍[6],提及有3座战国墓,编号为D1M1、D2M1和D3M1,但详细发掘资料尚未整理发表。

第三阶段:20世纪90年代中期以来,新资料不断涌现,研究逐步深入和细化。

经笔者初步统计,1996年以来江东地区新报道的"楚式墓"资料将近20座,远远超出了前两个阶段的资料总和。情况大致如下:

---

[1] 姚仲源《浙江德清出土的原始青瓷器——兼谈原始青瓷生产和使用中的若干问题》,《文物》1982年4期。
[2] 杨权喜《绍兴306号墓文化性质的分析——兼述楚文化对吴越地区的影响》,《东南文化》1992年6期。
[3] 李家浩《关于郝陵君铜器铭文的几点意见》,《江汉考古》1986年4期;周晓陆《"郝陵君鉴"补》,《江汉考古》1987年1期。
[4] 何琳仪《楚郝陵君三器考辨》,《江汉考古》1984年1期。
[5] 何浩《郝陵君与春申君》,《江汉考古》1985年2期。
[6] 钱公麟、朱伟峰《苏州真山墓地的发现与启示》,《苏州丝绸工学院学报》1993年13卷增刊,56—64页。

1986年在上海青浦福泉山墓地清理的编号为M88的土坑墓,出土了泥质红陶鼎2、盒2、钫2、杯2、勺4(应为勺2、斗2)、俑头4、俑手4件,泥质灰陶豆2、罍(圜底罐)2件,琉璃璧和珠各1件。其陶器组合和造型都与1983年发掘的3座战国墓近似,发掘者推断年代为战国晚期[1]。

1999年出版的《真山东周墓地》详细报道了1992—1994年在江苏苏州真山墓地抢救发掘的东周墓葬资料,其中有3座被认为是"战国晚期"的墓葬,编号为D1M1、D2M1和D3M1。D1M1为带斜坡墓道的甲字形大墓,墓道靠近墓室口处两侧竖立有铜戈,虽被盗扰,仍出土了包括4件鼎在内的26件铜器,此外还有2块陶质郢爰冥币和1件玉璧等遗物,尤其是"上相邦玺"铜印的出土,被认为与楚相黄歇有关,从而推断该墓为著名的春申君之墓,消息一经报道便引起了广泛的关注和讨论[2]。D2M1形制与D1M1接近,但规模略小,出土遗物16件,包括泥质红陶鼎2、盒2、钫2、杯2、勺4、俑头1件,泥质灰陶双耳罐1件(有关器形参见图12-3),铜镜1件。至于D3M1,为竖穴木椁墓,无墓道,出土遗物15件,包括泥质灰陶鼎4、敦(盒)2、俑头1件,釉陶壶2、瓿2、熏1件,铁剑1件,玉扳指和玉印各1件。发掘者推断其年代均为战国晚期,D2M1和D3M1埋葬的分别为春申君的夫人和儿子[3]。

1998—1999年在苏州真山又发掘了四号墩,清理了7座石穴墓,其中的D4M2出土遗物包括琉璃璧1件、泥质灰陶豆2件,有拍印纹饰的原始瓷罐1件,泥质红陶鼎和钫各1件;D4M3的随葬品包括玉璧1、铜镜1、灰色软陶鼎2和豆2、泥质灰陶罐3、泥质陶盒1、壶2件,以及原始瓷瓿1、硬釉陶壶2件等。发掘者注意到这两座墓的陶器与真山D2M1和D3M1出土的相同,推断这两座墓的年代也是战国

---

[1] 周丽娟《上海青浦福泉山发现一座战国墓》,《考古》2003年11期。

[2] 张照根《苏州真山墓地出土大量珍贵文物》,《中国文物报》1995年11月19日;曹锦炎《上相邦玺考》,《中国文物报》1995年12月17日;王人聪《真山墓地出土"上相邦玺"辨析》,《故宫博物院院刊》1998年2期;曹锦炎《关于真山出土的"上相邦玺"》,《故宫博物院院刊》1999年2期;朱泉《苏州真山春申君墓出土郢爰陶冥币》,《中国钱币》1996年2期。

[3] 苏州博物馆《真山东周墓地》,文物出版社,1999年。

江东"楚式墓"的发现与研究　　135

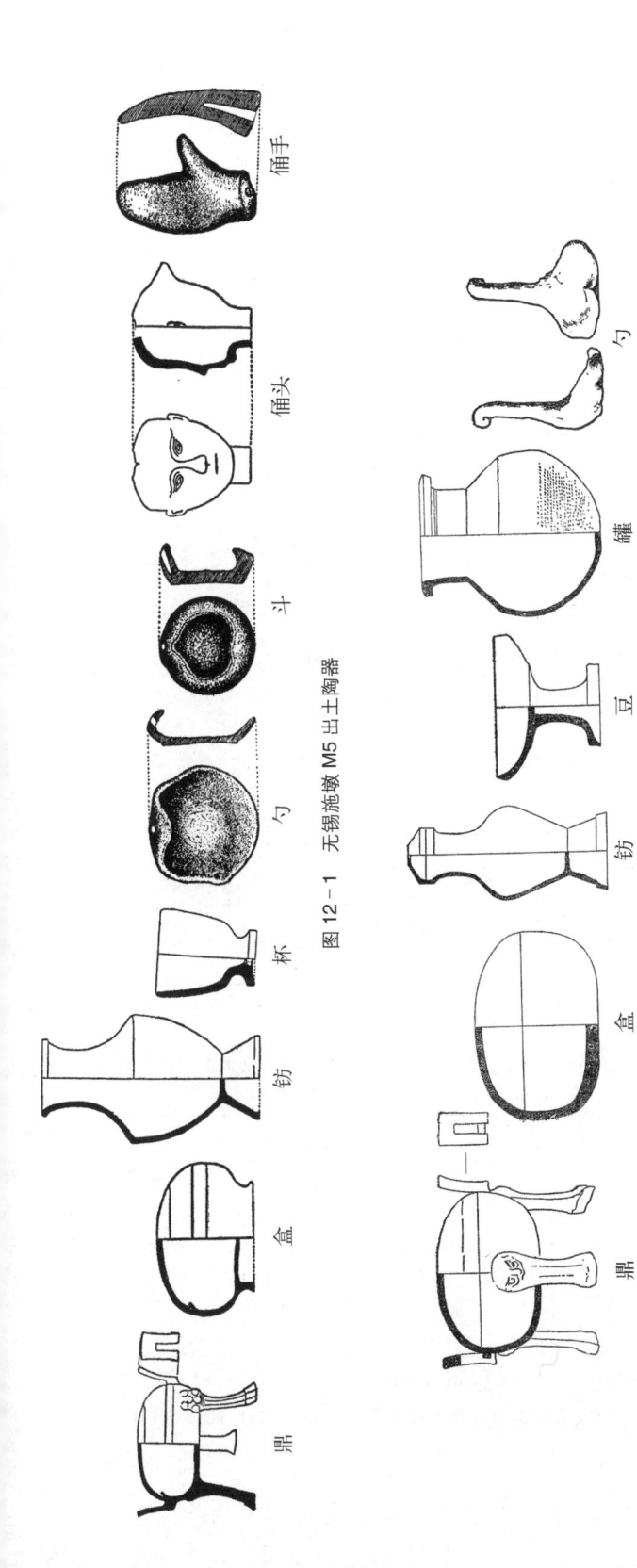

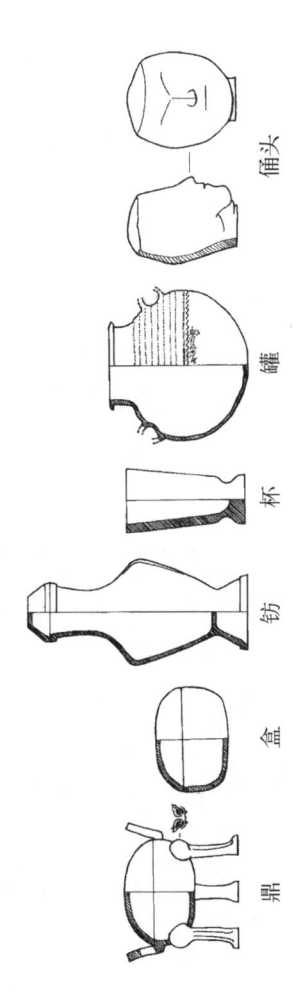

图 12-1　无锡施墩 M5 出土陶器

图 12-2　上海青浦福泉山 M4 出土陶器

图 12-3　江苏苏州真山 D2M1 出土陶器

晚期[1]。

1992年在浙江余姚老虎山清理的一号墩中,有6座年代大致在战国晚期至西汉初期的土坑墓,除D1M13为长方形小型土坑墓,仅出土铁器1件外,其余5座均为竖穴木椁墓,出土遗物多寡不等(具体参见表12-1)。报告作者陈元甫将之分为三类:第一类以D1M10为代表,随葬"印纹陶和原始瓷";第二类以D1M14为代表,随葬有原始青瓷和彩绘泥质陶"两套质地不同的仿铜陶礼器"(关于D1M14出土的泥质陶器和原始瓷器,分别参见图12-4、图12-5);第三类以D1M1和D1M2为代表,随葬的全是"泥质黑衣陶仿铜礼器","不见原始瓷和印纹硬陶"。陈元甫认为这三类墓葬分别代表了"本地越墓""楚文化与越文化的融合体""楚墓"这三种不同的文化属性,并且指出,"老虎山一号墩所反映的上述现象,基本上代表了浙江地区战国中晚期墓葬的总体情况"[2]。不过,对于类似D1M14那样的"越文化与楚文化的融合体"究竟应该如何定性,却未能给出明确的解答。

表12-1 浙江余姚老虎山一号墩战国—西汉墓出土随葬品分类统计简表

(单位:件)

墓 号	印纹硬陶	原始瓷	泥质陶	其 他
D1M1			鼎2盒2壶1钫3三足盘1	玉璧1漆木器1
D1M2			鼎1豆2盒1不明1	
D1M10	罐2	壶2		玉璧2玉饰1青铜剑1戈1银器2漆木器1
D1M12			罐1	水晶环1
D1M13				铁器1
D1M14		鼎4壶4瓿5香熏2	鼎7盒4壶4钫4豆6不明3纺轮1	玉璧1玉玦1玉剑首1青铜镜1漆木器3

---

[1] 苏州博物馆《苏州真山四号墩发掘报告》,《东南文化》2001年7期。
[2] 陈元甫《余姚老虎山一号墩发掘》,《沪杭甬高速公路考古报告集》,文物出版社,2002年,51—95页。

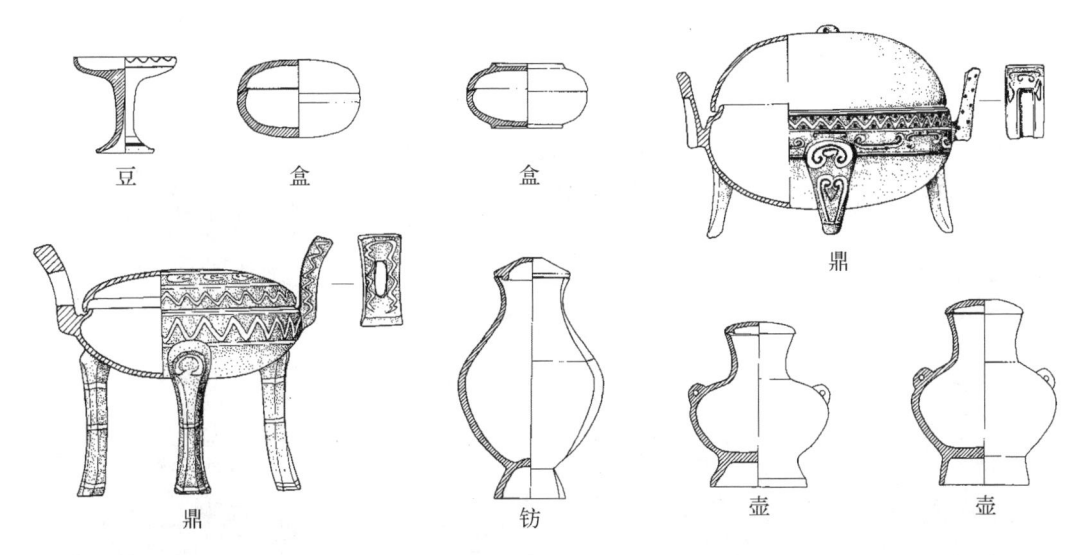

图 12-4　浙江余姚老虎山 D1M14 出土的泥质陶器

1996 年在安徽宣州市又发现 1 座被认为是战国晚期的长方形竖穴土坑木椁墓,出土器物包括泥质灰陶鼎(完整的有 2 件)、盒 2、壶 2、钫 2 件,漆樽 1、漆耳杯 4 件,木俑 4、木梳 1、木篦 1、木剑 1 件等。报告提及仿铜陶器的基本组合鼎、盒、壶、钫"与长沙杨家滩 M06 号战国晚期楚墓中的陶器组合相同",但没有对其文化属性作进一步的说明[1]。

1997 年和 2004 年在浙江绍兴又清理了 2 座战国时期的木椁墓。其中 1997 年清理的凤凰山 M3,木椁分前后两室,四周填有白膏泥,据称出土随葬品 94 件。泥质黑陶器有鼎 5、壶 2、甗 1、罐 2、盆 7 件等;印纹硬陶有坛 5、罐 4、盂 3、小罐 5 件;原始青瓷器有钵 1、匜 1、熏 1、盂 1、盅 16 件等;此外还有越王不光玉矛 1、玉瑗 2、玉镦 1、玉环 1 件,玛瑙环 1 件,铜剑 1、铜环 2、铜镞 8 件,以及木杖、木勺、木盖、器纽等漆木器。发掘者推测其时代为"战国中期前后",但未讨论其文化属性[2]。2004

---

[1] 宣州市博物馆《宣州市战国墓清理简报》,《文物研究》第 12 辑,1999 年。按:报告中还提及 1990 年在宣城市职高教学楼工地发掘了战国晚期木椁墓,但具体资料不详。
[2] 绍兴县文物保护管理所《浙江绍兴凤凰山战国木椁墓》,《文物》2002 年 2 期。按:简报中统计的各类器物数量与实际介绍的器物数量有一定出入。

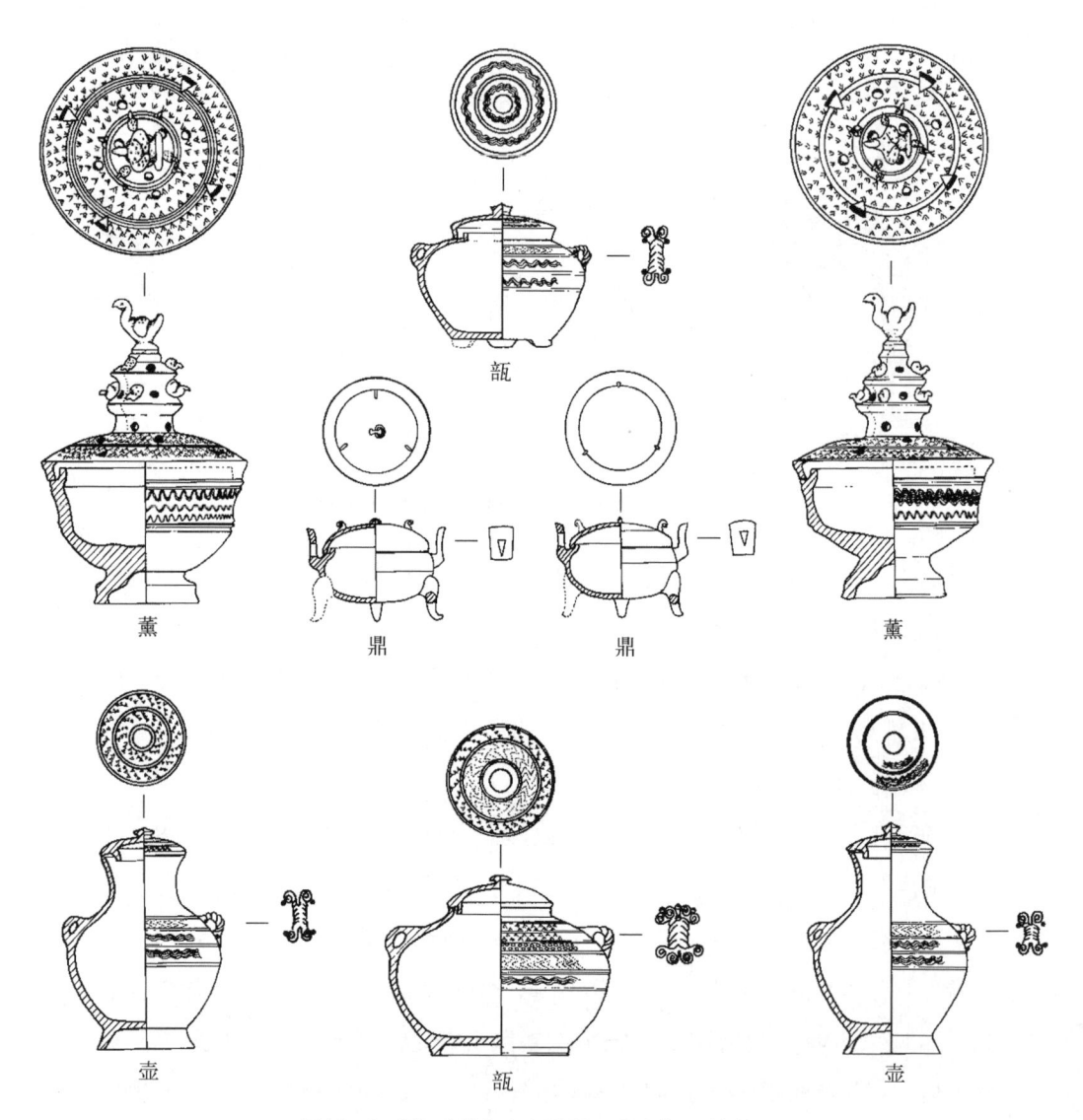

图 12-5 浙江余姚老虎山 D1M14 出土的"原始瓷器"

年发掘的茅家山M324,木椁四周填有青膏泥,底部还使用了木炭,出土器物68件,包括黑陶编钟、编磬之类乐器(明器)28、青铜车马器和饰件28、兵器4、漆木器7、印纹硬陶罐1件。发掘者将之定为战国墓,认为与绍兴凤凰山木椁墓类同,"并具有鲜明的楚文化和越文化因素并存的特色","丰富了越地楚墓丰富多彩的文化内涵"[1]。

1998年在浙江安吉县垄坝村发现1座编号为D1M2的墓葬,为小型的长方形竖穴岩坑墓,出土泥质灰黑陶鼎2、盒1、褐陶壶2、玉璧1件,发掘者认为"应为战国晚期小型楚墓"[2]。同样是在安吉,2006年发掘的五福M1,规模显然要大得多,为斜坡墓道竖穴土坑木椁墓,虽被盗扰,仍出土了大批遗物,包括泥质灰陶鼎6、盒4、豆6、钫6、杯4件,钤印陶片1套99件,陶俑7件;铜剑、戈、盉、镜各1件;漆木器21件(套),有奁1、盒2、卮1、耳杯9、盘1、案1、凭几1、瑟1、六博1、篦子1、虎子1、坐便架1、髹漆竹竿铜镞箭5、木俑7件(套)等。发掘者认为该墓的文化族属为楚文化,墓主人"应是楚灭越后楚国派遣至越地尚未被吴越文化同化的楚国人","其下葬时间当在楚灭越的初期,即春申君封吴后的战国末年"。依据钤印陶片上的文字,推断该墓的主人"姓史名信"[3]。这一发现进一步丰富了浙江境内的楚墓资料,墓中出土的精美漆器在同时期的江东地区墓葬中也是罕见的。

近年在南京地区也新发现了一些具有典型楚文化特色的墓葬。2007年在南京秦淮区宝塔顶10号院清理的M6就是其中的一座。该墓为长方形竖穴土坑木椁墓,出土遗物13件,包括陶鼎2、豆2、壶2、簋(盒?)2、罐1件,以及少量漆木器、骨器、铜器。发掘者将该墓的年代"初步定为战国末期,可能会延续到西汉初期",认为是"南京主城区战国墓葬的首次发现"[4]。另外,2006年在南京市江宁区湖熟镇窑上村清理了两座被发掘者断为"西汉早期"的木椁墓,均有斜坡墓道,其中编号为M6的墓葬出土了27件陶器,"除一件硬陶瓿外均为泥质灰陶",包括泥质

---

[1] 蒋明明《浙江绍兴皋埠任家湾茅家山战国墓清理简报》,《东方博物》第十四辑,2005年,51—55页。
[2] 安吉县博物馆(金翔)《浙江安吉县垄坝村发现一座战国楚墓》,《考古》2001年7期。
[3] 浙江省文物考古研究所、安吉县博物馆《浙江安吉五福楚墓》,《文物》2007年7期。
[4] 南京市博物馆《南京秦淮区宝塔顶10号院战国墓发掘简报》,《东南文化》2009年4期。

灰陶鼎4、豆4、盒1、双耳罐4、碗(杯?)1、钵2、器盖1、罐5、簸箕(勺)1、圈足2、甑1件等,共存的还有玉璧1、玉环1、玉璜1件以及铜盆和铜器柄各1件[1],从组合和器形上看也都具有明显的楚文化特色。

总之,自1996年以来,伴随着新材料的不断增加,对江东地区楚文化的研究也进一步深入和细化。代表性的研究主要有魏航空《关于秦汉时期楚文化的探讨》[2]、叶文宪《论战国时期吴越地区的越文化与楚文化》[3]、陈元甫《宁绍地区战国墓葬楚文化因素考略》[4]、田正标《江、浙、沪地区战国墓分期初探》[5]等。这一时期参与讨论的学者有不少都是长期在江东地区工作的考古工作者,关注的问题除了楚文化在江东地区的传播和影响以外,已开始着手建立江东地区战国墓葬的分期编年框架,并以此为基础考察楚越文化的相互关系。不过,对于部分墓葬的年代与文化属性的认识,仍然存在一些分歧。

例如,叶文宪将绍兴凤凰山M1、M2和M3都视为"越地所发掘过的楚人墓葬",年代在战国后期,他还指出:

> 越人烧造原始瓷和印纹硬陶的技术在当时独一无二的,但是并没有被占据吴越地区的楚人所继承,在楚墓中出土的陶器主要是泥质灰陶、红陶和黑衣陶,只发现了有限几件原始瓷和印纹陶,看来也是从越人那里夺来的,而不是他们自己制造的。[6]

---

[1] 南京市博物馆、南京市江宁区博物馆《南京市湖熟镇窑上村汉代墓葬发掘简报》,《东南文化》2009年4期。

[2] 魏航空《关于秦汉时期楚文化的探讨》,《南方文物》2000年1期。

[3] 叶文宪《论战国时期吴越地区的越文化与楚文化》,《苏州科技学院学报(社会科学版)》2006年23卷2期。

[4] 宁波市文物考古研究所、宁波市文物保护管理所编著《宁波文物考古研究文集》,科学出版社,2008年,88—97页。

[5] 田正标《江、浙、沪地区战国墓分期初探》,《浙江省文物考古研究所学刊》第九辑,科学出版社,2009年。

[6] 叶文宪《论战国时期吴越地区的越文化与楚文化》,《苏州科技学院学报(社会科学版)》2006年23卷2期。

陈元甫《宁绍地区战国墓葬楚文化因素考略》一文中对宁绍地区战国中晚期墓葬随葬品的文化因素分析,基本沿袭了他在《余姚老虎山一号墩发掘》报告中的三分法。值得注意的是,他将绍兴凤凰山 M1 和 M2、绍兴茅家山战国墓、宁波火车站 M125,都归入了第三类,认为与余姚老虎山 D1M1 和 D1M2 一样,墓葬中出土的随葬品"已完全是楚式的泥质黑陶仿铜礼器""越文化的传统因素在这类墓葬中荡然无存","已完全同于楚墓,有的可能就是楚人的墓葬";至于绍兴凤凰山 M3,他认为与余姚老虎山 D1M14 同属于第二类,"随葬器物中原始瓷与泥质黑皮陶的数量基本相当","体现了楚、越两种文化因素在同座墓葬中并存的格局",是"越文化与楚文化的融合体"。他还重申了在《余姚老虎山一号墩发掘》报告中提出的观点,认为宁绍地区战国中期以后出现的三类墓葬,"并不绝对构成互有先后的递嬗关系,而是一种同时并存的格局"[1]。

对此,田正标的看法略有不同。根据田正标对江、浙、沪地区所报道的战国墓葬资料的系统整理和分期研究,他将绍兴凤凰山 M1—M3 均划入了"二期四段",即"战国中期晚段",认为是"具有楚墓特点的土坑木椁墓";将绍兴茅家山战国墓 M324 和武进孟河、嘉定外冈、青浦福泉山等地的战国墓一起归入"三期五段",认为该阶段墓葬"普遍采用楚式葬制","时代为楚人统治越地的战国晚期",并指出苏州真山 D3M1 以及余姚老虎山部分墓葬"时代可能已进入汉初"[2]。

魏航空则从更大的时空框架入手探讨了楚文化从郢都东迁到西汉前期的发展演变及消亡过程,其中涉及江东地区的内容主要是:他将上海青浦、江苏武进的战国晚期墓作为战国楚文化四大区之一"重固类型"的代表,将江苏无锡施墩 M5 和 1959 年上海嘉定外冈墓则归入"秦代原楚国疆域内的文化",命名为"施墩组遗存",认为"应隶属于楚文化,实质是重固类型在秦代和西汉初期的延续"。他还指出:"楚文化的消亡和楚文化因素的消失从空间上观察也呈现出较大的不平衡

---

[1] 陈元甫《宁绍地区战国墓葬楚文化因素考略》,收入宁波市文物考古研究所、宁波市文物保护管理所编著《宁波文物考古研究文集》,科学出版社,2008 年,88—97 页。
[2] 田正标《江、浙、沪地区战国墓分期初探》,《浙江省文物考古研究所学刊》第九辑,科学出版社,2009 年。

性。""西汉惠帝前后,西汉文化福泉山类型已经替代楚文化施墩组遗存,占据江淮平原至太湖平原地区,标志着楚文化和楚文化因素已退出该区。"[1]

丁兰将战国末期的楚墓分为五大区,探讨了各区楚墓随葬陶器的特征,其中江东地区被纳入"长江下游地区",列举的墓葬有苏州真山 D1M1、D2M1、D3M1,无锡施墩 M5 和安吉垄坝村 D1M2,认为"与该时期它地的楚墓陶器特征是一致的"[2]。

此外,还有一些类似的研究,不一一叙述。

通过以上梳理不难看出,在已有的相关研究中,除了对一些墓葬的年代判断仍存在明显分歧以外,对部分墓葬尤其是那些包含有一定越文化因素的"楚式墓"的文化属性,学者们的看法也很不一致。以绍兴凤凰山 M2 为例,无论是"保存有若干越文化因素的楚墓",还是"具有浓厚楚风的越墓",抑或是"具有楚墓特点的土坑木椁墓",在论者所给出的论据中,几乎都没有将该墓所使用的独特的木棺形制考虑在内。同样,对于 1975 年发现的苏州虎丘东周墓,无论是认为该墓"表现出较单纯的楚文化特点",还是说它是"吴地春秋晚期的墓葬"、反映的是吴楚文化的交流,论者也都没有对该墓所使用的"独木棺"给以任何解释。而在淮河中上游以及长江中游所报道的数以千计的春秋战国楚墓中,迄今还极少见到使用类似绍兴凤凰山 M2 和苏州虎丘墓所见木棺的实例[3]。因此,如何通过墓葬的形制、随葬品等所反映的文化因素去分析墓葬的文化属性,是今后的研究中必须思考的问题。截至目前,对于江东地区发现的 30 余座"楚式墓",尚无专文进行详尽、系统的整理研究。本文对相关资料的汇集,目的也是希望能起到抛砖引玉的作用。

2011 年 3 月初稿,7 月修订。

(本文原名"关于江东地区'楚式墓'的发现与研究",载《东方博物》第四十二辑,浙江大学出版社,2012 年。此次重刊略有修订。)

---

[1] 魏航空《关于秦汉时期楚文化的探讨》,《南方文物》2000 年 1 期。
[2] 丁兰《战国末期楚墓随葬陶器的区域特征》,《华夏考古》2004 年 1 期。
[3] 在淮河下游地区发现的江苏淮阴高庄战国墓(《考古学报》1988 年 2 期)、淮安运河村一号战国墓(《考古》2009 年 10 期)中都使用了类似苏州虎丘东周墓的整木棺。有关这些墓葬的文化属性判断,也都遇到了同样的问题。

13
北魏墓葬考古五十年

新中国成立以来，有关北魏墓葬的考古发掘和研究，首先是从北魏晚期即迁洛以后的墓葬开始的，后来才逐渐对北魏定都盛乐、平城时期的墓葬有所认识。迄今为止，已发掘的北魏墓葬总数达到270座以上，在内蒙古、辽宁、河北、山东、山西、陕西、河南、宁夏等省区均有发现，其中又以北魏都城平城和洛阳一带最为集中。具体分述如下。

一、北魏帝陵的勘察和发掘

新中国成立以前，洛阳附近的北魏墓葬惨遭盗掘，出土了孝文帝文昭贵人（宣帝生母文昭皇后）高氏的山陵志石以及大批拓跋贵族（元氏）的墓志。根据有关线索，1958年河南省的考古工作者对孝文帝长陵遗址进行了调查，初步确认了长陵及文昭皇后陵的位置。

孝文帝迁洛之前，曾在平城北的方山（今大同市北的梁山）为太皇太后（文成文明皇后）冯氏营建"永固石室"。在安葬冯氏之后，又在冯氏永固陵东北里余"规建寿陵"，后来成了一座"虚宫"，称为"万年堂"。1976年，山西省的考古工作者发掘了冯氏永固陵，并对孝文帝寿陵"万年堂"进行了勘查。所谓"永固石室"实为砖砌的多室墓，由墓道、前室、甬道、后室等部分组成，墓室部分总长约17.6米，用砖20余万块。局部如墓道两侧的石墙、甬道内的石券门则采用石构。墓上有高大的封土堆，方形基底南北117、东西124米，封土现高22.87米。万年堂的规模比永固陵略小，但墓室结构基本相同。尽管两墓均遭到严重破坏，仍使我们对北魏帝陵有了一个初步的认识。

孝文帝迁洛后,"乃自表瀍西以为山园之所"。故继孝文长陵之后,宣武帝景陵、孝明帝定陵也都在洛阳。1978年,宿白先生《北魏洛阳城和北邙陵墓》一文推定了景陵、定陵的位置,并就北邙北魏陵墓的布局进行了探讨;黄明兰先生还推测孝庄帝静陵也在洛阳北邙。之后,还有学者就定陵的具体位置及文昭皇后先葬的终宁陵位置作了考证。然而对北邙北魏帝陵的考古发掘是1991年才开始的,由社科院考古所洛阳汉魏城队和洛阳古墓博物馆联合发掘了宣武帝景陵,这也是目前洛阳北魏诸陵中唯一经科学发掘的陵墓。尽管被盗,随葬品所存甚少,但墓室结构基本完整,规模和形制都大致和永固陵接近,从中可以看出北魏迁洛前后帝陵制度的承接关系,成为研究北魏晚期乃至整个北朝时期陵墓制度演变的珍贵资料。

至于北魏早期的帝陵——金陵,《魏书》中或称"盛乐金陵",或称"云中金陵",具体位置长期以来一直是个谜。1993年内蒙古金陵考古调查队在和林格尔县三道营乡发现了一座大型砖室壁画墓,年代被认为在迁洛之前,尽管墓主身份无从确定,但对于探寻金陵的具体位置无疑仍是非常重要的线索。

二、大同周围的北魏墓葬和墓群

今日大同市为北魏都城平城所在地,自398年由盛乐迁都至此到494年迁都洛阳之前,北魏在此定都将近百年,因此,周围分布着大量的北魏墓葬。除前述方山永固陵以外,大同周围地区已发现的重要墓葬有:1965年发掘的司空冀州刺史琅琊康王司马金龙夫妇合葬墓(474—484)、1981年发掘的洛州刺史封和突墓(504)、1984年发掘的平城镇将元淑夫妇合葬墓(508)、2000年发掘的幽州刺史敦煌公宋绍祖墓(477)等。其中司马金龙墓年代略早于永固陵,是首次发现的北魏迁洛以前的大型纪年墓。墓室南北总长17.5米,为前后室带耳室的砖砌多室墓,规模同永固陵接近,应是受到北魏皇室的特殊优待的。尽管早期曾被盗过,仍出土了大批陶俑、生活用具以及墓志、漆画屏风、浮雕石棺床等珍贵文物。宋绍祖墓规模明显低于司马金龙墓,然而墓中除了使用石棺床以外,还筑有精美的仿木结构的石椁室。这些都为太和改制以前北魏墓葬制度的研究提供了可靠的实物证据。元淑墓的形制则与宣武帝景陵接近,但规格略低,反映了太和改制后北魏墓葬制度上的新变化。封和突墓出土的鎏金波斯银盘为中外文化交流的研究增添了新的资料。更为重要的是,1988年在城南发掘的167座北魏墓,是历年来北魏墓葬考古中发掘数量最多的一次,包括竖穴土坑墓、竖井墓道土洞墓、长斜坡墓道土洞墓及砖室墓等多种形制,出土了陶器、铜器、金银器等大量珍贵文物,对于建立北魏平城时期的墓葬分期、了解鲜卑汉化的历史进程等都具有极为重要的意义。

三、洛阳一带的北魏墓

从494年孝文帝迁都至此到534年北魏分裂,洛阳作为北魏晚期的都城长达40年之久。在今日洛阳市以北的北至孟津、东至偃师一带分布着大批北魏墓葬。其中帝陵和元氏王公贵族的墓葬多集中在北魏洛阳故城西北瀍河两侧的邙山上,新中国成立以前曾被大批盗掘。20世纪50年代以来,除了前述的景陵以外,还清理了不少劫后余存的元氏贵族墓,主要包括:1965年清理的常山王元邵墓,1974年调查了推测为江阳王元乂的墓葬,1979年对相传早年出土元暐墓志的墓葬进行了清理,1985年以来清理的还有平远将军洛州刺史元睿墓、辅国将军汲郡太守阳平王元㖨墓、清河王元怿墓等。这些墓葬无论有无封土,墓室多为长斜坡墓道带甬道的单室墓,平面方形或近似方形,四壁略外弧。其中墓室为土洞结构者规模一般要略小于砖室墓。墓葬规模的大小估计是和墓主生前的实际权势密切相关的,有的(如元邵墓)则受到了特殊历史事件的影响。

元氏贵族以外的北魏晚期墓葬,经发掘的主要有:1956年发掘的燕州刺史寇猛墓、1979年在孟县发现的豫州刺史司马悦墓、1985年发掘的燕州治中从事史候掌墓、1989年冬发现的瀛州刺史王温墓、1990年发掘的镇远将军射声校尉染华墓等。这些墓葬均有确切的纪年,墓主身份明确,部分墓葬出土遗物较多,有的还发现了壁画,是研究北魏迁洛后墓葬制度的重要材料。从这些墓葬的出土位置来看,大多在元氏贵族墓地的外围区域,从而进一步证实了宿白先生关于洛阳北邙北魏墓葬布局的推论。

1996年发掘的董富妻郭氏墓(488),则是洛阳一带少见的迁洛以前的北魏纪年墓。此外还有一些墓主身份不明的中小型北魏墓,如1977年发现的画像石棺墓、1989年发掘的偃师南蔡庄M4,等等。

四、其他地区发现的北魏墓

北方边远地区的发现主要有：在内蒙古中南部发现的被认为年代在迁洛前的鲜卑拓跋贵族墓,除前述的和林格尔壁画墓以外,较重要的还有1961年美岱村砖室墓、1975年内蒙古大学附近发现的方形砖室墓等。近十几年来,在包头固阳、鄂尔多斯地区的乌审旗等地也发掘了不少北魏墓,其中1986年清理的姚齐姬墓纪年为"太和廿三年"(499)。位于西北的宁夏固原地区发现的北魏墓中,较重要的是1981年清理的一座合葬墓,保存有精美的漆棺画,是继司马金龙墓漆画屏风之后有关北魏绘画资料的又一重要发现。在东北地区,辽宁朝阳一带发现的北魏墓,多沿袭三燕时期的传统,用石块构筑墓室,具有明显的地方特色,同时墓葬形制又发生了明显的变化。较重要的有1987年发现的张略夫妇合葬墓(468),是继1965年刘贤墓之后朝阳地区再次发现的带墓志的墓葬,也是已知北魏纪年墓中年代较早的一座。

除了以上边远地区以外,新中国成立以来,在中原地区还发现了许多汉族世家大族的家族墓地。例如20世纪50年代中后期调查的位于河北河间的邢氏、景县的封氏、无极的甄氏及70年代调查的位于景县的高氏等家族墓地,其中都发现有属于北魏晚期的墓葬。1973年发现并清理、1983年再次发掘的临淄崔氏墓地中,崔猷、崔鹔等墓的年代也属于北魏时期,但墓葬形制独特,多为圆形或椭圆形石室墓,在同时期的墓葬中罕见。70年代在山西太原还发现了内徙的陇西辛氏家族墓地,并于1975年发掘了辛祥夫妇合葬墓(520)。陕西华阴和潼关一带在新中国成立后出土了不少北魏时期的弘农杨氏墓志,1984年又清理了位于华阴县城西边的杨舒墓(葬于517年),其仿木结构的砖雕门楼在北魏墓葬中甚为罕见,墓志中有关北魏和萧梁之间战争的记载具有很高的史料价值。

此外还有一些零星发掘的墓葬和零散出土的墓志,不一一详述。

总之,北魏的墓葬制度上承魏晋、下启隋唐,处于重要的转型时期。北魏统治者虽为鲜卑族,但从平城到洛阳,走的是一条汉化的道路,因此,北魏墓葬的发展演变必然和这一历史背景密切相关。早在 70 年代,宿白先生曾就包括北魏墓葬在内的鲜卑遗迹进行了综合研究。如上所述,20 余年来,包括帝陵在内的北魏墓葬又有许多新的发现,然而,迄今尚未见专文对新发现的北魏时期的墓葬进行系统的整理研究,部分已发掘资料的报道如意义重大的大同南郊墓群过于简略,希望在不久的将来能够弥补这些缺憾。

(本文原名"北魏墓葬考古五十年",载《中国文物报》2001 年 3 月 28 日 7 版。此次重刊略有修订。)

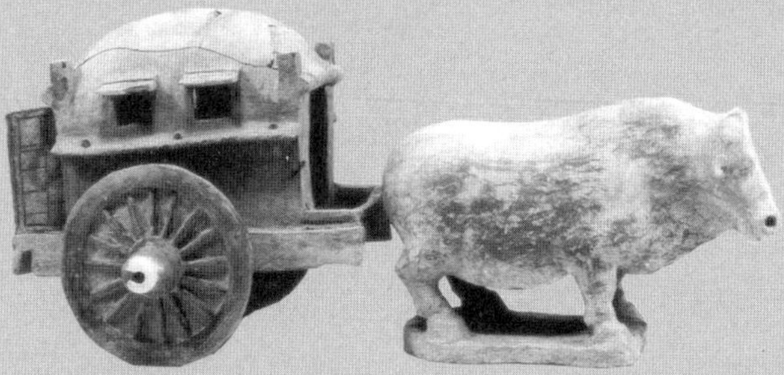

14
北魏宋绍祖墓的形制问题

据《中国文物报》2000年9月17日报道，山西大同市新发掘了一座纪年为"太和元年"（477）的带斜坡墓道、甬道的弧方形单室砖室墓。墓内还建有仿木结构的石椁室，并绘有壁画。据砖铭，知墓主为"幽州（刺）史""敦煌公"——宋绍祖。这是继1965年司马金龙墓（474—484）、1976年方山永固陵（481—484）、1988年大同南郊墓群、1993年和林格尔大型砖室壁画墓之后，盛乐—平城一带北魏早期墓葬的又一重要发现。它为北魏迁洛前（尤其是太和改制前）的墓葬制度研究增添了十分难得的新资料，同时也提出了一些新的问题。由于详细资料尚未发表，本文仅据简讯所提供的信息，就有关墓葬形制问题略述己见，敬希指正。

首先，是墓道上天井与过洞的出现。在已报道的北魏墓中，1957年在山西曲沃发现的李诜墓是较早发现天井和过洞的一例，据砖墓志知其年代为太和廿三年，即公元499年，已是孝文帝迁洛之后。此后，在洛阳地区发现的元邵墓、元暐墓、染华墓等也都发现了天井和过洞，年代大致集中在公元526—528年，均属于迁洛之后的北魏晚期墓葬。至于平城周围地区，大中型墓如前述司马金龙墓、方山永固陵以及年代已在迁洛之后的封和突墓（1981年清理）、元淑墓（1984年发掘）等均未见有关天井与过洞的报道。自1987年以来，大同市南郊电焊器材厂、司马金龙墓附近等地发现并发掘了大批北魏早期墓，其中有不少带有长斜坡墓道。也许是因为墓葬的规模有限，墓道长度一般都在10米以下，从已报道的资料来看，很少见有带天井过洞的实例。宋绍祖墓的斜坡墓道长达30米，据称"有两个过洞、两个天井"。这一发现使我们明确认识到，在迁洛之前的平城时期，北魏墓葬中便已出现了带天井与过洞的长斜坡墓道形制。过去，学界在探讨隋唐墓葬流行的长斜坡多天井的墓道形制之渊源时，曾有人认为渊源于北齐；北周李贤墓发现之后，人们开始注意到北周的影响。然而,北齐、北周分别由北魏分裂之后的东西魏发展而来,而迄今已知的北魏时期墓葬中带天井过洞的例子逐渐增加,年代已提早到太和改制之前。这对于探讨天井过洞之制的渊源以及北齐、北周墓葬制度与北魏之间的承接关系,无疑是有帮助的。从已知北魏时期的墓葬来看,墓中天井与过洞的有无及数量的多寡,似乎还没有后世那样明显的等级之分。当然,能够具备带天井与过洞的长斜坡墓道的墓葬,其本身自然要达到一定的规模。

其次,是墓室平面形制问题。在鲜卑墓葬的演变过程中,采用方形或弧方形的墓室形制,也可看成是摆脱鲜卑旧俗的重要标志之一。尽管方形单室墓自西晋以来便逐渐流行,但当北方地区经过长时期的战乱之后进入统一的北魏时期,鲜卑统治者何时改用方形墓并形成一套相应的等级制度,却一直是个悬而未决的问题。可以肯定的是,这一变化至迟在迁洛之后不久就已基本完成,其发生则可追溯到迁洛以前。1961年在美岱村发现的被认为是北魏初期的砖室墓还是前宽后窄的长方形[1]。而太和改制前夕的方山永固陵虽为前后双室,但主室已采用了弧方形结构,和同时期的司马金龙墓一致。1993年在和林格尔新发现的1座砖室壁画墓,其年代被认为在孝文帝开始实行新服制之后,大致晚于永固陵,但仍属于迁洛之前的墓葬,主室也采取了弧方形的形制。宋绍祖墓"墓室平面呈弧边方形",边长约4米。从规模上看,远逊于司马金龙墓,更不能同永固陵相提并论。但它的发现却进一步证实,在修建永固陵之前,至少在平城地区,弧方形砖室墓业已出现。不过,墓主宋绍祖似和司马金龙一样同属汉族。宿白先生曾推断司马金龙墓大约是"根据汉族除皇室以外的最高等级的葬制"[2]。相比之下,身为"幽州刺史""敦煌公"的宋绍祖,其墓葬级别明显低于"司空琅琊康王"司马金龙墓,也是和墓主的身份相称的。从平城周围已发现的大约同时期的墓葬来看,类似宋绍祖墓的弧方形砖室墓数量还很少,规模较小的带斜坡墓道、墓室近方形的墓葬也有发现,但墓主身份多无从确定。也许鲜卑贵族何时改用方室墓这一问题的解决,还要等到金陵之谜

---

[1] 内蒙古文物工作队《内蒙古呼和浩特美岱村北魏墓》,《考古》1962年2期。
[2] 宿白《盛乐、平城一带的拓跋鲜卑—北魏遗迹—鲜卑遗迹辑录之二》,《文物》1977年11期。

的揭开之日方可定论。尽管如此,平城时期北方地区汉族墓葬所表现出的墓葬形制及等级意识,对于鲜卑统治者葬制的影响是不容忽视的。

再次,是墓中石椁室与石棺床的使用。像宋绍祖墓那样复杂的石椁室结构在已知的北魏墓中罕见,类似的石室建筑曾见于洛阳出土的宁懋石室,年代在6世纪初,惜已流失海外。宋绍祖墓的发现则将北魏石椁室的出现提早到太和初年。从结构上看,它与宁懋石室有着明显的区别,在石壁上绘画还保留有东北地区魏晋石室墓的遗风;而宁懋石室在形制上则更接近于隋唐时期的石椁。从中也可窥见北魏太和改制前后墓葬制度发生的某种变化。至于石棺床的使用,在北魏时期虽见于上至帝陵、下至一般规模的不同级别的墓葬,但联系到墓葬的时代先后,大致也在迁洛前后发生了明显的变化。目前所知,迁洛之前使用石棺床的北魏墓葬主要集中在平城(今大同)周围及营州(今朝阳)地区,既有像司马金龙墓那样的大墓,也有如大同南郊M112[1]之类的小型墓。宋绍祖墓就规模而言则介于其间。至于迁洛之后的北魏墓葬中,石棺床似仅见于级别较高的墓葬,经过科学发掘的有宣武帝景陵[2]。值得注意的是,此时平城周围的大中型墓如元淑墓已改用砖砌筑的棺床,洛阳地区的元魏宗室成员如元邵墓也只使用土筑的棺台,更多的墓葬则没有棺床之类的设置。这似乎表明,北魏后期石棺床的使用已具有明显的等级限制。

总之,宋绍祖墓就形制而言出现了许多新的迹象。如果说司马金龙墓具有某种特殊性,那么在宋绍祖墓中我们仍可看到一定程度上的特殊性存在。或许这正是太和改制前墓葬制度的真实写照。其他如甬道两侧的忍冬纹壁画、陶质明器组合中骆驼俑及与庖厨有关的灶的出现以及砖墓志的使用等,都为太和改制以前的北魏墓葬制度研究提供了十分重要的信息。相信详细资料的发表,必将促进有关方面研究的进一步深入。

(本文原名"北魏宋绍祖墓的形制问题",载《中国文物报》2001年2月7日7版。此次重刊略有修订。)

---

[1] 山西省考古研究所、大同市博物馆《大同南郊北魏墓群发掘简报》,《文物》1992年8期。
[2] 中国社会科学院考古研究所洛阳汉魏城队、洛阳古墓博物馆《北魏宣武帝景陵发掘报告》,《考古》1994年4期。

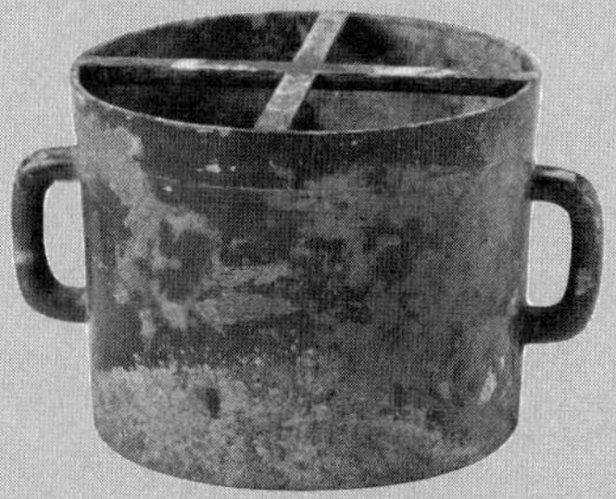

量制

关于齐国量制中的进位问题

两汉之际的"十斗"与"石""斛"

汉代铜锺略说

汉代铜锺与量制演变之关系

15
关于齐国量制中的进位问题

早在春秋晚期,齐国已有一套较完备的量制体系。据《左传·昭公三年》载晏子语:"齐其为陈氏矣,公弃其民而归于陈氏。齐旧四量:豆、区、釜、锺。四升为豆,各自其四,以登于釜。釜十则锺。陈氏三量,皆登一焉。锺乃大矣。以家量贷,而以公量收之。"[1] 晏子的这番话是在齐景公九年出使晋国时对叔向所说,是年即鲁昭公三年(前539)。从中可以看出,当时齐量有所谓新、旧即"家量"和"公量"的区别。历来这段话都被当作了解早期齐国量制的主要依据,但因时代不同而理解各异;尤其是涉及有关进位问题时,更是众说纷纭,莫衷一是。本文试就其中存在的问题略述己见,敬希有关专家指正。

一、公量

据前引《左传》:公量包括豆、区、釜、锺四种容量单位,又称"齐旧四量"。其中前三量的豆区、区釜之间为四进位,而釜锺之间为十进位。也就是说,齐公量中原本有四进和十进两种进位关系。明确这一点,对于正确理解陈氏家量的进位十分重要。

按晏子所说,推得齐旧四量的单位量值应分别为豆 4 升、区 16 升、釜 64 升、锺 640 升。由于晏子的叙述本已非常明确,因此,历代的理解没有争议也是理所当

---

[1] 见清阮元校刻《十三经注疏》本,中华书局影印本,1980 年,2031 页。下文凡引十三经者均为同一版本,不另注。《晏子春秋》卷四的记载与《左传》基本一致,唯"陈氏"作"田氏","大"作"巨",另缺一"而"字。为了行文方便,下文使用简称"公量"和"家量"分别代指"齐旧四量(公量)"和"陈(田)氏家量"。

然。但有关解释中存在的量制概念的转换仍应引起注意。其中最著名的也是影响最大的当推《左传》杜预注:"四豆为区,区斗六升;四区为釜,釜六斗四升";锺为"六斛四斗"(见表15-1)。

表 15-1 公量及其转换

	豆	区	釜	锺
晏子	四升	四豆=16升	四区=64升	十釜=640升
杜预	四升	斗六升	六斗四升	六斛四斗

从表15-1中不难看出:杜预是以后世十进制的升、斗、斛的量制概念作为参照系,解释春秋齐国包括四进制在内的量制的;在杜注的转换中,称公量区16升为"斗六升"、釜量64升为"六斗四升",显然是把齐国量制中"四升为豆"之"升"与后世十进制"十升为斗"之"升"作等值的容量单位来看待,而这本身却是一个需要证明的前提。今天,我们对古代量器实物进行测量,将古代器物的容量转换成今日通用的容量单位(如毫升之类),并以之作为参照去探讨古代的量制问题时,尤其是在与古文献中的有关记载相结合时,如果忽略了上述前提,就很容易被引入歧途[1]。

在杜注的转换中,我们还看到,称锺量640升为"六斛四斗",采用的是西汉以后流行的斛斗概念。下文杜注家量之锺也是如此。实际上,在杜预之前,孟康就曾说过"六斛四斗为锺"[2]。《史记集解》注引徐广语亦称锺"六斛四斗"[3]。此外,汉晋时期的文献中也有称"锺六石四斗"者,如《史记集解》注引《汉书音义》[4]。可见杜注并非自己独创,而是代表了当时人们的理解。但不管是称公量锺640升为"六石四斗"还是"六斛四斗",都是在转换中把"升"看作一个相对不变的容量单位。

---

[1] 目前有关齐量以及先秦其他量制问题的探讨中,普遍存在的恰恰是忽略了有关量制概念的转换这样一个大前提,这也正是笔者作此文的原因之一,希望借此引起注意,避免重蹈覆辙。
[2]《汉书·食货志》颜师古注引。
[3]《史记·货殖列传》注引。
[4]《史记·平准书》注引。关于容量单位"石"与"斛"的关系,拟另文论之。

二、家量

晏子说:"陈氏三量,皆登一焉,锺乃大矣。"对于这句话如何理解,古今说法不一。历来有关齐量进位的分歧亦源于此。今中华书局影印清阮元校刻《十三经注疏》本中的注分为两段文字,前一段说:"登,加也。加一谓加旧量之一也。以五升为豆,五豆为区,五区为釜。则区二斗,釜八斗,锺八斛。"后段为:"旧本'以五升为豆,四豆为区,四区为釜'。直加豆为五升而区、釜自大,故杜云'区二斗,釜八斗',是也。本或作'五豆为区,五区为釜'者,为加旧豆、区为五,亦与杜注相会,非于五升之豆又五五而加也。"前一段为杜预的注文。后段据校勘记,乃引自唐陆德明《经典释文》[1]。从中得知,早在唐代,杜预对陈氏家量的注文便出现了两个版本:一说是"以五升为豆,五豆为区,五区为釜";另一说是"以五升为豆,四豆为区,四区为釜"[2]。两说在字面上虽有区别,然而结论却只有一个,即"区二斗,釜八斗,锺八斛"。而且陆德明和孔颖达两人都赞同杜注的结论。由此说明,晋唐时期人们对晏子所述陈氏家量单位量值的理解原本没有什么分歧。

据前引晏子语知,公量是以"四升为豆",且豆、区、釜之间为四进位。然上述杜预注家量的两种说法均以"五升为豆",由此表明晋唐时期对"陈氏三量,皆登一焉"的理解是一致的:"三量"应从豆开始,"登一"指增加四分之一,即"四而加一"。以豆为例,家量豆=(1+1/4)×4 升(公量豆)= 5 升。毫无疑问,"以五升为豆"之"升"和"豆"显然分别指的是公量之"升"和家量之"豆"。在这里,"升"作为基本的容量单位,其本身的单位量值并未发生变化,只是家量之豆的容量在"登一"之后比公量增大一升(即公量豆的四分之一)而已。那么,上述杜注家量的两种版本中,称家量之区是容五豆还是容四豆,就看是相对于公量豆还是相对于"登一"之后的家量豆而言;同样家量之釜是容五区还是容四区,也是如此。在陆德明看来,

---

[1] 参见宋刻《经典释文》卷十八,上海古籍出版社影印本,1985 年,1074 页。下文凡引《经典释文》者均为同一版本,不另注。
[2] 据《十三经注疏》校勘记,陆德明《经典释文》引杜注原文应是"以五升为豆,四豆为区,四区为釜"。

称五豆、五区者是"为加旧豆、区为五",即相对于公量而言;而称四豆、四区者是"直加豆为五升而区、釜自大",即豆、区均承前指家量而言。现将两种说法图解如下:

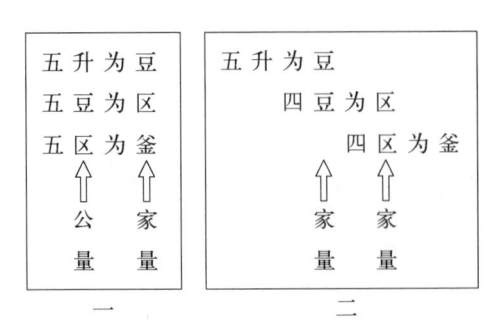

```
五升为豆        五升为豆
五豆为区        四豆为区
五区为釜        四区为釜
  ⇧  ⇧          ⇧  ⇧
  公  家         家  家
  量  量         量  量
  一              二
```

从陆德明对杜注两种版本的解释以及孔颖达的《正义》可以看出,他们二人和杜预一样,均认为"登一"之后的陈氏家量豆、区、釜、锺相对于公量而言,只是单位量值发生了变化,而相应的进位关系未变。然而至今仍有学者将杜注的两种版本误解为两种不同的进位关系[1]。更有甚者,在引用陆德明的说明时偏偏省略了"亦与杜注相会"一句,从而得出"直到唐代,关于陈氏升、豆、区三量的进位关系尚有三种记载"的说法[2]。如前所述,在晏子的话中,锺之所以与前三量分开说,孔颖达认为是因为釜锺之进位与豆区、区釜之进位不同,"陈氏亦自依釜数'釜十则锺'比于齐之旧锺,不言四而加一,故云'锺乃大矣'"[3]。齐景公时,田乞是以齐国大夫的身份"以家量贷,而以公量收之",通过借贷的差额"行阴德于民",以达到暗中收买民心之目的。若田乞公然改变量制的进位关系,显然不合情理,亦不合晏子话中的含意。所以《史记》中对此事的记载是田乞"其收赋税于民以小斗受之,其禀予民以大斗"[4]。在司马迁看来,公量与家量的区别就像小斗和大斗一样,其义甚明。

---

[1] 莫枯《齐量新议》,《上海博物馆集刊》第三期,上海古籍出版社,1986年,该文又见《考古与文物》1987年1期;魏成敏、朱玉德《山东临淄新发现的战国齐量》,《考古》1996年4期。
[2] 高维刚《汉代锺容量考》,《四川大学学报》1987年4期。
[3] 孔颖达《春秋左传正义》卷四十二。部分学者(如孙诒让、莫枯)将晏子的话理解成陈氏家量豆区釜锺四量中有某一量的单位量值未增加(参见孙诒让《籀庼述林》卷二《左传齐新旧量义》、莫枯《齐量新议》),皆为曲解,不足信。
[4] 《史记·田敬仲完世家》。

清朝末年,由于田齐量器的发现,孙诒让曾提出:"今考陈氏新量之釜,盖十斗非八斗也。依《传》文当以四升为豆不加,而加五豆为区,则二斗;五区为釜,则一斛。积至锺,则十斛。所谓'三量皆登一'者,谓四量唯豆不加,故登者至三量,而锺亦在三量中也。"[1]事实上,孙氏对《左传》晏子语的理解明显有误:首先,孙氏认为"当以四升为豆不加",也就是说陈氏家量四量中只有区、釜、锺的单位量值大于公量。殊不知晏子还曾说过:"陈氏虽无大德,而有施于民。豆区釜锺之数,其取之公也薄,其施之民也厚。"[2]如果家量之豆的单位量值相当于公量豆而言没有变化,晏子就应该只提"区釜锺"三量,而不会将"豆"也纳入此"厚薄"之列。其次,根据孙氏的结论,陈氏家量之区、釜的单位量值比公量分别增加4升、36升(参见表15-2),增加额分别占公量区、釜的1/4、9/16。如此相差悬殊的比值,无论如何也解释不了晏子所说的"登一"之制。更何况孙氏文中是先依"釜十则锺"的进位,由釜容一斛推得锺为十斛,然后又把锺列入与区釜同样登一的三量之中,前后自相矛盾。再者,孙说之依据是"今考陈氏新量之釜,盖十斗非八斗也"。所谓"陈氏新量之釜"当指相传于1857年在山东胶县出土的子禾子釜、陈纯釜,年代已晚至战国[3]。姑且不说它们所代表的一釜之量是否与100多年前晏子所说的家量之釜容量相同,就孙氏所说其容量值"盖十斗非八斗"而言,所使用的也是经过转换后的量制概念,和《左传》杜注一样是把原本需要证明的齐量"四升为豆"之"升"与后世量制之"升"作等值的容量单位来看待。也就是以存世战国时期齐国量器釜的容量为出发点,在与后世量器相比较的前提下去逆推春秋齐区、豆之量的变化,方法本身就是值得商榷的[4]。

---

[1] 孙诒让《籀庼述林》卷二《左传齐新旧量义》。
[2] 《左传·昭公二十六年》。
[3] 国家计量总局《中国古代度量衡图集》(修订本),文物出版社,1984年。
[4] 今人从孙说者多引《管子》为据,其主要依据如下:《管子·轻重丁篇》载:"今齐西之粟,釜百泉则鏂(区)二十也;齐东之粟,釜十泉则鏂(区)二泉也。请令借人三十泉,得以五谷菽粟决其借。若此,则齐西出三斗而决其借,齐东出三釜而决其借。"又《管子·海王篇》载:"盐百升成釜……釜二百也,锺二千,十锺二万,百锺二十万,千锺二百万。"尽管《管子》所说"今齐"的具体年代还有待于进一步考证,但大家一致公认《管子》的上述记载指的是战国时期田齐的情况,应无疑义。问题在于《管子》所说"盐百升成釜"之"升"与晏子所说"四升为豆"之"升"是否等值?从 (转下页)

表 15-2 陈氏家量诸说对比表

	豆	进位	区	进位	釜	进位	锺	备 注
杜 预	5升	四	20升	四	80升	十	800升	[1]
孙诒让	4升	五	20升	五	100升	十	1 000升	[2]
吴承洛	5升	五	25升	五	125升	十	1 250升	[3]
莫 枯	5升	四	20升	五	100升	十	1 000升	[4]

今有学者在孙说的基础上，坚持认为"在田齐新量中，有一量仍保持了姜齐旧量的四进位未变"，但"进位未增一者应在豆区之间，而非升豆之间"[5]。从而得出田齐新量之间的进位关系为：5升=1豆；4豆=1区；5区=1釜；10釜=1锺（参见表15-2）。同孙诒让相比，所使用的方法基本相同，均以传世的田齐量器的实测值为出发点[6]。值得注意的是，该文既说"从《左传》原文看，只能说明齐新量中有一量的进位未增，但究竟何者未增，却看不出来"，然实际是在遵循"釜十则锺"的前提下，又找出来一个新量豆区之间不变的进位关系。

陆德明曾明确指出杜注家量的版本之一称"五豆为区，五区为釜"者，"非于五

（接上页）《管子》中暗含了一釜十斗、一斗十升的概念来看，要么是以齐国以外的升斗概念来描述齐国釜的容量的，要么此时田齐量器的单位量值已有所调整。既然大部分学者通过量器"钶"的出现及其实测容量恰好为十分之一釜的情况认定，战国田齐的量制的确曾经历过变革，那么，现存战国田齐量器的实测值所反映的各种比率和齐景公时陈氏家量的进位是否保持一致，本身就是一个还有待证明的问题。

[1] 见清阮元校刻《十三经注疏》本，中华书局影印本，1980年，2031页。
[2] 孙诒让《籀庼述林》卷二《左传齐新旧量义》。
[3] 吴承洛《中国度量衡史》，商务印书馆，1937年。
[4] 参见本文第159页注[4]。
[5] 莫枯《齐量新议》，《上海博物馆集刊》第三期，上海古籍出版社，1986年，该文又见《考古与文物》1987年1期。
[6] 已有学者就莫文所引数据中存在的问题作了说明，见丘光明《中国历代度量衡考》，科学出版社，1992年，138页。需要补充的是，由于已知的齐国量器没有一件是可以确定为齐景公时代的，再加上陈氏新量与陈氏代齐后的量制在进位及单位量值上是否一致的问题尚未解决，因此，将战国田齐量器的实测数据与晏子所说的陈氏家量的进位关系挂钩时所存在的时间差以及其间可能的变化，是不能不考虑的。

升之豆又五五而加也"（论见前）。然而20世纪30年代以来，恰有不少学者是按"五五而加"去理解杜预注文的[1]，从而得出家量区25升、釜125升、锺1250升（见表15-2）或"十二斛五斗"[2]。不仅区、釜、锺的单位量值与杜注的结论不符，而且将之与公量的相应量值（见表15-1）相比较，便不难发现：家量之区比公量之区大9升，增加额相当于公量区的二分之一还强；家量一釜则比公量一釜几乎多了将近一倍的量，锺量也是如此。照此计算，无论谁从陈氏那里借贷一锺谷物，就等于他实际净收入610升粮食。如此巨大的差额，恐怕连杜预自己也没有想到。由此可见，将"登一"理解成陈氏家量改公量四进制而成五进制，显然也难与历史事实相符合。

综上所述，自汉以降，有关齐量进位问题的理解大致可分为三个阶段：第一阶段，以《左传》杜注孔疏为代表，集中反映了汉唐时期人们对晏子所述齐国量制的理解；第二阶段，以孙诒让、吴承洛为代表，反映了晚清至民国时期对齐国量制理解上的新变化；第三阶段，新中国成立以来，特点是多注重从实物资料出发，但与文献相结合时存在的问题也很多，因袭前人误解或曲解前说的现象时有发生。

笔者认为，关于齐量进位问题当以杜注孔疏的理解最贴近晏子语的原意，即陈氏家量与公量的进位关系应该是一致的，至少在齐景公时如此。就齐量的单位量值而言，汉代以后的解释中由于时代不同所造成的量制概念的转换[3]应引起高度注意，正是对这种概念转换的忽视或误解导致晚清以来结合有关实物进行研究时出现了许多新的分歧。

1999年8月8日于育新花园。

（本文原名"关于齐国量制中的进位问题"，载《文物世界》2000年5期。）

---

[1] 吴承洛《中国度量衡史》，商务印书馆，1937年。

[2] 高维刚《汉代锺容量考》，《四川大学学报》1987年4期。

[3] 例如，《左传》杜预注称齐公量锺为"六斛四斗"、家量"锺八斛"，实际上应分别理解为齐量640升和齐量800升才对。至于齐景公时期容量"升"的单位量值，还有待于新的发现来解决。

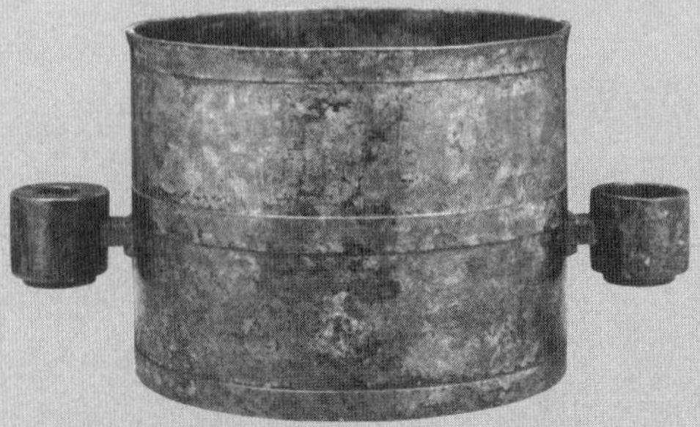

16
两汉之际的"十斗"与"石""斛"

两汉时期,关于容量十斗的概念有两种明确的表示方法:第一种是"十斗为一石",见于西汉末年刘向的《说苑》;第二种是"十斗为斛",见于东汉班固的《汉书·律历志》。

第二种说法因为《汉书》的关系,被历代学者征引得最为广泛。时至今日,仍有不少学者将《汉书》所言量制视为秦汉通行之准则,对文献中以"石"计量的问题产生了不必要的误解。还有学者将容量十斗之"石"与衡制四钧之"石"混同起来,认为汉器自铭"容一石"乃"容一斛"之误[1]。众所周知,《汉书·律历志》的量制本于刘歆之法,但就在刘歆之父刘向撰集的《说苑》中,同为十斗之容量,所言却不相同。由此推测:"十斗为斛"这一概念的出现,很可能与刘歆辅佐王莽改制有关。理由如下。

首先,从史籍记载可以看出,以"石"为容量单位,在西汉以前就已经出现。

《史记·滑稽列传》载,齐威王时,淳于髡云:"臣饮一斗亦醉,一石亦醉。"对此,陈梦家先生指出:"审其下文,一石即十斗,是以重量之石代容量之斛,由来已久。"[2]

《墨子·杂守》云:"斗食终岁三十六石,参食终岁二十四石,四食终岁十八石。……四食,食二升半,……日再食。"文中所载与秦汉之际士卒的口粮有关。以"四食"为例,每餐口粮为二升半,一日两餐就是五升,如此则平均每月口粮应为15

---

[1] 王忠全《秦汉时代"锺"、"斛"、"石"新考》,《中国史研究》1988年1期。该文认为"石"仅是重量单位,从而将量制与衡制混同一说。
[2] 陈梦家《关于大小石、斛》,《汉简缀述》,中华书局,1980年,149页。陈先生也没有注意到"石"和"斛"的时代早晚差别,而把"斛"作为秦汉通行的容量单位,故有"以石代斛"之说。

斗,一年十二月为180斗。若十斗为一石,则正与"四食终岁十八石"相合。

又据《汉书·食货志》载:战国时,"李悝为魏文侯作尽地力之教,以为地方百里,提封九万顷,除山泽邑居参分去一,为田六百万亩,治田勤则亩益三升,不勤则损亦如之。地方百里之增减,辄为粟百八十万石矣"。在这里,"亩益三升"之"升"乃是"斗"之误[1]。若果真如此,则文中的一石正合十斗之数。此外,《食货志》下文所言亩产量及人均口粮之"石",均是以一石十斗为计。而且,《食货志》记载人均口粮为"人月一石半",这又与上文《墨子·杂守》的"四食"之量一致,当有所本。

其次,云梦秦简和居延汉简的出土证实:"石"作为容量单位,在秦和西汉时期曾广泛应用,且与文献记载的"十斗为一石"相吻合。更重要的是,用"斛"代表十斗的容量直到新莽时期才出现。

《云梦秦简·仓律》记载,当时禀给刑徒隶臣妾的口粮或以餐计,或以月计。以餐计算的有:"城旦之垣及它事而劳与垣等者,旦半夕参;其守署及为它事者,参食之。"又:"免隶臣妾、隶臣妾垣及为它事与垣等者,食男子旦半夕参,女子参。"口粮按月计算的有:"隶臣妾其从事公,隶臣月禾二石,隶妾一石半。……隶臣田者以二月月禀二石半石,到九月尽而止其半石。"[2]简中所说的"旦半夕参"指早饭半斗、晚饭三分之一斗。这与按月计算的"二石半石"正相吻合,是当时重劳役的最高口粮,仅次于所谓"斗食"之量。至于"隶臣月禾二石"之量,折算每天口粮应为三分之二斗,则平均每餐三分之一斗,符合"参食之"的标准。《墨子》云"参食终岁二十四石",则月均二石明矣。由此可证,秦简《仓律》用来计算口粮之"石",指的是容量十斗,与《墨子》所言一致。

居延汉简所见容量之"石"与云梦秦简的不同之处在于:汉简计量还有"大石""小石"之分。例如简148·41记载:"入糜小石十二石为大石七石二斗";简275·21记载:"入糜大石八石七斗为小石十四石五斗。"[3]陈梦家认为,大小石之称起

---

[1]《汉书·食货志》注引臣瓒曰:"当言三斗。谓治田勤,则亩加三斗也。"颜师古曰:"计数而言,字当为斗。瓒说是也。"

[2] 文中所引秦简均见《睡虎地秦墓竹简》一书,文物出版社,1978年。

[3]《居延汉简甲乙编》,中华书局,1980年。下文所引简276·4B、简16·2、简266·32、简346·44等,均以《甲乙编》为据。

于粟米的比率,而大、小石不代表重量,只代表容量,"大石容十斗,小石容六斗。"[1]据简 276·4B 记载"用谷小石七百八十九石九斗九升",结合上文记有大、小石换算的简来看,小石之升、斗、石的进位关系与大石一样,均为十进制,只是小石每斗的实际容量小于大石之斗而已。因此,陈直将大石、小石理解为大斗、小斗,并指出:"汉代小斗一斗,折合大斗六升。"[2]

汉简中亦有用"斛"来计量的,但出现的时间明显要晚。森鹿三最早注意到这一现象,在《居延出土的王莽简》一文中,他以"斛"字作为王莽简的断代依据之一:"通览一万多支居延汉简就可以知道,十斗这个容量单位一般都是以一石来表示的,极少用'斛'来表示。根据这一点,反而能使人想到使用'斛'字,大概就是王莽时期的一个特点。"[3]同时,森鹿三也注意到,新莽纪年简中仍有使用"石"字的,如纪年分别为始建国五年六月、始建国六年二月的简 16·2、简 266·32,而使用"斛"字的新莽纪年简只有简 346·44,纪年为始建国天凤六年(19)。

根据新出土的居延汉简的资料,大凡新莽时期纪年为"居摄"或"始建国"者,计量仍使用"石"而不见"斛"字,例如简 EPT7∶10、简 EPT4∶48A、简 EPT59∶175 等[4]。迟至"天凤一年"简(EPT65∶412),仍然用"石"计量。从上举天凤六年(19)纪年简改用"斛"的情况来看,居延汉简中"十斗"的概念,从"石"到"斛"的转变应在王莽天凤年间。

《汉书·王莽传》记载,天凤三年五月,王莽颁布新的吏禄制度:"四辅公卿大夫士,下至舆僚,凡十五等。僚禄一岁六十六斛,稍以差增。上至四辅而为万斛云。"以"斛"为容量单位计量官吏的俸禄便始于此。后来东汉的百官受奉例一律称"月××斛"(《续汉书·百官志》),显然是受新莽制度的影响。那么,汉简计量以"斛"代"石"也应与王莽的新的吏禄制度有关。若此说不误,则居延汉简中月食以斛斗为计者(如简 EPT65∶8-16、简 EPT59∶179、简 EPT27∶5、简 EPT26∶3),其

---

[1] 陈梦家《关于大小石、斛》,《汉简缀述》,中华书局,1980 年。
[2] 陈直《汉书新证》,天津人民出版社,1979 年,165 页。
[3] 《简牍研究译丛》第一辑,中国社会科学出版社,1983 年,12 页。
[4] 《居延新简》,中华书局,1994 年。文中所引简号带有"EPT"之新简资料,均出自该书。

年代均应在天凤三年五月以后。

再次,在已知的两汉量器中,容十斗之斛的最早出现也在新莽时期。

传世的新莽铜嘉量铸造于始建国元年(9),上距刘向之死仅 15 年[1]。它由龠、合、升、斗、斛五量组成,形制与《汉书·律历志》所记的"其上为斛,其下为斗,左耳为升,右耳为合龠"完全一致。五量有总铭,又各有分铭。其中斛量铭文曾见于《隋书·律历志》,铭曰:"律嘉量斛,方尺而圜其外,……容十斗。"实测新莽铜嘉量的斛的容积为 20 097.5 毫升。另一件相传清末出土于山西的"㵐仓平斛",也被认为是新莽时期铸造的量器。其铭文自称:"㵐仓铜十斗斛,重五十八斤,始建国天凤元年三月……造。"该器实测容水 19 300 克,一说容 19 100 毫升[2]。

两件新莽量器虽然实测数据不同,但均与秦至西汉时期容量十斗的平均值接近。值得注意的是,两件斛量均自铭容量十斗,而传世及新出土的东汉铜斛也都以十斗为容量标准。古代量名往往与量器的器名一致,或由器名转化为量名。"律嘉量斛"之"斛"指的是器名,故自铭"容十斗"。而《汉书》称"十斗为斛",则"斛"为量名。由器名转化为量名,则容量十斗之数就可以用"斛"来表示。王莽新颁的吏禄用"斛"计算,显然与量制的变化分不开。上述两件新莽斛量的铸造年代均比王莽颁布新吏禄的时间要早,似乎也说明了这一点。

传世及新出土的秦汉容器,自记容量的非常多。新莽以前,器铭表达十斗容量的方式或径称"容十斗",如汉武帝时铸造的中私官铜锺[3]、河北满城汉墓出土的中山内府铜锺[4];或以"石"代之,如传世的哀帝建平四年造"南陵锺"自铭"容一石"[5],

---

[1] 关于新莽嘉量的铸造,其总铭称"龙在己巳,岁次实沈,初颁天下,万国永遵"。王国维作《新莽嘉量跋》,认为王莽于始建国元年(9)曾以此量班行天下,见《观堂集林》卷十九。下文所引实测容量,乃是根据国家计量总局主编《中国古代度量衡图集》,文物出版社,1984 年。

[2] 容水 19 300 克是据张德光《㵐仓平斛》一文(《文物》1963 年 11 期)。《中国古代度量衡图集》(文物出版社,1984 年)第 88 页则称该斛容 19 100 毫升。

[3] 刘最长、朱捷元《汉茂陵出土的西汉"中私官"铜钟》,《文物》1980 年 7 期。

[4] 中国社会科学院考古研究所、河北省文物管理处《满城汉墓发掘报告》,文物出版社,1980 年,51 页。

[5] 容庚《秦汉金文录》。除"南陵锺"以外,容氏收录的还有"中私府锺""王长子锺"等,亦均铭记"容一石"。其中"南皮侯家锺"的容量曾两次校刻,分别称"容十斗"和"容一石",也可作为"十斗为一石"之明证。

新出土的汉成帝鸿嘉三年造铜鉴自铭"容五石"[1]，唯独不见使用"斛"字。这亦可证明，"十斗为斛"不应早于新莽时期。

最后，将《史记》《汉书》加以对比便可发现，《史记》言量时不见"斛"字；而《汉书》以"斛"代"石"大致始于武帝末年（如赵过代田）。从武帝末到新莽，则往往"斛""石"混用。据《汉书·叙传》班固自称："太初以后，阙而不录，故探撰前记，缀辑所闻，以述《汉书》。"那么，《汉书》中"斛""石"混用出现于太初以后就不难理解了。故推测，新莽前后均曾续补《史记》，将"斛"的概念带入新莽以前的史实中，应是班固未加分辨的结果。

综上所述，两汉之际容量"十斗"的概念经历了从"石"到"斛"的转变。"十斗为斛"的出现应是王莽改变量制的结果，而刘歆就是始作俑者[2]。两汉实物及史籍所见"石"和"斛"的区别，乃是时代早晚不同所致。

两汉史籍所见计十斗之容量除用"石""斛"以外，还曾用"锺"来表示[3]，笔者将另作讨论。

（本文曾蒙导师宿白先生和徐苹芳先生审阅并提出修改意见，谨致谢忱。本文原名"关于两汉之际的'十斗'与'石''斛'"，载《文物》2001年3期。）

---

[1] 西安市文物管理委员会《西安三桥镇高窑村出土的西汉铜器群》，《考古》1963年2期。同出的10件铜鉴，容量分为"容五石"和"容六石"两种，均有西汉纪年。另有2件纪年分别为"甘露三年""鸿嘉二年"的西汉铜鼎，铭文也都自铭"容一石"。

[2] 《汉书·律历志》云："至元始中王莽秉政，欲耀名誉，征天下通知锺律者百余人，使羲和刘歆等典领条奏，言之最详。故删其尾辞，取正义，著于篇。"《隋书·律历志》亦云："班氏汉志，尽歆所出也。"《中国古代度量衡图集》（文物出版社，1984年）在"前言"中明言："西汉末年，律历学家刘歆总结了先秦以来度量衡的发展，把单位量值、进位关系、标准器的形制以及管理制度等详细记录下来，后收入《汉书·律历志》。"

[3] 参见《史记·主父偃传》《史记·平准书》。

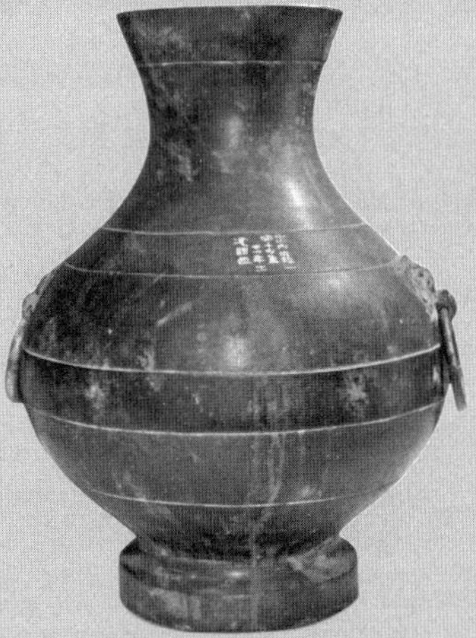

17

汉代铜锤略说

中国古代曾流行一种叫作"锤"的容器。关于这种器物,今修订本《辞源》和《辞海》均有解释,并且都附有器物插图。其中,《辞海》(1979年版)的解释是:"锤:古代器名即圆形壶,用以盛酒浆或粮食。盛行于汉代。"而《辞源》(1983年版)只是简单地说锤是"酒器",没有交代锤的流行时间,列举的文献记载也只是《孔丛子》中提到的"尧舜千锤"。

事实上,"锤"作为一种器物名称与传说中的尧舜相关联,只是出于后人的附会。正如《辞海》所言,锤盛行于汉代。自宋代以来的传统金石学著作中,几乎无一例外地都将所收录的铜锤视为汉代器物。20世纪的考古发掘资料则进一步证明,新发现的有明确纪年的铜锤,其铸造年代绝大多数都集中在西汉时期。例如1953年在陕西省汉武帝茂陵附近出土的2件"中私官铜锤",均自铭为"太初二年(前103)造"[1];1961年出土于西安郊区一窖藏的"南宫锤",自铭为"天汉四年(前97)造"[2];1986年甘肃庆阳出土的"外汤官铜锤",则为"阳朔四年(前21)造"[3],等等。尤以西汉中期汉武帝时期为多。其他无明确铸造年份的铜锤,从其出土的共存关系或铭文内容看,也大多集中于西汉时期。例如1961年在太原东太堡一座规模较大的"土构多洞室墓葬"中出土的2件有铭文的铜锤,分别刻有铭文"代食官糟锤容十斗第十"10字和"清河大(太)后中府锤容五斗重十七斤第六"16字[4]。据《汉书·诸侯王表》记载:西汉武帝元鼎三年(前114)代刚王刘义由晋

---

[1] 刘最长、朱捷元《汉茂陵出土的西汉"中私官"铜钟》,《文物》1980年7期。
[2] 西安市文物管理委员会《西安三桥镇高窑村出土的西汉铜器群》,《考古》1963年2期。
[3] 景明惠、刘晓华《汉阳朔铜锤铭文考释》,《考古与文物》1989年5期。
[4] 山西省文物管理工作委员会、山西省考古研究所《太原东太堡出土的汉代铜器》,《文物》1962年4、5期合刊。

阳(今太原)徙于清河。锺铭既称"代食官",又称"清河大后中府",加上同墓还出土有"晋阳"铭文的铜钫,都表明这批器物应与西汉代王(清河王)家族有关,而清河王之废迁发生在汉宣帝地节四年(前66)。因此这批铜器的年代当属于西汉中期。相信这些新的出土资料,对于正确理解汉代铜锺将是有帮助的。

就器形而言,《辞海》将"锺"解释为"圆形壶",此说由来已久。自宋代金石学兴起之时,在有关著作中就将自铭为"锺"的铜器仍称为壶[1]。长期以来,锺大都被归入壶类。直到清末,有铭文的铜锺才被单列出来,成为与壶并列的一个器类[2]。尽管如此,对"锺"作为器物名称的由来以及锺与壶的区别等问题,仍缺乏明确的界定。锺与壶"同类而异名"的看法一直很流行。

1983年,黄盛璋先生曾撰文说:"壶发展到秦汉,圆、方、扁、横四形皆有,而壶为其总名。"并且从出土器物所见认为:"圆壶自名为壶,更多自名为锺,壶、锺皆圆,从形制上今已难别,唯壶不限于圆,而锺只限于圆,壶较锺包括为广,此其大别。"[3]

问题是:既然汉代流行的铜器中,有自铭为"锺"者,也有自铭为"壶"者,那么,"锺"与"壶"在当时人的概念中应该是有区别的。下面试以满城汉墓的发现为例,就锺与壶的器形略作比较。

1968年在河北满城发现的西汉中山靖王刘胜墓,出土了大批铜器。其中有铜锺1件,侈口、鼓腹、折曲状圈足。高45.3、口径18、腹径34.5、圈足径19.5厘米。口沿、肩、腹、下腹部微凸起宽带纹各一道。在上腹部两侧对称饰有铺首衔环1对,位置介于肩、腹部的宽带纹之间。在肩部的宽带纹上纵向刻有铭文四行17字:"中山内府锺一,容十斗,重(缺文),卅六年,工充国造。"(图17-1)比较同墓所出的2件鸟篆纹铜壶,无论器形还是尺寸大小均与此锺接近,然据其中一件颈部用纤细的金银丝错出的"仪尊成壶"等铭文,称为"壶"应是不成问题的。该壶除了错出篆铭文以外,还在圈足上、圈足和腹部之间错出动物纹带,壶的口、肩、腹部凸起的宽带纹上错出由怪兽和云雷纹组成的图案。另外,该壶有盖,盖上有三纽,均满错纹饰。

---

[1] 王黼《博古图》卷十二。
[2] 端方《陶斋吉金录》卷六。
[3] 黄盛璋《关于壶的形制发展与名称演变考略》,《中原文物》1983年2期。

将之与"中山内府锤"相比,不难发现,两者虽然造型及大小均很相似,但鸟篆纹铜壶除宽带纹外还饰有复杂的纹饰,并且有盖。同墓出土的乳钉纹壶和蟠龙纹壶也都是器表还有其他装饰(如鎏金银工艺),都带盖,且盖上有纽,盖沿内敛成子口,纳入壶口[1]。而这些特征都是"中山内府锤"所不具备的。

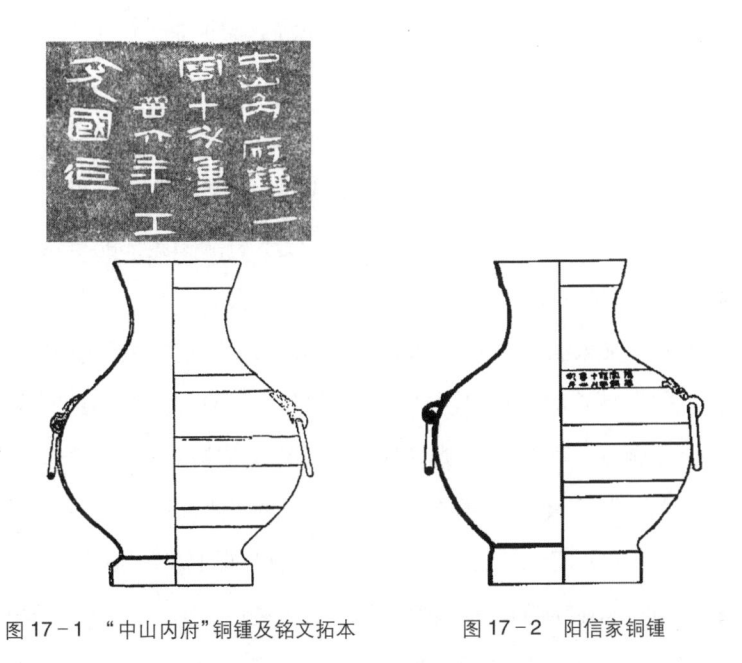

图 17-1 "中山内府"铜锤及铭文拓本　　图 17-2 阳信家铜锤

其他地区出土的自铭为"锤"的汉代铜器,其器形也都和上述"中山内府锤"大体一致。据笔者对新出土的有关资料的统计发现,汉代铜锤按自身标明的容量大小大致可分为"容十斗"和"容五斗"两种,且以自称"容十斗"者最为常见。例如,1981 年在陕西茂陵(汉武帝陵)东侧的一号无名冢一号从葬坑中发现的"阳信家铜锤",高 44.3 厘米,只比同等容量的"中山内府锤"矮 1 厘米,两者造型相似,圈足折曲,器表饰以宽带纹,均无盖。铭文也刻在肩部的宽带纹上,自称"阳信家铜锤容十斗重卅九斤"[2](图 17-2)。类似铜锤还有西安北郊出土的"河间食官锤"[3]、河

---

[1] 中国社会科学院考古研究所、河北省文物管理处《满城汉墓发掘报告》,文物出版社,1980 年。
[2] 咸阳地区文管会、茂陵博物馆《陕西茂陵一号无名冢一号从葬坑的发掘》,《文物》1982 年 9 期。
[3] 王长启、孔浩群《西安北郊发现汉代墓葬》,《考古与文物》1987 年 4 期。

北出土的"常山食官锤"[1],以及前述茂陵附近出土的"中私官铜锤"、西安三桥镇窖藏出土的"南宫锤"、太原出土的"代食官糟锤"等。这些自铭"容十斗"的铜锤,器高都在42—46厘米之间,口径16.5—18.5厘米,最大腹径约31—36厘米。至于自铭"容五斗"的铜锤(如前述"外汤官锤"和"清河太后中府锤")只是器形略小,形状仍和"容十斗"的铜锤基本一致,年代也都属于西汉时期。

经过比较,这些自铭为"锤"的铜器在器形上有以下共同特点:1.侈口,鼓腹,器形规整,且尚未发现带盖现象;2.圈足多折曲,极少数圈足呈直筒状,但基本不见圈足明显外侈呈喇叭状的;3.器表均饰以宽带纹,通常是口沿外侧一周,肩腹部2—3周,但别无其他纹饰;4.均有铺首衔环,多位于肩部和腹部的宽带纹之间,但都没有发现环上连接提链的情况。

若以这些有铭文依据的铜锤为标准,便不难发现:在已发表的资料中,有不少被考古工作者称为"锤"的器物,其器形、纹饰都和上述有铭文的铜锤明显有别;而许多器形和上述铜锤一致的器物,则往往因缺乏铭文依据被归入了"壶"类。例如1991年清理的河北获鹿高庄汉墓,据称出土有6件铜锤,但根据发表的器物图来看,那件口沿外有刻铭"臣平"二字者[2],显然与已知自铭为"锤"的铜器特征不符。器形与之相同的在陕西旬阳县曾出土1件,也被误认为"锤"[3]。至于新发现的山东长清双乳山一号汉墓,原报告称出土铜壶8件,"大小相近,形制稍异"。然而从发表的器物图来看,编号为M1:21的那件无论尺寸和器形都和茂陵出土的"阳信家铜锤"接近,而与同墓出土的编号为M1:16的壶器形有别,显然应从"壶"中单列出来[4]。这样将锤(或锤形器)与壶区别开来,对有关墓葬的随葬品组合研究,或许会有新的认识。

就笔者所知,新出土的自铭为"锤"的铜器,从铭文内容来看,其使用者或所属单位一般级别都比较高,多为诸侯或宫廷的"食官""中私官""中府""内府""汤

---

[1] 河北省博物馆(郑绍宗)《河北行唐发现的两件汉代容器》,《文物》1976年12期。
[2] 石家庄市文物保管所等《河北获鹿高庄出土西汉常山国文物》,《考古》1994年4期,图版五:5。
[3] 旬阳县博物馆《陕西旬阳县出土的汉代铜尺和铜锤》,《考古与文物》1987年2期。
[4] 山东大学考古系等《山东长清县双乳山一号汉墓发掘简报》,《考古》1997年3期,图版叁:1—2。

官"之类。有的直接标明属宫廷所有。凡属墓葬出土者,其墓葬规模都相对较大,共存器物的数量尤其是铜器都比较多,规格也比较高。此种现象表明,将铜锺单独作为一个器类看待,对汉墓随葬品制度的研究也会有积极的意义。

值得注意的是,从已知的汉代铜锺铭文中还可以看出,其自身标明的用途多与盛酒水有关。如前述"代食官糟锺"在"食官"与"锺"之间添加了一个"糟"字;又如1982年西安北郊汉墓出土的"河间食官锺"还直接标明有"酒"的字样;传世的"南陵锺"则自称是"乘舆御水铜锺"[1],等等。

关于铜锺的用途,从宋代开始,便依照《说文》"锺,酒器也"的解释,将锺看作酒器。直到20世纪初,王国维著《国朝金文著录表》,将锺与钫一起归入"权度量"之列,于是关于铜锺的用途才有了新的认识。但有关依据,王氏并未说明。

现在,根据新出土的实物资料,从已知铜锺的器形特征、流行时间以及自身标明的容量特点等考察,并结合汉代将"锺"与容量单位"石"(一石等于十斗)并列来计量的有关文献记载[2],笔者推测,此类器物之所以自铭为"锺",当与兼作标准容量的器物使用有关。锺的出现与流传应该说是与古代量制的发展演变密不可分的。这或许就是它区别于"壶"的关键所在。

2000年4月初稿,2001年12月修改。

(本文原名"汉代铜锺略说",载《中国历史文物》2002年2期。)

---

[1] 容庚《汉金文录》。
[2] 参见《史记·主父偃传》和《史记·平准书》。

久重十鍾家陽
尺卅什宮銅隆

18
汉代铜锤与量制演变之关系

汉代的铜器中常见一种自铭为"锤"的容器,铭文中还标明了自身的容量。在秦汉时期的文献中有将"锤"与容量单位"石"并举或与亩产量联系在一起的例子,而在成书更早的文献中还有"锤"作为较大的量制单位的记载。那么,作为实物的汉代铜锤的容量和文献中作为容量单位之一的"锤"之间,到底是什么样的关系?文献中诸如"亩锤之田"或将"锤""石"并举之类的记载应如何理解?以往不少学者虽作过一些有益的探讨,如高志辛《汉代亩产量与锤容量考辨》[1]、高维刚《汉代锤容量考》[2]、王忠全《秦汉时代"锤"、"斛"、"石"新考》[3]等,但在实物和文献之间,或二者取其一,非此即彼;或对有关文献记载不加甄别,混为一谈,从而引出许多不必要的误解。本文试从出土的实物汉锤出发,以传世汉锤为参照,结合文献中的有关记载,就汉代铜锤与量制演变之关系略述己见,敬希方家指正。

一、铜锤的年代与容量特点

据笔者初步统计,自新中国成立以来的50年中,新发现的、出土地点明确且有确凿铭文依据的铜锤至少有15件[4]。既有墓葬、从葬坑中出土,也有发现于窖藏的,且年代多属于西汉时期,有明确纪年的又以汉武帝时期为多。除少数器物残损

---

[1] 高志辛《汉代亩产量与锤容量考辨》,《中国史研究》1984年1期。
[2] 高维刚《汉代锤容量考》,《四川大学学报》1987年4期。
[3] 王忠全《秦汉时代"锤"、"斛"、"石"新考》,《中国史研究》1988年1期。
[4] 本文所讨论的铜锤,均指有铭文自称为"锤"者。至于器形相同或接近的铜器,缺乏铭文者大都没有进行容量的实测,因此难以从容量的角度进行考察。它们和有"锤"铭的铜器之间的关系,容另文讨论。

以外,现将保存完好的 11 件列表如下(表 18-1):

表 18-1　铜锤统计表

器物名称		器物尺寸				铭文容量	实测容量	纪年铭文	铭文顺序	备　注
		器高	口径	腹径	圈足径					
中山内府锤		45.3	18	34.5	19.5	十斗	19 200	卅六年	M+NOP+	[1]
常山食官锤	a	42.8	17	35.8	19	十斗			MNO	[2]
	b	44	18.5	34	22	十斗			MNO	[3]
中私官铜锤	a	43.5	17.8	36		十斗	19 450	太初二年	MNOPQ	[4]
	b	45	17	35.7		十斗	19 450	太初二年	MNOPQ	[5]
南宫锤		43.7	17.5	35	20	十斗	21 000	天汉四年	MNOQ	[6]
代食官糟锤		46	18	31.5	20	十斗	20 400		MNQ	[7]
阳信家铜锤		44.3	16.5	34.2	19.1	十斗	20 410		MNO	[8]
河间食官锤		46	16.5	32	20.5	十斗			+MNO	[9]

[1] 中国社会科学院考古研究所、河北省文物管理处《满城汉墓发掘报告》,文物出版社,1980 年。原报告称用小米量测,容量为 18 860 毫升。今表中数据据丘光明《中国历代度量衡考》,科学出版社,1992 年。

[2] 河北省博物馆(郑绍宗)《河北行唐发现的两件汉代容器》,《文物》1976 年 12 期。

[3] 石家庄市文物保管所、获鹿县文物保管所《河北获鹿高庄出土西汉常山国文物》,《考古》1994 年 4 期。

[4] 刘最长、朱捷元《汉茂陵出土的西汉"中私官"铜钟》,《文物》1980 年 7 期。表中腹径是据原报告"腹围"数据换算的。因同出两件,表中附以 a、b 相区别。

[5] 刘最长、朱捷元《汉茂陵出土的西汉"中私官"铜钟》,《文物》1980 年 7 期。表中腹径是据原报告"腹围"数据换算的。因同出两件,表中附以 a、b 相区别。

[6] 西安市文物管理委员会《西安三桥镇高窑村出土的西汉铜器群》,《考古》1963 年 2 期。原报告称用小麦校验,测得南宫锤容 32.3 斤。今表中数据据丘光明《中国历代度量衡考》。

[7] 山西省文物管理工作委员会、山西省考古研究所《太原东太堡出土的汉代铜器》,《文物》1962 年 4、5 合期。原报告称用高粱米校验,测得代食官糟锤、清河太后中府锤分别容 29.2 斤和 13.5 斤。今表中相应数据据丘光明《中国历代度量衡考》。

[8] 咸阳地区文管会、茂陵博物馆《陕西茂陵一号无名冢一号从葬坑的发掘》,《文物》1982 年 9 期。原报告称测得该锤容量为 20 400 毫升,而丘光明实测为 20 410 毫升,见《中国历代度量衡考》。表中采用后者。

[9] 王长启、孔浩群《西安北郊发现汉代墓葬》,《考古与文物》1987 年 4 期。原报告误将容量释为"容十升",今改。

汉代铜锺与量制演变之关系　177

（续表）

器物名称	器物尺寸				铭文容量	实测容量	纪年铭文	铭文顺序	备　注
	器高	口径	腹径	圈足径					
清河太后中府锺	37	14.5	27	16.4	五斗	9 450		MNOQ	[1]
汤官铜锺	36	15	26.1	18.5	五斗	10 500	阳朔四年	P+MNO+Q	[2]

说明：表中的"器物名称"多依据器物自身铭文内容确定，名称相同者以 a、b 相区别。"铭文顺序"栏内字母代表的内容分别是：M—器名，N—容量，O—重量，P—纪年，Q—编号；有"+"者表示还有其他内容。

从表 18-1 中可以看出，这些铜锺自身标明的容量只有"十斗"和"五斗"两种，且以自称"容十斗"的数量最多，约占 80% 以上。

表 18-1 中所列的 9 件容十斗铜锺，容量经过实测的有 6 件，实测值介于 19 200—21 000 毫升之间，与通过其他量器实测得出的汉代十斗容量的值接近[3]。此类铜锺有着共同的器形特征：侈口，鼓腹，折曲状圈足。器表饰有明显的宽带纹，除口沿部位的 1 周以外，腹部一般有 2—3 周；另外，腹部两侧对称位置均饰一铺首衔环。另外，出土时均未见盖（图 18-1）。不仅如此，各锺的尺寸大小也非常接近，器高 42—46 厘米，口径 16.5—18.5 厘米，最大腹径约 31—36 厘米。若将这些铜锺由高到低排列，我们就会发现，器物高度和最大腹径之间有大致成反比的趋势（图 18-2）。至于铭文则长短不一，为 8—21 字，多刻于肩部宽带纹内或腹部，呈纵向排列从右向左 1—6 行不等，也有的是横向铭刻于肩、腹部位的宽带纹内的。例如 1968 年河北满城中山王刘胜墓中出土的 1 件铜锺，器高 45.3 厘米，铭文位于肩部的宽带纹上，纵向四行 17 字："中山内府锺一，容十斗，重（缺文），卅六年，工充国

---

[1] 山西省文物管理工作委员会、山西省考古研究所《太原东太堡出土的汉代铜器》，《文物》1962 年 4、5 合期。原报告称用高粱米校验，测得代食官糟锺、清河太后中府锺分别容 29.2 斤和 13.5 斤。今表中相应数据据丘光明《中国历代度量衡考》。

[2] 景明惠、刘晓华《汉阳朔铜锺铭文考释》，《考古与文物》1989 年 5 期。原报告称该锺"容水 10.5 公斤"，表中换算成毫升数。

[3] 如传世新莽嘉量斛容 20 097.5 毫升、"漯仓平斛"容 19 300 毫升，参见国家计量总局《中国古代度量衡图集》（修订本），文物出版社，1984 年。

造"[1]。又如1981年在汉武帝茂陵东侧的一号无名冢一号从葬坑出土的1件铜锤,器高44.3厘米,铭文也位于肩部的宽带纹内,共六竖行12字:"阳信家铜锤,容十斗,重卅九斤。"(见图18-1)[2]无论字数多寡、纵向或横向排列,就铭文本身内容而言,基本上按照器名、容量、重量、纪年、编号的顺序介绍。尽管大部分铜锤铭文的后三项内容往往缺1—2项,但即使是最简短者也往往具备前两项内容,即器名和容量,且相对位置大致保持不变(具体参见表中"铭文顺序"栏)。铜锤铭文的这一特点,或许对我们理解该类器物之所以被称为"锤"有一定帮助。

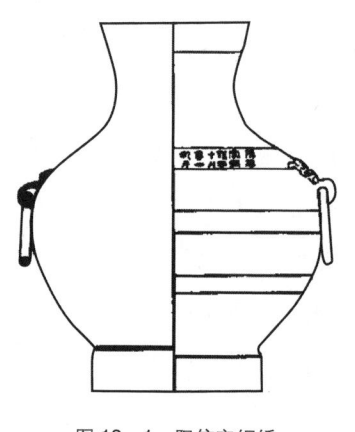

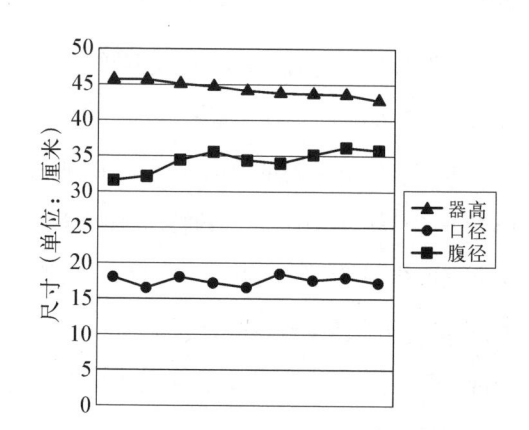

图18-1 阳信家铜锤　　图18-2 容十斗铜锤的尺寸变化示意图(由高到低排列)

目前所知新出土的汉代容量为十斗的铜锤,纪年明确者多为西汉武帝时期制造。如1961年在西安郊区窖藏出土的"南宫锤"为"天汉四年(前97)造"[3]。又如1953年5月在汉武帝茂陵附近出土2件"中私官铜锤",均自称"太初二年(前103)造",并且从器物自身的编号"第十""第六十九"来看,当时铸造的同类铜锤的数量是很多的[4]。中国历史博物馆收藏的另一件"太初二年造"十斗容量的"中

---

[1] 中国社会科学院考古研究所、河北省文物管理处《满城汉墓发掘报告》,文物出版社,1980年。
[2] 咸阳地区文管会、茂陵博物馆《陕西茂陵一号无名冢一号从葬坑的发掘》,《文物》1982年9期。
[3] 西安市文物管理委员会《西安三桥镇高窑村出土的西汉铜器群》,《考古》1963年2期。
[4] 刘最长、朱捷元《汉茂陵出土的西汉"中私官"铜钟》,《文物》1980年7期。

和宫铜锤",其编号达到"第九十一"[1]。从传世见于著录的汉代铜锤情况来看,有铭刻容量的也以"容十斗"(或"容一石")的铜锤数量最多。据王国维[2]、容庚[3]和罗福颐[4]的统计,自铭为"锤"、兼记容量的传世汉锤有12件,而铭文称"容十斗"或"容一石"的就有8件(不包括前述中国历史博物馆收藏的那件"中和宫铜锤"),所占比率与新出土的同类铜锤大致接近,其纪年明确者也属于西汉时期[5]。

至于铭刻容量为"五斗"的铜锤,已知新出土的只有2件(见前表),传世见于著录者也只有2件[6],数量都明显少于容十斗的铜锤。从此类容量的铜锤自身的编号来看,如1986年甘肃庆阳地区出土的"考工为汤官造"铜锤编号为"外汤官第卅九"[7],传世的"平都主家锤"编号为"第七",也都表明数量相对要比容十斗的铜锤少。而且无论传世或新出土的容五斗的铜锤,纪年明确者比容十斗的铜锤相对要晚一些,如上举"汤官"铜锤纪年为"阳朔四年"(前21),属西汉晚期制造;个别如传世的"新中尚方锤"要晚到新莽"始建国四年"(12)。

总之,就目前的资料而言,凡新出土的铜锤但凡有铭文自名为"锤"者,多标明自身容量,其最常见的容量标准是十斗(一石),根据器物编号所反映的数量也最多,而且从纪年来看,其大量铸造似在西汉武帝时期。就实测数据而言,若以实际容量的平均值为标准(指容十斗的铜锤),则各锤容量的上下浮动额均不超过±5%,并且折算所得每升的平均值和"自铭为官府制造并刻有标称值的量器"的实测单

---

[1] 铭文内容转引自丘光明《中国历代度量衡考》。参照出土铜锤,颇疑该锤铭文"中和宫"乃"中私官"之误释。
[2] 王国维《国朝金文著录表》,雪堂丛刻本,1915年。
[3] 容庚《秦汉金文录》,"中研院"历史语言研究所,1931年。
[4] 王国维著,罗福颐校补《三代秦汉金文著录表》,墨缘堂本,1933年。
[5] 这8件传世汉锤中,自铭"容一石"的有"中私府锤""王长子锤""一石锤"和"南陵锤";自铭"容十斗"的有"朝阳少君锤""祝阿侯锤"(另铭"李是锤")等;另有1件"南皮侯家锤"铭文分两次校刻,分别称"容十斗""容一石"。其中"南陵锤"的纪年为"建平四年"(前3)。
[6] 即"平都主家锤"和"新中尚方锤"。铭文拓片参见容庚《秦汉金文录》,"中研院"历史语言研究所,1931年。
[7] 景明惠、刘晓华《汉阳朔铜锤铭文考释》,《考古与文物》1989年5期。

位量值接近[1]。这些西汉铜锤造型规整,器表的宽带纹一脉相承,铭文的内容及表达方式均十分有规律,在同时代具有铭刻容量的铜器中显得格外引人注目。

至于传世有东汉纪年的铜锤,见于著录者除个别铭文称"容一斛"并被列入存疑以外,余均未见容量记载[2]。出土实物中亦缺乏东汉时期有铭刻容量的铜锤可资参考。

二、历代有关容量单位"锤"的记载及注疏辨析

据《左传》记载,"锤"作为容量单位名称使用始于春秋晚期。当时齐国已有一套较完备的量制体系,在"豆、区、釜、锤"四量之中,"锤"的单位量值最大[3]。从《左传》《晏子春秋》到《史记》《汉书》等成书于战国秦汉时期的文献中涉及容量单位"锤"的记载,就笔者所知,大致可以分为以下几类:

A类,明确记载了"锤"与其他容量单位之间的进位关系。有关此类记载最著名的是《左传·昭公三年》载晏子语:"齐其为陈氏矣,公弃其民而归于陈氏。齐旧四量:豆、区、釜、锤。四升为豆,各自其四,以登于釜,釜十则锤。陈氏三量,皆登一焉,锤乃大矣。以家量贷,而以公量收之。"[4]杜预注认为"齐旧四量"之"锤"的单位量值是"六斛四斗",而"陈氏家量"之"锤"是"锤八斛"[5]。

从古代量制的发展演变历史来看,上述量制的具体实施应限于先秦时期。秦统一以后,得到普遍推广的是升、斗、石之间十进位的量制体系,与A类文献记载的量制有很大的区别。

---

[1] 丘光明《中国历代度量衡考》,科学出版社,1992年。该书中详列了汉代各种记容器物的实测数据,为我们了解有关器物的铭刻容量与实际容量之间的关系提供了科学的依据。

[2] 参见王国维《国朝金文著录表》,雪堂丛刻本,1915年;容庚《秦汉金文录》,"中研院"历史语言研究所,1931年。

[3] 《左传·昭公三年》。

[4] 《晏子春秋》卷四记载相同,唯"陈氏"改作"田氏","大"作"巨"。

[5] 晚清以来,关于《左传》记载的齐国锤量的理解有许多新的分歧,参见杨哲峰《关于齐国量制中的进位问题》,《文物世界》2000年5期。

B类，将"锺"与亩产量联系在一起。例如：

《史记·河渠书》载，韩国水工郑国被派到秦国修渠，"渠就，用注填阏之水，溉泽卤之地四万余顷，收皆亩一鐘（锺）。于是关中为沃野，无凶年，秦以富强，卒并诸侯，因命曰郑国渠"。此事《汉书·沟洫志》记载相同，唯"鐘"作"锺"，颜师古注曰："言引淤浊之水灌碱卤之田，更令肥美，故一亩之收至六斛四斗。"

又《史记·货殖列传》记载"封者食租税，岁率户二百。千户之君则二十万，朝觐聘享出其中。……及名国万家之城，带郭千亩亩锺之田，……此其人皆与千户侯等。"关于"亩锺之田"之"锺"，《史记集解》引徐广曰："六斛四斗也。"

此外，《管子》书中有"河淤诸侯，亩锺之国"之说；东汉王充《论衡》还提到战国时西门豹治邺，"则亩收一锺"[1]，等等。此类记载所涉及的史实，年代明确者也大都发生在先秦时期。

C类，将"锺"与另一容量单位"石"并举。例如：

《史记·主父偃传》载西汉武帝时主父偃谏伐匈奴之辞，说秦始皇不听李斯劝谏，"遂使蒙恬将兵而攻胡，辟地千里，以河为境。……然后发天下丁男以守北河。……又使天下蜚刍挽粟，起于黄、腄、琅邪负海之郡，转输北河，率三十锺而致一石"。《汉书·主父偃传》记载相同，颜师古注曰："六斛四斗为锺。计其道路所费，凡用百九十二斛，乃得一石至。"

又《史记·平准书》载汉武帝时，"汉通西南夷道，作者数万人，千里负担馈粮，率十余锺致一石，散币于邛僰以集之"。《史记集解》注引《汉书音义》曰："锺六石四斗。"《汉书·食货志》有关此段的记载相同，颜师古注称"言其劳费用功重"。

目前所知，载籍所见此类记载似始于《史记》，且所涉及的史实仅限于秦、西汉时期。而前述B类记载虽然也见于《史记》，但所涉及的史实多为先秦时期。两类记载在时代背景上的区别应该引起足够重视，或许这本身就表明"锺"作为一个量的单位因时代不同而在概念上有别。

D类，其他以"锺"作为一个量的单位使用的记载还有：

---

[1] 黄晖《论衡校释》卷二，(长沙)商务印书馆，1939年。

《左传·襄公二十九年》载:"郑子展卒,子皮即位。于是郑饥而未及麦,民病。子皮以子展之命,饩国人粟,户一锺。是以得郑国之民。"杜预注:"在丧,故以父命也。六斛四斗曰锺。"

又《汉书·食货志》载管仲语:"使万室之邑必有万锺之臧,臧繦千万;千室之邑必有千锺之臧,臧繦百万。"颜师古注引孟康曰:"六斛四斗为锺。"

此外,成书较晚的《后汉书·郎𫖮传》载阳嘉二年(133)郎𫖮"诣阙拜章"之辞:"而今之在位,竞托高虚,纳累鐘(锺)之奉,忘天下之忧。"唐李贤注:"六斛四斗曰鐘(锺)。《左传》曰:四升为豆,四豆为区,四区为釜,十釜为鐘(锺)也。"诸如此类以"锺"为计量单位的记载沿用时间较长,但东汉以后,人们也很少使用"锺"这一容量概念了。

总之,载籍所见以上有关"锺"的记载中,A 类的文献记载相对要比 B、C 两类的文献出现得早,D 类文献记载则沿用的时间最长。东汉以后的文献中基本上不再见前三类记载,而转以注释为主。除了偶见以 D 类的方式提到"锺"(如前引《后汉书》)以外,基本上是在对 A 类作注解的同时又以 A 类为依据注解后三类。值得注意的是,历代有关 B、C、D 三类记载的注解均有着惊人的相似之处:不管所注为何朝何代之"锺",均和 A 类记载中齐国春秋时公量之锺的单位量值相同。无论称锺"六石四斗"还是"六斛四斗",都只是在转换中采用了后世流行的"石斗"或"斛斗"一类量制概念而已[1]。从前引《汉书·主父偃传》颜师古注和《后汉书·郎𫖮

---

[1] 至于《淮南子》载齐景公"一朝用三千鐘(锺)赣,……故晏子之谏生焉",高诱注称"鐘(锺),十斛也"。颇疑"十斛"乃"十釜"之误。因为《淮南子》所述"一朝用三千鐘(锺)赣",指的正是齐景公。这一点高诱既为之作注,不可不知,此其一。当时陈(田)氏是以家量"行阴德于民",齐景公虽未听从晏子之谏加以禁阻,但断无以家量之锺作为朝廷赏赐时计量单位的道理,而公量之锺据晏子语又无论如何也难与"十斛"之数相连,此其二。高诱为东汉时人,将锺量换算成"斛"本在情理之中,但奇怪的是汉唐诸家注解锺量时从未见引用或提及高说,就连像颜师古那样博采众家之言者亦未见引此,此其三。因此,颇疑高注原文很可能是"十釜",至唐以后才辗转传抄成"十斛"。今有学者将高注作为"锺为十斛"说之证据(见王忠全《秦汉时代"锺"、"斛"、"石"新考》,《中国史研究》1988 年 1 期),或将高注作为"汉量一锺为十斛"的证据(见高维刚《汉代锺容量考》,《四川大学学报》1987 年 4 期),都是靠不住的。据《左传》,齐景公时除了"公量(即旧量)"之"锺"以外,还有陈氏"家量(即新量)"之"锺",杜预注认为其量值为"八斛"。但历代注家在注齐国以外之"锺"时多以齐旧量为据,也是值得注意的现象。

传》李贤注中可以看出,《左传》的影响是多么深远,并且这种影响一直延续至今[1]。

事实上,文献所见 B、C 两类有关"锤"的记载所指时代不同,在概念上也明显有别。B 类与亩产量相关的"锤",如前引有关郑国渠和西门豹治邺的记载,指的都应是战国时期秦之关中和魏之邺地所达到的高产量而言。据《汉书·食货志》记载,战国时期魏国"上孰"一亩的收成是"六石"。也许是当时亩产所达到的这一高产量和人们对齐旧量之"锤"单位量值的理解接近[2],故借而用之。《史记》所言"名国万家之城,带郭千亩亩锤之田"与《管子》"亩锤之国"之说乃一脉相承,都是针对高产良田而言的。然而,C 类与另一容量单位"石"并列的"锤",所记载的乃是秦皇汉武时期的历史事实(见前引),加上记录的时间又恰是前述容十斗(即一石)的铜锤大量流行的汉武帝时期(《汉书》承《史记》),故推测应与实物汉锤的常见容量十斗有关。一锤之容量为十斗,而"十斗为一石"[3],故用"锤""石"并列来计算损耗。也就是说,《史记》中将"锤""石"对举,本来就具有对等的含义,均指容量十斗而言。如此,其损耗率也大致和《孙子》所言"食敌一锤,当吾二十锤"的比率接近,当有所本。后世之注家不辨此类记载的时代背景已发生变化,仍以春秋齐量为据,于是有颜师古所谓"计其道路所费,凡用百九十二斛,乃得一石至"的误说。

今之学者,或囿于实物,认为"亩锤之田""不是每年生产一锤谷物之田,而是每年能从每亩剥削到一锤谷物的田地"[4];或拘泥于文献,否认实物汉锤的容量与文献中同"石"并列之"锤"的关系[5];也有人虽知颜注之比例"难以置信",但转而怀疑"率三十锤而致一石"是记载错误,认为"'十'字应是衍文",硬是拼凑出一个

---

[1] 如杨伯峻《孟子译注》便是一例。中华书局,1960 年。
[2] 按照十进位的升、斗、石量制概念,"六石"等于 600 升。而齐旧量之"锤"按《左传》记载相当于齐量 640 升。如果不考虑容量"升"的绝对值在不同历史时期的变化,仅从概念上讲,600 升和 640 升是接近的。这种把"升"看作不变的量,也许正是历代注疏把"锤"说成是"六石四斗"或"六斛四斗"的重要原因之一。
[3] 赵善诒《说苑疏证》卷十八,华东师范大学出版社,1985 年。
[4] 高志辛《汉代亩产量与锤容量考辨》,《中国史研究》1984 年 1 期。
[5] 高维刚《汉代锤容量考》,《四川大学学报》1987 年 4 期。

"21.3∶1"的损耗率来[1];等等。究其症结,皆不辨《史记》中B、C两类记载在时代背景和概念上的区别,而被后世的注解所误导。在引用历史文献时,文献本身的时代背景及所载史实的时代背景都是不可忽视的重要因素,同时也是不应该混为一谈的。

三、汉代铜锺与古代量制演变之关系

如前所述,作为古代量制单位之一的"锺"早在春秋晚期已经出现。前引《左传·昭公三年》就明确记载了当时齐国的"锺"是一个较大的量制单位。根据晏子的叙述,"齐旧四量"之"锺"的单位量值可表述为:1 锺 = 10 釜 = 40 区 = 160 豆 = 640 升。汉以后的注解均将"640 升"按照后世升、斗、石(斛)十进位的量制概念换算成了"六石四斗"或"六斛四斗"(见前引)。至于陈氏家量之"锺"自然还要大于齐旧量的"640 升"。或许正因为"锺"单位量值较大的原因,在实用的量器中可能并没有相应的实物存在。晏子说的"齐旧四量"中,"豆""区""釜"之间采用四进位而"釜""锺"之间改用十进位,也许原因本在此。故下文在提到陈氏家量时,晏子说"陈氏三量,皆登一焉。锺乃大矣"。将"锺"与"登一"之"三量"分开说,除了暗示"釜""锺"之间仍保持十进位不变以外[2],恐怕也暗含有"锺"原本只是一个量的概念的因素存在。如果"锺"本身只是一个概念上的量值,自然不在暗中增加容积并用来出贷的实用量器之列。从已知的先秦时期齐国量器来看,有豆、区、釜,而恰恰没有发现可以确认为"锺"的量器实物[3]。

直到西汉时期,自铭为"锺"并有容量标示的铜锺才开始出现并大量流行[4]。

---

[1] 谢孝苹《〈史记·匈奴传〉札记》,《中亚学刊》第四辑,北京大学出版社,1995年。
[2] 孔颖达《春秋左传正义》卷四十二。孔氏认为:"陈氏亦自依釜数'釜十则锺'比于齐之旧锺,不言四而加一,故云'锺乃大矣'。"
[3] 参见国家计量总局等《中国古代度量衡图集》(修订本),文物出版社,1984年。
[4] 1966年陕西咸阳塔儿坡出土1件被学界称为"安邑下官锺"的铜器,不仅器形与汉代常见的铜锺有一定差别,而且两处铭刻容量均有奇零,也与汉代铜锺的容量特征不同。由腹部铭文推知其大致是战国时期魏国的器物。参见咸阳市博物馆《陕西咸阳塔儿坡出土的铜器》,《文物》1975年6期。该器的发现为探讨汉代铜锺的渊源提供了重要线索。然铭文中"锺"字原本刻作"重",故不排除省略重量刻铭的释读方式,即"安邑下官,重……"因此,目前仍缺乏先秦时期可以确定称为"锺"的铜器。

然而,经过秦的统一,古代量制体系已发生很大变化。从已知西汉铜锺标明的容量及实测数据来看,都和 A 类文献记载的先秦时期"锺"的单位量值相差甚远,也和 B 类文献记载中的战国高产量一亩的收成颇不相称。文献中新出现的将"锺"与容量十斗之"石"并举的 C 类记载表明,此时"锺"的概念与先秦相比已发生了变化。也就是说,西汉时期文献中新出现的与"石"并举的"锺",应该是和当时流行的实物汉锺的容量(即十斗)相对应的。

在古代量制发展演变历程中,容量十斗的概念也的确发生过变化。首先是"十斗为一石"。代表斗、石之间十进位的量制大约在战国时期就已出现,秦统一后得到进一步推广。除了《墨子》《史记》《汉书》等文献记载以外,新发现的秦汉简牍中也常见用它们来计算口粮等,而且传世及新出土的汉代(尤其是西汉)铜容器铭文中的"石"通常也是作为容量单位来使用的,传世铜锺还有自称"容一石"的例子[1]。其次是"十斗为斛"[2],无论是秦汉简牍及汉器铭文,还是历史文献的记载,都表明此说要明显晚于前者。证之古代量器实物,自名为"斛"且容量为"十斗"的官铸量器要晚到新莽时期才出现[3]。因此,"十斗为斛"的说法应该是和新莽量制的变革密切相关的。结合实物汉锺的常见容量及文献中"锺""石"对举的情况看,在新莽斛量出现之前的西汉时期,十斗的容量还曾一度用"锺"来表示。

长期以来,作为实物的锺一直被认为是与壶同类的酒器[4],直到王国维著《国朝金文著录表》,将所收录的汉代铜锺归入"权度量"之列,始有锺为量器说[5]。但有关依据,王氏未曾说明。现在,将实物汉锺的流行年代与古代量制的发展演变

---

[1] 至今仍有学者否认"石"在秦汉时期还曾是一个容量概念的事实,以至于将量制与衡制混为一谈,认为"'石'为一百二十斤,'斗'就应该为十二斤"。甚至认为"所谓'容一石'的汉锺,应是'容一斛'或'容十斗'的汉锺之误。"见王忠全《秦汉时代"锺"、"斛"、"石"新考》。
[2] 《汉书·律历志》。关于古代量制演变中"石"与"斛"的关系,参见杨哲峰《两汉之际的"十斗"与"石"、"斛"》,《文物》2001 年 3 期。
[3] 已知的有新莽铜嘉量斛和"漯仓平斛",参见《中国古代度量衡图集》(修订本)。
[4] 锺为酒器说始于《说文解字》云:"锺,酒器也,从金、重声。"宋代王黼《博古图》卷十二将自铭"锺"的器物仍称作"壶"。
[5] 见王国维《国朝金文著录表》,雪堂丛刻本,1915 年。容庚先生在《汉代服御器考略》一文中仍认为锺"与壶同类,故属之酒器",见《燕京学报》第三期,1928 年。

以及量器的演变历史相结合后便不难发现：一方面在已被确认的属新莽以前的量器中恰缺乏容量为十斗的量器实物以及相应的量器名称[1]，另一方面从目前所确知自名为"锺"的铜器来看，自称"容十斗"（或"容一石"）者年代又都在新莽以前，并且文献中"锺""石"并列的说法也出现在此类铜锺流行之时。由此推测，在新莽容十斗的官铸标准量器"斛"出现之前的西汉时期，容量十斗的铜锺在作实用器的同时兼作标准容量的器物使用是极有可能的。其铭文自称为"锺"者，或许用意正在此。从前述容十斗铜锺的器物高度和最大腹径之间大致成反比，以及各锺实际容量之间的误差极小等来看，容量的精确与否对于此类器物的重要性是不言而喻的。该类器物的器形特征之所以在西汉时期长期保持不变，或许正是与其特殊的功能密切相关的。当新莽十斗斛量出现之后，前述自称"容十斗"的铜锺骤然消失，恐怕也正是与其特殊功能的丧失有关。随着十斗容量的量器"斛"的广为流行，曾代表十斗容量的"石""锺"之类概念也被新的十斗容量概念"斛"所取代。

综上所述，先秦时期的"锺"可能只是一个概念上的量制单位，文献中涉及先秦亩产量的"锺"正是借用的这一概念。秦统一以后，由于量制的发展变化，"锺"的含义也有所改变。西汉文献中新出现的"锺""石"并举则是和当时流行的自铭为"锺"的铜器密切相关的。在缺乏同等容量的标准量器的情况下，西汉铜锺兼作标准容量的器物来使用是极有可能的。其自称为"锺"者，所标明的自身容量十分有规律，而且器形规整，或许原因正在此。因此，在古代量制发展演变过程中，铜锺也应有它一席之地。

2000 年 4 月初稿，8 月二稿；2002 年春节修改。

2002 年 7 月 12 日补记：

本文初稿完成于 2000 年 4 月。最近，又有几例新报道的汉代铜锺资料，兹补充如下："般邑家铜锺"，1 件，汉景帝阳陵陪葬墓出土（参见马永嬴、王保平《走进汉

---

[1] 传世见于著录的有一件纪年为西汉"甘露元年"的"谷口铜甬"，见宋代王俅《啸堂集古录》。原器已失，从保存下来的铭文内容看，不类汉器，故存疑。

阳陵》,文物出版社,2001年);"常山食官锺",3件,河北省获鹿县(今鹿泉市)高庄汉墓出土[参见河北省文物研究所编《河北考古文集》(二),北京燕山出版社,2001年]。

上述4件铜锺除个别器物的腹部未见宽带纹以外,器形特征与以往所发现的汉代铜锺基本一致,年代也都在西汉时期,且均自铭"容十斗"。

(本文原名"汉代铜锺与量制演变之关系新探",载《宿白先生八秩华诞纪念文集》,文物出版社,2002年。)

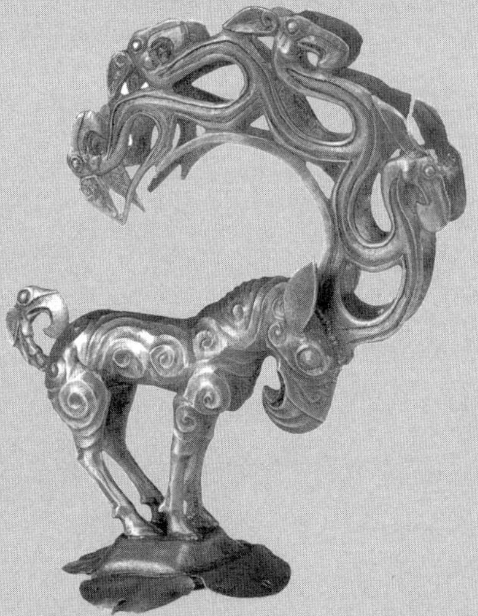

叁

民族与边疆

秦汉时期周边地区的少数民族

西南地区的"大石墓"

西南地区"石棺葬"

Stone Sarcophagus 与"石棺葬"

关于《前帝国时期中国北方边疆》的几个问题

"马城"与"马邑"
——关于田豫被鲜卑围困事件的再认识

19

秦汉时期周边地区的少数民族

一、匈奴

匈奴之名见于中国历史似始于战国。秦的统一曾迫使匈奴北移,但很快趁秦的瓦解,匈奴又纷纷南下。秦末汉初之际,匈奴单于冒顿"大破灭东胡王"、并"西击走月氏,南并楼烦、白羊河南王"(《史记·匈奴列传》),从而雄踞于中国北方。西汉前期,匈奴数侵扰汉北边,掳掠人口。汉武帝时对匈奴实施打击,迫使匈奴的大部分移居漠北地区。与此同时,对于投降汉廷的匈奴人,则在边疆地区设置属国进行安置。西汉后期,汉匈之间曾长期相安无事。王莽篡位,纷争又起。东汉初,匈奴南北分裂,南匈奴内附。不久,东汉大军击破北匈奴,北匈奴被迫西迁,逐渐退出中国历史舞台。而内附的南匈奴则逐步汉化、融合于中华民族的大家庭中。

和上述匈奴活动的历史背景密切相关的是,秦汉时期匈奴遗存的分布大致可以分为大漠南北两大区域,大漠以北大致对应于今天的蒙古和外贝加尔地区,而大漠以南大致相当于今中国北方地区。

其中,大漠以北地区的考古工作开展较早。早在19世纪末,俄罗斯学者塔里克—格林采维奇最早在恰克图以北的伊里莫瓦和吉达河左岸的德列斯堆两处匈奴墓地进行了发掘,并推测其中的一处墓地与匈奴有关,从此揭开了匈奴考古发现与研究的序幕。1912年,因偶然的机会,位于今蒙古中央省诺音乌拉的匈奴墓葬被发现。1924—1925年间,由科斯洛夫率领的探险队对诺音乌拉匈奴墓地进行了发掘,发现了大型的匈奴贵族墓葬以及有明确汉代纪年的器物。随后,蒙古学者也在诺音乌拉进行了发掘工作[1]。

---

[1] 乌恩《论匈奴考古研究中的几个问题》,《考古学报》1990年4期。

诺音乌拉匈奴贵族墓的发掘引起了广泛的社会关注,并进一步促进了蒙古及外贝加尔地区的匈奴考古。1927—1929 年间,以索斯诺夫斯基为首的布里亚特蒙古考古队在乌兰乌德西南发掘了伊沃尔加古城,成为继匈奴墓葬之后的又一重要发现。自 1949 年以来,前苏联的考古工作者先后在施洛夫、达维多娃的主持下多次发掘了伊沃尔加古城。1956 年在城堡东北又发现了与古城相关的墓地,至 1970 年清理了全部 216 座墓葬。有关该古城堡和附近墓地的考古资料,已分别于 1995、1996 年在圣彼得堡出版[1]。此外,在布里亚特境内的伊里莫瓦、切列姆霍夫、英霍尔、巴彦哈拉山等地以及蒙古境内的高勒毛都、达尔汗山等地也发掘了不少匈奴墓葬,有的地方还发现了匈奴时期的居址或城址。最近,俄罗斯科学院物质文化史研究所又开始了一项新的考古计划,在米涅耶夫的主持下对位于恰克图镇西的查拉姆匈奴贵族墓地进行了发掘,其中 7 号冢周围的小墓被认为与人殉有关,有关工作仍在进行中。

新中国成立以前,中国境内的匈奴考古工作尚未展开,但已有部分学者(如向达先生)对蒙古及外贝加尔地区报道的匈奴墓葬资料进行了翻译介绍。真正由我国考古工作者进行的有关匈奴遗存的发掘与研究工作起步较晚,在 20 世纪五六十年代还只有一些零星的发现,其中较重要的有陕西客省庄墓地发现的第 140 号墓,发掘者推断其年代"当在战国末年或更晚一些"[2],后被确认为西汉时期的匈奴人墓葬。70 年代以来,较大规模的匈奴考古工作逐步展开。考古工作者先后在青海大通县上孙家寨[3]、内蒙古准格尔旗西沟畔[4]、东胜补洞沟[5]、宁夏同心县李家套子[6]和倒墩子[7]等地发现了不少秦汉时期的匈奴墓葬,使我们对秦汉时期分布于今中国境内的匈奴遗迹有了一个初步的认识。

---

[1] 杨哲峰《简介两本有关匈奴考古的发掘报告》,《考古》1999 年 4 期。
[2] 考古研究所沣西发掘队《1955—57 年陕西长安沣西发掘简报》,《考古》1959 年 10 期。
[3] 青海省文物考古研究所《上孙家寨汉晋墓》,文物出版社,1993 年。
[4] 伊盟文物工作站、内蒙古文物工作队《西沟畔汉代匈奴墓地调查记》,《内蒙古文物考古》创刊号,1981 年。
[5] 伊盟文物工作站《伊克昭盟补洞沟匈奴墓清理简报》,《内蒙古文物考古》创刊号,1981 年。
[6] 宁夏文物考古研究所、同心县文管所《宁夏同心县李家套子匈奴墓清理简报》,《考古与文物》1988 年 3 期。
[7] 宁夏文物考古研究所等《宁夏同心倒墩子匈奴墓地》,《考古学报》1988 年 3 期。

准格尔旗的西沟畔和东胜补洞沟两处匈奴墓地,均位于今内蒙古自治区伊克昭盟境内,属于鄂尔多斯高原地区。在秦至西汉前期,秦汉王朝和匈奴势力曾交替控制该地区。西汉中期匈奴北移大漠以北之后,汉政府曾在这一地区设置属国以接纳归附者。1979—1980 年,内蒙古的考古工作者先后在西沟畔和补洞沟清理了近 20 座墓葬。均为长方形竖穴土坑墓,除个别男女合葬墓和小孩瓮棺葬以外,其余以仰身直肢单人葬为主,头向北,未见葬具。其中西沟畔 M1—M3 的年代被认为在战国晚期,其余的墓葬大致都被看成是汉代的匈奴墓。遗物较为丰富的西沟畔 M4,出土了以金、银、玉、石、琉璃等质料制作的包括头饰、项饰、腰带饰在内的装饰品,此外还有铜马和石佩饰之类的明器以及银筒、银匙等生活用具。西沟畔 M12、补洞沟 M6 等墓葬出土的陶罐均为轮制,器形和蒙古及外贝加尔地区汉代匈奴墓葬出土的同类罐一致,而且近底部也有同样的直径约 1 厘米的小孔。标本补洞沟 M6∶2,口径 16、腹径 36、高 48 厘米。补洞沟墓地还出土了铁鼎、铁䥽之类的容器,其中铁鼎为汉代常见的造型,且与铜规矩镜共出,而铁䥽则是具有典型北方民族风格的器物。

1983 年发现的李家套子和倒墩子两处匈奴墓地均位于宁夏同心县境内。李家套子墓地位于县城西北,共清理了 5 座墓葬,形制明确的 3 座分别为土圹竖穴木椁墓、长方形砖室墓和石棺墓。根据出土的宽边镂空铜环、肩部饰波浪纹的陶罐等遗物,推测墓地的主人是匈奴人。

倒墩子墓地位于县城东南的王团乡,1983、1985 年两次共发掘 32 座墓。根据已发表的 27 座墓葬资料来看,仍以长方形竖穴土坑墓为主,另有少量偏洞室墓和个别石椁墓。流行单人葬,多仰身直肢,头向北,有木棺类葬具。大部分墓葬的北壁挖有小龛,内置陶器或漆器。偏洞室墓内还发现数量不等的牛、羊头骨和蹄骨。墓葬出土了具有典型匈奴文化特征的陶罐、透雕铜环和各类铜带饰等遗物。例如:M2 为长方形竖穴土坑墓,方向 8°,墓底长宽分别为 233、98 厘米,人骨仰身直肢,头部随葬珠饰和海贝,手至足端随葬五铢钱、铜带扣、铜铁环及铁刀、铁凿等。墓穴上部北壁正中有一小龛,内置陶罐 1 件。又如 M6 为偏洞室墓,方向 6°。竖井墓道长宽分别是 264、82 厘米,深 136 厘米。偏洞室底部略低于墓道底,长宽分别是 266、

61厘米。洞室内置木棺,人骨仰身直肢。棺外北端置陶罐1件。棺内人骨颈部有珠饰,腰部及足部随葬五铢钱、双马纹透雕铜带饰、铜铃、海贝和残铁器等。墓道内整齐摆放着牛羊头骨及蹄骨,牛羊头均额顶朝上、吻部朝北(参见图19-1)。发掘者推断这批墓葬的年代为西汉中晚期,墓主人当属降汉之匈奴人。

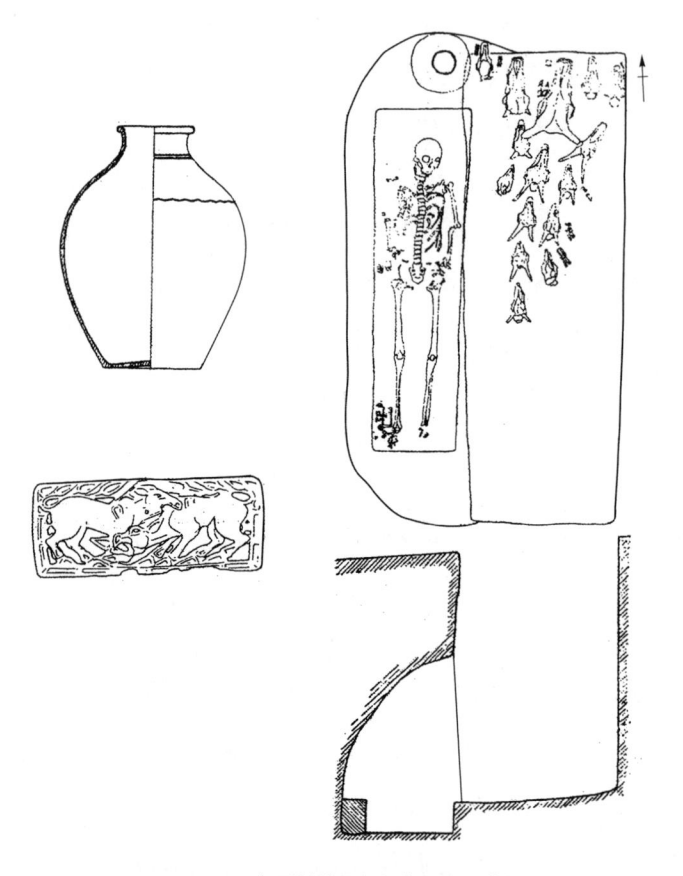

图19-1　宁夏倒墩子匈奴墓及出土遗物

上孙家寨墓地位于青海省西宁市大通县后子河乡上孙家村村北、湟水支流北川河西岸。1973年至1981年共发掘汉晋墓葬182座,其中乙区M1出土了1件驼纽铜印,印文为"汉匈奴归义亲汉长",从而被推定为一座匈奴墓。该墓为带斜坡墓道的前后室砖室墓,墓上有圆形坟丘。根据出土的连弧纹铜镜、五铢钱以及陶双耳罐、壶、仓、灶、井之类遗物推断,年代约当东汉末年。

从 20 世纪 70 年代末开始,在国内有关发现的基础上,结合蒙古及外贝加尔地区发现的匈奴墓葬资料,我国的部分学者对匈奴墓葬的类型与年代、汉代匈奴文化的特征及其与鲜卑文化遗迹的区别等问题以及相关的匈奴文物(如青铜牌饰、印章等),都进行了有益的探讨[1]。更为重要的是,在鄂尔多斯及其邻近地区还曾发现一批先秦时期的北方少数民族墓葬,其中较重要的有伊克昭盟杭锦旗的桃红巴拉墓群和阿鲁柴登墓葬,准格尔旗的玉隆太墓葬,巴彦淖尔盟乌拉特中后联合旗的呼鲁斯太墓葬,乌兰察布盟凉城县的毛庆沟墓地、饮牛沟墓葬、崞县窑子墓地等,其中不少墓葬被认为与早期匈奴有关,从而为探讨该地区春秋至战国时期的少数民族文化以及匈奴的起源等问题提供了重要资料[2]。

二、乌桓与鲜卑

乌桓与鲜卑均号称是东胡的后裔。史载秦汉之际,匈奴破灭东胡,余种分散。西汉时期乌桓常臣服于匈奴,而鲜卑在当时的活动未见记载。东汉初期,鲜卑之名始闻,并很快加入寇抄北边的队列。鲜卑、乌桓、匈奴(以及后来的南匈奴)之间虽相互攻击,但又时常勾结为患。当北匈奴被击溃向西迁移之后,鲜卑趁机取而代之,占据了大漠南北的广大地区。至东汉后期,鲜卑已成为北方地区广泛分布的主要民族,并一度形成强大的联盟。乌桓则在汉末曹操征讨之后,势力衰落。

有关秦汉时期的乌桓与鲜卑遗存的探索,基本上是在新中国成立以后进行的。已知与乌桓或早期鲜卑的活动相关的遗存在内蒙古、辽宁、吉林、黑龙江、山西、河

---

[1] 主要有:田广金《匈奴墓葬的类型和年代》,《内蒙古文物考古》第 2 期,1982 年 12 月;郭素新《试论汉代匈奴文化的特征》,《内蒙古文物考古》1981 年创刊号;乌恩《试论汉代匈奴与鲜卑遗迹的区别》,《中国考古学会第六次年会论文集》,文物出版社,1990 年;乌恩《中国北方青铜透雕带饰》,《考古学报》1983 年 1 期;黄盛璋《"匈奴相邦"印之国别、年代及相关问题》,《文物》1983 年 8 期;等等。

[2] 参见:田广金《近年来内蒙古地区的匈奴考古》,《考古学报》1983 年 1 期;乌恩《匈奴族源初探》,《周秦文化研究》,陕西人民出版社,1998 年,832 页;林沄《关于中国的对匈奴族源的考古学研究》,《林沄学术文集》,中国大百科全书出版社,1998 年。

北等省区均有发现[1]，以墓葬为主。大体而言，年代较早的多位于大兴安岭东西两侧，而年代较晚的主要分布在秦汉长城沿线，并向西扩展到所谓"匈奴故地"，即今内蒙古中部一带。

从目前已发现的相关遗存的分布情况看，大致可分为以下四个区域。

首先是大兴安岭北段西侧的呼伦贝尔高原。该地区被认为是早期鲜卑的主要活动区域之一。1959年发现的扎赉诺尔墓群是该地区最早发现的被认为与鲜卑族密切相关的文化遗存，自发现以来已进行了五次发掘，共清理墓葬56座。其他相关遗存主要有：海拉尔河南侧的陈巴尔虎旗完工墓群、伊敏车站墓地和孟根楚鲁墓地；海拉尔河以北地区的拉布达林墓群、七卡墓群、伊和乌拉墓群等。其中，七卡墓群是我国境内已知同类墓葬中分布最北的一处。

有关该区上述遗存的族属认定：扎赉诺尔墓群在发现之初曾有匈奴说、鲜卑说和族属待定说。自20世纪70年代以来，较为一致的意见是明确为拓跋鲜卑的遗存。至于完工墓群和扎赉诺尔墓群的关系问题，发掘者根据出土遗物推测其年代"大致与扎赉诺尔相近，也可能略早于扎赉诺尔"。在早期研究中，基于其文化面貌上的一致性，多认为两者属于同一文化。然而自80年代以来，在相关遗存的发现越来越多的情况下，通过陶器分析、人骨鉴定等方面的比较研究，学者们多倾向于将完工与扎赉诺尔归入不同的组群，甚至认为有可能代表了两类不同性质的文化。和完工归入同一组群的往往还有伊敏车站墓地。持此论者多强调完工类遗存在文化面貌上同大兴安岭东侧的联系，认为"很可能就是以嫩江流域为主要分布区的汉书二期文化在大兴安岭西侧的继承者"[2]。

其次是西拉木伦河以北的大兴安岭南段地区。该区已发现的与鲜卑相关的遗存主要有：巴林左旗南杨家营子的遗址和墓地、林西县苏泗汰墓葬、科右中旗北玛尼吐墓群等。其中，南杨家营子的遗址和墓地发现于1961年，经过1962年的发掘后，被认为是"同时的、同一种文化遗存"。共计发掘墓葬20座，都是略呈长方形的

---

[1] 许永杰《鲜卑遗存的考古学考察》，《北方文物》1993年4期。
[2] 乔梁《鲜卑遗存的认定与研究》，《中国考古学的跨世纪反思》，商务印书馆，1999年，483页。

土坑竖穴墓,"墓坑一般长2米左右,宽0.7—0.8米左右",个别带有二层台。多为单人葬,也有二人或多人合葬墓。部分墓葬发现有木质葬具,葬式清楚的都是仰身直肢。在12座墓内发现有用马、牛、羊或狗的肢体殉葬。出土的陶器器形有壶、罐和碗,仍以夹砂为主,出现泥质灰陶。还发现有铁刀、铁镞、铜铃、骨镞、骨纺轮、琉璃珠饰等,个别墓出土有汉五铢钱。发掘者推测墓葬的年代上限在公元1世纪左右,下限很可能是公元4世纪左右。关于该遗存的文化属性,宿白先生认为该墓地是拓跋鲜卑南迁时期的遗存,同时也可能和东部鲜卑有关[1]。

北玛尼吐墓群位于科右中旗吐列毛杜镇西南,1991年4—5月,共发现123座,分布较有规律,惜大部分遭到破坏,已清理的26座残墓均为长方形竖穴土坑墓,少数有二层台。人骨保存较好的都是单人葬,以仰身直肢为主。出土陶器以夹砂壶罐为主,部分墓葬随葬羊矩骨和狗头骨。发掘者认为"墓群的时代上限大概在东汉初期",推断为鲜卑人的墓群。但具体属于何种鲜卑,学界见解不一。至于林西县的苏泗汰墓葬,只发现1座,为长方形竖穴土坑墓,有木质葬具,出土夹砂陶罐、铜镂、三鹿纹金牌饰等遗物。报告作者认为该墓"年代应为东汉末年……可能是拓跋鲜卑西南迁至乌尔吉木伦河流域时的墓葬"。

再次是大兴安岭东侧地区的有关发现。该区也发现不少被认为与鲜卑或乌桓相关的遗存。在西辽河以北至嫩江中下游一带地区见于报道的主要有:黑龙江省齐齐哈尔市大道三家子墓葬、泰来县平洋墓葬,吉林省大安县的渔场墓地和后宝石墓地、通榆县的兴隆山墓葬,内蒙古科左中旗六家子墓群等;距离大兴安岭较远的还有辽宁省西丰县的西岔沟墓群和吉林省榆树县的老河深中层墓群等。

其中,西岔沟墓地发现较早,1956年在墓地遭受严重破坏的情况下进行了发掘清理,获得了大批文物。发掘者提出属匈奴文化遗存,但详细资料至今未发表。目前学界对该墓地的族属问题还存在较大分歧,除匈奴说之外,还有乌桓说、鲜卑说、夫余说等不同意见。老河深中层墓群,经过1980、1981年的两次发掘,在遗址

---

[1] 宿白《东北、内蒙古地区的鲜卑遗迹》,《文物》1977年5期。

中层共清理129座墓葬。发掘者推断年代在"西汉末至东汉初",墓主"应属于鲜卑族的一个部落"。但目前学界多主张夫余说,同时对于老河深与西岔沟墓群是否属于同一考古学文化,也有不同看法。此外,年代偏早的如平洋墓葬"大体相当于春秋战国时期",族属有东胡说、拓跋鲜卑说和乌丸说。大道三家子墓地的年代上限推测为战国早期,下限最迟相当于西汉晚期,"或许是东胡及其后裔鲜卑的遗存"。年代偏晚的如科左中旗六家子墓群被认为"应该是东汉晚期到西晋的鲜卑人墓群,其个别墓葬的时代可能会早到东汉前期"。有研究者进一步提出六家子墓群是源出匈奴的宇文部遗存。至于大安渔场墓地,则大致有拓跋鲜卑和东部鲜卑等不同意见。

最后是内蒙古中部的乌兰察布盟及其邻近地区。该区被认为是东汉后期鲜卑迁居匈奴故地后的重要活动区域。1935年由日本学者江上波夫等发现的位于达尔罕茂明安联合旗的百灵庙砂凹地墓群,是在这一区域最早发现的、年代在东汉至魏晋阶段的鲜卑人墓葬。新中国成立后在该地区发现的大约同时期的早期鲜卑遗存主要有察右后旗的二兰虎沟墓地、赵家房村墓地和三道湾墓地、托克托县皮条沟墓葬、察右前旗下黑沟墓葬、兴和县叭沟村墓葬以及山西省右玉县的善家堡墓地等[1]。其中部分墓葬的年代可能晚至魏晋以后。在早期研究中,部分遗存(如二兰虎沟墓群)曾被归入匈奴文化。目前对该区上述遗存的看法均转向鲜卑说,只是在具体理解上仍有区别:有拓跋鲜卑、檀石槐迄轲比能时期的东部鲜卑、宇文鲜卑等不同见解。个别形制特殊的墓葬(如1985年发现的下黑沟墓葬)还被推测为"有可能就是史称匈奴十余万落加入鲜卑者"。

在该区近20年来新发现的早期鲜卑遗存中,尤以三道湾和善家堡两处墓地最为重要。

三道湾墓地,是迄今在内蒙古中南部地区发现数量最多、出土遗物较为丰富的一处早期鲜卑族墓地。墓地盗坑统计达300余,1983—1984年已发掘清

---

[1] 乔梁《内蒙古中部的早期鲜卑遗迹》,《青果集》,知识出版社,1998年。

理的有 50 座墓葬,除去已遭破坏的残墓以外,经过发掘的 25 座墓多为长方形竖穴土坑,少数为洞室墓。葬式多为仰身直肢,也有仰身屈肢和有身无头葬。以单人葬为主,也有双人合葬。各墓随葬品多寡不等,有的空无一物。陶器包括夹砂罐、泥质灰陶罐、杯和壶等;铜器有牌饰、带扣、镯、铃、戒指、五铢钱、各类铜镜等;铁器有剑、矛、刀类兵器和斧、铲等生产工具。此外,还有金马纹牌饰、金鹿纹牌饰、骨角器、桦皮器等(参见图 19-2)。部分墓葬殉葬有羊头骨。发掘者认为是拓跋鲜卑墓地,并将之分为两期,推断"第一期大致与札赉诺尔墓群的年代相同;第二期大概略晚于札赉诺尔或略早于南杨家营子,可能是连接两者的一个纽带"。

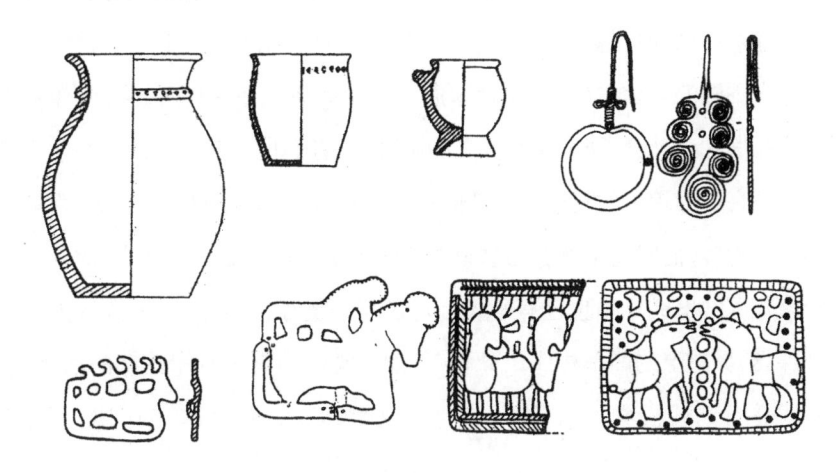

图 19-2 内蒙古三道湾出土的鲜卑文化遗物

善家堡墓地,已清理的 23 座墓葬都是长方形竖穴土坑墓,没有葬具痕迹。其中单人葬 15 座、男女双人合葬墓 3 座、成人与儿童合葬墓 2 座。出土陶器以夹砂灰褐陶罐为主,也有泥质灰陶罐等;铜铁器包括容器、工具、武器、马具、装饰品以及钱币等,骨角器的数量仍较多,有殉牲和随葬羊矩骨的现象。发掘者根据出土遗物认为"上限不早于东汉后期桓、灵之际,下限约当魏晋时期",其文化面貌"表现出以鲜卑文化特征为主,兼容匈奴文化和汉族文化因素的多元共存的鲜卑色彩"。

关于早期鲜卑遗迹的综合研究,当首推宿白先生《东北、内蒙古地区的鲜卑遗迹》[1]。该文利用考古学资料,首次对早期鲜卑的遗迹进行了较全面的综合考察,结合文献记载勾勒出拓跋鲜卑迁移的路线,并对迁移过程中留下的文化遗存面貌的变化进行了比较研究。

1980年,位于呼伦贝尔盟鄂伦春自治旗阿里河镇西北大兴安岭北段的嘎仙洞中发现了北魏太平真君四年(443)的李敞刻石,证实了《魏书》中的有关记载,为探讨拓跋鲜卑的起源提供了新的证据[2]。尽管学界对嘎仙洞是否就是拓跋鲜卑祖先曾经居住过的旧墟石室存在不同理解,但由此引发的关于鲜卑迁移路线的研究中,认为鲜卑南迁走大兴安岭东侧、沿嫩江流域南下的说法值得注意。

80年代以来,在探讨包括鲜卑、乌桓在内的北方民族文化遗存的文化特征、族属、迁移路线等问题时,越来越多的学者开始注重从遗物本身尤其是陶器的比较研究中归纳出不同的文化群体,并结合体质人类学的研究成果[3]。然而,伴随着新发现的不断增加,在比较研究逐步深入的同时,学者们也逐渐意识到以往所界定的各类遗存在文化面貌上的复杂性。总的来说,对上述各遗存的族属认定,目前以倾向于鲜卑者为多,而对乌桓遗存与鲜卑遗存的区别还缺乏足够的认识,对部分遗存是否应该归入鲜卑或乌桓也还有争议。对于某些遗存,尽管大家一致认为与鲜卑有关,但由于历史上的鲜卑构成十分复杂,加上文献中有关鲜卑诸部的活动地域、迁移路线等的记载模糊不清,因此,在究竟应该归入何种鲜卑的问题上仍众说纷纭。

三、"西南夷"

秦汉时期将生活在巴蜀西南外(大致相当于今云贵高原及四川西部高原地区)的各民族通称为"西南夷"。根据《史记·西南夷列传》的记载,有夜郎、滇、邛

---

[1] 宿白《东北、内蒙古地区的鲜卑遗迹》,《文物》1977年5期。
[2] 米文平《鲜卑石室的发现与初步研究》,《文物》1981年2期。
[3] 陈雍《札赉诺尔等五处墓葬陶器的比较研究》,《北方文物》1989年2期;朱泓《从札赉诺尔汉代居民的体质差异探讨鲜卑族的人种构成》,《北方文物》1989年2期;等等。

都、昆明等众多少数民族。秦时曾凿道以通西南夷,但真正大规模开拓西南夷地区是在汉武帝统治时期开始的,并先后设立了犍为、牂柯、益州等七郡,从而奠定了汉王朝在该地区的统治基础,另一方面也加速了西南夷各民族在经济、文化上的发展变化。

有关西南夷的考古发现,在新中国成立以前只有少量的调查和零星的报道。真正引起学界广泛关注的首先是 20 世纪 50 年代云南省晋宁石寨山墓地的发现和发掘,尤其是"滇王之印"的出土证实了史载滇王国的存在,从此拉开了"滇文化"研究的序幕。70 年代后期,贵州省赫章、威宁等地古墓葬的发现与发掘,又引发了学界探索"夜郎文化"的热潮。与此同时,对西南地区的"石棺葬"和"大石墓"等少数民族遗迹也开始有计划地进行调查发掘,进一步拓宽了西南夷考古的研究范围,并积极推动了西南民族史的研究。

1. 晋宁石寨山的发掘与"滇文化"

新中国成立后,有关秦汉时期西南夷诸民族文化遗存的大规模科学发掘,是从晋宁石寨山遗址开始的。相传抗日战争时期,该地曾出土一批青铜器,但大部分下落不明。被大英博物馆收藏的一批"滇文化"青铜器有可能就是当地出土的[1]。据说残存在古董商手中的 10 余件于 50 年代初被云南省博物馆收购,从而引起了研究人员的注意,后来经多方打听,终于找到了出土地点——晋宁石寨山。1955 年 3 月,云南省博物馆考古发掘工作组首次对石寨山遗址进行了试掘,清理了 2 座土坑墓,出土了包括铜鼓、贮贝器等在内的 100 余件青铜器[2]。

由于第一次发掘所引起的重视,1956 年 11 月至 1957 年 1 月又进行了第二次发掘。新发现 20 座土坑墓,基本上弄清了这批土坑墓的形制。在出土的 4 000 余件文物中,最为引人注目的是第 6 号墓出土的蛇纽金印——"滇王之印"。它的出

---

[1] 黄德荣《大英博物馆收藏的一批云南晋宁梁王山出土的青铜器》,《考古学集刊》第 10 集,地质出版社,1996 年。
[2] 云南省博物馆考古发掘工作组《云南晋宁石寨山古遗址及墓葬》,《考古学报》1956 年 1 期。

土说明石寨山墓地有可能就是历史上的滇王族的墓地,从而引起了学界的广泛关注[1]。

之后,1958年冬和1960年4月又对石寨山墓地进行了第三次和第四次发掘,共清理28座墓葬。通过这两次发掘,学界对石寨山墓葬的分布有了进一步认识,发现"第二次发掘的墓3、4、6、7、10—13等器物最多的贵族墓葬,位于中心地区",周围的"第三、四两次发掘的各墓,都是中小型的"。推测这种分布情况,应该和墓主的身份有关[2]。

30多年后的1996年5—6月,由云南省考古研究所主持,对石寨山进行了第五次发掘,清理墓葬36座,出土文物300余件(套)。在新发掘的这批墓葬中有多组叠压打破关系,发掘者初步分为早晚两期。部分小型墓的年代被定在战国中期以前,从而"弥补了石寨山墓地早期遗存的空缺,为石寨山墓地早期遗存的研究提供了十分重要的资料。"[3]。

以上五次发掘,共清理墓葬86座,出土了大批具有典型地方民族风格的文物。滇池周围地区也因此成为云南省几十年来有关西南夷考古工作的重点区域之一。据统计,继石寨山墓地发现以来,在滇池及其附近区域发现的类似文化遗存已有40余处,其中较重要的有安宁县太极山、江川县李家山和团山、呈贡县石碑村和天子庙、昆明市羊甫头和上马村五台山墓地等[4]。

---

[1] 云南省博物馆《云南晋宁石寨山古墓群发掘报告》,文物出版社,1959年。

[2] 云南省博物馆《云南晋宁石寨山第三次发掘简报》,《考古》1959年9期;云南省博物馆《云南晋宁石寨山古墓第四次发掘简报》,《考古》1963年9期。

[3] 云南省文物考古研究所、昆明市文物管理委员会、晋宁县文物管理所《云南晋宁石寨山第五次抢救性清理发掘简报》,《文物》1998年6期。

[4] 主要有:云南省文物工作队《云南安宁太极山古墓葬清理报告》,《考古》1965年9期;云南省博物馆(张增祺、王大道)《云南江川李家山古墓群发掘报告》,《考古学报》1975年2期;张新宁等《江川李家山古墓群第二次发掘概况》,《云南文物》第35期(1993年6月);云南省博物馆文物工作队《云南江川团山古墓葬发掘简报》,《文物资料丛刊》第8辑,文物出版社,1983年;云南省博物馆文物工作队《云南呈贡龙街石碑村古墓群发掘简报》,《文物资料丛刊》第3辑,文物出版社,1980年;昆明市文物管理委员会《昆明呈贡石碑村古墓群第二次清理简报》,《考古》1984年3期;云南省博物馆文物工作队《云南呈贡天子庙古墓群的清理》,《考古学集刊》第3集,1983年;昆明市文物管理委员会《呈贡天子庙滇墓》,《考古学报》1985年4期;云南省文物考古研究所等《云南昆明羊甫头墓地发掘简报》,《文物》2001年4期。

上述已发现的"滇文化"墓葬,多为长方形竖穴土坑墓,有的墓葬因地处岩石之间,呈不规则的长方形。大型墓多有木棺,少数还有木椁,而小型墓往往没有葬具。墓内人骨多腐朽,早期的发现多判断为仰身直肢葬,以单人葬为主,极少数为双人合葬。最近在石寨山、羊甫头墓地新发现了叠葬、解肢葬之类特殊的葬式[1]。由于墓葬规模大小不等,随葬品的数量、品类和质地也有很大差别。大中型墓葬(如石寨山 M6 和 M71、李家山 M24、天子庙 M41 等)的随葬品以铜器为主,包括生活用具、礼乐器、兵器、生产工具以及各类装饰品等。此外还有铁器、铜铁合制器、金玉玛瑙饰品以及陶器、漆木器等。小型墓(如石寨山 M54、M82)中往往只有少量青铜器或陶器,有的空无一物。

在"滇文化"墓葬的随葬品中,诸如铜鼓、贮贝器、壶、尊、瓠形杯、葫芦笙、鞍形枕、案、蛇首式剑、一字格剑、山字格剑、柳叶形矛、长条形有銎斧、有銎戈、狼牙棒、钺、尖叶形锄、爪镰、啄、干栏式房屋、各类扣饰、杖头饰等,都具有浓厚的地方民族色彩(参见图 19-3)。在石寨山、李家山等墓地年代较晚的部分墓葬中,还出现了不少具有内地作风的铜铁陶器,如铜熏炉、盉、耳杯、釜、锤、镜、钱币,陶盒、壶、平底罐、豆等,表明是受到了汉文化的影响。

石寨山墓地发现之初,曾有研究者称之为"晋宁文化"[2]。70 年代后期以来,在同类遗存的发现越来越多的情况下,有学者建议按照考古学文化命名的惯例以最早发现的典型遗址来命名,称之为"石寨山文化"[3]。也有学者认为"从出土青铜器的器形、纹饰及其所反映的社会内容诸方面分析,滇池区域已可构成一个青铜文化类型",故称之为"滇文化类型",或简称"滇文化"[4]。还有学者将滇池区域的青铜文化既放在"云南青铜文化"的框架下称之为"滇池区域类型",又单独出来

---

[1] 云南省文物考古研究所等《云南昆明羊甫头墓地发掘简报》,《文物》2001 年 4 期;云南省文物考古研究所、昆明市文物管理委员会、晋宁县文物管理所《云南晋宁石寨山第五次抢救性清理发掘简报》,《文物》1998 年 6 期。
[2] 冯汉骥《云南晋宁石寨山出土文物的族属问题试探》,《考古》1961 年 9 期。
[3] 汪宁生《试论石寨山文化》,《中国考古学会第一次年会论文集(1979)》,文物出版社,1980 年。
[4] 王大道《滇池区域的青铜文化》,《云南青铜器论丛》,文物出版社,1981 年,77 页。

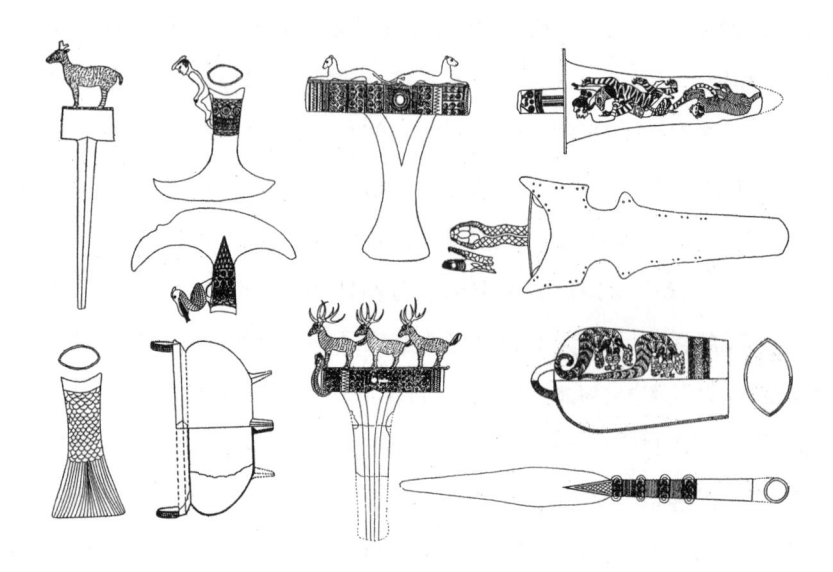

图 19-3　晋宁石寨山出土的滇文化遗物

将"滇池区域青铜文化"称为"滇国青铜文化"或"滇文化"[1]。最近,又有人提出将"石寨山文化"分为"石寨山类型"和"八塔台类型"[2]。

由于学者们使用的文化概念不同,所包括的遗存内容及其分布范围也有一定的差异。按张增祺先生的说法,"滇文化"的范围大致是:北达会泽、昭通等地;南抵新平、元江和个旧一带;东到路南、泸西一线;西至安宁及其附近地区。东西宽约150公里,南北长约400公里。张先生认为该区域是古代滇族的活动范围,即滇国的分布区域[3]。

70年代中期以前,石寨山墓群已经历四次发掘,对已发掘墓葬的年代范围的认识基本一致,大体在战国末期至东汉初。据《史记·西南夷列传》记载,汉武帝元封二年(前109)滇王"举国降","于是以为益州郡,赐滇王王印,复长其民"。汉廷在此设立益州郡之后,滇王"复长其民"究竟延续了多长时间,虽然史无明文,但石

---

[1] 张增祺《云南青铜文化的类型与族属》,《庆祝苏秉琦考古五十五年论文集》,文物出版社,1989年;张增祺《滇国与滇文化》,云南美术出版社,1997年。
[2] 蒋志龙《试论石寨山文化的两个类型》,《云南文物》2000年2期。
[3] 张增祺《滇国与滇文化》,云南美术出版社,1997年。

寨山墓地在西汉设立益州郡之后仍沿用了相当长一段时间,是大家公认的。学界普遍认为石寨山墓地的下限在东汉初年。滇池周围地区被认为与石寨山同类型的一些墓地,如江川李家山、呈贡石碑村等,年代下限也基本相同。争议较多的主要还是滇文化的上限,而首先引起争议的是 1977 年公布的李家山 M21 的碳 14 测年数据:距今 2 500±105 年[1]。由于该碳 14 数据比原报告所推定的年代大大提前,于是有人重新分期,将包括李家山墓地在内的滇池区域青铜文化的上限提早到春秋晚期。也有学者对早期墓的年代为春秋后期提出质疑,甚至对李家山 M21 的测定年代也提出了质疑。直到 90 年代末,对有关年代的认识,是进一步提早还是有所压缩,仍意见不一。

自石寨山墓地发现以来,有关该墓地及其同类遗存的研究取得了可喜成绩,已发表的相关研究论文在百篇以上。除了上面提到的问题以外,还就滇文化遗存所反映的社会性质、族属、社会生活和经济生活的诸多方面,文化艺术、宗教、滇文化的起源及与周边文化的关系,部分出土遗物等进行了探讨[2]。

2. "夜郎"遗迹的探索

据《史记·西南夷列传》等文献记载,"夜郎"应位于"滇"的东边,由此推测所谓"夜郎故地"大致在今贵州省的西部及邻近地区[3]。尽管在贵州,古夜郎地区的青铜文化遗物的发现可追溯到 20 世纪 50 年代中期,但关于夜郎遗迹的探索比滇文化的研究起步要晚,直到 70 年代后期赫章可乐、威宁中水墓地的发掘,才真正揭开了从考古学上探索"夜郎文化"的序幕[4]。

1976 年 11 月至 1978 年底,贵州省的考古工作者在赫章县可乐区发掘了 207 座年代大致相当于秦汉时期的墓葬。其中具有中原风格的封土墓被称为甲类墓,

---

[1]《放射性碳素测定年代报告(四)》,《考古》1977 年 3 期。
[2] 参见张增祺《滇国与滇文化》,云南美术出版社,1997 年。
[3] 关于"夜郎"的疆域,众说纷纭,尚无定论。由于史载有"夜郎旁小邑",故一般认为"夜郎"的疆域有广义和狭义之分。关于狭义的"夜郎"的中心地区,一说在黔西南的可能性最大,也有人认为古代夜郎的地域在今贵州威宁、赫章和云南昭通一带。本文取其大略。
[4] 李衍垣《从考古学上探索"夜郎文化"》,《夜郎考》第一集,贵州人民出版社,1979 年。

共 39 座,包括土坑墓和砖室墓;而具有鲜明地方民族风格的墓葬被称为乙类墓,共发掘 168 座,均为长方形竖穴土坑墓,规模小于甲类墓,无封土、无墓道。在分布上,甲类墓主要分布在可乐河北岸,少数位于南岸,而乙类墓则集中于可乐河南岸。乙类墓排列密集,但很少发现打破关系。最大的 M160 长不足 4 米,宽不足 3 米。最小的 M57 长宽分别是 1.1 和 0.45 米。现存墓坑最深者 M195 深不足 2 米。乙类墓仅少数发现有棺木朽迹或漆皮残片,绝大多数无棺木痕迹。骨架大多腐朽,葬式不明。只有 20 座墓葬因埋葬时将头套置铜鼓或铜铁釜之中才保存部分头骨和牙齿。例如 M58 在墓坑两端倒放铜釜(发现头骨和牙齿)、铁釜(发现脚趾骨)各一,形成奇特的"套头葬"(参见图 19-4)。两类墓共出土随葬器物 1300 余件。报告推测甲类墓的时代"大约在西汉昭宣以后至东汉初期","墓主人的族属应系汉族";乙类墓"上限可能早到战国晚期,下限相当于西汉晚期,多数墓葬则为西汉早、中期",墓主人的族属"与古代濮族系统有关",即"魏晋以后文献上所称的僚人"[1]。

威宁县中水墓群位于县城西北约 100 公里的一平坦高原,海拔 1 800 米左右。经过 1978 年 10 月和 1979 年冬两次发掘,共清理墓葬 58 座。除个别东汉砖室墓以外,余均为竖穴土坑墓,少数有封土,偶见棺木痕迹,更多的是墓边不规则的浅穴土坑墓,包括单人葬、大人小孩合葬以及排葬、乱葬、叠葬等。单人葬大多仰身直肢、头南脚北,往往随葬精美的青铜武器,而排葬、乱葬则人骨零乱,随葬品主要是少量陶器和装饰品。在出土的 400 余件遗物中,以各式手制陶器最具特色,器形包括罐、单耳罐、瓶、觚、豆、碗、杯等,在不少陶器上还发现了刻划符号,更引人注目(参见图 19-4)。青铜器中的剑、矛、戈、铠甲、臂甲、扣饰、发钗、手镯等也很有特色。此外还有铜釜、洗、碗、带钩、印章、弩机、镞、钱币、环首铁刀等属于汉族风格的器物。发掘者推测墓葬年代以西汉为主,部分墓葬的上限"或可推前到战国中期","可以称为'夜郎旁小邑'的墓葬","族属当与古代的氐羌族有关","可能是古代氐羌族的一支"[2]。

---

[1] 贵州省博物馆考古组、贵州省赫章县文化馆《赫章可乐发掘报告》,《考古学报》1986 年 2 期。
[2] 贵州省博物馆考古组、威宁县文化局《威宁中水汉墓》,《考古学报》1981 年 2 期;贵州省博物馆考古组《贵州威宁中水汉墓第二次发掘》,《文物资料丛刊》第 10 辑,文物出版社,1987 年。

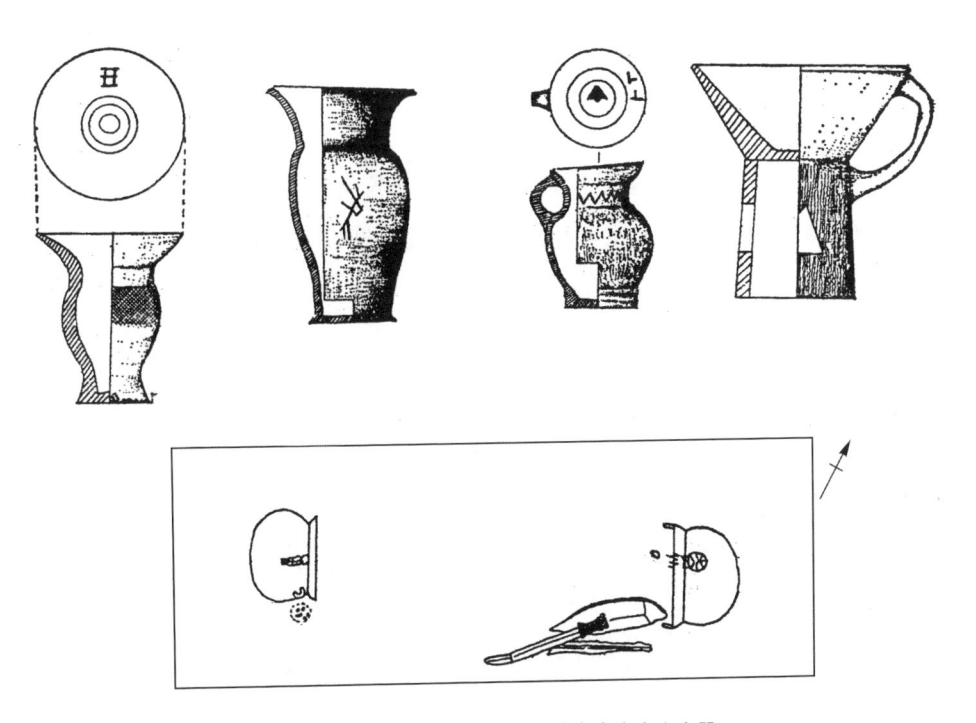

图 19-4　赫章可乐"套头葬"与威宁中水出土陶器

自赫章可乐、威宁中水两处墓地发现以来,有关夜郎考古的论文已有数十篇。尽管对上述两处墓地的年代与族属的认识还存在分歧[1],但基本上都一致认为与战国秦汉时期的古夜郎文化有关。除墓葬以外,1977 年在普安县青山区还发现了铜鼓山遗址。经过 1979 年的试掘和 1980 年的正式发掘,发现了一批石模和石范,器形包括剑、刀、戈等,同时还出土了铜铁工具、武器以及陶器、玉石器、铜半两钱、漆杯等遗物。发掘者推测遗址的年代下限"约相当于西汉中期,至迟延续到元帝或成帝时期",遗址的主人是"濮人"[2]。该遗址的发现对于了解古"夜郎"乃至整个云贵高原地区的手工业状况,无疑都是十分重要的。同时,也为进一步探索古"夜郎"的中心区域提供了线索。

---

[1] 参见宋世坤《贵州古夜郎地区青铜文化再论》,《贵州文物工作》1997 年 1 期。
[2] 刘恩元、熊水富《普安铜鼓山遗址发掘报告》,《贵州田野考古四十年》,贵州民族出版社,1993 年,65 页。

由于目前还没有发现夜郎遗存的直接证据,"夜郎"遗迹之谜还有待于今后的考古发现来解答。

(本文原名"秦汉周边地区少数民族的考古发现与研究",载赵化成、高崇文等著《秦汉考古》第 11 章,文物出版社,2002 年。此次重刊略有修订。)

20
西南地区的"大石墓"

一、研究综述

关于西南地区以巨石构筑的古代石室墓，在20世纪四五十年代已有过报道，曾被称为中国的巨石文化。至70年代中期进行系统的调查发掘以来，考古工作者多称之为"大石墓"。

目前已知大石墓的分布主要集中在四川省西南部的凉山彝族自治州、渡口市和云南省大理、楚雄两州交界地区。据笔者初步统计，自1974年以来，上述地区经调查发现的大石墓数量在200座以上，已发掘的大石墓将近60座。有关大石墓的调查发掘与研究可分为两个阶段。

第一阶段：1974—1983年，调查发掘较集中，其间共发掘大石墓近50座，分布在川西南的冕宁、喜德、西昌、德昌、普格、米易，滇西的祥云、姚安、弥渡等地，又以西昌周围最为集中。

1974年，西昌地区博物馆在冕宁、西昌等地发现一种用大石作墓顶的古代石室墓，并于1975年1月在冕宁城关清理1座。该墓成为最早进行科学发掘的大石墓之一。紧接着，1975年3—5月，由四川省博物馆、四川大学、西昌地区博物馆等单位组成的"四川省金沙江渡口西昌段及安宁河流域联合调查队"，在安宁河一带对这类以巨石封顶的石室墓进行调查，并选择西昌县礼州区的1座保存较为完整的墓葬进行了清理。在1976年首次发表的发掘简报中正式采用"大石墓"这一名称，并推测该大石墓可能建造在战国末期至西汉早期，与《史记·西南夷列传》中记载的"邛都夷"有关[1]。

1976年11—12月,为配合《凉山彝族奴隶制度》一书的编写,由四川省民委、凉山州革委、四川省博物馆和四川大学等单位组成凉山彝族地区考古队,在越西县、喜德县又发现了数处大石墓群,并清理了位于喜德县拉克公社四合大队的一批墓葬。在新发现的大石墓中出土了西汉半两和五铢钱,为进一步确认此类墓葬的年代提供了较为明确的证据。根据大石墓的二次葬风俗和出土的陶器,发掘者排除了与当地彝族祖先有关的可能性,并推测可能是古代濮人的墓葬[2]。至1977年底,川西南的冕宁、西昌、喜德等地已发掘的大石墓达到20座以上。

1978年,童恩正先生发表《四川西南地区大石墓族属试探——附谈有关古代濮族的几个问题》[3],首次对该地区大石墓的类型、年代、葬俗和族属等问题进行了较全面的考察。童先生将大石墓分为三种类型,认为墓室结构的差异,可能和时代的先后有关系,其年代大致在战国至西汉,并推测有可能是古代濮族系统的一支——邛都的遗存。

1978—1983年间,川西南地区的大石墓除了在西昌、喜德继续有发掘以外,较重要的发现还有1978年在米易弯丘发掘的2座[4]、1980—1981年在普格小兴场发掘的5座[5]。另外,1977—1980年,在云南省西部的祥云、姚安、弥渡等县也发掘了10余座与川西南近似的大石墓。

不过,这一时期发表的有关大石墓的研究论文所涉及的范围仍主要限于四川西南部。关于大石墓的年代,大家的意见比较一致,认为大致是在战国至西汉时期。争论较多的主要是族属问题。1979年,唐嘉弘《试论四川西南地区石墓的族属》一文首先对前述童恩正先生的"邛都说"提出质疑,认为川西南大石墓应该是笮都的遗留[6]。随后,林向发表《大石墓族属的再议》,虽同意邛都说,但认为邛

---

[1]《西昌坝河堡子大石墓发掘简报》,《考古》1976年5期。
[2]《四川凉山喜德拉克公社大石墓》,《考古》1978年2期。
[3] 童恩正《四川西南地区大石墓族属试探——附谈有关古代濮族的几个问题》,《考古》1978年2期。
[4] 凉山彝族自治州博物馆《米易弯丘的两座大石墓》,《考古学集刊》第1集,中国社会科学出版社,1981年。
[5] 凉山彝族自治州博物馆等《四川普格县小兴场大石墓》,《考古与文物》1982年5期。
[6] 唐嘉弘《试论四川西南地区石墓的族属》,《考古》1979年5期。

人不属于濮族系统,而属于氐羌系统[1]。还有学者一方面认为应将西昌等地大石墓的主人定为古"邛"人,同时又结合当今的民族调查资料,认为"安宁河流域的大石墓文化确与岷江上游的石棺葬文化以及云南德钦永芝的墓葬文化有许多共同特点"。把安宁河流域大石墓文化与云南德钦永芝的墓葬[2]看成是部族同源,认为与古宗族有关,即西番族的一支[3]。归结起来,这一时期关于大石墓的族属主要有"邛都说"(或"邛人说")、"笮都说"两大类,且以支持"邛都说"者最多,但在具体理解上又有很大差别。

第二阶段:1984年以来,川西南地区新发掘和新报道的资料都不多,较重要的新发现主要有1985—1986年在西昌北山、小花山、黄水塘等地发掘的3座[4]和1994年在西昌市大洋堆发掘的2座[5]。值得注意的是,云南境内的一批大石墓发掘资料的发表很快引起了学界的关注。研究范围也随即扩展到滇西地区。

由于云南西部的部分大石墓就形制而言与川西南的大石墓既有相似之处,又有一定程度的区别,同时又和滇西北已发现的"石棺墓"不同。因此,在发现之初,云南的考古工作者对这种新发现的墓葬,有的称之为"石椁墓"[6];有的干脆称为"石墓"[7];也有的仍称为"石棺墓",并且认为"与四川西昌地区和云南德钦的大石墓、石棺墓当为同一类型的墓葬"[8]。

1985年,中国社会科学院考古研究所实验室发表了四川普格县小兴场大石墓的放射性碳素测年数据,AM1和BM2的树轮校正年代分别为距今2 400±75年及2 440±85年[9],为大石墓的年代上限提供了一个标尺。同年发表的刘世旭《试论

---

[1]《凉山彝族奴隶制研究》1980年1期。
[2] 资料参见《云南德钦永芝发现的古墓葬》,《考古》1975年4期,内容包括"石棺墓"和土坑墓。
[3] 陈宗祥、王家祐《凉山彝族自治州大石墓族属试探》,《中国考古学会第一次年会论文集(1979)》,文物出版社,1980年。
[4] 凉山彝族自治州博物馆《四川西昌北山、小花山、黄水塘大石墓》,《文物》1990年5期。
[5]《中国考古学年鉴1995》,223页。
[6]《云南祥云检村石椁墓》,《文物》1983年5期。
[7]《云南弥渡苴力战国石墓》,《文物》1986年7期。
[8]《云南姚安西教场黄牛山石棺墓》,《考古》1984年7期。
[9] 中国社会科学院考古研究所实验室《放射性碳素测定年代报告(一二)》,《考古》1985年7期。

川西南大石墓的起源与分期》一文，在年代问题上显然较以前的认识有所变化。该文认为川西南大石墓的发展可分为三期：早期为春秋早期至中期，中期为春秋末至战国中晚期，晚期在战国末至西汉晚期，少数墓葬甚至可晚至东汉初。在坚持"川西南大石墓是一种具有独特民族风格和地方色彩的土著文化。……是在当地新石器晚期文化的基础上产生和发展起来的"的同时，该文也注意到滇西的祥云、弥渡等地新发现的大石墓，但认为"两者之间差异甚大，看来恐非同一民族的文化遗存"[1]。

1987年，四川喜德县轱辘桥的1座大石墓资料公开发表，墓中出土有西汉五铢和新莽大泉五十各1枚，为大石墓的下限可晚到新莽至东汉初提供了实物证据[2]。同一年，童恩正先生也对以前的年代认识有所修正，认为安宁河流域的大石墓在时代"其上限可达春秋，下限至于东汉"。而云南弥渡县苴力和祥云县检村两处墓葬的时代均为战国，并推测其族属"或与叶榆、靡非之属有关"[3]。

这时，云南的考古工作者也开始将滇西的姚安等地纳入大石墓的分布范围，如张增祺《西南地区的"大石墓"及其族属问题》[4]一文。尽管张增祺先生也注意到四川和云南的大石墓在结构上略有不同，但对于有关现象的理解和前述刘世旭等的川西南大石墓"土著说"显然有别。张先生认为西南地区的大石墓，大致从公元前8世纪左右开始，一直延续到公元前1世纪，"四川大石墓，一般比滇西地区的晚"。大石墓的建造者很可能是沿澜沧江河谷进入滇西地区的一支南亚语系孟高棉民族，亦即《史记·司马相如列传》所说的"苞蒲蛮"，《华阳国志·蜀志》所说的"濮人"。他们为农业民族，最先分布在金沙江以南地区，后来有一部分向金沙江以北的西昌一带移动。张先生还进一步推定大石墓的主人就是近代崩龙、布朗、佤族的先民。另外，李连《宁安河流域大石墓的再探索》一文，在对该地区的大石墓重新分组排序之后，认为"早、中、晚三组大石墓恰巧分别位于安宁河的下、中、上游地

---

[1] 刘世旭《试论川西南大石墓的起源与分期》，《考古》1985年6期。
[2] 凉山彝族自治州博物馆等《四川喜德县清理一座大石墓》，《考古》1987年3期。
[3] 童恩正《试论我国从东北至西南的边地半月形文化传播带》，《文物与考古论集》，文物出版社，1987年。
[4] 张增祺《西南地区的"大石墓"及其族属问题》，《考古》1987年3期。

区",故推测大石墓的主人——"邛都"这个民族在安宁河流域经历了由南向北、由下游向上游的迁徙移动过程[1]。

1989年,罗开玉《川西南与滇西大石墓试析》一文将西南地区大石墓明确分为两区,认为两区之"区别是主要的,联系是次要的"。其中川西南的大石墓可分六型,滇西大石墓可分三型。罗认为两者不互见,故合起来共分九型。有关年代问题,罗认为可分为五期,并将第一期提早到相当于中原地区的商代至西周中期,第五期的下限可至东汉早期[2]。后来,刘弘《川西南大石墓与邛都七部》一文也认为滇北大石墓与川西南大石墓存在着较大差异,滇北大石墓与滇北土坑墓应同属昆明文化系统,并且进一步强调"滇北大石墓在时代上虽然早于川西南的大石墓,但是两者之间并无直接的承袭关系"。在历年考古调查的基础上,刘弘发现,川西南大石墓在分布上呈现出7个相对集中的区域,区域之间还都保留了一定距离。尽管各区域内的大石墓在文化上存在着一定的差异,但不是邛人由南向北迁徙的时代差异,而是与邛都夷的社会组织结构有着内在联系。应该是史载"邛之初有七部"在地理分布上的反映[3]。关于族属,刘弘认为大石墓主(邛都人)为古羌系统的民族,不是濮人,邛都亦非百濮中的一支[4]。

如上所述,第二阶段在研究上有许多新的进展。有关大石墓的起源、分期、分区及区域内部在分布上的结构特点也都得到了重视。关于族属,越来越多的学者支持邛都说,但在邛人是属于氐羌系统还是属于濮族系统上仍有分歧,新出现的还有孟高棉民族说。关于大石墓的年代,下限仍基本一致,但上限较第一阶段的推测明显提前,并且有继续提早的倾向。滇西与川西南两地大石墓的关系问题存在决然对立的观点,有关研究仍有待于进一步深入。而西汉在西南夷地区设郡之后对晚期大石墓的影响及大石墓的消失原因等问题还少有涉及。

---

[1] 李连《宁安河流域大石墓的再探索》,《西南民族学院学报》1987年1期。
[2] 罗开玉《川西南与滇西大石墓试析》,《考古》1989年12期。
[3] 刘弘《川西南大石墓与邛都七部》,《文物》1993年3期。
[4] 《"西南夷"陶器及相关问题的研究》,《四川考古论文集》,文物出版社,1996年。

二、年代与族属

如上所述，在四川省西南部的凉山彝族自治州、渡口市和云南省西部的部分地区分布着"大石墓"，即一种采用巨石砌筑的古代墓葬。

20余年来，经过调查发现的大石墓在200座以上，已清理发掘的将近60座。在川西南的冕宁、喜德、西昌、德昌、普格、米易，滇西的祥云、姚安、弥渡等地均有发现，以西昌周围最为集中。其中较重要的有：1975年四川省金沙江渡口西昌段及安宁河流域联合调查队在西昌县礼州区清理的1座；1976年由四川省民委、凉山州革委、四川省博物馆和四川大学等单位组成的凉山彝族地区考古队，在喜德县拉克公社四合大队清理的一批；1978年凉山彝族自治州博物馆在米易弯丘发掘的2座；1980年云南省博物馆在弥渡县清理的10座；1980—1981年凉山彝族自治州博物馆、普格县文化馆等单位在普格小兴场发掘的5座；1981年凉山彝族自治州博物馆、喜德县文化馆在喜德县轱辘桥清理的1座；等等[1]。

关于大石墓的研究，当首推童恩正先生的《四川西南地区大石墓族属试探》[2]，文章首次对川西南地区大石墓的类型、年代、葬俗和族属等问题进行了较全面的考察。之后，不少学者就川西南大石墓的族属问题展开了讨论。进入80年代，除了有关川西南大石墓的研究进一步深入以外，在云南西部地区发现的同类墓葬也引起了学界的重视，有关两地大石墓的类型、年代分期及相互关系等问题也有专文进行了探讨。

关于大石墓的形制，有三型、四型或九型等几种不同的分类。大体而言，川西南地区的大石墓多直接建于地表之上，墓室长方形或狭长方形，顶部覆盖巨型石块，墓门位于墓室一端或一侧，多用碎石封堵。部分墓葬在墓门外有石砌的墓道。有的虽无墓道，但在墓门外竖立列石。还有的在墓室周围用石块垒砌成圆丘状，石

---

[1] 杨哲峰《近二十六年来西南地区"大石墓"的研究综述》，《中国史研究动态》2001年4期。

[2] 童恩正《四川西南地区大石墓族属试探》，《考古》1978年2期。

丘之外再覆封土(参见图20-1)。云南西部的大石墓,往往先挖好长方形坑,坑底四周挖出基槽,然后再用竖置的厚石板砌筑墓室,葬后用石板盖顶。这样的大石墓大都没有墓门。

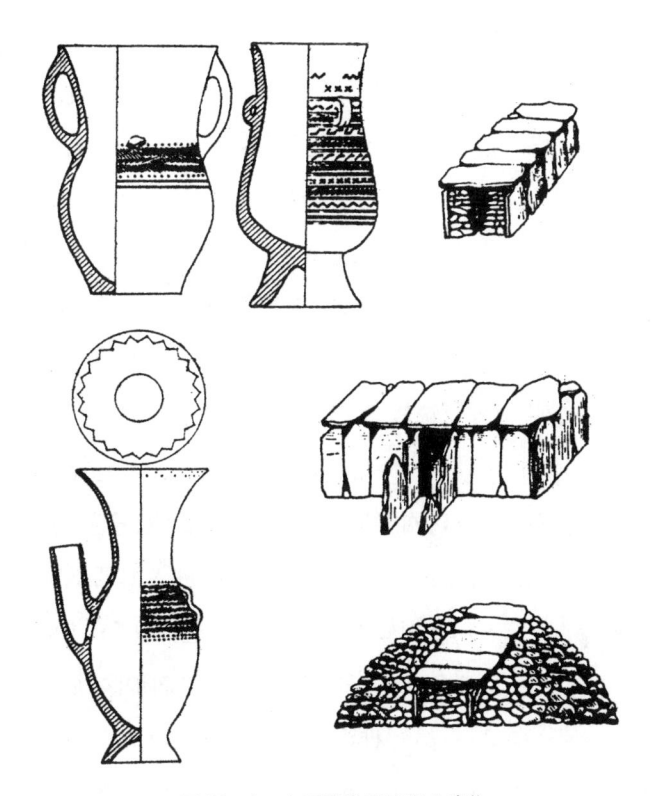

图20-1　大石墓类型及出土遗物

无论是川西南还是滇西的大石墓内均采用丛葬,未发现葬具,大量的人骨不分男女老少多直接放入墓中。有的墓中人骨堆积零乱,有的是将人头骨与肢骨分别堆放。每墓人数不等,多的达百人以上。随葬品多混杂于人骨之间,包括生活用具、生产工具、装饰品等。

生活用具以陶器为主,主要有罐、杯、壶、釜等器形,尤以带流壶、三耳壶、双耳罐等最具特色(参见图20-1)。生产工具有石凿、石刀、铜铁刀、陶纺轮等,装饰品有铜手镯、铜发饰、铜铁指环、珠饰等。部分墓中还发现半两、五铢、大泉五十等钱币以及汉式印章之类遗物。

关于大石墓的年代,早期研究中多判断为战国至西汉时期。1985 年,中国社会科学院考古研究所实验室发表了四川普格县小兴场大石墓的放射性碳素测年数据[1]之后,学者们对大石墓年代上限的认识也相应提前。1987 年,四川喜德县轱辘桥的 1 座大石墓资料公开发表,墓中出土有西汉五铢和新莽大泉五十各 1 枚,为大石墓的下限可晚到新莽至东汉初提供了实物证据[2]。同年发表的童恩正先生《试论我国从东北至西南的边地半月形文化传播带》[3]一文认为安宁河流域的大石墓的时代"其上限可达春秋,下限至于东汉"。这之后,关于大石墓年代下限的认识趋于一致,但对年代上限的认识还有进一步提早的倾向。至于川西南与滇西两地大石墓的年代关系,较为一致的看法是,滇西大石墓略早于川西南地区的同类墓葬。

关于大石墓的族属,学界讨论较多,其中川西南的大石墓大致有邛都说、笮都说、蜀人说等看法。但同是邛都说者,在邛人是属于氐羌系统还是百濮系统上又有分歧。至于滇西北地区的大石墓的族属及其与川西南大石墓主人之间的关系,一种观点认为,大石墓的建造者很可能是沿澜沧江河谷进入滇西地区的一支南亚语系孟高棉民族,亦即《史记·司马相如列传》所说的"苞蒲蛮",《华阳国志·蜀志》所说的"濮人"。他们为农业民族,最先分布在金沙江以南地区,后来有一部分向金沙江以北的西昌一带移动[4]。另一种观点多强调川西南大石墓是在当地新石器晚期文化的基础上产生和发展起来的,认为川西南与滇西两地大石墓的区别是主要的,尽管有年代上的差别,但并无直接的承袭关系[5]。

[本文原名"近二十六年来西南地区'大石墓'的研究综述"(载《中国史研究动

---

[1] 中国社会科学院考古研究所实验室《放射性碳素测定年代报告(一二)》,《考古》1985 年 7 期。
[2] 凉山彝族自治州博物馆、喜德县文化馆《四川喜德县清理一座大石墓》,《考古》1987 年 3 期。
[3] 童恩正《试论我国从东北至西南的边地半月形文化传播带》,《文物与考古论集》,文物出版社,1987 年。
[4] 张增祺《西南地区的"大石墓"及其族属问题》,《考古》1987 年 3 期。
[5] 刘世旭《试论川西南大石墓的起源与分期》,《考古》1985 年 6 期;刘弘《川西南大石墓与邛都七部》,《文物》1993 年 3 期。

态》2001 年 4 期)、"秦汉周边地区少数民族的考古发现与研究"(载赵化成、高崇文等著《秦汉考古》第 11 章,文物出版社,2002 年,245—275 页)。此次重刊略有修订。]

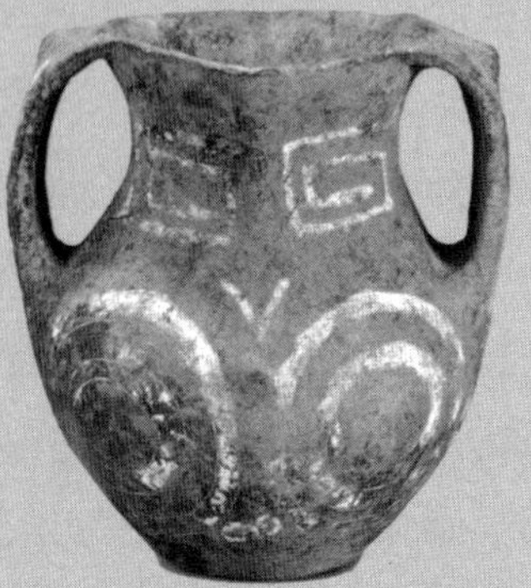

21
西南地区"石棺葬"

一、研究综述

先秦至两汉时期,生活在我国西南地区的古代先民中曾流行一种被称为"石棺葬"的葬俗。目前所知,此类墓葬在四川省西部岷江上游、青衣江、大渡河、雅砻江、金沙江流域,云南省西部及西藏自治区东部均有发现。根据《史记》《汉书》记载,上述地区属于"西南夷"诸民族的活动范围,因此,"石棺葬"应属于古代"西南夷"的文化遗存。在20世纪早期,便有部分学者开始对石棺葬进行实地考察和研究,但大规模的考古调查发掘是在新中国成立之后逐步展开的。尤其是近30年来,有关石棺葬的研究取得了许多可喜的成绩。本文试就有关发现与研究作一小结。疏漏之处,恳请指正。

西南地区石棺墓最早发现于岷江上游地区。有关调查发掘在20世纪二三十年代就已开始了,冯汉骥、凌纯声先生曾先后在汶川、理县进行过调查发掘。40年代,葛维汉、郑德坤等曾对石棺葬及其出土遗物做过初步研究和报道。

自新中国成立以来,有关西南地区石棺葬的调查发掘与研究大致可以分为三个阶段。

第一阶段:1950—1973年,零星调查和局部发掘,仍集中于川西北地区。其中较重要的是1964年童恩正前往茂县、汶川、理县一带调查,清理了28座墓,后来与冯汉骥早年的发掘资料合并,发表了正式报告《岷江上游的石棺葬》[1]。该文首次对石棺葬的分布范围、墓葬形制、随葬器物等问题进行了较全面的分析,并就墓葬年代与族属作了推测。认为墓葬年代"恐怕不早于战国末期和秦汉之际",下限

---

[1] 冯汉骥、童恩正《岷江上游的石棺葬》,《考古学报》1973年2期。

不晚于西汉武帝初年，可能是传说中的"戈基人"墓葬。而在1951年，冯汉骥发表《岷江上游的石棺葬文化》[1]时曾推测石棺葬的主人可能是向南流窜的月氏人。

第二阶段：1974—1985年，是西南地区石棺葬的发现与发掘最为集中的时期，1985年召开的中国首届石棺葬学术讨论会，是对本阶段工作的一个很好总结。石棺葬的发现范围显著扩大，除了岷江上游地区继续有发掘以外，还扩展到雅安地区、甘孜地区、川西南的凉山州、渡口市以及云南省境内。其中较重要的有：1974年云南德钦县永芝发现的2座[2]，1976年四川凉山昭觉发掘的20座[3]，1977年云南德钦纳古发现的23座[4]，1978年四川巴塘扎金顶发掘的9座[5]和茂汶县城东北发掘的46座[6]，1979年四川宝兴瓦西沟发现的8座[7]和茂汶营盘山发现的10座[8]，1979—1980年茂汶别立、勒石村发掘的31座[9]，1980—1981年盐边清理的5座，1981年雅江县呷拉清理的8座[10]，1981—1983年甘孜县吉里龙清理的9座[11]，1982年云南永仁清理的30座[12]，1982年和1985年宝兴县陇东清理的108座[13]，1984年理县佳山清理的15座[14]、铲霍县卡莎湖清理的275座[15]、茂

---

[1] 冯汉骥《岷江上游的石棺葬文化》，(成都)《工商导报》1951年5月20日。
[2] 云南省博物馆文物工作队《云南德钦永芝发现的古墓葬》，《考古》1975年4期。
[3] 凉山彝族地区考古队《四川凉山昭觉石板墓发掘简报》，《考古学集刊》第1集，中国社会科学出版社，1981年。
[4] 云南省博物馆文物工作队《云南德钦县纳古石棺墓》，《考古》1983年3期。
[5] 甘孜考古队《四川巴塘、雅江的石板墓》，《考古》1981年3期。
[6] 四川省文管会等《四川茂汶羌族自治县石棺葬发掘报告》，《文物资料丛刊》第7辑，文物出版社，1983年。
[7] 宝兴县文化馆《四川宝兴县汉代石棺墓》，《考古》1982年4期。
[8] 茂汶羌族自治县文化馆《四川茂汶营盘山的石棺葬》，《考古》1981年5期。
[9] 茂汶羌族自治县文化馆 蒋宣忠《四川茂汶别立、勒石村的石棺葬》，《文物资料丛刊》第9辑，文物出版社，1985年。
[10] 甘孜藏族自治州文化馆等《四川雅江呷拉石棺葬清理简报》，《考古与文物》1983年4期。
[11] 四川省文物管理委员会等《四川甘孜县吉里龙古墓葬》，《考古》1986年1期。
[12] 楚雄彝族自治州文管所等《云南永仁永定镇石板墓清理简报》，《文物》1986年7期。
[13] 宝兴县文化馆 杨文成《四川宝兴县的石棺墓》，《考古与文物》1983年6期；四川省文物管理委员会等《四川宝兴陇东东汉墓群》，《文物》1987年10期。
[14] 阿坝藏族自治州文管所等《四川理县佳山石棺葬发掘清理报告》，《南方民族考古》第1辑，四川大学出版社，1987年。
[15] 四川省文物考古研究所《四川铲霍卡莎湖石棺墓》，《考古学报》1991年2期。

汶摭箕山清理的62座[1]，1985年新龙县谷日清理的7座[2]。另外，这一时期在四川雅江、木里、汉源、盐边等县以及云南丽江地区也均发现有类似的石棺墓。

由于不同地区的石棺墓在形制上既有共性又各有特点，有的还与土坑墓共存于同一墓地，而所出遗物又有较强的一致性，因此，伴随着新发现的不断增加，考古工作者对有关墓葬的定名也产生了分歧。除了沿用"石棺葬"的称谓以外，新使用的还有"板岩葬"[3]"石板墓""石棺墓"等。对"石棺葬文化"的定名及内涵也产生了不同的认识，例如沈仲常、李复华《关于"石棺葬文化"的几个问题》一文就对"石棺葬文化"的命名提出质疑，认为所谓"石棺葬文化"的墓葬，就其形制和结构而言可分为石棺墓和土坑墓两类，因此，它不能概括这一文化遗存的内涵[4]。王涵《我国西南地区一种新的青铜文化》一文认为"四川盆地以西、西藏东部、云南西北部这一地区内，存在着一种自成体系、有其特点的青铜文化"，建议用"萝蒲砦文化"来统一命名[5]。

由于分布范围的扩大，不同区域之间石棺葬的差异也逐渐引起人们的重视，对有些墓葬是应该归入石棺葬还是归入大石墓或其他文化，出现了不同看法。当然，争论最多的还是族属问题。首先是童恩正先生就石棺墓的族属提出了不同意见，认为"秦汉时代四川西北地区的土著民族，其社会和经济面貌均与石棺葬反映的相符合者，只有氐族一种"。童先生还根据新发现的石棺墓内出土五铢的现象就其年代作了补充，认为"它可能延续到了整个西汉时代，并影响到东汉"[6]。前述沈仲常、李复华《关于"石棺葬文化"的几个问题》一文，则将已发现的石棺墓分了四区：茂汶地区，汶川、理县地区，宝兴地区和甘孜地区，并就各区的年代及族属进行了推断，认为四川省境内的"石棺葬文化……总的来说都可能是属于氐羌人的文化"。

---

[1]《中国考古学年鉴1985》，210页。
[2] 格勒《新龙谷日的石棺葬及其族属问题》，《四川文物》1987年3期。
[3]《文物考古工作三十年》，文物出版社，1979年，352页。
[4]《中国考古学会第一次年会论文集(1979)》，文物出版社，1980年。
[5] 王涵《我国西南地区一种新的青铜文化》，《云南文物》15、16期，1984年。
[6] 童恩正《四川西北地区石棺葬族属试探——附谈有关古代氐族的几个问题》，《思想战线》1978年1期。

其中岷江上游自战国末年至西汉"石棺葬文化"的族属,"可能即是包括冉、駹人在内的羌人的文化";宝兴县的"石棺葬文化"属于青衣人;雅安地区的石棉和凉山州的木里、盐源等县的"石棺葬文化",可能是属于氐羌族的笮都夷。总之,石棺葬文化是来源于北方的羌人文化,并传入云南。同年发表的童恩正《近年来中国西南民族地区战国秦汉时代的考古发现及其研究》[1],对上述有关区域内发现的文化遗存族属的认定略有不同。童先生认为:昭觉石板墓"有可能是濮族之一支,与邛都有密切关系"。宝兴土坑墓[2]为徙文化,徙为氐族。阿坝州石棺葬民族即《史记》之冉、《后汉书》之氐、唐代的嘉良夷。"戈基"人可能指川西之氐族而言。1978年发现的雅江石棺、巴塘土坑墓,为秦汉之际土著"徼外夷"(笮都?)。1974年永芝石棺墓、土坑墓和1978年德钦纳古墓葬的族属当与白狼、木有关。从大的族系来讲,石棺葬文化是从北方循康藏高原东端横断山脉的河谷南下的氐羌民族文化。1983年童先生又进一步认为云南西北部的石棺葬,"似乎是四川境内金沙江、雅砻江流域石棺葬文化向南扩展的结果,其创造者基本上应该属于《后汉书·南蛮西南夷列传》所载的'笮都夷'"[3]。

采用"石板墓"称谓的学者如李绍明认为"现今发现于康南的石板墓是汉代白狼人先民的墓葬,而白狼人与纳西族有着族属上的联系"[4];张勋燎则认为"昭觉石板墓的主人应和古代的僚族有关","应为与古代乌浒人有关的遗存"[5];等等。

关于分期问题,宋治民《四川西部石棺葬和大石墓的几个问题》[6]认为,"石棺葬文化"正处于青铜文化的晚期和向铁器时代过渡的阶段,可分早晚两期。早期大约相当于战国,下限可达西汉初年;晚期的上限可能始于秦代,而大多数的时代属于西汉前期,有一些延续到武帝以后甚至东汉。沈仲常、李复华《石棺葬文化中

---

[1] 童恩正《近年来中国西南民族地区战国秦汉时代的考古发现及其研究》,《考古学报》1980年4期。
[2]《考古》1978年2期。
[3] 童恩正《试谈古代四川与东南亚文明的关系》,《文物》1983年9期。
[4] 李绍明《康南石板墓族属初探——兼论纳西族的族源》,《思想战线》1981年6期。
[5] 张勋燎《四川凉山昭觉石板墓族属和古代的乌浒人》,《四川大学学报》1981年3期。
[6] 宋治民《四川西部石棺葬和大石墓的几个问题》,《中国考古学会第四次年会论文集》,文物出版社,1985年。

所见的汉文化因素初探》[1]一文,将石棺葬文化分为三期:战国末年、秦至汉初、西汉昭宣时期至东汉初年。

还有文章对石棺葬中所见的白石随葬问题进行了探讨[2]。在中国首届石棺葬学术讨论会上提交的论文中,阚勇《滇西石棺葬文化初论》、刘士莪《试论四川西部地区石板墓的葬俗和族属》等文,也提出了一些新见解。属于本阶段发表的论文还有林向《周原卜辞中的"蜀"——兼论"早期蜀文化"与岷江上游石棺葬的族属之二》[3]、田怀清《略论大理地区石棺葬文化》[4]等。

第三阶段:1986年以来,新发掘的石棺葬不多,见于报道的主要有1986年西藏贡觉县香贝清理的5座[5]、1992年马尔康县孔龙村发现的10余座[6]以及茂县牟托清理的1座[7]。

其中茂县牟托1号石棺墓及3个埋葬坑内出土的大量青铜器和玉石器在岷江上游的石棺葬中还是首次发现。发掘者认为墓葬与1、2号坑的年代应为战国中晚期之际,属于蜀人的墓葬。资料发表后,学界意见不一。关于其文化内涵,夏麦陵认为该墓不属于蜀文化的范畴[8];施劲松指出"这批遗物中,包含了石棺葬土著文化、巴蜀文化和中原文化三种不同的文化因素"[9];霍巍进一步认为"牟托石棺墓中还反映出北方草原文化因素","与云南青铜文化之间的关系,也显得极为引人注目",族属应比定为文献记载中的"冉駹夷"[10]。关于年代,则有提早和延后两种对立的观点。在对出土遗物进行分组讨论之后,施劲松认为"牟托石棺墓和一号

---

[1] 沈仲常、李复华《石棺葬文化中所见的汉文化因素初探》,《考古与文物》1983年4期。
[2] 沈仲常《从考古资料看羌族的白石崇拜遗俗》,《考古与文物》1982年6期;邓廷良《从民族调查看茂汶石棺葬的白石随葬》,《考古与文物》1985年6期。
[3] 林向《周原卜辞中的"蜀"——兼论"早期蜀文化"与岷江上游石棺葬的族属之二》,《考古与文物》1985年6期。
[4] 田怀清《略论大理地区石棺葬文化》,《西南民族历史研究集刊》第6期,1985年。
[5] 西藏文管会文物普查队《西藏贡觉县香贝石棺墓葬清理简报》,《考古与文物》1989年6期。
[6] 陈学志《马尔康孔龙村发现石棺葬墓群》,《四川文物》1994年1期。
[7] 茂县羌族博物馆等《四川茂县牟托一号石棺墓及陪葬坑清理简报》,《文物》1994年3期。
[8] 夏麦陵《茂县牟托石棺葬与冉氏之国》,罗世烈等主编《先秦史与巴蜀文化论集》,历史教学出版社,1995年。
[9] 施劲松《关于四川牟托一号石棺墓及器物坑的两个问题》,《考古》1996年5期。
[10] 霍巍《关于岷江上游牟托石棺墓几个问题的探讨》,《四川文物》1997年5期。

器物坑的年代为春秋晚期到战国早期,出土的青铜器一组属于西周中晚期,另一组属春秋末到战国初";霍巍则认为"似将牟托石棺墓与器物坑的年代定在战国晚期至西汉前期较为适宜"。

这一阶段的研究的显著特点是,除了关于某些局部区域的研究继续深入以外,还出现了一些综合性的关于分区和分期的研究论文,关于文化定名也提出了新的意见,还有文章就整个西南夷的陶器进行了专项研究。较重要的如童恩正《试论我国从东北至西南的边地半月形文化传播带》[1]一文,将西南地区的石棺葬分为岷江上游、大渡河—青衣江流域、金沙江—雅砻江流域、滇西北横断山高山峡谷区四个亚区,并对各亚区所对应的族属进行了探讨。罗开玉《川滇西部及藏东石棺墓研究》[2]又在此分区的基础上进行了统一分期,共分出八期,时间跨度从"约当中原的夏商"的第一期到"唐至明时期"的第八期,前后"约历三千五六百年";关于墓葬形制,罗认为可以岷江上游和滇西北为标型区分为两大体系:岷江上游区的石棺分四型,滇西高原区的石棺可分三型,其他介于两者之间。石棺墓葬主要是土著民族的遗存,它所代表的文化"属于以定居为主的农牧猎兼顾系统"。陈祖军《西南地区的石棺墓分期研究——关于"石棺葬文化"的新认识》[3]对罗开玉笼统的分期做法提出了异议,指出罗"只是笼而统之地将不同流域、不同时代甚至不同文化的材料合在一起进行分期"。陈认为所谓"石棺葬文化"至少应分成"岷江上游的萝葡砦文化""雅砻江中游的吉里龙文化"和"横断山区的扎金顶文化"三种考古学文化,并通过典型墓地的分析,对各文化的分期、时代、文化特征和族属等问题进行了探讨。

关于族属问题,宋治民《试论川西和滇西北的石棺葬》[4]认为是"战国汉代生活在这一地区的筰都夷和冉駹夷的墓葬","石棺葬不是南下羌族的墓葬,而是当地夷人的墓葬"。徐学舒《试论岷江上游"石棺葬"的源流》[5]认为"源于先蜀文

---

[1] 童恩正《试论我国从东北至西南的边地半月形文化传播带》,《文物与考古论集》,文物出版社,1987年。
[2] 罗开玉《川滇西部及藏东石棺墓研究》,《考古学报》1992年4期。
[3] 陈祖军《西南地区的石棺墓分期研究——关于"石棺葬文化"的新认识》,《四川考古论文集》,文物出版社,1996年,171页。
[4] 宋治民《试论川西和滇西北的石棺葬》,《考古与文物》1987年3期。
[5] 徐学舒《试论岷江上游"石棺葬"的源流》,《四川文物》1987年2期。

化","系当地自生自长","其民族系蚕丛氏蜀人的后裔,汉代的'冉駹氏'"。陈德安《试论川西石棺葬文化与辛店文化及"唐汪式"陶器的关系》[1],认为"川西石棺葬文化应是战国时期羌人的一支(可能主要是析支羌)南下的文化"。持类似观点的还有罗进勇《浅论岷江上游"石棺葬"之族属》[2]、刘弘《"西南夷"陶器及相关问题的研究》[3]等。罗认为"岷江上游石棺葬人,是古羌族分蘖派生的支氐人的墓葬";刘根据西南夷地区陶器的总体特征分为四个亚区,其中石棺葬主要分布于A亚区,认为该区的文化"是以北来的甘青古代文化为主体的一种文化,它的形成与甘青古代民族的迁徙有关"。

此外,关于大理地区、丽江金沙江河谷地区的石棺葬也有专文论及;少数文章还就个别墓地的年代或族属问题进行了探讨,例如陈显双《试论宝兴县五龙瓦西沟石棺墓的时代》[4]、格勒《新龙谷日的石棺葬及其族属问题》[5]、杨甫旺《金沙江中游早期石棺墓文化初探》[6]等,不一一列举。

(2001年3月12日;5月修订。)

二、年代与族属

如前所述,"石棺葬"最早发现于岷江上游地区[7]。随着西南各地文物普查工作的逐步深入,新发现的"石棺葬"分布范围显著扩大,除了岷江上游地区继续有发掘以外,还扩展到雅安地区、甘孜地区、川西南的凉山州、渡口市以及云南省西北部地区和西藏东部地区。据80年代末的普查资料显示,仅四川省境内发现石棺

---

[1] 陈德安《试论川西石棺葬文化与辛店文化及"唐汪式"陶器的关系》,《四川文物》1989年1期。
[2] 罗进勇《浅论岷江上游"石棺葬"之族属》,《四川文物》1996年6期。
[3] 刘弘《"西南夷"陶器及相关问题的研究》,《四川考古论文集》,文物出版社,1996年,153页。
[4] 陈显双《试论宝兴县五龙瓦西沟石棺墓的时代》,《四川文物》1992年6期。
[5] 格勒《新龙谷日的石棺葬及其族属问题》,《四川文物》1987年3期。
[6] 杨甫旺《金沙江中游早期石棺墓文化初探》,《楚雄师专学报》第11卷2期,1996年。
[7] 郑德坤,The Slate Tomb Culture of Li-Fan, *Harvard Journal of Asiatic Studies*(《哈佛大学亚洲研究学报》),volume 9,1945－47。

葬的地点就有84处,墓葬3 473座[1]。进入90年代,又有一些新的发现。

所谓"石棺葬",通常是在挖出的竖穴土坑中用竖置的石板或平置的石块构筑墓室四壁,在入葬后再用石板数块覆盖,少数还在墓底铺有石板或鹅卵石。已知石棺葬的葬式以仰身直肢单人葬为主,也有少数采用屈肢葬、二次葬或火葬的。随葬品中,陶双耳罐、单耳罐、簋形器、单耳杯等颇具特色,此外,还有铜剑、铜刀、铜手镯、铜柄铁剑、铜柄铁刀、骨器、装饰品等(参见图21-1)。1992年新发现的茂县牟托1号石棺墓中还随葬有包括鼎、敦形器、甬钟、纽钟、戈、戟、剑、护臂、牌饰等在内的铜礼乐器和兵器、装饰品[2]。

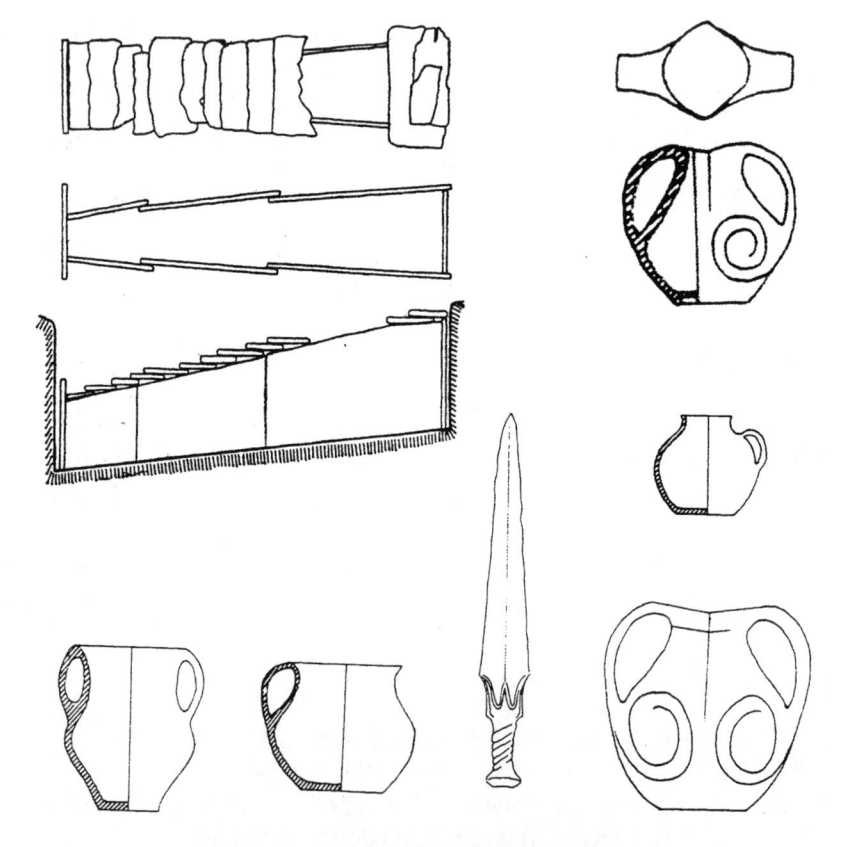

图21-1 石棺葬出土遗物及墓葬结构示意图

[1]《文物考古工作十年》,文物出版社,1991年,256页。
[2] 茂县羌族博物馆等《四川茂县牟托一号石棺墓及陪葬坑清理简报》,《文物》1994年3期。

关于命名。早期研究中,无论是 40 年代郑德坤所说的 the slate tomb culture（或译作"版岩葬文化"）[1],还是 50 年代初冯汉骥的"石棺葬文化"[2],都是根据岷江上游地区的发现命名的。70 年代以来,随着发现范围的扩大,针对各地墓葬的特点,考古工作者除了沿用"石棺葬"的称谓以外,还使用了"石板墓"[3]或"石棺墓"[4]之类的名称。为了避免与汉代的石棺混淆,也有改称"板岩葬"的[5]。部分新发现的墓地（如德钦永芝）中还有与土坑墓共存而所出遗物又有较强的一致性的情况[6],因此,对"石棺葬文化"的命名,学者们也开始提出质疑,认为它不能概括这一类文化遗存的内涵[7]。还有学者建议采用考古学文化典型遗址的命名方式,改用其他的考古学文化名称取而代之。例如陈祖军提出的方案是将所谓"石棺葬文化"划分成"岷江上游的萝葡砦文化""雅砻江中游的吉里龙文化"和"横断山区的扎金顶文化"三种考古学文化[8]。尽管如此,在西南地区新发现的部分遗存中,有一些虽称作"石板墓"或"石棺墓",但墓葬形制和文化内涵都和早期发现的岷江上游地区的"石棺葬"有着明显区别,因此,在考古学文化上应如何界定,仍有待于进一步探讨。

关于年代。早期的研究主要集中于岷江上游地区,年代多断在战国至秦汉时期。随着新发现的不断增加,不同地区的石棺葬遗存所反映的年代有早有晚,新的碳 14 测年数据也显示,部分地区石棺葬的年代要早于过去仅根据类型学的比较研究所进行的推测。因此,从 80 年代中期以来,有关石棺葬的年代认识有明显提早的倾向。以童恩正先生为例,在 1973 年和冯汉骥先生合写的《岷江上游的石棺葬》

---

[1] 郑德坤,The Slate Tomb Culture of Li-Fan, *Harvard Journal of Asiatic Studies*（《哈佛大学亚洲研究学报》）,volume 9,1945-47。
[2] 冯汉骥《岷江上游的石棺葬文化》,（成都）《工商导报》1951 年 5 月 20 日。
[3] 甘孜考古队《四川巴塘、雅江的石板墓》,《考古》1981 年 3 期。
[4] 宝兴县文化馆《四川宝兴县汉代石棺墓》,《考古》1982 年 4 期。
[5] 《文物考古工作三十年》,文物出版社,1979 年,352 页。
[6] 云南省博物馆文物工作队《云南德钦永芝发现的古墓葬》,《考古》1975 年 4 期。
[7] 沈仲常、李复华《关于"石棺葬文化"的几个问题》,《中国考古学会第一次年会论文集（1979）》,文物出版社,1980 年。
[8] 陈祖军《西南地区的石棺墓分期研究——关于"石棺葬文化"的新认识》,《四川考古论文集》,文物出版社,1996 年,171 页。

一文中,推测石棺葬"恐怕不早于战国末期和秦汉之际",下限不晚于西汉武帝初年[1]。1978年,根据新发现的石棺葬墓中出土五铢钱的情况,童先生补充认为"可能延续到了整个西汉时代,并影响到东汉"[2]。后来,在1987年发表的《试论我国从东北至西南的边地半月形文化传播带》一文中,又根据有关的测年数据认为,部分地区的石棺葬可能早到商代[3]。对于这样早的年代上限,目前学界仍有不同意见。

与年代认识密不可分的是关于西南地区石棺葬的分期。80年代中期以前,基本上是在战国秦汉的时间框架下或分三期,或分两期。进入90年代,则大多是在改称"石棺墓"的前提下再进行分期,如罗开玉《川滇西部及藏东石棺墓研究》[4]、陈祖军《西南地区的石棺墓分期研究》[5]等。其中,罗共分出八期,时间跨度从"约当中原的夏商"的第一期到"唐至明时期"的第八期,前后"约历三千五六百年"。对此,已有学者指出罗"只是笼而统之地将不同流域、不同时代甚至不同文化的材料合在一起进行分期"。也就是说,在文化内涵的理解上,"石棺墓"并不仅仅只是"石棺葬"的替代。

关于族属。自石棺葬发现以来,其族属问题就一直是争论的焦点。岷江上游地区的石棺葬发现最早,讨论得也最多。冯汉骥先生早年曾推测其主人可能是向南流窜的月氏人,后来认为可能是传说中的"戈基人"墓葬。70年代以来,学界认为岷江上游石棺葬与《史记·西南夷列传》中记载的"冉駹"有关的说法渐占主流,但在具体理解上又有很多分歧,有氐族说、羌族说、当地夷人说、蜀人后裔说等不同看法。归结起来,可分为两派意见:即一种观点认为石棺葬是甘青地区南下的氐羌民族文化遗存;另一种则对上述外来说持否定态度,可以看成是土著说。至于西

---

[1] 冯汉骥、童恩正《岷江上游的石棺葬》,《考古学报》1973年2期。
[2] 童恩正《四川西北地区石棺葬族属试探》,《思想战线》1978年1期。
[3] 童恩正《试论我国从东北至西南的边地半月形文化传播带》,《文物与考古论集》,文物出版社,1987年。
[4] 罗开玉《川滇西部及藏东石棺墓研究》,《考古学报》1992年4期。
[5] 陈祖军《西南地区的石棺墓分期研究——关于"石棺葬文化"的新认识》,《四川考古论文集》,文物出版社,1996年。

南其他地区同类墓葬的族属,根据有关文献记载,学者们也都作了种种考证。

总之,自1973年冯汉骥和童恩正先生合写的报告《岷江上游的石棺葬》一文发表以来,新的发现层出不穷,有关石棺葬的研究也已不再局限于岷江上游地区。在新发现不断增多的情况下,如何通过详细的比较研究界定不同区域石棺葬的文化内涵以建立可靠的考古学文化编年,已成为进一步研究石棺葬需要首先解决的问题。

[本文原名"西南地区'石棺葬'的发现与研究综述"(载《中国文物报》2001年7月22日7版)、"秦汉周边地区少数民族的考古发现与研究"(载赵化成、高崇文等著《秦汉考古》第11章,文物出版社,2002年)。此次重刊略有修订。]

22

Stone Sarcophagus 与"石棺葬"

在西方考古学文献中,尤其是涉及古埃及、希腊、罗马等古代文明的丧葬习俗时经常出现 stone sarcophagus 一词,直译成中文为"石棺"之意。在我国考古学词汇中则有"石棺葬",最早是从岷江上游地区的考古调查发现确定的名称。目前所知"石棺葬"的分布已扩大到滇西及藏东部分地区,为古代活动在该地区的少数民族的遗存。或许是因为字面上也有"石棺"二字,在翻译成英文时,有人便使用了 stone sarcophagus,将"石棺葬"译为 the stone sarcophagus burial[1] 或 the tombs of stone sarcophagus[2] 之类。笔者认为,这样的翻译是欠妥当的,原因如下。

在西方文献中,sarcophagus 亦写作 sarkophagos。其中,sarcos 意为 flesh ("肉"),phagos 意为 eat("吃")或 eater("食者"),合起来就是 flesh-eating("食肉")或 flesh-eater("食肉者")之意。因此,作为考古学词汇,根据 The Penguin Dictionary of Archaeology, sarcophagus 通常是指石或陶制的盛放尸体的 container ("容器"),也就是说,是指葬具而言的。

用巨石雕刻的 stone sarcophagus("石棺"),在地中海周围地区的古代文明中很早就开始使用。在古代埃及,从十八王朝开始,盛放法老尸体的 sarcophagus 便采用石英岩或花岗岩雕刻而成,有长方形的,也有圆角长方形的。已知古埃及时期大型的 stone sarcophagus 可长达 3.7、高 2.7 米,重数吨。通过考古发掘证实,这些巨型 stone sarcophagi 内有的还放有专门盛放尸体的特制棺材,或用方解石制作的人形 sarcophagi。如著名的十八王朝国王图坦卡蒙(Tutankhamen)的 stone

---

[1] 例如《考古与文物》1987 年 3 期。
[2] 例如《考古与文物》1989 年 6 期。

sarcophagus，长 2.75、宽 1.5、高 1.5 米，采用整块石英岩雕刻而成，上面置盖，其内置棺三重，包括二重木棺和一重金棺，最里层的金棺之内才是国王本人的木乃伊。在 sarcophagus 的外面还封有四层木制的"圣柜"，从而构成一套完整的葬具。又如伦敦大英博物馆收藏的一件圆角长方形的 stone sarcophagus，据说发现于亚历山大城，高 1.185 米，是用角砾岩雕刻而成的，内外壁满饰图案和文字。该石棺的盖已失，原来是为埃及三十王朝某国王寿终正寝预备的，但由于波斯的入侵，国王逃跑了。后来，国王的 sarcophagus 竟沦落到一座清真寺院，成了进行宗教仪式时使用的浴盆。为了出水方便，人们还在 sarcophagus 的近底部四周凿了一些圆形的泄水孔。至于古希腊、罗马时期的 stone sarcophagi，如伊斯坦布尔博物馆收藏的"亚历山大石棺"、罗马博物馆收藏的"普罗米修斯石棺"等，则以装饰精美的高浮雕闻名于世。

在被称为 sarcophagus 的古代西方文明的遗物中，除了石雕的，也有陶制的。如意大利的古代伊特鲁利亚人（The Etruscans），往往还在陶制的 sarcophagus 的盖上塑出死者夫妇二人的侧卧像。然而，无论石制或陶制的 sarcophagus，基本上都是作为葬具使用的，并且通常只有当时的一些社会上层人物才能享用。

而我国考古学词汇中的"石棺葬"，通常是指墓葬形制而言的。其结构特点是，先在地面上挖一土坑（多为长方形），然后在坑中用竖置的石板或平置的石块砌筑墓室，较大的墓地往往有数十甚至数百座石棺葬很有规律地排列在一起。很显然，此种"石棺葬"和上述古代西方流行的 stone sarcophagus 有着本质的区别。因此，在翻译时将"石棺葬"与 stone sarcophagus 对应，就很容易导致误解。事实上，类似我国西南地区"石棺葬"的这种石构墓葬类型，在古希腊、罗马时期也曾流行，但通常称之为 cist 或 stone cist，而不是 stone sarcophagus。

那么，我国古代有没有可以称为 stone sarcophagus 的遗物呢？回答是肯定的。四川盆地东汉崖墓中出土的采用整石雕刻而成的画像石棺便是最典型的例子。此外，如著名的北魏孝子画像石棺以及北宋画像石棺，虽非整石雕刻，但作为葬具，仍可归入 stone sarcophagus 的范畴。

附带说明的是，国内有关"石棺葬"的翻译，除了上述采用 stone sarcophagus 的误译以外，笔者所知道的至少还有两种另外的译法：早在20世纪40年代，郑德坤先生曾将岷江上游的此类墓葬称为 slate tomb 或 slate burial；后来《考古学报》[1]发表冯汉骥、童恩正先生合写的《岷江上游的石棺葬》一文时，改译为 cist tombs。如前所述，从墓葬形制的角度而言，将"石棺葬"与 cist 对应，是恰当的。但问题在于：自70年代以来，随着有关考古发现的不断增加，"石棺葬文化"作为西南地区的考古学文化，其分布范围不断扩大，所包含的墓葬类型也日趋复杂，不仅有多种类型的石构墓葬，也包括了部分土坑墓在内。在此种情况下，已有不少学者对这种文化命名提出了质疑，并提出了新的考古学文化名称以取代之，改称"石棺墓"便是其中较流行的一种。然而，从考古学文化的角度而言，无论是"石棺葬"还是"石棺墓"，其内涵都已不是 cist 所能概括的了。

2000年10月。

（本文原名"Stone Sarcophagus 与'石棺葬'"，载《中国文物报》2000年12月13日3版。）

---

[1] 冯汉骥、童恩正《岷江上游的石棺葬》，《考古学报》1973年2期。

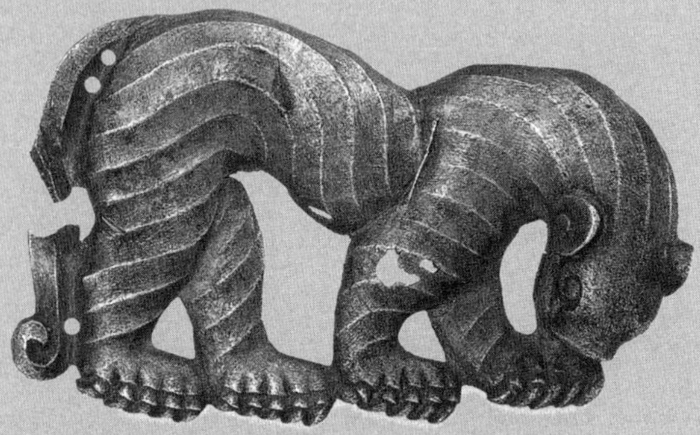

23
关于《前帝国时期中国北方边疆》的几个问题

作为《剑桥中国先秦史》的一个章节,由 Nicola Di Cosmo 撰写的《前帝国时期中国北方边疆》一文,着重描述了中国"北方边疆"作为一个独立的文化起源地,自青铜时代到早期铁器时代的发展历程,并将这种历程分为四个发展阶段:第一阶段为公元前2千纪,第二阶段为西周至春秋早期(约前1000—前650),第三阶段为春秋中期至战国早期(约前650—前350),第四阶段为战国后期至秦(约前350—前209)。其核心问题是想通过对"北方边疆"这样一个自青铜时代以来在生活方式、经济活动、社会习俗、宗教信仰等诸多方面都和中原文明的差距越来越大的民族聚居地的形成过程的描述,尤其是经济形态上游牧化进程的历史描述,来解答匈奴草原帝国兴起的原因。下面试就其中的几个问题略述读后的感受。

一、关于中国"北方边疆"的概念

Nicola Di Cosmo 首先指出,所谓"中国的北方边疆"(the northern frontier of China),不是一条简单的自然区域的、政治实体的和民族群体的分界线,而是有别于中原的独立的文化的摇篮。作为一个明确的文化区域,Nicola Di Cosmo 采纳了林沄先生关于中国"北方系"的提法,指出其范围包括东到黑龙江、吉林,西至新疆的沙漠、草原和森林地带(885页)[1]。Nicola Di Cosmo 认为该地区也是古代东西方交流的孔道。它既为中国人提供外来的商品,同时也提供了一个吸纳国内产品的市场。

---

[1] 本文括弧中的页码均指《剑桥中国先秦史》英文版而言,参见 *The Cambridge History of Ancient China: From the Origins of Civilization to 221 B.C.*, Cambridge University Press, 1999.

Nicola Di Cosmo 这种摆脱单纯"线"的划分,而把"北方边疆"作为一个"面"来看待,固然是一种进步。但问题是,林沄先生"北方系"的提出似乎是基于器物的研究,指的是和商文化有联系又有区别的一组独特器物群。这组器物虽有一定的分布范围,但这并不表明该器物群的分布地区就构成一个独立的文化区。

从 888 页的描述来看,the Northern Zone 在概念上似乎有广义与狭义之分,广义而言,它包括 the Sino-Mongolian frontier zone(陕西、山西、河北、河南北部、内蒙古)及其两翼的地区,东为辽宁、黑龙江(此处未提及吉林,但 890 页有吉林),西为甘肃、宁夏、青海和新疆的部分地区。狭义而言,则是将 the Northern Zone 与 Ordos 挂等号。文章中在分区时通常分为东北区、中间区和西北区三大块,其中中间区又称为 north-central zone(region or frontier)(931、918 页)。实际上,在不同的发展阶段,各小区内的考古学文化面貌也是有差异的。

要之,"北方系"似乎应该理解成一个文化概念,但文中的 the Northern Zone 则通常是作为一个地理概念使用的,可以理解为"北方地带"或"北方区",并且在事实上取代了"北方边疆"。906 页指出它西不包括 the Sayano-Altai region,但第三期却又单独列出新疆地区的所谓塞人文化遗存,在 913 页还将察吾乎沟的铁器视为 the Northern Zone 最早的铁器遗存,这些表明有关 the Northern Zone 概念的使用也是有问题的。

二、关于"北方边疆"的形成

Nicola Di Cosmo 认为具有所界定的各种特征的"北方边疆"的形成是一个长期的过程,长城的出现只是诸多方面文化差别积聚的结果。相应的,游牧民族在中国北方的出现并不像历史文献记载那样给人以突然出现的感觉,而是一个长期的文化发展的结果。Nicola Di Cosmo 的目的之一也正是想通过考古学的发现与研究,并结合历史文献记载,去追述这种发展的脉络。

从物质文化的角度而言,Nicola Di Cosmo 认为,至迟在商代后期,一种明显有别于中原的北方文化的复合体已经出现,但它还不是一个单一的文化,而是不同的群体(或民族)享有某些共同的特征,这主要体现在青铜器物群上,其中又以青铜武器为主,包括短剑、刀、斧、头盔、弓形器等。就装饰风格和艺术传统而言,则以所谓的"动物纹"为特征。但作者在893页介绍所谓北方地带的青铜器时,铜镜也被归入武器之列。

从人类对环境的适应的角度而言,北方边疆从以农业为基础向以畜牧为基础的经济转型,发生在公元前2千纪的后期。但直到公元前8世纪,马背上的游牧社会才在内亚广泛出现。骑马的出现在中原不早于公元前4世纪,而且是从北方传入的。当北方民族已转型为游牧民族之后,在中原农耕民族与北方游牧民族之间仍存在着一个半游牧的缓冲地带。最后,当缓冲地带伴随着中原势力的扩张而迅速消失时,南北两方的民族才直接面对。缓冲地带的提出,解答了为什么游牧民族似乎是突然出现的谜团。遗憾的是,文中对缓冲地带的文化特征只是强调了其混合性和双重性,虽认为中原与北方区之间的分界面是动态的,但对于这一动态界面与中原或北方区的伸缩之关系未能展开。

三、关于分期

如果说将第一、二期的分界定在公元前1000年左右,是考虑到了周灭商这样一个历史分野(890页)。那么,将第二、三期的分界定在公元前650年左右,就缺乏相应的历史分期作为参考。不过,按照 Nicola Di Cosmo 的说法,这是文献中最后提到北戎的时间,也是后来北方最重要的势力——狄兴起之时。因此就北方边疆的政治平衡来说,公元前7世纪中叶是一个转折点,其重要性甚至超出了西周的结束(919页)。

无论从先进的冶炼技术的迅速传播,还是从草原民族向游牧生活的转变而言,都和公元前650年这样一个年代没有必然的联系。尽管在 Nicola Di Cosmo 看来,先进的冶炼技术的迅速传播是第二期的一个重要特征,但没有一个明确的分界线可以和第三期分开。从 Nicola Di Cosmo 反复强调的社会经济形态的转变而言,草原地带许多不同区域的民族开始游牧生活发生在公元前8世纪(911页),也不是用作分界的公元前7世纪中叶。Nicola Di Cosmo 将第三期视为发达的草原游牧民族出现的阶段,为了不受欧亚草原泛斯基泰的影响,以及避开"先匈奴"的说法,Nicola Di Cosmo 倾向于采用 early nomadic 即早期游牧阶段的称谓,认为和匈奴、东胡、林胡、乌孙等的先民有关。但这种早期游牧阶段的出现,正如 Nicola Di Cosmo

所说,在北方地带包括新疆的塞人文化、甘肃的沙井文化、内蒙古的鄂尔多斯复合体、辽宁的夏家店上层文化等,都是一个渐变的发展过程,由于各自的年代跨度不一,也很难和第二期之间找到一个共同的分界。

至于第三、四期的分界,是以中山修筑防御性工事作为划分依据的(951页)。随着燕、赵、秦等国的扩张,中国北边的半游牧民族(如狄)被纳入中国文化圈,使得介于中原与北方业已发达的游牧民族之间的中间缓冲地带消失,形成南北直接面对,"冠带战国七,而三国边于匈奴"(《史记·匈奴列传》)的局面。第四期的年代是从早期草原游牧者——"胡"在中国北边的出现开始,到匈奴帝国的建立。很明显,这样的划分也是以历史框架为参照的。

作者运用的方法是想将社会和经济方面的考虑和历史文献中的记载相结合,以期对北方地带的文化进程作一个更完整的评价(889页)。但实际上,社会和经济的变迁并未成为作者分期的主要依据,相反,根据以上分析可以看出,Nicola Di Cosmo 的分期标准仍以历史上的政治事件为主要依据,其中第二、三期之间的界线比较模糊。因此,社会经济的变化(如游牧化的历史进程、金属冶炼等技术的进步等)并未通过分期很好地展现出来。另外,第一期的上限虽未作明确说明,但基本上是以青铜器的出现为依据的,重点显然是以大致相当于商代后期的北方青铜文化为主,而相当于公元前2千纪前半期的遗存则很少论及,因此第一期跨度太大,似有重新考虑的必要。

四、与分期密切相关的是各期的内容安排问题

由于整篇文章的构架是先提出问题、交代分期,再分期叙述,因此,各期内容的安排就显得格外重要。

第一期,Nicola Di Cosmo 首先从考古学文化的角度介绍了一组具有北方地带典型特征的青铜器及动物纹风格,界定了 the Northern Zone 的地理分布及在这一区域内的考古学文化。在介绍有关考古学文化时,虽然 Nicola Di Cosmo 将它们分为东北、中间、西北三大块,但行文中前两块则混在一起,顺序不明确。在896页讲商代的

北方地带的分布时,认为它包括陕北、山西、河南北部,并且东及辽东沿海,西至新疆。但在 Map 13.1 中既没有辽东沿海,也没有新疆的任何遗址出现,甚至连文中提到的甘青地区的齐家、辛店、寺洼等文化也没有在地图中标出,显然是有问题的。在讲到与商文化的关系时,重点穿插了马车的使用与传播问题。照理,和周围文化进行比较时,应注意比较的同时性。然而,文中既认为 Karasuk culture 的年代为公元前 12—前 8 世纪,理应根据其早晚不同发展阶段分别放在第一、二期中比较,正如将毛庆沟、桃红巴拉的早晚不同阶段分别放在第三期(933 页)、第四期(953 页)一样,但实际上 Karasuk culture 与北方区的比较只见于第一期(905 页),以后再未提及。

第二期,首先强调了向游牧经济的转型问题,并对有关概念进行了讨论,然后列举了北方地带畜牧经济的证据,但主要是马具和骑马的证据及其传播,并穿插讨论了早期铁器问题。在介绍有关考古学文化时,也是分三大块,但中间的区域只有北京昌平、延庆和甘肃灵台数处发现,不仅缺环多,而且归入鄂尔多斯青铜器也未必合适。更有问题的是甘青地区的卡约文化(918 页),年代上既然认为与辛店同时,包括从商初到汉代的长时间跨度,但不知为何放在第二期而不是和辛店文化(公元前 2 千纪前期至西周晚期)一起放在第一期(901 页),或者根据不同的发展阶段归入相应的期别进行讨论。待进入第四期时,甘青地区的遗存已被忘记,以致当讨论匈奴的崛起时,其西边除杨郎以外没有提及任何其他考古学文化遗存。

第三期,重点是中国北方地带早期游牧文化的发展,放在该期介绍的考古学文化分布范围最广,除了和前两期大致对应的三大块以外,还加上了新疆作为一个独立的区域,并附有专图 Map 13.4。值得注意的是,和本章节其他几幅地图不同,该图上未标明时间范围,或许是因为文中交代是属于公元前 8 至前 3 世纪时期的塞人遗存,在时间上超出了第三期范围的缘故。当然,在地理分布上,部分新疆遗址也已超出了北方边疆的范围。新疆部分之所以如此处理,不知是 Nicola Di Cosmo 概念不清还是不得已而为之。文中将乌孙与大月氏不分(941 页),表明 Nicola Di Cosmo 在某些概念上是模糊不清的。关于齐齐哈尔市的三家子墓地,本来是在第三期叙述的(928 页),但 Map 13.3 上遗漏,却在 Map 13.5 上出现。

第四期,所介绍的考古学文化遗存基本上都集中在了与前三期的中间块大致对应的区域,即鄂尔多斯及其周围地区,就文化属性而言,除个别如阿鲁柴登的发现归入林胡(954页)以外,基本上都归入了匈奴的范畴。尽管 Nicola Di Cosmo 也注意到诸如桃红巴拉、毛庆沟等遗址在年代上的延续性,但对于鄂尔多斯地区东西两侧的文化变迁却略而不论,也许是因为此时与匈奴密切相关的东胡与月氏的考古学文化尚无从确认的缘故。值得注意的是,冒顿登上匈奴单于宝座之时,根据文献记载,匈奴的力量仍然弱小,而目前归入匈奴名下的遗存却多于它强大的近邻东胡与月氏,不能不说是一个怪现象。

五、关于贸易与其他

文中多处提到在北方地带发现的钱币(如934页毛庆沟发现的刀币),并把这种发现看成是和 China 有贸易存在的证据,未免欠妥。至于960页提到延庆发现的钱币,是否与该地存在货币交换有关,也很难说。938页还认为甘肃永登榆树沟发现的类似于鄂尔多斯和河北地区发现的贝壳、绿松石珠子是和这些地区有贸易联系的证据,要知道,相似的发现并不排除它们可能来自另外的产地,更何况贝壳显然不是其中任何一地能够出产的。

此外,Nicola Di Cosmo 虽认为北方地带游牧化的进程是自身发展的结果,但又过多强调北方地带与中亚之间的联系,并把这种联系看成是北方地带的文化变迁与发展的强有力的催化剂,同时也是中亚的技术、概念等经由北方传入中原的必然途径,而有意降低北方地带和中原之间的联系对北方地带经济文化发展的重要性。为了证明某些技术(如冶铁)首先在北方地带传播然后才传入中原,对有关数据不加分辨,如913页说黑龙江流域在公元前2千纪末已有铁器,公元前9世纪时已有相当复杂的冶铁业生产刀、短剑、盔甲等;又如946页说在 the Northern Zone 的东部和中部,公元前7世纪铁器已广泛应用。诸如此类,都是不可取的。

(本文原名"关于《前帝国时期中国北方边疆》的几个问题——节评《剑桥中国先秦史》",载《北京大学研究生学志》2001年1期。)

24

"马城"与"马邑"

——关于田豫被鲜卑围困事件的再认识

公元3世纪初期,东汉政权在风雨飘摇中解体,天下三分。曾给东汉政府带来无尽困扰的与北方鲜卑等民族的关系问题,此时主要转移到曹魏的肩上。据《三国志》记载,魏文帝曹丕登基之后,受命出任护乌丸(桓)校尉这一要职的是渔阳雍奴人田豫,"持节并护鲜卑,屯昌平"[1]。田豫在任九年,其间曾对鲜卑诸部采取离间政策,使其相互攻伐,而自己也被卷进其中,并遭到鲜卑的围困。后因被指责为"乱边,为国生事"而离职,内调为汝南太守,加殄夷将军[2]。

关于田豫在任护乌丸(桓)校尉期间被鲜卑围困的事件,陈寿在《三国志·魏书》中曾多次提及,分别见于卷26《田豫传》《牵招传》和卷30《乌丸鲜卑东夷传》。另外,《三国志·魏书·刘放附孙资传》裴松之注引《魏氏春秋》也有类似记载。这些相关史料之间虽可互为补充,但也存在一些矛盾之处,甚至有明显的讹误存在。早在1962年出版的《乌桓与鲜卑》一书中,马长寿先生在讨论"轲比能的复兴"时,曾注意到有关田豫被鲜卑围困的史料记载中"互有出入"的现象,但只是进行了简单的取舍、整合[3]。针对马先生的论述,后来有学者曾撰文就田豫被鲜卑围困的

---

[1]《三国志·魏书》卷30《鲜卑传》,中华书局标点本,1982年,836页。以下所引《三国志》均据同一版本,故只注明页码。

[2]《三国志·魏书》卷26《田豫传》,728页。

[3] 马长寿先生认为:"黄初三年(222)以后,轲比能和素利亦展开战争,相互攻击。经过魏乌桓校尉田豫的调和,始不相侵。后来在魏明帝太和二年(228),因为马市问题,轲比能、素利、弥加联合起来,共结盟誓,相约不以马匹与官方互市。田豫以为:'戎狄为一,非中国之利,乃先构离之,使自为仇敌,互相攻伐。'先嗾使素利违盟,出马千匹与魏交易,轲比能以素利败盟,遂出兵攻击。素利不敌,求救于豫,豫领西部鲜卑附头、泄归泥等出塞,孤军深入,无所获而还。还至马城(今河北怀安县北),比能率兵三万骑,围困七日。时上谷太守阎志,系前述乌桓校尉阎柔的兄弟,素为 (转下页)

次数、被围的具体时间,以及导致事件发生的原因等问题进行了探讨[1]。然而由于对文献记载中存在的明显的讹误的忽视,使得相关问题并未得以澄清,反而新生歧义。下面试从史料本身的分析入手,略述浅见,还望方家指正。

为便于分析,先将有关记载依中华书局标点本(1982年7月第2版)征引如下(引文中的下划线均为笔者加)。

《三国志·魏书·田豫传》(以下简称《田豫传》):

> <u>文帝初</u>,北狄强盛,侵扰边塞,乃使豫持节护乌丸校尉,牵招、解俊并护鲜卑。自高柳以东,濊貊以西,鲜卑数十部,比能、弥加、素利割地统御,各有分界。乃共要誓,皆不得以马与中国市。豫以戎狄为一,非中国之利,乃先构离之,使自为仇敌,互相攻伐。素利违盟,出马千匹与官,为比能所攻,求救于豫。豫恐遂相兼并,为害滋深,宜救善讨恶,示信众狄。单将锐卒,深入虏庭,胡人众多,钞军前后,断截归路。豫乃进军,去虏十余里结屯营,多聚牛马粪然之,从他道引去。胡见烟火不绝,以为尚在,去,行数十里乃知之。追豫到<u>马城</u>,围之十重,豫密严,使司马建旌旗,鸣鼓吹,将步骑从南门出,胡人皆属目往赴之。豫将精锐自北门出,鼓噪而起,两头俱发,出虏不意,虏众散乱,皆弃弓马步走,追讨二十余里,僵尸蔽地。(727页)

《三国志·魏书·牵招传》(以下简称《牵招传》):

> 明帝即位,赐爵关内侯。<u>太和二年</u>,护乌丸校尉田豫出塞,为轲比能所围于<u>故马邑城</u>,移招求救。招即整勒兵马,欲赴救豫。并州以常宪禁招,招以为节将见围,不可拘于吏议,自表辄行。又并驰布羽檄,称陈形势,云当西北掩取虏家,然后东行,会诛虏身。檄到,豫军踊跃。又遗一通于虏蹙要,虏即恐怖,

---

(接上页)鲜卑所信,前往调喻,比能始解围而去。"参见马长寿《乌桓与鲜卑》,上海人民出版社,1962年,191页。

[1] 张文山《田豫被围考》,《内蒙古师大学报》1983年3期。

种类离散。军到<u>故平城</u>，便皆溃走。比能复大合骑来，到<u>故平州</u>塞北。招潜行扑讨，大斩首级。(732页)

《三国志·魏书·鲜卑传》（以下简称《鲜卑传》）：

黄初二年，比能出诸魏人在鲜卑者五百余家，还居代郡。明年，比能帅部落大人小子代郡乌丸修武卢等三千余骑，驱牛马七万余口交市，遣魏人千余家居上谷。后与东部鲜卑大人素利及步度根三部争斗，更相攻击。田豫和合，使不得相侵。<u>五年</u>，比能复击素利，豫帅轻骑径进掎其后。比能使别小帅琐奴拒豫，豫进讨，破走之，由是怀贰。……<u>太和二年</u>，豫遣译夏舍诣比能女婿郁筑鞬部，舍为鞬所杀。其秋，豫将西部鲜卑蒲头、泄归泥出塞讨郁筑鞬，大破之。还<u>至马城</u>，比能自将三万骑围豫七日。上谷太守阎志，柔之弟也，素为鲜卑所信。志往解喻，即解围去。(838—839页)

《三国志·魏书·刘放附孙资传》裴松之注引《魏氏春秋》（以下简称《魏氏春秋》）：

乌丸校尉田豫率西部鲜卑泄归尼等出塞，讨轲比能、智郁筑鞬，破之，还至<u>马邑故城</u>，比能率三万骑围豫。帝闻之，计未有所出，如中书省以问监、令。令孙资对曰："上谷太守阎志，柔弟也，为比能素所归信。令驰诏使说比能，可不劳师而自解矣。"帝从之，比能果释豫而还。(458页)

通过对上述史料的比较可以看出，《牵诏传》《鲜卑传》及《魏氏春秋》所述田豫被围应为同一事件，发生时间按照前两者的记载是在"太和二年(228)"。若依《鲜卑传》，具体时间是在太和二年秋季。事件的起因似乎与翻译夏舍被杀有关[1]。

---

[1] 张文山将《牵诏传》与《鲜卑传》中记载的太和二年田豫被围看成是发生在同一年的两次事件，以为《牵诏传》所描述的田豫被围困事件发生在太和二年春天，然所陈理由实际是对《牵诏传》的误读，参见张文山《田豫被围考》，《内蒙古师大学报》1983年3期。

田豫此次出塞的征讨对象，按《鲜卑传》主要是轲比能的女婿郁筑鞬部，结果是"大破之"。而《魏氏春秋》作"讨轲比能、智郁筑鞬，破之"。颇疑《魏氏春秋》中的"智"乃"婿（壻）"之误，原文应为"讨轲比能婿（壻）郁筑鞬，破之"。若按今中华书局标点本在"轲比能"之后加上顿号，不但使人名发生变化，还使得上下文之间出现了矛盾。因为如果轲比能也在被田豫"破之"或"大破之"之列，很难想象他还会亲率大军追赶田豫并将之围困。史载此时的轲比能"控弦十余万骑"[1]，力量十分强大。田豫连前来追赶的"三万骑"都无法应对，就更谈不上到塞外去大破轲比能本部了。这样，轲比能率军前来追赶并包围田豫，是在得知其女婿郁筑鞬部被创的消息之后，而不是在轲比能自己被创之后，就显得更为合理一些。

此次伴随田豫出征的还有所谓"西部鲜卑"部落。其中，《鲜卑传》中所说的"西部鲜卑蒲头"，按照马长寿先生的看法，应该就是《牵诏传》中曾提及的"河西鲜卑附头"[2]。将鲜卑部落划分为东部、中部和西部，似始于檀石槐。据《三国志·魏书·鲜卑传》裴松之注引王沈《魏书》，檀石槐是将"上谷以西至敦煌、西接乌孙为西部"的，据称有"二十余邑"[3]。既然"附头"（或"蒲头"）是"河西鲜卑"，按照前述檀石槐的划分，自然也就可以称为"西部鲜卑"。但"泄归泥（尼）"就不同了。此人乃步度根中兄扶罗韩之子，为檀石槐的曾孙，照说不应划入西部鲜卑。史载，扶罗韩被轲比能杀害后，步度根与轲比能的矛盾激化，更相攻击。后因部众稍寡弱，步度根"将其众万余落保太原、雁门郡"，泄归泥也带领其部落投奔了步度根[4]。或许正是因为泄归泥依附步度根而地处并州、在上谷以西的缘故，才有《魏氏春秋》"西部鲜卑泄归尼（泥）"之说？然相比《鲜卑传》所说的"西部鲜卑蒲头、泄归泥"而言，裴注所引《魏氏春秋》明显省略了"蒲头"二字，另加了一"等"字。由

---

[1]《三国志·魏书》卷30《鲜卑传》，839页。

[2] 据《三国志·魏书》卷26《牵诏传》，牵诏曾"通河西鲜卑附头等十余万家"（732页）。马长寿先生认为"附头"与"蒲头"为同一人，故在论述这段史实时就直接写成了"豫领西部鲜卑附头、泄归泥等出塞"，参见马长寿《乌桓与鲜卑》，上海人民出版社，1962年，191页。

[3]《三国志·魏书》卷30《鲜卑传》，838页。范晔《后汉书·乌桓鲜卑列传》所述基本相同，称东、中、西三部"各置大人主领之，皆属檀石槐"（中华书局标点本，1965年，2990页。以下引《后汉书》版本均同，不另注）。

[4]《三国志·魏书》卷30《鲜卑传》，836页。

此产生的问题是：如果《鲜卑传》中的"西部鲜卑"仅指"蒲头"（即"河西鲜卑附头"）而言，则《魏氏春秋》的省略就必然要导致误读。因此，仅凭上述《魏氏春秋》和《三国志·魏书·鲜卑传》的两条文献，仍不能确定"泄归尼（泥）"在当时是否被看成是"西部鲜卑"。

至于此次田豫被围困的地点，《鲜卑传》称是"马城"，但《牵招传》作"故马邑城"，《魏氏春秋》作"马邑故城"。无论是"故马邑城"还是"马邑故城"，所指均应为秦汉时期的"马邑"，为雁门郡的属县之一，即著名的"马邑之谋"的马邑所在（今山西省朔州）。关于"马邑"城的修筑，据说始于秦。南朝梁人刘昭注司马彪《续汉书·郡国志》时所引晋干宝《搜神记》云："昔秦人筑城于武州塞内以备胡，城成而崩者数矣。有马驰走一地，周旋反覆，父老异之，因依以筑城，城乃不崩，遂名之为马邑。"[1]另外，唐代颜师古注《汉书·地理志》时所引《晋太康地记》的说法也大体一致，称"秦时建此城辄崩不成，有马周旋驰走反覆，父老异之，因依以筑城，遂名为马邑。"[2]张守节《史记正义》除了引用《搜神记》之外，还引唐代的《括地志》，指出唐代朔州城即汉雁门之"马邑"所在地[3]。

而"马城"（今河北省怀安）在两汉时期均为代郡属县，曾为代郡东部都尉治所。马城位于马邑的东北方向，两地相去甚远，原本不应混淆。田豫作为护乌丸校尉，屯驻地是"昌平"（今北京昌平），结合当时鲜卑（尤其是轲比能直接控制的部落）的分布，从行军路线推测，田豫似不应跑到高柳（今山西阳高）、平城（今山西大同）西南的马邑去。更何况从《牵招传》的记载来看，"故马邑城"之"邑"字显系衍文，原本也应作"马城"或"故马城"才对。因为当时牵招作为雁门太守，屯驻地无论是在"郡治所广武"（今山西代县）或在新缮治的"陉北故上馆城"（今雁门关北广武一带），都在马邑（故城）的东南不远。而牵招发布的檄文内容却称"当西北掩取虏家，然后东行，会诛虏身"，以及实际上"军到故平城"，敌人"便皆溃走"。这些记

---

[1]《后汉书》，3526页。
[2]《汉书》卷28下《地理志下》，中华书局标点本，1962年，1621页。
[3]《史记》卷8《高祖本纪》注，张守节引《括地志》云："朔州城，汉雁门，即马邑县城也。攻韩信于马邑，即此城。"中华书局标点本，1959年，385页。

载都与田豫被困"故马邑城"的说法存在矛盾,而与"马城"的方位较符合。加上《鲜卑传》和《魏氏春秋》均称此次前来解围的是上谷太守阎志。当时的上谷郡治在居庸(今北京延庆),离马城近而离马邑太远。由此推测,此次田豫被轲比能围困的地点应以《鲜卑传》记载的"马城"最为合理,《牵招传》及《魏氏春秋》所谓"故马邑城"或"马邑故城",似均为"马城"之误[1]。至于《牵招传》下文所载"比能复大合骑来,到故平州塞北。诏潜行扑讨,大斩首级"之"故平州",显然也应是"故平城"之误。

附带说明的是:类似《三国志》将"马邑"与"马城"相混淆的例子,在范晔《后汉书》中也曾出现。例如关于东汉顺帝阳嘉二年秋"鲜卑寇代郡"[2]一事。《后汉书·鲜卑传》称阳嘉二年"秋,鲜卑穿塞入马城,代郡太守击之,不能克"[3]。而《后汉书·郎顗传》却说:阳嘉二年"秋,鲜卑入马邑城,破代郡兵"[4]。两汉时期,代郡属县中只有"马城"而无"马邑"。显然,《郎顗传》中的"马邑城"也应为"马城"之误。

史料中这种类似错误的出现究竟是出于陈寿、范晔等人的疏忽,还是在相关史籍的流传过程中出现的讹误,目前难以详知。不过有一点似可以肯定,到了唐代,李贤等人对《后汉书》作注时,已将前述有关"马邑"的传说直接套在了"马城"的头上。例如《后汉书·安帝纪》载:元初六年"秋七月,鲜卑寇马城,度辽将军邓遵率南单于击破之。"李贤等注却引《搜神记》曰:"昔秦人筑城于武周塞以备胡,将成而崩者数矣。有马驰走,周旋反覆,父老异之,因依以筑城,城乃不崩,遂以名焉。"同时还说"其故城,今朔州也"[5]。显然是将"马城"当成了"马邑"。类似的情形也见于《后汉书·耿夔传》,在叙述安帝建光中鲜卑"攻杀云中太守成严,围乌桓校尉

---

[1]《三国志·魏书》卷30《乌丸传》将"田豫有马城之围"与"毕轨有陉北之败"并列(832页),对于考察田豫被困地点,无疑也是有帮助的。鲜卑围乌桓校尉于马城,于东汉时已有先例(《后汉书·鲜卑传》和《耿夔传》),这应当是与马城的地理位置,以及当时鲜卑的分布和护乌桓校尉的主要活动地域有关。

[2]《后汉书》卷6《顺帝纪》,263页。

[3]《后汉书》卷90《乌桓鲜卑列传》,2989页。

[4]《后汉书》卷30下《郎顗传》,1075页。

[5]《后汉书》卷5《安帝纪》,230页。

徐常于马城"之事时,李贤等注称:"马城,县名,属代郡,故城在今云州定襄县。秦始皇初筑城,辄崩坏,其后有马周章驰走,因随马迹起城,故以名焉。"[1]其自相矛盾如此,说明李贤等人对于汉代雁门之"马邑"与代郡之"马城"的区别已经模糊不清。

关于解围,在《牵诏传》中,陈寿突出了雁门太守牵诏对解田豫之围的贡献;而在《鲜卑传》中,解围的主要功绩却被陈寿归结为上谷太守阎志,称"(阎)志往解喻,即解围去",只字不提牵诏出兵支援以及"驰布羽檄"之事。以致有学者误以为《鲜卑传》和《牵诏传》所记载的太和二年田豫被困事件是发生在同一年不同季节的两次被困事件[2],但显然忽略了《魏氏春秋》的记载。据前引《魏氏春秋》知,阎志之所以出面,原来是因为孙资在曹魏明帝面前推举的缘故。或许是因为具体前往解喻的毕竟是阎氏,故陈寿不仅在《鲜卑传》中省略了孙资的举荐,就连在《孙资传》中也未提及此事;或许是因为阎氏与鲜卑的特殊关系,"素为鲜卑所信",加上地域邻近,作为上谷太守出面调停自在情理之中,而孙资的举荐原本属于子虚乌有,陈寿才只字不提;或许还有其他的原因。不管历史的本来面貌如何,《魏氏春秋》既然是孙资后人孙盛所作[3],自然不会放弃这一对祖先大书特书的机会。史料的倾向性与局限性,于此亦可见一斑。

值得注意的是,在《田豫传》中,陈寿也记载了一次田豫被围困事件,地点也是马城,但未交代明确的时间。不过,无论是从事件的起因、经过,还是从结局来看,陈寿在《田豫传》中所描写的都与《牵诏传》《鲜卑传》所载太和二年的围困事件存在着显著的区别。由此产生的问题是:导致这种差别的是同一历史事件的不同侧面或不同版本?还是本身就是发生在不同时间的类似事件?

若结合前引《鲜卑传》中的其他相关记载来看,田豫与轲比能之间的武力冲突似乎不止发生一次。《田豫传》记载的这次,是出于鲜卑内部纷争,因马市问题引起。田豫出征是在鲜卑大人素利的请求下,基于"救善讨恶,示信众狄"考虑。既未

---

[1]《后汉书》卷19《耿夔传》,719—720页。
[2]参见马长寿《乌桓与鲜卑》,上海人民出版社,1962年,191页。
[3]据《晋书》卷82《孙盛传》及卷56《孙楚传》,中华书局标点本,1974年。

提及有鲜卑部落同行,也没有牵招出兵支援或阎志前往解喻之类的事情发生,而是由田豫"单将锐卒,深入虏庭",主动进军,然后设计引退。在被围困于马城的情况下,也是由田豫自己设计解围,最后还"追讨二十余里,僵尸蔽地",大有斩获。整个事件的描述都明显地是在展现护乌丸校尉田豫的正义、信用、计谋和勇敢。这或许正是陈寿将之纳入田豫本传的主要原因,同时也应该是陈寿将前述太和二年那次对田豫来说是被动挨打的围困事件分散在《牵招传》和《鲜卑传》中的主要动机。尽管田豫在太和二年被轲比能三万大军围困时似乎显得无计可施、无所作为,但放在《牵招传》中的内容却突出了雁门太守牵招的正面形象,另外将上谷太守阎志的前往解喻放在《鲜卑传》中,又突出了曹魏与鲜卑之间友好关系的一面,可以说是各得其所、恰如其分。如此一来,陈寿才真不愧是"善叙事,有良史之才"[1]。否则的话,如果是前者——即《田豫传》描述的马城之围也是《牵招传》及《鲜卑传》中记载的太和二年的被困事件,则陈寿写的历史还会有谁相信呢?

既然《田豫传》所记载的马城之围与前述的发生在太和二年被困事件不同,那么,它又发生在什么时候呢?由于"太和二年,素利死"[2],而《田豫传》所载田豫是在素利的请求下出征的,因此,不太可能发生在太和二年素利死以后。就目前的史料来看,有关太和二年之前田豫与鲜卑轲比能之间的武力冲突中明确记载了时间的只有一次,即黄初五年(224)。

据前引《鲜卑传》载:"(黄初)五年,比能复击素利,豫帅轻骑径进掎其后。比能使别小帅琐奴拒豫,豫进讨,破走之,由是怀贰。"

显然,此次冲突中田豫遭遇的并不是轲比能本部,而是由轲比能派出的一个分支,且田豫在冲突中是否曾被围困于马城或者别的什么地方,并未明言。尽管此次轲比能攻击素利并非第一次,但轲比能既然"由是怀贰",似乎表明田豫与轲比能之间的类似武装冲突还只是一个开端。故轲比能在此后给辅国将军鲜于辅的书信

---

[1]《晋书》卷82《陈寿传》,2137页。
[2]《三国志·魏书》卷30《鲜卑传》,840页。

中提到的对田豫耿耿于怀的也正是此事[1]。此时距田豫出任护乌丸校尉已有数年[2]。虽然魏文帝"复使豫招纳安慰",但田豫对待鲜卑诸部的策略由"合和"到"拘离"的转变,很可能就发生在这个时候[3]。

在《田豫传》记载的田豫被困马城的事件中,还有一点值得注意的就是:尽管在田豫出征之前提到鲜卑大人素利是为轲比能所攻而"求救于豫",但此后的整个事件描述中,陈寿对敌对方一直采用的都是"胡""虏"之类的泛称,而对围困田豫的敌人究竟是谁以及数量有多少,陈寿也都没有给予明确交代。联系到前引《鲜卑传》所载黄初五年的冲突,很可能是因为《田豫传》中所描述的敌对方并不是由轲比能亲自率领的大军,而是类似于黄初五年那样的分支部队的缘故;甚至两者原本就是同一历史事件[4],亦未可知。当然也不排除其他的可能性。或许是为了淡化太和二年被轲比能围困事件的负面影响,突出田豫的正面形象,陈寿才不惜在《田豫传》中故意含糊其辞的[5]。试想,如果《田豫传》中所载在马城"围之十重"、并被田豫打败的敌人正是轲比能亲自率领的大军,陈寿又有什么理由不明确指出、大书一笔呢?

过去,马长寿先生将《田豫传》中记载的被围困事件与《牵诏传》和《鲜卑传》中记载的太和二年被围困事件"整合"[6],显然是值得商榷的。但张文山认为《牵诏传》与《鲜卑传》记载的太和二年田豫被围困分别发生在春、秋两季(春季在马邑、

---

[1] 据《三国志·魏书》卷30《鲜卑传》所载轲比能给辅国将军鲜于辅的书信中提及:"夷狄不识文字,故校尉阎柔保我于天子。我与素利为雠,往年攻击之,而田校尉助利。我临阵使琐奴往,闻使君来,即便引军退。步度根数数钞盗,又杀我弟,而诬我以钞盗。我夷狄虽不知礼义,兄弟子孙受天子印绶,牛马尚知美水草,况我有人心邪。将军当保明我于天子。"(839页)

[2] 关于田豫出任护乌桓校尉的时间,《三国志》只说是:"文帝初"(727页)、"文帝践阼"(836页)。若按司马光的看法,是在黄初二年,见《资治通鉴》卷69,中华书局标点本,1956年,2222页。

[3] 相应的,牵诏出任雁门太守之后,对待鲜卑诸部的策略也发生了变化,由原来的"怀来"转变为"拘间离散",并且利用款塞的鲜卑主动出击塞外的轲比能等。具体参见《三国志·魏书》卷26《牵诏传》。

[4] 例如张文山就认为《田豫传》中描述的马城之围——即"田豫被轲比能的第一次围困"发生在黄初五年,参见张文山《田豫被围考》,《内蒙古师大学报》1983年3期。

[5] 马长寿先生曾指出,陈寿在《田豫传》中"多讳言战中失利,败乃言胜"。参见马长寿《乌桓与鲜卑》191页注3。

[6] 参见马长寿《乌桓与鲜卑》,上海人民出版社,1962年,191页。

秋季在马城)[1]，恐怕也是站不住脚的。

现在，重新审视有关的史料，可以推断的是：田豫在任护乌丸（桓）校尉期间被鲜卑围困至少有二次，即《田豫传》记载的一次和《牵诏传》《鲜卑传》所载太和二年的另一次，其发生地点均应在代郡的马城。

2004 年 11 月 2 日初稿，2006 年 3 月 29 日修订。

（本文原名"'马城'与'马邑'——关于田豫被鲜卑围困事件的再认识"，为未刊稿。）

---

[1] 参见张文山《田豫被围考》，《内蒙古师大学报》1983 年 3 期。

肆

伎与艺

汉代百戏

关于洛阳三座汉壁画墓的年代序列

略谈七贤壁画与七贤名次

从蒲城元墓壁画看元代匜的用途

古代诗赋与考古学研究例说

25 汉代百戏

汉代百戏,通常泛指两汉时期曾广泛流行的各类竞技、杂耍、幻术以及乐舞、俳优戏和动物戏等众多的表演艺术形式。在汉代多沿袭秦王朝而冠以"角抵"之名,泛称为"角抵戏""角抵奇戏""角抵诸戏""角抵百戏"等,实际上是以杂技为主导的多种民间技艺的综合串演。演出规模视场地的不同可大可小,所演节目也不尽相同,形式多样,尚未规范化,表现出较大的随意性,属于一种混合型的大杂烩。东汉以后,便以"百戏"之名统称之。

汉代百戏的兴盛,始于西汉武帝时期。史载:"(元封)三年春,作角抵戏,三百里内皆来观。"(《汉书·武帝纪》)这种规模盛大的宫廷演出,把汉代百戏的发展推向了一个新的高潮。究其原因,大致有以下几条。

一、秦王朝的统一,疆域的扩大,便于把先秦分散于诸侯国和边远少数民族地区的各类表演艺术集中于中央王朝。史载:"秦每破诸侯,写放其宫室,作之咸阳北阪上……所得诸侯美人钟鼓,以充入之。"(《史记·秦始皇本纪》)以致"妇女倡优,数巨万人;钟鼓之乐,流漫无穷"(《说苑·反质》)。秦二世胡亥就曾在甘泉宫"作角抵优俳之观"(《史记·李斯列传》)。这是将民间技艺集中于宫廷表演的最早记载。这种集中,客观上有助于互相交流和提高技艺水平。至汉武帝时,又设立了专门的音乐机构——乐府,凡用于宫廷宴飨时演出的倡优伎乐均属乐府统一管辖。这种宫廷宴乐机构的建立,对百戏的发展亦起到了积极的推动作用。

二、汉承秦一统局面,经历文景之治,社会经济得到恢复和发展,国力增强,为百戏的盛行奠定了深厚的物质基础。事实上,宴饮百戏已成为当时文化娱乐生活中不可或缺的一部分。著名的《盐铁论》一书中记述当时乐舞百戏盛行的情况是:富者"钟鼓五乐,歌儿数曹","戏倡舞像"不说,就连一般家庭来了客人,也有"倡优奇变之乐"以娱乐宾客。更有甚者，连办丧事也要"责办歌舞俳优，连笑伎戏"。

三、秦汉之际，神仙方术盛行。对神仙境界的追求导致许多带有模拟性质的化装节目（如著名的"鱼龙曼延""总会仙倡"之类）被纳入百戏的演出行列，增加了百戏的取材范围。同时，信鬼神而盛祭祀之风俗使得一些人"休其蚕织，而起学巫祝"（《潜夫论·浮侈》），加入鼓舞事神者行列，从而壮大了百戏的演出队伍。

四、著名的丝绸之路的开通，促进了中西文化交流。西域的杂技、幻术东来，大大丰富了中原百戏的内容，并与传统的技艺相结合，推陈出新，使汉代百戏的表演变得更加丰富多彩。

五、最根本、最直接的原因，是出于汉帝国政治上的需要。为了抗击匈奴，解除边患，汉武帝采取了一系列有效措施，张骞出使西域便是其中的一项壮举。西域开通之后，各国使节纷沓而致，还带来了西域的幻术与方物。史载："是时上方数巡狩海上，乃悉从外国客，大都多人则过之，散财帛以赏赐，厚具以饶给之，以览示汉富厚焉。于是大角抵，出奇戏诸怪物，多聚观者，行赏赐，酒池肉林，令外国客遍观各仓库府藏之积，见汉之广大，倾骇之。"（《史记·大宛列传》）很明显，角抵奇戏在这里被搬上了外交舞台，名为招待外国使臣，实则借以伸张国威，显示汉帝国的富庶广大与勇武强悍，起到震慑作用。

武帝时规模盛大的宫廷演出曾在上林苑的平乐馆举行（《汉书·武帝纪》：元封六年夏，即公元前105年），平乐馆后更名平乐观。40年后的元康二年（前64），汉宣帝又"自临平乐观，会匈奴使者、外国君长大角抵，设乐而遣之"（《汉书·西域传》）。当时演出之盛况，可从李尤《平乐观赋》和张衡《西京赋》中略见一斑。从此以后，作为最具代表性、最能显示国家表演艺术水平的艺术形式——百戏，便成了汉帝国招待国宾的重要演出。发展到东汉，每岁正旦在德阳殿举行的盛大朝贺仪式中，往往要加入大规模的百戏表演，似已成定制（《后汉书·礼仪志》《晋书·乐志》）。众所周知，百戏是以视觉为主的艺术形式，对于重译而来的外国君长和使臣来说，更易于理解和感受，百戏被用于外交，恐怕也是与它自身的这一特点分不开的。

汉代百戏所包括的表演项目十分丰富，各地汉墓出土的画像石、画像砖，以及壁画、漆绘、陶俑等大量的汉代绘画雕塑遗存,为我们提供了众多的百戏演出的直观形象。其中最著名的要数集中分布于鲁南苏北、河南南阳、四川成都等地的画像石和画像砖,这些地区在当时均为经济发达的地区。南阳还号称南都,为东汉皇族聚集地,除了经济原因,还有明显的政治因素。结合有关文献,汉代百戏的内容似可粗略分为以下七类。

一、狭义的角抵艺术

秦汉角抵是由战国时代武备训练演变而来的。《汉书·刑法志》云:"春秋之后,减弱吞小,并为战国,稍增讲武之礼,以为戏乐,用相夸视。而秦更名角抵。"狭义的解释按照汉魏之际南阳人文颖所说,是指"两两相当,角力、角技艺射御"之类(《史记·李斯传》集解引)。反映在汉画上主要是指徒手相搏、徒手对器械和持械相斗一类竞技表演。

徒手相搏,又称手搏或弁,宋代始称相扑。在我国有着源远流长的历史。战国末年的匈奴铜牌饰、秦代木篦上就已出现相扑图像,汉墓壁画如密县打虎亭汉墓中亦有发现,均为赤裸上身徒手相搏的形象。流传至今的日本相扑仍保持了我国古代该项竞技的传统风格,成为中日文化交流历史悠久的有力见证。

徒手对器械,又称空手入白刃。汉画像石所见有徒手对杖、徒手对剑等。持杖、剑者多采取进攻之势,而徒手者均亮掌却步,二者攻防鲜明,似有一定的表演套路。

持械相斗为汉画角抵图中最常见的一种,这是与汉代的尚武精神分不开的。所持器械包括各类长短兵器及防御性武器如刀、剑、矛、戟、杖和盾、钩镶等,而以用剑者为多。特别值得一提的是:钩镶作为一种钩、推两用兵器,既可用中部小盾牌抵御敌方利刃,又可用钩来勾住对方武器,使之陷于被动,以利己方杀出。在徐州、嘉祥、绥德等地出土的汉画像石上均有发现,且多与环首刀配合使用。敌方武器以戟为多,亦有持刀盾者(图25-1)。由此说明,汉代技击不仅讲究技巧,而且还注意到了武器功能的配合。

图 25-1　汉画像
持械相斗（微山两城镇）

二、作为杂技基本功的形体技巧

主要包括倒立、柔术、钻圈等。倒立又称倒植，即今之顶功。汉画所见，参加者以 1—2 人为主，然而表演形式却复杂多样：手有单双之别，腿有曲直之分；或据地倒立，或倒立于樽、鼓、叠案之上。另外，在高绝、戏车、马术等复杂节目中亦往往加入惊险的倒立表演（图 25-2）。

与倒立平衡相辅相成的是腰腿的柔软功夫，即反弓一类柔术。在汉代画像砖石、壁画以及汉墓出土的画像镜、百戏陶俑中均发现有柔术表演：或反弓于地，手脚据地成弓形；或反弓于腰鼓之上；或倒立衔壶，类似后世之叼碗；更有甚者，将双脚分置于头两侧，整个身体团成圆球状。这些都充分展示出汉代柔术的技巧已达到相当高超优美的程度。

钻圈，汉代称为冲狭。张衡《西京赋》中"冲狭燕濯，胸突铦锋"句描写的便是这一类节目。不过汉画所见冲狭之环，或手执，或固定于地，尚未发现环上插刀的迹象。

图 25-2 汉画像

1. 倒立、冲狭（采自《中国画像砖全集 1·四川汉画像砖》）
2. 倒立于叠案（采自《中国画像砖全集 1·四川汉画像砖》）
3. 倒立于戏车（采自《沂南古画像石墓发掘报告》）

三、以手技为主的耍弄技术

主要有跳丸、掷剑、耍坛、旋盘、舞轮等，以跳丸最为常见。先秦时称弄丸，《庄子》一书中就曾记载有宜僚弄丸的故事。至汉代跳丸已非常普及，抛接数量三至九丸不等，除手抛以外，还兼用臂、肩、臀、膝、足跟、足背等。更多的还往往与掷剑同时进行，称为"飞丸跳剑"或"跳丸剑"。《列子·说符篇》载有宋国子兰能弄七剑之说，可见先秦已有弄剑之技。然而汉画所见掷剑之数较少，二至四剑不等，最常见的是三剑。将掷剑与跳丸配合表演，应是汉代艺人的创新，常见的表演有四丸三剑、七丸三剑、八丸三剑，均为一个艺人单独表演，而数量最多的可达到三剑十一丸。剑丸交错，令人眼花缭乱，充分展示出汉代艺人的高超技艺。

成都市郊出土的一块画像砖上还有跳丸剑与耍坛配合表演者，该伎左手耍一壶，右手抛接一丸一剑，亦可谓出神入化。今人称之耍坛或弄瓶，实则汉代文献无征，且以瓶坛相称，应为后世之习惯。四川、河南汉画像砖石所见，皆为平底陶壶之属。或托之以掌，或展臂相承，或顶以肘关节。表演者多赤裸上身，有的还戴上面具。或动作敏捷，或滑稽幽默（图25-3）。

图25-3 汉画像

1. 跳丸剑（成都出土） 2. 掷剑（采自《沂南古画像石墓发掘报告》）

旋盘之技，文献失载，汉画所见类似今日之转碟。以单人表演为主，舞弄盘数多为一只,个别上加耳环,以增加其难度。表演时,或坐,以头顶或口衔竿;或走,以掌托竿;或左右手执竿交替旋盘,姿态各异,均潇洒自如。

舞轮作为杂技表演项目,文献所见似以汉魏禅让之际的《魏大飨碑》为早。而有关图像资料在山东济宁画像石、辽宁辽阳和内蒙古和林格尔汉墓壁画中均有发现,说明该技在东汉时即已流行。从所用车轮带轴的现象来看,似为实用器。与前述耍坛之类相比,虽同为抛接项目,然而舞轮应偏重以力技为主。

四、综合性的高空节目

汉代的高空节目主要有高絙、寻橦、戏车高橦等(图 25-4)。

高絙,汉赋称走索(《西京赋》)或陵高履索(《平乐观赋》)。汉画所见,类似现在的走钢丝节目。著名的如沂南画像石墓中的一幅:在地上隔相当一段距离摆上两个三角形架,支起一根大绳,绳拉紧呈水平状,两端自架顶斜下系于地桩上。高絙之上共有三人表演,两边各有一伎手舞长短橦,相向而行,中间一伎正作倒立表演。高絙之下,反插两刀两剑,使场面变得更加惊险。除了水平状长绳以外,汉画还见有走斜绳的技艺,且多与长竿和戏车高橦结合在一起表演。

今之长竿技艺,先秦时称"侏儒扶卢"(《国语·晋语》),汉称寻橦或都卢寻橦(《西京赋》)。都卢为南洋之国名,冠以都卢二字,似乎表明汉代的缘杆技艺曾受到南洋杂技之影响。汉画所见橦技可分为三种主要形式:第一种是采用固定于地上的方式,或单橦,或三橦并立,演员爬竿而上或缘索而上至橦顶献技,往往配以复杂的斜绳技艺。第二种是采用移动的"扛竿"式,底座用手擎和额顶长橦。如沂南画像石墓中的戴竿图:一大力士赤裸上身,额顶十字形橦,上有三位演员分别作腹旋、鸟飞、跟挂的表演。而安丘画像石所见,一根橦上同时有九人表演不同动作,状如群猿攀木,气氛紧张热烈。难度最大的则是第三种——车橦,又称戏车高橦,就是把长橦固定于戏车之上,在行进中表演各种高难动作,而且往往是双车配合。最著名的要数河南新野发现的两块画像砖:樊集 M39 出土的一块,砖长 125、宽 35 厘米。正面画像内容为车马出行图,最后两辆戏车上各竖一橦杆,前车橦杆顶端蹲一伎

260　历史时期考古研究

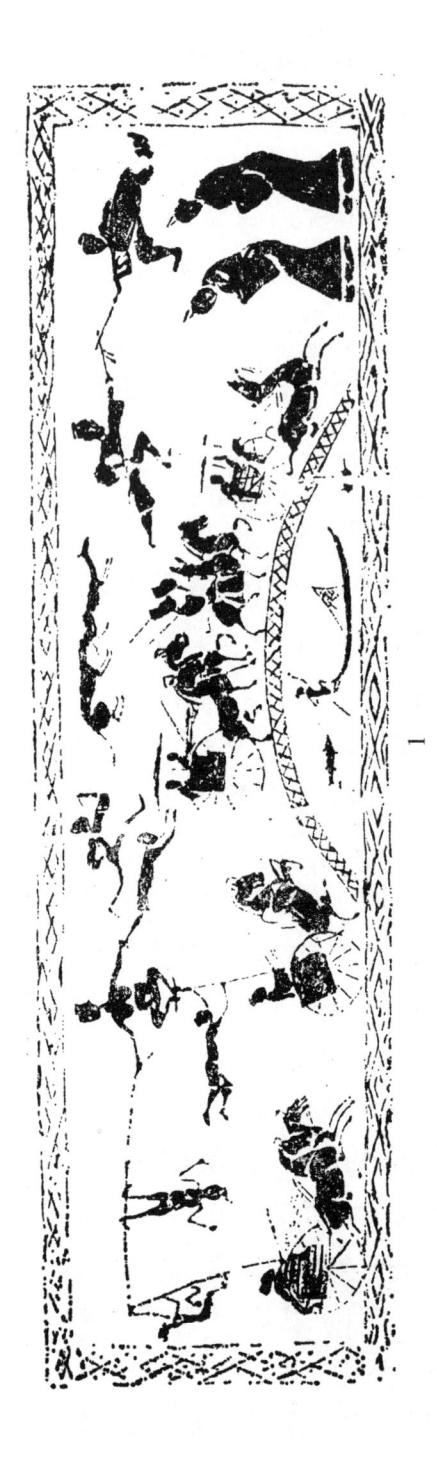

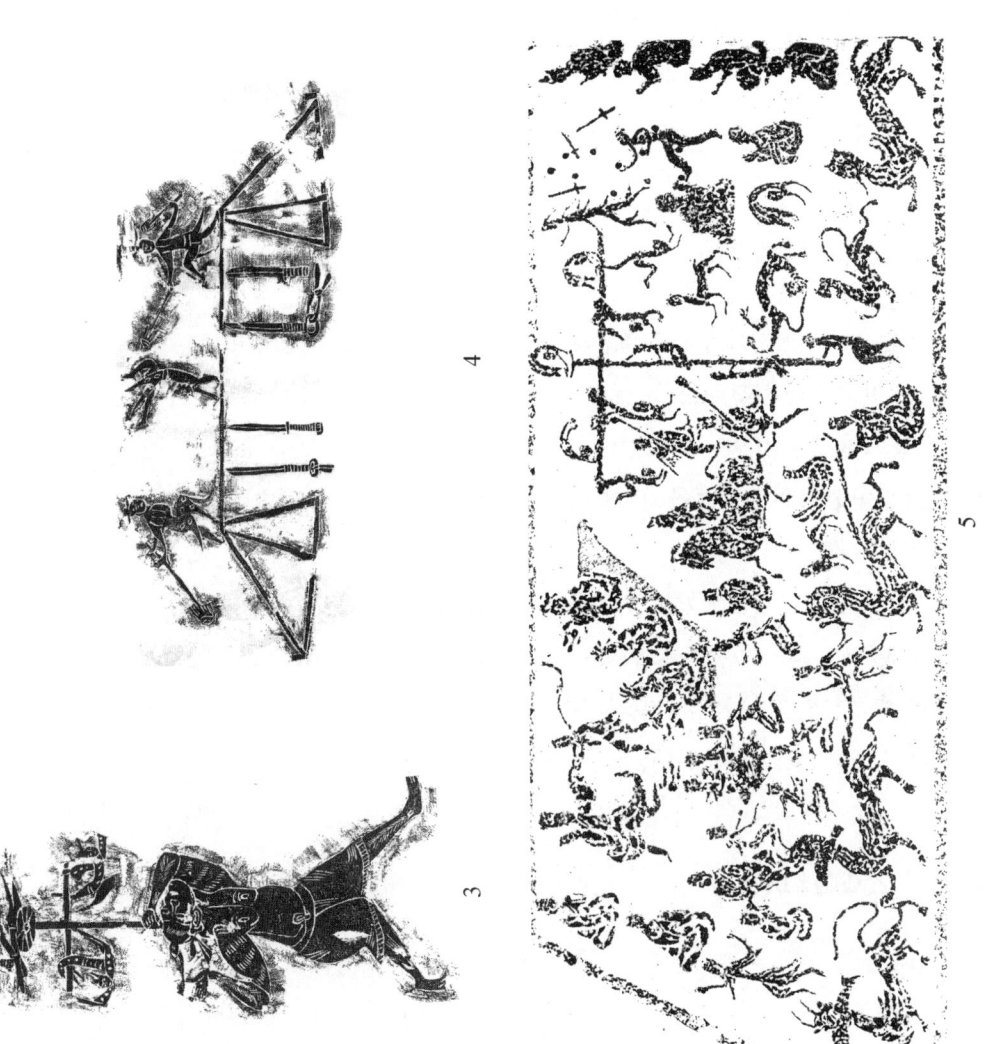

图 25-4 汉画像

1. 车橦（新野樊集 M39 出土） 2. 车橦（新野后营村出土，采自《中国画像砖全集 2·河南画像砖》） 3. 戴竿（采自《沂南古画像石墓发掘报告》） 4. 高絙（采自《沂南古画像石墓发掘报告》） 5. 寻橦（安丘汉画像石墓出土）

人,右手拉一软索,左手执一悬空艺人之足,以维系身体平衡;软索的另一端和后车橦杆顶端相连,索绷紧呈水平状,一伎人正双脚倒挂于索上。前橦中部一伎人双手握竿,似刚从索上凌空跃下,后车一伎人正猫行攀橦而上。任营村的一块右端残失,左端的戏车表演亦为双车双橦联索,前车橦上一伎倒挂于橦顶,两臂平端,两手各托一伎人:一蹲,一作金鸡独立状。后车橦顶端蹲一伎,左手斜伸与前车车厢中人拉住一根绳索,斜索中段一伎正履索上行,其难度之大,叹为观止。

五、斗兽、驯兽、马术表演

汉代百戏演出时亦常常有斗兽和驯兽表演。斗兽又分人与兽斗和兽与兽斗两种,汉画所见以人兽相搏为常见,且多是一人一兽。表演者或手持器械(如剑、矛、戟、钺之属),或徒手相搏。所斗之兽常见的有虎、牛、熊、犀、兕等。至于兽与兽斗,则以虎熊相争最为激烈。而最为人们熟知的当推斗鸡,汉代斗鸡之风盛行。汉画所见亦不乏其例。

汉代驯兽表演亦有很大发展。除驯虎以外,还有驯象、骆驼、猿猴、蛇、马等。而以驯马术成就最卓著。汉代马术表演以显示骑术高超为主,人在奔马上作倒立、立骑、舞蹈、跳跃等技艺表演,较复杂的有"弄马盗骖"之类节目,还有装扮马匹作戏车及大型幻术表演者。至于象戏、骆驼载乐、水人弄蛇等,很明显是受了域外文化的影响所致。

六、象人之戏与幻术

汉代的象人之戏是指假形扮饰一类节目,西汉宫廷乐府中就已备有专职的象人演员,称"秦倡象人"或"常从象人"(《汉书·礼乐志》)。主要是乔装一些难以驯化或根本不存在的动物以及神仙人物之属进行演出,如《西京赋》所述"总会仙倡、戏豹舞罴、白虎鼓瑟、苍龙吹篪"之类。其中的豹、罴、白虎、苍龙等自然都是由象人装扮表演的。汉画像石所见,如沂南乐舞百戏图中之豹戏,很明显是由人装扮着豹与小孩嬉戏的;而雀戏之大雀亦是由人装扮的,连双足和衣襟都露在外面。又如徐州铜山县洪楼百戏图中,尾随在仙车后的一条大鱼,底下露出四条人腿,显然该鱼是由两名象人装扮成的(图25-5)。

1

2

图25-5 汉画像
1. 百戏图(徐州铜山洪楼) 2. 豹戏(采自《沂南古画像石墓发掘报告》))

除了用人装扮,有些项目如拉着仙车的鹿、虎、龙等还用马来装扮。但仅有这些,距离神仙世界仍然遥远。于是,又加上一些大型的幻术表演,如模拟四时变幻的"云起雪飞""转石成雷""云雾杳冥";模拟海上神山的"神山崔巍""怪兽陆梁",以及神龙变化、含利化车等,构成雄伟壮丽、变幻莫测的神仙境界。类似的仙境图在徐州铜山、山东邹县、河南南阳等地均有发现,只是场面没有《西京赋》描述的那样盛大而已。

至于西域传来的幻术,如吞刀、吐火、自缚自解、自支解、易牛马头(《后汉书·西南夷传》)等,据张衡的描述,部分节目似已在当时的宫廷广场上演出。只是汉画所见,资料尚少,可确认的只有吐火一种,许多图像还有待于进一步考订。

七、乐舞伴奏与滑稽表演

两汉时期,上至宫室、达官贵戚,下至一般富民,蓄养倡优之风非常盛行。"妖童美妾,填乎绮室;倡讴伎乐,列乎深堂。"(《后汉书·仲长统传》)以致迎宾之会、歌舞并作,已成为时尚。反映在汉画百戏上,绝大多数画面中都还有音乐伴奏,并穿插各类舞蹈及俳优谐戏表演。这正是百戏施之宴飨的生动再现。

以著名的沂南画像石墓中的一幅乐舞百戏图为例,整个画面内容庞杂、声势浩大,仅伴奏乐队就有二十三人,使用乐器包括建鼓、编钟、编磬、节鼓、排箫、钲、埙、竽、瑟、舂牍等十种,几乎八音齐备。舞蹈表演为汉代最流行的盘鼓舞,因所用盘数多为七个,又称七盘舞(图25-6)。

图25-6 汉画像

盘舞(采自《沂南古画像石墓发掘报告》)

除盘鼓舞以外,汉代流行的各类舞蹈诸如建鼓舞、巾舞、袖舞等,亦经常纳入百戏的演出阵容,有的还与侏儒俳优串演,形成男女对舞或追逐相戏。男优多裸露上身,短胖丑陋,动作夸张,表情滑稽,与汉墓中出土的俳优俑极为相近。舞女则身材窈窕、动作优美。二者对比鲜明,诙谐逗趣,类似后世之小旦与丑角的穿插表演。四川成都、河南南阳、山东诸城、内蒙古和林格尔等地的汉代砖石壁画百戏图中均有发现,说明这类滑稽表演在汉代已流布甚广。

综上所述,汉代百戏以复杂的内容、生动的表演,充分体现了汉代博大的时代精神,为我们展示了当时社会生活的一个重要侧面。

(本文原名"汉代百戏",载《中华文明之光》第一辑,北京大学出版社,1999年,281—288页。此次重刊略有修订。)

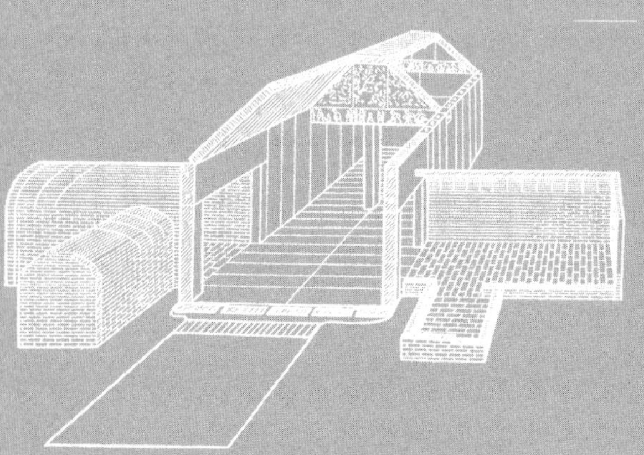

26
关于洛阳三座汉壁画墓的年代序列

洛阳一带是汉代壁画墓发现较为集中的地区,目前已发现的两汉壁画墓达10余座。其中年代大致在新莽以前的壁画墓有3座,它们分别是1957年在烧沟墓区东侧发现的61号壁画墓(以下简称"烧沟东M61")[1],1976年发现的卜千秋壁画墓(以下简称"卜千秋墓")[2],1992年在浅井头发现的编号为CM1231的壁画墓(以下简称"浅CM1231")[3]。

按照《洛阳烧沟汉墓》一书的分型标准,这三座墓均属于空心砖与小砖混合构筑的第Ⅱ型墓[4]。就笔者所知,有关发掘报告和相关研究论著中对这三座壁画墓的年代及相互关系的认识大致如下。

首先是烧沟东M61。这是洛阳地区最早经过科学发掘的汉代壁画墓。1964年发表的报告认为其年代"相当于《洛阳烧沟汉墓》所分的第二期或第三期前期,约当元帝—成帝之间(前48—前7)"[5]。迄今学界对该墓的年代认识无大变化。分歧较大的是该墓与另外两座墓的年代关系问题。

其次是卜千秋墓。该墓是继烧沟东M61之后,洛阳地区经过科学发掘的第二座汉代壁画墓。这两座墓均位于汉河南县城北郊的烧沟墓区附近,东西相距约1公里(图26-1)。其中烧沟东M61在东,卜千秋墓在西。二墓不仅方向相同,均为100°,墓葬形制也如出一辙,均为空心砖筑主室,双棺合葬,两侧附有对称的采用小砖砌筑的"T"字形耳室。此外,二墓在壁画内容和布局、随葬品方面也都有许多相

---

[1] 河南省文化局文物工作队《洛阳西汉壁画墓发掘报告》,《考古学报》1964年2期。
[2] 洛阳博物馆《洛阳西汉卜千秋壁画墓发掘简报》,《文物》1977年6期。
[3] 洛阳市第二文物工作队《洛阳浅井头西汉壁画墓发掘简报》,《文物》1993年5期。
[4] 中国科学院考古研究所《洛阳烧沟汉墓》,科学出版社,1959年。
[5] 河南省文化局文物工作队《洛阳西汉壁画墓发掘报告》,《考古学报》1964年2期。

似之处。也许正是基于两墓的诸多共同因素,发掘者"初步推断这两座汉墓时间相差不远"。但由于受五铢钱的分期影响,所得结论却是认为卜千秋墓的时间"应稍早于"烧沟东 M61,"定为西汉中期稍后,即昭帝—宣帝之间（前 86—前 49）"[1]。关于这一年代判断,在资料公布后不久便有学者提出不同意见,较一致的看法是将卜千秋墓的年代向后挪,认为卜千秋墓和烧沟东 M61 应属于同一时期的墓葬,或笼统称为"西汉晚期"[2],或明确指出"大约都是西汉晚期元帝到成帝时期的墓葬,时间约当公元前一世纪"[3]。尽管如此,将卜千秋墓视为洛阳地区最早的汉代壁画墓的看法仍十分流行。

最后是 1992 年发现的浅 CM1231。该墓位于汉河南县城的南郊。其墓葬形制和前述两座壁画墓近似。但该墓仅在墓室东侧开凿了"T"字形耳室,而墓室西侧对应部位虽留有耳室门,却并未开凿,这可能与前两墓均为双棺合葬墓而该墓中只葬入了一位死者有关。该墓主室的规模和卜千秋墓近同,然主室中棺木放置的位置偏于已开凿耳室的那一侧,这说明,该墓的结构原本也应是出于合葬的考虑。只是由于某种原因,合葬未能完成。此外,与前述两座合葬墓相比,浅 CM1231 随葬的鼎、敦、壶类仿铜陶礼器只有一套,数量相对较少,恐怕也正是这个原因。原简报推断其年代属《洛阳烧沟汉墓》第三期的前期,约在成帝至王莽之间（前 32—6）[4]。由于此前洛阳地区已发现两座新莽时期的壁画墓[5],所以发掘者认为,浅 CM1231 的发现"填补了洛阳地区成帝至王莽时期壁画墓的缺环"[6]。然而,最近出现了将浅 CM1231 的年代提早的倾向。例如认为该墓的年代提早于烧沟东 M6,与卜千秋墓同属于洛阳汉壁画墓的"第一期",即昭帝—宣帝之间（前 86—前 49）,同时指出"浅井头墓也许稍晚"[7]。

---

[1] 洛阳博物馆《洛阳西汉卜千秋壁画墓发掘简报》,《文物》1977 年 6 期。
[2] 《中国大百科全书·考古学》,中国大百科全书出版社,1986 年,297 页。
[3] 中国社会科学院考古研究所《新中国的考古发现和研究》,文物出版社,1984 年,447 页。
[4] 洛阳市第二文物工作队《洛阳浅井头西汉壁画墓发掘简报》,《文物》1993 年 5 期。
[5] 洛阳博物馆《洛阳金谷园新莽时期壁画墓》,《文物资料丛刊》第 9 辑,文物出版社,1985 年;洛阳市第二文物工作队《洛阳偃师县新莽壁画墓清理简报》,《文物》1992 年 12 期。
[6] 洛阳市第二文物工作队《洛阳浅井头西汉壁画墓发掘简报》,《文物》1993 年 5 期。
[7] 黄明兰、郭引强《洛阳汉墓壁画》,文物出版社,1996 年。

归结起来,关于上述洛阳三座汉代壁画墓的年代序列问题,看法主要有两种,分别是(按从早到晚排列):

序列一:卜千秋墓→烧沟东 M61→浅 CM1231;

序列二:卜千秋墓、浅 CM1231→烧沟东 M61。

两种序列都认为卜千秋墓早于烧沟东 M61,但实际情况如何呢?

洛阳地区是最早进行汉墓编年的地区之一,随葬品组合及器形发展演变框架已基本确立。既然这三座壁画墓的墓葬形制本身并无太大差别,要弄清各墓的年代及其时间先后,就应该从随葬品尤其是陶器入手。为便于比较,试将这三座墓的陶器组合及器物型式列表如下(表 26-1)。

表 26-1 烧沟东 M61、浅 CM1231、卜千秋墓陶器组合及型式表

	烧沟东 M61	浅 CM1231	卜千秋墓
鼎	Ⅰ-1	Ⅰ-1	Ⅰ-1,Ⅱ
敦(盒)	Ⅰ	Ⅰ	Ⅰ,Ⅱ
壶	Ⅱ-1	Ⅱ-1	Ⅱ-1,Ⅱ-2 等
小壶	Ⅱ-1	Ⅱ-2	Ⅱ-2
仓	Ⅰ-2	Ⅰ-2,Ⅰ-3,Ⅱ-1	Ⅰ-2,Ⅱ-1
灶	Ⅱ-1	Ⅱ-3	
井			Ⅰ-1
瓮	Ⅰ-2	Ⅰ-2,Ⅱ-1	Ⅰ-2
罐	Ⅰ-1,Ⅰ-2	Ⅰ-1,Ⅱ-1,Ⅱ-3	Ⅰ-1,Ⅱ-3
甑		√	√
盆			√
博山炉		√	
(长)方盒			Ⅱ
奁(樽)			Ⅰ

说明:表中的器物均参照《洛阳烧沟汉墓》分型分式,"-"号之前的数字代表型,后为式。《洛阳烧沟汉墓》报告中未分型式者,表中皆以"√"表示。其中,卜千秋墓中陶器的型式是笔者依据简报上的照片和线图与《洛阳烧沟汉墓》比较的结果,个别器类因发表的图片有限,型式可能还不完整。至于器物名称,器形相同而原简报采用不同名称者,表中均进行了统一。

从表 26-1 中可以看出，三座壁画墓的陶器组合和器形之间既有很强的共性，又存在一定的差异。共性主要表现在三座墓中均有一些相同的器形，如Ⅰ型 1 式鼎、Ⅰ型敦、Ⅱ型 1 式壶、Ⅰ型 2 式仓、Ⅰ型 2 式瓮和Ⅰ型 1 式罐等。差异体现在从烧沟东 M61 到浅 CM1231，再到卜千秋墓，陶器种类逐渐增多，器形之间的差别也是越来越大。一些在烧沟东 M61 中尚未出现而浅 CM1231 业已见到的器形，往往还见于卜千秋墓，而卜千秋墓中新出现的器形却多不见于前两座墓。例如，将浅 CM1231 和烧沟东 M61 相比，排除相同的部分，浅 CM1231 在组合上增加了甑、博山炉，器形方面新出现了Ⅱ型 1 式仓、Ⅱ型 1 式瓮、Ⅱ型 3 式罐等。若将卜千秋墓与浅 CM1231 相比，陶器组合上卜千秋墓中增加了长方盒、樽、井、盆，器形方面新出现了Ⅱ型鼎、Ⅱ型敦和Ⅱ型 2 式壶等。卜千秋墓的右侧耳室因塌陷未作清理，墓中是否还有类似于浅 CM1231 的博山炉、灶等，已难以断定。尽管如此，浅 CM1231 无论是陶器组合还是具体的器形特征，都介于烧沟东 M61 和卜千秋墓之间。就卜千秋墓的陶器组合及器形特征而言，与浅 CM1231 更接近，而与烧沟东 M61 略远。

回顾前文提到的年代序列一，卜千秋墓最早，浅 CM1231 最晚，中间隔有烧沟东 M61，这显然与陶器特征所揭示的三墓之间的序列关系不同。序列二将浅 CM1231 调整到与卜千秋墓同时，从表面上看，似乎解决了序列一的排序与陶器特征之间的矛盾，但将两墓的年代置于烧沟东 M61 之前，实际上与洛阳地区汉墓陶器演变的发展方向背道而驰。

上述两种年代序列都认为卜千秋墓早于烧沟东 M61，笔者认为事实恰恰相反。理由如下：

第一，虽然卜千秋墓中出土了和烧沟东 M61 同样类型的Ⅰ型鼎、Ⅰ型敦，但新出现了Ⅱ型鼎和Ⅱ型敦。根据笔者对《洛阳烧沟汉墓》的资料统计，所有出土Ⅱ型鼎和Ⅱ型敦的墓葬均不早于烧沟的"第三期"，包括"西汉晚期"和"新莽及其稍后"两个阶段[1]。在后来洛阳西郊汉墓的分期中，这两类器物更是晚至新莽时期才出

---

[1] 根据《洛阳烧沟汉墓》报告所附《墓葬总表》统计，全部 225 座汉墓中，有 13 座墓出土Ⅱ型鼎和Ⅱ型敦，其中鼎、敦共存者 6 座。除个别被扰乱的以外，其余各墓根据《烧沟》的分期，均为"第三期"。其中，属于"三期前段"者 5 座，"三期后段"者 3 座，未分前、后段者 4 座。

现[1]。这表明,卜千秋墓的年代更接近新莽时期,在分期上是朝着年代更晚的方向发展的,而不是向早于烧沟东M61的西汉中期的方向靠拢的。由于烧沟东M61和卜千秋墓都是合葬墓,那么,就年代下限而言,卜千秋墓显然不应早于烧沟东M61。

第二,洛阳地区已发掘了大量汉墓,依据出土资料分析,卜千秋墓内的长方盒、樽、井、盆、甑等多出现于西汉晚期或稍后的墓葬中,在新莽时期墓葬中更是流行。而上述器类在烧沟东M61中均未出现。这也表明,卜千秋墓的陶器组合晚于烧沟东M61,表现出更接近新莽墓葬的时代特征[2]。

第三,从其他随葬品来看,卜千秋墓出土的Ⅱ型2式壶、Ⅱ型1式仓,也是洛阳地区新莽前后墓葬的常见器形。虽然卜千秋墓和烧沟东M61均出土有昭明镜,但卜千秋墓还出有四乳四螭纹镜。此外,卜千秋墓中的铁釜、铁炉也是烧沟东M61未见的新事物。

最后,从卜千秋墓和烧沟东M61的地理位置及其周围墓葬来考察,也有许多值得注意的现象。卜千秋墓和烧沟东M61呈东西向分布,烧沟东M61在东边,两墓东西平行而卜千秋墓似略偏南。在卜千秋墓西南不远便是金谷园新莽壁画墓,在卜千秋墓西边还发现了年代大致在东汉初期的壁画墓[3]。从这几座壁画墓的分布来看,明显存在从早到晚、由东向西的分布特点,而且这一特点和以往根据烧

---

[1] 中国科学院考古研究所洛阳发掘队《洛阳西郊汉墓发掘报告》,《考古学报》1963年2期。值得注意的是,无论是烧沟汉墓还是西郊汉墓,Ⅱ型鼎和Ⅱ型敦极少在空心砖墓中共存,其中西郊的15座空心砖墓中更是无一出土。但出土这两类器物的卜千秋墓和更晚的金谷园新莽壁画墓(参见洛阳博物馆《洛阳金谷园新莽时期壁画墓》,《文物资料丛刊》第9辑,文物出版社,1985年;洛阳市第二文物工作队《洛阳偃师县新莽壁画墓清理简报》,《文物》1992年12期),仍以空心砖结构为主体。这似乎表明,由于洛阳地区早期壁画墓中的壁画主要描绘在空心砖上,所以对空心砖具有某种程度的依赖,从而导致空心砖壁画墓相对"滞后"。

[2] 根据《考古学报》1963年2期报道的西郊217座墓葬资料的统计,在出土Ⅱ型鼎和Ⅱ型敦的19座墓葬中,有14座共存陶樽,15座共存陶井,8座共存陶长方盒。另外,超过半数的墓葬都出土了新莽钱币。这些都是此类组合年代较晚的例证。中国科学院考古研究所洛阳发掘队《洛阳西郊汉墓发掘报告》,《考古学报》1963年2期。

[3] 洛阳市文物工作队《河南洛阳北郊东汉壁画墓》,《考古》1991年8期。

沟汉墓和西郊汉墓总结出的分布规律基本一致[1]。从墓葬结构上看,这几座壁画墓由东向西也存在由空心砖墓向小砖墓转变的迹象。在卜千秋墓的周围还发现许多形制相同或接近的墓葬,其年代也多在西汉晚期至新莽前后,而且其年代早晚与空间分布的对应关系也都大致符合前述的东早西晚的分布规律。如位于卜千秋墓东侧和烧沟东 M61 之间的 74C1M35,其陶器组合和器形具有略早于卜千秋墓而接近烧沟东 M61 的特点[2];而位于卜千秋墓和金谷园新莽壁画墓之间的金谷园 92IM372,其陶器则又呈现出介于卜千秋墓和金谷园壁画墓之间的年代特征[3]。上述墓葬的空间位置关系、陶器组合及器形演变、墓葬结构转变之间所呈现出的较强的一致性,对于判断卜千秋墓和周围其他墓葬的年代关系,无疑是有帮助的。

综上所述,卜千秋墓的年代下限都应晚于烧沟东 M61,接近新莽时期。结合浅 CM1231 的过渡性特点,可以认为,关于洛阳地区三座早期壁画墓的年代,卜千秋墓应是最晚的一座,而不是通常理解的年代最早。三座壁画墓的年代序列如下(按从早到晚排列):

序列三:烧沟东 M61→浅 CM1231→卜千秋墓。

附带说明的是,这一序列是在将双人合葬中的随葬品视为一个单元的情况下,与单人葬进行比较的结果。由于双人合葬墓中可能存在的再次埋葬问题,在与单人葬墓葬进行比较时,必须考虑因合葬所导致的前后两次埋葬之间的时间差[4]。具体到卜千秋墓和浅 CM1231,虽然就年代下限而言,浅 CM1231 应早于卜千秋墓,

---

[1] 参见中国科学院考古研究所《洛阳烧沟汉墓》(科学出版社,1959 年)和中国科学院考古研究所洛阳发掘队《洛阳西郊汉墓发掘报告》(《考古学报》1963 年 2 期)。
[2] 洛阳市文物工作队《洛阳西汉墓发掘简报》,《考古》1983 年 1 期。
[3] 洛阳市第二文物工作队《洛阳邮电局 372 号西汉墓》,《文物》1994 年 7 期。
[4] 事实上,合葬墓与合葬墓之间的比较也存在再次埋葬与第一次埋葬之间的时间差问题。假设有 A、B 两座双棺合葬墓,各有两次埋葬时间,分别是 A1、A2 和 B1、B2。如果我们确认 A2 晚于 B2,就年代下限而言,通常可以认为 A 墓晚于 B 墓,但这种情况下两墓的 4 次埋葬的时间先后关系仍可能是:

    第一种:B1→B2→A1→A2;
    第二种:B1→A1→B2→A2;
    第三种:A1→B1→B2→A2。
也就是说,就合葬墓之间的比较而言,随葬品的实际情况可能是非常复杂的。

但并不排除卜千秋墓的第一次埋葬(如果有两次埋葬的话)有比浅 CM1231 稍早的可能性。

2002 年 2 月 2 日初稿,3 月 15 日修改。

(本文原名"关于洛阳三座汉壁画墓的年代序列问题",载《文物》2003 年 3 期。)

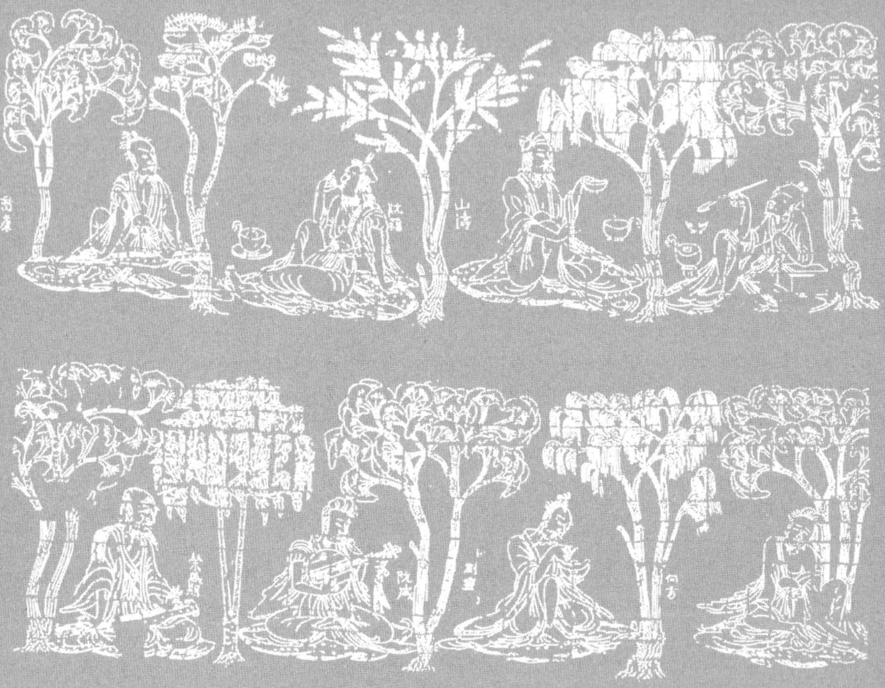

27
略谈七贤壁画与七贤名次

关于竹林七贤名次的排列，历来众说纷纭。反映在绘画史上，不同时期以七贤为题材的作品，人物形象与画面格局亦有差异。毫无疑问，七贤画的人物排列先后在一定程度上是与七贤名次的排列密切相关的，至少在早期更是如此。据张彦远《历代名画记》载：在戴逵以前差不多与七贤同时代的画家便已创作了"竹林之画"。之后，东晋的顾恺之、史道硕，南朝宋的陆探微、齐的毛惠远等都画过七贤。惜年代久远，这些早期的七贤画早已湮没无闻了。

新中国成立后，在南京一带的六朝墓葬中陆续发现了几幅砖刻"竹林七贤及荣启期"画像[1]，其中保存较完好的有3幅，它们是：南京西善桥墓[2]、丹阳胡桥吴家村墓和建山金家村墓[3]。这些发现提供了有关早期七贤画的珍贵资料，引起了有关专家学者们的极大兴趣，纷纷撰文讨论。但关于七贤名次的排列问题仍未得到妥善解决[4]。本文试就此谈谈自己的认识。

已发现的三幅壁画都分别砌建在墓葬的左右两壁，由若干块墓砖拼凑而成，均为凸线雕。人物形象除七贤外，还都加上荣启期，共八人，左右对称分成两个半幅，每半幅各四人。以西善桥墓为例，该墓为"长方形砖室券顶墓，方向70°"，"南壁壁画自外而内为嵇康、阮籍、山涛、王戎四人，北壁自外而内为向秀、刘灵、阮咸、荣启

---

[1] 有关称呼较多且不统一，本文采用简称七贤壁画。据《历代名画记》，顾恺之、陆探微还画过荣启期像，因与本文题目不符，有关问题暂从略。

[2] 《南京西善桥南朝墓及其砖刻壁画》，《文物》1960年8、9合期。

[3] 《江苏丹阳县胡桥、建山两座南朝墓葬》，《文物》1980年2期。

[4] 陈直《对于南京西善桥南朝墓砖刻竹林七贤图的管见》一文认为："《世说》之名次，似以年岁相比分先后，本画砖之名次，似以声望高下分先后。"见《文物》1961年10期。而西善桥墓的发掘报告认为七贤以卒年早晚为序，参见《南京西善桥南朝墓及其砖刻壁画》，《文物》1960年8、9合期。

期四人"。为了便于分析,不妨将南(右)、北(左)两个半幅分成 M、N 两组(设每个人物形象的位置分别为 A、B、C、D、E、F、G、H),则两组画面上的人物格局如下(参看《文物》1960 年 8、9 期合刊,原报告的拓本插图):

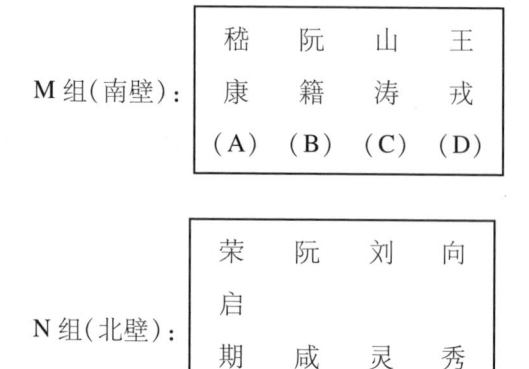

M 组(南壁):

嵇康	阮籍	山涛	王戎
(A)	(B)	(C)	(D)

N 组(北壁):

荣启期	阮咸	刘灵	向秀
(H)	(G)	(F)	(E)

经比较,已发现的三幅七贤壁画的画面大小非常接近[1],各人物形象、表情以及衣冠服饰均十分相似且相应位置完全一致,每个人物之间用于间隔的树木亦完全相同。也就是说,三幅七贤画的基本布局与造型大体一致。据此,论者多以为"这些壁画和制作都有共同的母本,这种母本六朝与唐人称'样',即后来所称的'粉本'"[2]。当然,这三幅七贤画之间也是有差异的。例如从人物形象上看,丹阳两墓中的王戎、阮咸显得年老,而西善桥墓二人均作年轻的形象;刘伶像,西善桥墓为左手持耳杯,右手作蘸酒状,双目凝视杯中,而丹阳两墓中的刘伶左手不持杯,双目凝视,含笑自若。此外,三幅壁画中用于点缀装饰的竹、树根叶之繁简以及器皿之形状亦有差别。丹阳两墓中还出现了人物榜题姓名混乱、重名、漏名等错乱现

---

[1] 西善桥墓中的壁画每半幅各长 2.4、高 0.8 米。丹阳两墓壁画大小相同,每半幅均为长 2.5、高 0.85 米。

[2] 林树中《江苏丹阳南齐陵墓砖印壁画探讨》,《文物》1977 年 1 期。该文认为其母本的作者为陆探微。此外,金维诺《我国古代杰出的雕塑家戴逵和戴颙》一文认为七贤画母本为戴逵所作,见《人民日报》1961 年 5 月 24 日。也有推测为顾恺之原作的,参见《南京西善桥南朝墓及其砖刻壁画》,《文物》1960 年 8、9 合期。

象，今按对应位置列表如下：

墓葬名称	标题姓名位置	N组（左壁半幅）				M组（右壁半幅）				备注
		H	G	F	E	A	B	C	D	
南京西善桥		荣启期	阮咸	刘灵	向秀	嵇康	阮籍	山涛	王戎	《文物》60：8、9合刊
建山金家村		荣启期	阮咸	山司徒	王戎	嵇康	刘伶	山涛	阮步兵	《文物》80：2。按：原报告误将东（左）、西（右）壁对调，今据图版更正
胡桥吴家村		王戎	山司徒	阮咸	荣启期	?	?	山涛	阮步兵	
实际人物形象		荣启期	阮咸	刘伶	向秀	嵇康	阮籍	山涛	王戎	

故而《试谈"竹林七贤及荣启期"砖印壁画问题》[1]一文认为这三幅七贤壁画"不可能是同一个粉本"，而"胡桥、建山两墓的'七贤'画的原作，很可能直接出于当时的工匠之手"。今按：南齐谢赫评论戴逵的作品时曾云："善图圣贤，百工所范。"（重点号为引者加，下同）但并不能说明"当时百工（工匠）也画过这类圣贤画"，恰恰相反，"范"字正好证明了当时工匠之"画"是有所本的。无论丹阳两墓的七贤画以谁为本，可以推测，既然粉本是一幅完整的画，没有人物榜题亦是合乎情理的。例如经考证与早期竹林七贤图有着密切关系的唐代孙位《高逸图》如此[2]。因此，工匠在制作七贤壁画时，利用原有的粉本描绘后，给人物标上榜题时却出现了一些错乱现象，就不足为怪了。否则，如果说这些画出自当时工匠之手，那么试问：他们竟连自己画的是谁都不知道吗？再说，即使是同一时代利用同一粉本制作壁画，也很难做到完全一致，更何况三墓的时代亦早晚有别呢？因此在画面细节上出现一些差异是难免的。而对比西善桥墓、金家村墓、吴家村的七贤壁画便不难发现：三幅七贤画之间的差异是逐渐增加的，又以后二者较为接近，而这恰好印证了

---

[1]《江苏丹阳县胡桥、建山两座南朝墓葬》，《文物》1980年2期。
[2] 承名世《论孙位〈高逸图〉的故实及其与顾恺之画风的关系》，《文物》1965年8期。按：建山金家村墓中后补的阴刻"刘伶"榜题亦可为证，该墓是将"刘伶"二字补在阮籍的位置上，参见《江苏丹阳县胡桥、建山两座南朝墓葬》，《文物》1980年2期。

三者的年代关系[1]。由此看来,三幅七贤壁画利用同一粉本的可能性仍是很大的。

下面就以较早的西善桥墓壁画为标准来探讨七贤名次的排列。如前所述,墓中是把七贤与荣启期分为两组分列于墓室的左、右两壁的,因此,要弄清墓葬壁画中七贤的正确位次就必须将两壁作为一个整体看待。那么,如何将左右两壁的人物串联起来使之成为一个有序的整体呢?原报告的名次是按"自外而内"的顺序串联的,依次为嵇康、阮籍、山涛、王戎、向秀、刘灵、阮咸,外加荣启期。论者多无疑义。但从将七贤画作为一个整体的角度而言,上述排列方式是值得商榷的。首先,从排列方向上看,北壁N组从向秀至荣启期是按自右而左的顺序;而南壁M组从嵇康至王戎却是按自左而右的顺序。如果将两个半幅合为一幅,二者相互矛盾,很明显是不合情理的。其次,嵇康既位于南壁半幅的左首,则按当时自右而左的习惯,无论如何是不应列在七贤之首的。洛阳存古阁所藏古代石刻《竹林七贤图》的排序方法即可为证[2]。因此,正确的串联方式不外乎下列两种情况:

甲(面向墓内侧): M组 嵇康 阮籍 山涛 王戎 | N组 荣启期 阮咸 刘灵 向秀

乙(面向墓外侧): N组 荣启期 阮咸 刘灵 向秀 | M组 嵇康 阮籍 山涛 王戎

---

[1] 西善桥墓的年代,原报告认为在晋—宋之际,陈直先生认为在东晋末期,《新中国考古收获》(1961)定为东晋,林树中认为当在刘宋。至于丹阳两座墓,原报告推测建山金家村墓为齐废帝萧宝卷之墓,胡桥吴家村墓为齐和帝萧宝融恭安陵。

[2] 参见承名世文,《文物》1965年8期图版贰②,残存山涛、向秀、阮籍、阮咸四人。

甲种：荣启期既为附加在七贤之后，理应位于画的末尾，而该画中向秀、嵇康分居两端，荣位于中间将七贤分割开来，很明显于理不符。

乙种：七贤位于右侧，荣启期位于左侧末端，按由右及左的顺序，画面的整体布局符合情理。因此，完全有理由认为墓葬壁画中原来的七贤序列依次为王戎、山涛、阮籍、嵇康、向秀、刘伶、阮咸。那么，该序列是否符合当时七贤名次的排列习惯呢？

据南朝宋刘义庆《世说新语·任诞篇》云："陈留阮籍，谯国嵇康，河内山涛三人年皆相比，康年少亚之。预此契者，沛国刘伶，陈留阮咸，河内向秀，琅邪王戎七人，常集于竹林之下，肆意酣畅，故此谓竹林七贤。"一般来说，文中以阮籍居首位、王戎殿后的序列便是刘宋时七贤名次的排列。值得注意的是，唐代修《晋书》时以此为本，略加改动后却归入《嵇康传》，其云："所与神交者，惟陈留阮籍、河内山涛，豫其流者，河内向秀、沛国刘伶、籍兄子咸、琅邪王戎，遂为竹林之游，世所谓竹林七贤也。"陈直先生认为："其事既详载于《嵇康传》，虽未明言七贤以谁为首，实际却是以嵇康为首的。"[1]由此可见，七贤名次的排列是有一个变化过程的。而要弄清七贤名次的排列就必须先了解竹林七贤的产生经过。一般认为，七贤竹林之游，事在"魏嘉平中"（249—254）[2]。据《晋书·阮籍传》及《何曾传》知：阮籍居丧事在嘉平中，而嵇康来见，正处吊丧之时，故阮、嵇神交亦当始于嘉平中。又据《山涛传》，山涛遇阮籍，在阮、嵇相与善后不久。且传云："（山涛）后遇阮籍，便为竹林之交，著忘言之契。"估计竹林之游便是在籍、涛相遇后不久就开始了。故而《世说》《晋书》在叙述竹林七贤时，均先列此三人，然后分别用"预此契者""豫其流者"将其他四位隔开，其用意当在此。从竹林之游的发端来看，阮籍似为引人注目的人物，这大概与其在当时的名望有关。嵇康就曾自以为"不如嗣宗（按：阮籍字嗣宗）之资"，而"每师之"（《嵇康传》）。《刘伶传》中将阮、嵇并列时亦先阮后嵇。故按

---

[1] 陈直《对于南京西善桥南朝墓砖刻竹林七贤图的管见》，《文物》1961年10期。
[2] 见于陶渊明《圣贤群辅录》按语："魏嘉平中，居河内山阳，共为竹林之游。"论者多以为此说较可信。此外，持不同观点的还有陆剑珑《关于竹林之游的时间》，该文认为："上起255年（正元二年），止于260年（景元元年），共5年时间。"见《历史研究》1978年7期。

当时名望高下为分,当首推阮籍,次嵇康,再次山涛。这与《世说》的顺序完全一致。

剩下的四位中,王戎是最末一个加入竹林之游的(《晋书·王戎传》)。《世说》及《嵇康传》均将王戎置于七贤最后,恐怕正与此有关。其余三位加入竹林之游的时间先后,史传没有明确的记载。但从排列来看,刘伶均位于阮咸之前,唯独向秀,《世说》列于刘伶、阮咸之后,而《嵇康传》置于刘伶、阮咸之前。据《晋书·刘伶传》云:"(刘)与阮籍、嵇康相遇,欣然神解,携手入林。"推测阮籍、嵇康与刘伶相遇时,竹林之游已开始了,故应晚于阮籍与山涛之交。又据《向秀传》《嵇康传》知:向秀在入竹林之前即"少为山涛所知",与嵇康亦是好友,加上三人地望接近[1],且竹林之游其地亦在河内山阳,故推测向秀先于刘伶加入竹林之游的可能性更大。《世说》置向于刘之后,而《晋书·嵇康传》将之提前,恐怕正是从此考虑的。

至此,七贤加入竹林之游的时间先后基本上清楚了,将之与文献记载中的七贤名次相比较,便不难看出七贤名次的排列总体上是按加入竹林之游的时间先后为序的,又因山涛、嵇康、阮籍为其发端者,故以当时三人名望高下分先后。《世说》以阮籍为首当是较为客观的说法。《晋书》中突出嵇康的地位,估计是与嵇康在七贤中唯一反抗最彻底而终被司马氏杀害有关。两者的差异反映了因时代不同而导致的评价标准的变化。同样,六朝墓葬中七贤壁画的序列(如前述)与后世的最大差异,亦集中体现在七贤以谁为首上[2]。尤其是西善桥墓中的七贤壁画,其作为依据的粉本完全可以早至晋代。考虑到发端者三人的身世,嵇康坚持与司马氏作对,并且在山涛投靠司马氏时断然与之绝交,而山涛则仕晋,位至三公。故推测在晋代褒山贬嵇是很有可能的。至于以王戎位居七贤之首,也是与晋代社会现实密切相关联的。东晋时期,门阀制度达到顶峰。王戎本是琅邪王氏成员,而琅邪王氏是当时最著名的高门望族。王戎族弟王敦、王导,从弟王衍等均是当时地位显赫人物,把持朝政大权。王戎自己亦仕晋且位至三公,故当时流传有"王与马,共天下"之言

---

[1] 据《晋书》本传,向秀与山涛均为河内怀人,嵇康为谯国铚人,且向秀自称与嵇康"居止接近"。
[2] 西善桥发掘报告忽视画面的整体性,而首列嵇康,大概是受后世七贤名次的影响所致。

(《晋书·王敦传》)[1]。在此情形下,将王戎提至七贤之首亦不是没有可能的,更何况论当时名望,王戎亦不亚于向秀、刘伶、阮咸之辈。除王戎以外,七贤壁画中的序列亦基本符合上述七贤名次的排列规则。因此可以认为,七贤壁画中的人物序列应是体现了东晋时期对七贤名次的基本看法。有趣的是,与晋代提高王戎、山涛的地位相反,南朝颜延之作《五君咏》却偏偏删去了七贤中的山、王二人,似可为反证。

综上所述,竹林七贤名次的排列不是一成不变的,从总体上讲,是以参加竹林之游的时间先后为序,但谁居七贤之首,却又因时代不同而褒贬不一。七贤壁画中以王戎位居首位应是当时历史条件下的特殊产物。

[本文原名"略谈七贤壁画与七贤名次的排列",载《考古学研究》(二),北京大学出版社,1994年,201—205页。]

---

[1] 田余庆《释"王与马共天下"》,《中国史研究》1979年3期。该文后经补充,收入《东晋门阀政治》(北京大学出版社,1989年)。

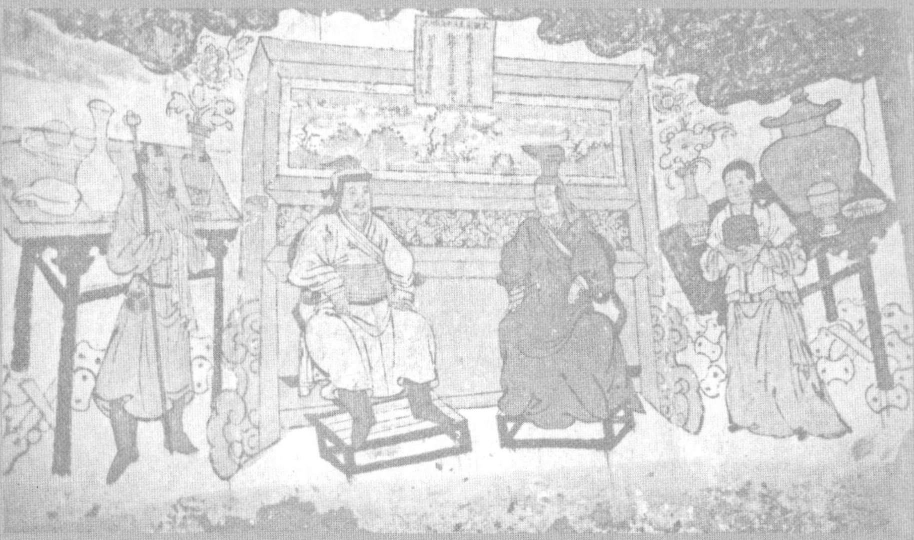

28

从蒲城元墓壁画看元代匜的用途

1998年3月在陕西省蒲城县东阳乡洞耳村发现1座元代纪年(1269)壁画墓。据介绍,这是一座八角形穹隆顶砖室墓,墓中壁画保存完好。墓室正中北壁为墓主夫妇"对坐图":男主人在西,女主人在东。其东西两侧的墓室东北壁和西北壁分别为"女侍"("备茶图")、"男侍"("备酒图")。两图中均绘有木制条桌,桌上放置花瓶及当时生活起居所用之物。另外,东西两壁正中还绘有"宴归图"和"出行图"等[1]。值得注意的是,在墓室西北壁的"男侍"图中,男侍背后的长方桌上摆放的生活用器除了1件玉壶春瓶和1副盘盏(盘呈海棠形,上置两盏)以外,还有1件匜。从画中描绘的大小来看,其口径大致和玉壶春瓶的最大腹径相当,流较长,且流下有环状系(见图28-1)。

图28-1 蒲城元墓壁画(局部)

据笔者所知,尽管匜在元代墓葬、窖藏中多有出土,但在元墓壁画中却很少发现。1989年发现的赤峰沙子山元墓壁画中曾出现侍者双手捧匜的形象[2]。但关于匜的用途,并未引起大家的注意。蒲城元墓壁画中虽又发现了匜,有关介绍中也只提到"瓷匜是元代典型风格",没有再作进一步的说明。笔者认为,匜在元代墓葬壁画中的出现,为它的使用提供了可靠的图像资料,尤其是与玉壶春瓶和盘盏等酒

---

[1] 呼林贵、刘合心、徐涛《蒲城发现的元墓壁画及其对文物鉴定的意义》,《文博》1998年5期。
[2] 刘冰《内蒙古赤峰沙子山元代壁画墓》,《文物》1992年2期。

器的共存表明,匜在元代应该是作为酒器使用的。试简述理由如下,敬希方家指正。

首先,已知元墓壁画所见各式"备酒图"[1]中的器物组合多寡虽有一些出入,但基本上都有玉壶春式瓶和盘盏这两类器物[2]。而且从已发现的内蒙古赤峰市两座元壁画墓[3]和山西大同齿轮厂元壁画墓[4]、文水北峪口元画像石墓[5]来看,元墓壁画还沿袭了辽金时期即已出现的"备酒图"与"备茶图"呈对称分布的格局[6]。上举前三座元墓的平面均大致呈方形,备酒图和备茶图均对称分布于墓室两侧壁的前端。其中大同齿轮厂元壁画墓和赤峰沙子山1989年发现的元壁画墓中,墓室正壁(面对墓道)没有墓主夫妇对坐图,而描绘的是"隐逸图"或"生活图"之类,并且和墓室两侧壁的后半部分壁画形成一个有机的整体,使壁画中的备酒图和备茶图表现出明显的户外特色,备酒图(原报告称"侍酒图")中所使用的酒器包括玉壶春瓶和盘盏,外加樽勺等[7]。后者以屏风画的方式展现户外的生活情景。在南壁东段的备酒图(原报告称"布宴图")中,长桌上陈置的酒具较丰富,值得注意的是桌后站立的三位侍者手持的器物恰是玉壶春瓶、一盘两盏和匜,组合与蒲城洞耳村元墓备酒图(原报告称"男侍")中桌上的器物完全一致[8]。与后者相距仅

---

[1] 关于辽金元时期墓葬壁画中出现的描绘成套酒具、成套茶具,或由侍者准备茶酒的画面,有关报告或论著中或冠以"酒具图"和"茶具图"、"进酒图"和"进茶图"、"侍酒图"和"侍茶图"、"奉酒图"和"奉茶图"、"备酒图"和"备茶图"、"男侍"图和"女侍"图之类名称;或通称为"生活图""布宴图""饮食图""备餐图"等;或仅以有关画面在墓中的位置而言。为了行文方便,本文一律使用"备酒图"和"备茶图"来代指相应的画面。

[2] 有关这一时期茶具与酒具的论述,可参见孙机《唐宋时代的茶具与酒具》,《中国历史博物馆馆刊》1982年2期。

[3] 1982年发现的一座,见项春松《内蒙古赤峰市元宝山元代壁画墓》,《文物》1983年4期;1989年发现的另一座,参见刘冰《内蒙古赤峰沙子山元代壁画墓》,《文物》1992年2期。

[4] 大同市博物馆《大同元代壁画墓》,《文物季刊》1993年2期。

[5] 山西省文管会、山西省考古所《山西文水北峪口的一座古墓》,《考古》1961年3期。

[6] 有关辽金墓葬壁画中茶与酒呈对称分布的例子,可参看河北宣化第5号辽墓(张家口市宣化区文物保管所《河北宣化辽代壁画墓》,《文物》1995年2期)、山西长治李村沟金墓(王秀生《山西长治李村沟壁画墓清理》,《考古》1965年7期)、大同南郊金墓(大同市博物馆《大同市南郊金代壁画墓》,《考古学报》1992年4期);等等。

[7] 大同市博物馆《大同元代壁画墓》,《文物季刊》1993年2期。

[8] 刘冰《内蒙古赤峰沙子山元代壁画墓》,《文物》1992年2期。

5米的另一座元壁画墓(1982年发现),在墓室北壁出现了墓主夫妇"对坐图":男主人在西、女主人在东的格局和蒲城洞耳村元墓非常接近,而且备酒图和备茶图(原报告均称为"生活图")的分布与男女主人的位置对应关系也和蒲城洞耳村元墓一致,备酒图位于男主人一侧的西壁,备茶图位于女主人一侧的东壁。可见,备茶与备酒在墓葬壁画中彼此分开是很清楚的。在西壁南段的备酒图中,壁画虽已部分剥落,但高桌上放置的器物除了"黑花瓷壶"和"盖罐"以外,也可看出有一件"玉壶春瓶"。从桌旁站立的仆人"双手托盘,盘内置两碗,作供奉状"[1]来看,实际上也是一盘两盏外加玉壶春瓶的基本酒具组合。由于壁画脱落的面积较大,桌上是否有匜,惜无法确知。

　　就墓葬平面形制而言,文水北峪口元代画像石墓和蒲城元壁画墓较为接近,墓室平面都是八角形。但该墓中备酒图和备茶图(原报告均称为"备餐图")却分别位于墓室东北壁和西北壁,与蒲城元墓壁画中茶在东、酒在西的分布位置恰恰相反。联系到墓室北壁墓主夫妇"对坐图"中男女主人的位置变化(此墓中男在东、女在西),的确是耐人寻味的。这进一步表明在元代墓葬壁画中备茶与备酒呈对称分布时,与男女主人的位置(指墓主人夫妇"对坐图")之间的密切关系。备茶图在女主人一侧,而备酒图在男主人一侧的布局,似已成惯例。蒲城元墓壁画"男侍"图位于男主人一侧,图中的玉壶春式瓶和盘盏自然和其他元墓壁画中的同类器物一样也都属于酒器。在该墓壁画的"出行图"和"宴归图"中还可看到这两类酒器实用的例子。匜既位于"男侍"图中,又和玉壶春式瓶和盘盏同置桌上,其使用也势必与酒有关。

　　其次,结合元代墓葬及窖藏中匜的出土情况来考察,匜也经常和玉壶春式瓶、盘盏之类的酒器共存。已知出土元代匜的数量在20件以上,出土地点包括北京、河北、安徽、江苏、江西、福建、山西、陕西、甘肃等[2],几乎遍布大江南北、黄河上

---

[1] 1982年发现的一座,见项春松《内蒙古赤峰市元宝山元代壁画墓》,《文物》1983年4期;1989年发现的另一座,参见刘冰《内蒙古赤峰沙子山元代壁画墓》,《文物》1992年2期。

[2] 国内发现的元代匜的资料已发表的主要有:北京市文物研究所《元铁可父子和张弘纲墓》,《考古学报》1986年1期;马希桂《北京昌平县出土元代影青瓷》,《文物》1980年1期;河北省博物馆《保定市发现一批元代瓷器》,《文物》1965年2期;河北省文物研究所《石家庄市后太保元代(转下页)

下。此外,在朝鲜新安海底沉船中也有发现[1]。就质地而言包括瓷、银、陶数种,主要以瓷器为主,且釉色品种多样,有影青、青花、青白、黄褐、釉里红、宝石蓝及龙泉青瓷等。其尺寸大小也非常接近,一般口径13—17、底径8—9、高3.7—6.4厘米,流长3.4—4厘米。仅少数银匜器形略大一些。而且不论瓷匜还是银匜,大多数流的下方都有环状系纽(如图,有关元代匜的资料可参看表28-1),和蒲城元墓壁画中所绘的匜器形一致。除个别陶质的可能是作为仿古礼器以外,其余绝大多数瓷质和银质的匜,就共存器物而言,大都可以断定是作为生活实用器使用的,而且也多与酒密切相关。墓葬如1960年江苏无锡发现的钱裕(卒于1320)墓,与银匜共出的就有银玉壶春瓶[2]。窖藏较典型的如1964年5月在保定发现的元代瓷器窖藏中,与宝石蓝釉金彩匜共出的酒器包括两副盘盏(分别由宝石蓝釉金彩酒杯和宝石蓝釉金彩盘、白釉莲瓣式酒杯和白釉龙纹盘组成)以及成套的青花酒具(由八棱玉壶春瓶、执壶和一对梅瓶组成)[3]。又如1955年10月在安徽合肥发现的元代金银器窖藏,出土银匜6件,分大小两种,均有流,且流下焊有云形纹系。同出的还有金杯4、金碟6、银杯6、银碟9、银玉壶春瓶9件以及银果盒、碗、筷、勺和铜盘等。其中金银杯碟(似应为盘)的数量尽管不一致,但从器形特征和尺寸大小来看,原来也应属于盘盏之类的组合[4]。根据一件玉壶春瓶底部所刻"至顺癸酉"的纪年,这批酒器的埋藏似不早于公元1333年。其上距蒲城元墓的年代至少有64年,但就酒器的组合特征而言仍基本一致。由此表明,匜与盘盏及玉壶春瓶之类的酒

(接上页)史氏墓群发掘简报》,《文物》1996年9期;吴兴汉《介绍安徽合肥发现的元代金银器皿》,《文物参考资料》1957年2期;歙县博物馆《歙县出土两批窖藏瓷器珍品》,《文物》1988年5期;胡悦谦《安庆市出土的几件瓷器》,《文物》1986年6期;无锡市博物馆《江苏无锡市元墓中出土一批文物》,《文物》1964年12期;镇江博物馆《江苏金坛元代青花云龙罐窖藏》,《文物》1980年1期,江西省高安县博物馆《江西高安县发现元青花、釉里红等瓷器窖藏》,《文物》1982年4期;陕西省文管会《西安曲江池西村元墓清理简报》,《文物参考资料》1958年6期;漳县文化馆《甘肃漳县元代汪世显家族墓葬简报之二》,《文物》1982年2期;宋良璧《介绍几件元代青花瓷器》,《文物》1980年5期;等等。

[1] 李德金、蒋忠义、关甲堃《朝鲜新安海底沉船中的中国瓷器》,《考古学报》1979年2期。
[2] 无锡市博物馆《江苏无锡市元墓中出土一批文物》,《文物》1964年12期。
[3] 河北省博物馆《保定市发现一批元代瓷器》,《文物》1965年2期。
[4] 吴兴汉《介绍安徽合肥发现的元代金银器皿》,《文物参考资料》1957年2期。

器配合使用在元代是相当流行的。

总之，无论是从元墓壁画的分布和备酒图中的器物组合，还是从墓葬及窖藏出土的匜的共存关系来看，匜都应属于酒具之列。推测匜的用途也应与玉壶春瓶类小口酒器有着密切关系，很有可能就是往小口盛储类酒器中注酒用的。过去有人撰文介绍河北保定出土的元代蓝釉描金匜时，把它看成是清晨人们起床后漱洗用的一种盥洗用具，所依据的是先秦时期"奉匜沃盥"的故事[1]。蒲城元墓壁画的

表28-1 元匜出土资料简表

器物名称	件数	口径	底径	高	流长	流下带系	出土类型	资料出处
宝石蓝釉金彩瓷匜	1	13.9		4.8		√	窖藏	《文物》65：2
影青瓷匜	1	13.3	8	4.6	3.5	√	墓葬	《文物》80：1
青花束莲纹瓷匜	1	14	8.5	3.7	3.7	√	?	《文物》80：5
黄褐釉冰裂纹瓷匜	1	14		6.1			墓葬	《文物》82：2
釉里红芦雁纹瓷匜	1	14.3	8.7	5.5	3.6	√	窖藏	《文物》82：4
青白釉瓷匜	2	14.4	9	4.5	3.4	√	窖藏	《文物》88：5
龙泉青瓷匜	1	16.5		5.7			墓葬	《文物》96：9
青花瓷匜	1	13.1	8	4.6	2.8	√	窖藏	《文物》86：6
影青瓷匜	1	约14			约4		墓葬	《考古学报》86：1
银匜	2	20.5		6.4	9.5	√	窖藏	《文物参考资料》57：2
银匜	4	18				√	窖藏	同上
银匜	2	14.2	9	4.5		√	墓葬	《文物》64：12
陶匜	1	13.2		约4			墓葬	《文物参考资料》58：6

注：器物尺寸单位为厘米，残损或尺寸不明者未列入。

---

[1] 王莉英《故宫博物院藏唐黑釉蓝斑腰鼓和元蓝釉描金匜》，《文物》1978年11期。

发现则说明元代的匜与先秦时期的匜在功能上应该是有区别的。

（本文原名"从蒲城元墓壁画看元代匜的用途"，载《中原文物》1999 年 4 期。此次重刊略有修订。）

29
古代诗赋与考古学研究例说

三代以降之考古学研究区别于史前考古的最大特点,应该说是日益增加之古文献的利用。除了有关传世浩瀚典籍之研究早已成为国粹外,地下出土的甲骨金文、简牍帛书、墓志碑刻之类,时至今日无一不成其为专门之学。围绕着历史时期的考古研究中之古代文献的利用,便有"考古学文献"一词,然至今仍未见界论。就古代诗赋一类文学作品而言,自然属于古代文学范畴。然而考古学研究的领域从理论上讲应包括古代社会的一切文化遗存,除了与社会历史的发展密切相关的城市建筑、村落遗址、矿冶及作坊遗迹、生产工具、生活用品等以外,还有许多属于古代人民艺术创造的产物,如壁画、雕刻、工艺品等,在研究这类遗物时,同属于艺术创造的古代文学作品(尤其是诗赋),以其形象的描述,比起其他历史文献来说,更能提供丰富而生动的信息。兹举例说之。

关于汉代的宫殿壁画,较著名的有《鲁灵光殿赋》。鲁灵光殿为西汉景帝程姬之子鲁恭王馀所建,殿内绘有大量壁画。东汉时王延寿少时随父王逸至泰山一带游学,参观该殿并作此赋。赋云:

> 图画天地,品类群生。杂物奇怪,山神海灵。写载其状,托之丹青。千变万化,事各缪形。随色象类,曲得其情。上纪开辟,邃古之初;五龙比翼,人皇九头;伏羲鳞身,女娲蛇躯;鸿荒朴略,厥状睢盱。……焕焕可观,黄帝唐虞;轩冕以庸,衣裳有殊。下及三后,瑶妃乱主,忠臣孝子,烈士贞女,贤遇成败,靡不载叙。恶以诫世,善以示后。

该赋为我们了解汉代壁画的情况保存了极为重要的资料。虽然目前还缺乏有关汉代宫殿壁画的实物证据，但在汉代考古研究中常常会遇到画像石墓和壁画墓，还有带石刻画像的墓祠、墓阙等，如著名的山东嘉祥武氏祠、河南密县打虎亭汉墓、内蒙古和林格尔汉墓等，其绘画题材不外乎古帝、明王、贤圣、游侠、忠臣、孝子、义士、烈女及神仙鬼怪之类，与上述《鲁灵光殿赋》所记基本一致，可见汉墓中的雕刻与壁画沿袭了地面建筑的绘画题材，而且对这些题材的选择很明显亦是为了"恶以诫世，善以示后"之类封建伦理道德的宣传，而这正是葬俗所体现的时代特征之所在。

关于汉代绘画的时代功用，何晏《景福殿赋》说得更为具体，此不赘述。对于一些具体的画像题材的考证和理解，往往还要求助于更为细致的描述，因此诗赋一类文学作品相对于其他文献而言就更具有优势。例如前已提及的武氏祠画像，在后壁第二层有一幅董永故事画。画面上董永父坐在独轮车上，手中持一根鸠杖，独轮车上放着一陶罐，有榜题"永父"二字。董永站在其父前面，身朝脚下竹笥，回首朝其父，榜题曰"董永，千乘人也"。董永上空有一女子，肩生双翼，俯身朝下，没有榜题。结合刘向《孝子图》和干宝《搜神记》中有关董永故事的记载，可以认为该女子即前来帮助董永还债并和董永结婚的仙女，也就是明代《织锦记》中的仙姬——著名黄梅戏《天仙配》中的七仙女。值得注意的是，该画与《孝子图》和《搜神记》所载的"卖身葬父"题材是不同的。而陈思王曹植《灵芝篇》则云：

> 董永遭家贫，父老财无遗，举假以供养，佣作致甘肥，责家填门至，不知何用归，天灵感至德，神女为秉机。

很明显曹植诗中所描述的是"借债养父"，与武氏祠画面较为接近。类似的画像题材在宋代石棺上亦有发现，大概是同一题材的民间故事在流传中演变所致。与此类似，一些神话传说在长期的流传过程中也不断发生变化，而这些变化又往往通过不同的形式表现出来，以文学形式反映在诗赋小说等作品中，以艺术形式表现出来则体现在绘画、雕刻上，甚至被作为古代墓室画像的素材。由此可见，古代诗赋与考古学（尤其是某些专题）研究有着内在的密切联系。以著名的牛郎织女的神话传说为例。最早见于《诗经·小雅·大东》：

维天有汉,监亦有光。跂彼织女,终日七襄。虽则七襄,不成报章。皖彼牵牛,不以服箱。

从文句上看,似以描述天象为主。至汉武帝元狩三年秋"发谪吏穿昆明池"时,曾在昆明池东西边各立一大型石刻雕像,班固《西都赋》、张衡《西京赋》均有记载,今实物犹存。经考证,东边的为牵牛像,西边的为织女像。从立两尊石像的含义而言,虽仍以"象天"为主,但雕刻本身已将牵牛和织女人格化了。在稍后的其他汉代墓室壁画和画像石刻中,亦常见将人物形象与天象相结合的牛郎织女图,较著名的如1987年发现的西安交通大学西汉壁画墓。据保存下来的汉代五言古诗:

迢迢牵牛星,皎皎河汉女。纤纤擢素手,札札弄机杼。终日不成章,泣涕零如雨。河汉清且浅,相去复几许?盈盈一水间,脉脉不得语。

诗中描述的正是织女隔着银河遥思牵牛的愁苦心情,表现了爱情受折磨时的痛苦。该诗已赋予牛郎、织女完全人格化了的感情,将之与考古发现的牛郎织女图相互参照,无疑是非常有意义的。

在已发现的古代墓室画像中有许多反映社会现实生活的画面,如:燕居、庖厨、歌舞百戏等。以舞蹈为例,在山东沂南画像石墓中有一幅舞蹈画像:舞者位于左边,头戴高冠,回首向右,身着过膝的衣,作正起舞状,两袖内飘出长带,其左脚近侧有一面瓜形小圆鼓,是舞者的蹋鼓。舞者之后有七个圆盘,分两排覆放于地。1956年在四川彭县汉墓出土的画像砖上亦有类似的舞蹈图像,结合古诗赋中的描述,如王粲《七释》"七盘陈于广庭,畴人俨其齐矣"、陆机《日出东南隅行》"丹唇含九秋,妍迹凌七盘"、鲍照诗"七盘起长袖,庭下列歌钟"句等。以上所说的盘都是七个,与考古发现的舞蹈画像一致,故称之"七盘舞"。有趣的是1972年在洛阳涧西七里河东汉墓中还出土了女"七盘舞"陶俑。其舞姿及盘鼓的放置亦与沂南、彭县的男舞画像类似,由此说明,七盘舞作为东汉流行的舞蹈,舞者男女皆宜。将出土实物与古代诗赋中的描述相结合,能使我们对东汉时期这一优美的舞蹈产生更为清晰的认识。

古代的日常生活用品由于非常琐碎,史记中很少记载,然而在流传下来的文学作品中有不少以咏物为题材的诗和赋,这类作品对考证古代名物、了解功用,都是不可多得的资料。以汉晋时期时兴的博山香炉为例,古诗《四坐且莫宜》云:

请说铜炉器,崔嵬象南山,上枝似松柏,下根据铜盘。雕文各异类,离娄自相连。……朱火然其中,青烟飏其间,从风入君怀,四坐莫不欢。

南齐刘绘《咏博山香炉诗》亦云:

上镂秦王子,驾鹤乘紫烟。下刻蟠龙势,矫首半衔莲。旁为伊水丽,芝盖出岩间,复有汉游女,拾羽弄余妍。

诗中明白告诉我们博山香炉的功用是为焚香所用,而且从考古发现的实物来看,其造型亦大致与诗中的描述相吻合。此外,从六朝谣歌《杨叛儿》"暂出白门前,杨柳可藏乌。欢作沉水香,侬作博山炉"的描述来看,当时的博山炉似早已成为民间日常生活用品了。

与上述情况略有不同的是,某些著名的古代诗赋作品还常被后代画家借用为创作素材,如顾恺之《洛神赋图》就是以曹植《洛神赋》为蓝本创作的,后人将二者进行比较时,禁不住咏出了"不负子建琳琅笔,善摄诗情付丹青"之句。又如宋金时代的画家,以传为蔡琰所作的《胡笳十八拍》诗为依据,结合有关文献记载,创作了多幅《胡笳十八拍图》和《文姬归汉图》。对这类古代绘画进行研究,自然就离不开原有的诗、赋一类的文学作品。除了文学作品的内容被吸收为绘画创作的素材以外,有些文学家本身的形象亦被以艺术的形式展现出来,较突出的如新中国成立后南京西善桥、丹阳胡桥、丹阳建山等地六朝墓葬中发现的砖印壁画"竹林七贤图"等。

通过对古代文化的考古学研究,新的实物不断出土,有些实物的发现在一定程度上还可以为古代诗、赋等文学史的研究提供新的证据,甚至可以弥补作品本身背景资料的不足。例如有关屈原《天问》的创作背景，东汉王逸在《楚辞·天问》的"序"中说：

> 屈原放逐，忧心愁悴，彷徨山泽，经历陵陆，嗟号昊旻，仰天叹息。见楚有先王之庙，及公卿祠堂，图画天地，山川神灵，琦玮僪佹及古贤圣、怪物行事，周流罢倦，休息其下，仰见图画，因书其壁。何而问之，以渫愤懑，舒泻愁思。

后人对此多少持怀疑态度，认为所谓楚先王之庙的壁画是王逸依据汉代情况附会而说的。今据20世纪50年代以来秦咸阳宫殿遗址的发掘成果，尤其是1979年3号宫殿基址中大量彩色壁画的发现，其时代有可能早至战国晚期，比起已知的汉代壁画，在年代上又大大向前推进了一步，而与屈原生活的时代更加接近了。由于这一发现，有理由推测所谓楚先王之庙内壁画不是完全没有可能的，也就是说，从实物的角度为《天问》的创作背景提供了旁证。又如《乐府诗集》中辑有《俳歌辞》一首，并说："《俳歌辞》，一曰《侏儒导》，自古有之，盖倡优戏也。"汉代俳优表演已具备古代戏曲艺术中的几个重要条件，1954年在成都北郊羊子山汉墓中俳优俑的发现，对于研究汉代说话艺术以及古代诗赋无疑都是有帮助的。另外，大量汉代铜镜铭文的发现，为古体诗的研究亦提供了丰富的素材，尤其是研究曹魏以前七言诗的产生与发展，铜镜铭文占有极为重要的地位。

以上零零碎碎讲了一些关于古代诗赋与考古学研究（尤其是历史时期某些专题性考古研究）之间的相互关系问题，其方法及可行性都还有待于进一步探索。之所以选择这一题目，只是为了说明，历史时期的考古学研究由于其自身的特点，在与古代文献相结合进行考古研究的过程中，不应只是限于通常所谓"史籍"一类的范畴，而应该把文献的利用范围放得尽量宽一些。

（本文原名"古代诗赋与考古学研究例说"，载《青年考古学家》第六期，1993年。）

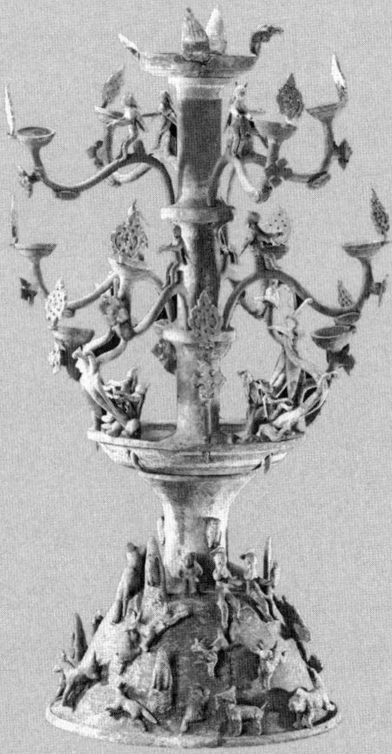

理论方法与纵论

考古报告的定位与生命力
　　——关于报告"过时"问题的思考

考古资料报道中的普遍性与特殊性

汉墓分类

汉墓研究的区域选择

慎说"无"
　　——汉代的"大河五"铁斧

消失的过程
　　——两汉的贸易活动

公元与干支纪年相互换算的新方法

30
考古报告的定位与生命力
——关于报告"过时"问题的思考

考古报告是考古发现、调查发掘的成果汇集，是考古学研究的资料信息库。照理，由于古代文化遗存不可再生，每一次发掘几乎都是"唯一"的。相应的，记录每一次发掘的报告也应具有"不可替代"的性质。然而，我们却常常听人说，某某报告已经"过时"了。这是为什么呢？

我个人以为，造成某些考古报告"过时"的原因主要是这些考古报告本身的定位决定的。既然古代文化遗存不可再生，每一个"发现"就意味着某种程度的信息丧失，那么，尽可能地保存所发现的一切信息资料，理应成为考古报告追求的目标。可以说，考古报告的生命力在很大程度上也正取决于报告中所保存的不可替代的信息资源。

然而，由于某种历史原因，新中国成立以来的大量考古报告，基本上都以"研究式报告"的面貌出现，很少明确地把保存资料信息作为报告的首要任务。之所以这么说，是因为绝大部分报告不管所涵盖的内容多么庞杂，都是预先对原始发掘资料进行综合的分析研究，然后才将研究的结果按照一定的序列组织起来形成报告的。这类报告的共同特点是都过于看重诸如类型划分或分期断代之类的研究结论，而很少兼顾资料的系统性与完整性，以致被称为"列举式"报告。毋庸置疑，在中国考古学发展的早期，由于亟待建立自己的考古学文化体系，一些大型的综合性报告采用这种定位，可以说是顺应了当时的需要。这样的报告往往有比较详尽的分析和明确的结论，可以很好地起到范例作用，对同类遗存的研究具有明显的参考价值。事实上，考古报告的这种定位对于中国考古学的发展的确已产生了深远的影响。

问题在于，此类报告毕竟是以报告作者的研究为中心，所报道的材料基本上也都是围绕研究的结论服务的。除了那些被当作典型单位列举的材料以外，其余的被报告作者视为"同类型"的大量信息都被省略掉了。比如说一篇报告中应包括若干类遗迹，如房址、灰坑、墓葬等；每类遗迹均有若干个单元，如房址有 ABCD，灰坑有 EFGH，墓葬有 WXYZ 等；每个遗迹单元出土的遗物均有若干。如果采用典型例证的方式选择资料，就有可能出现这样的情况：即在介绍遗迹单位时，可能只列举了房址 A 或 C、灰坑 E 或 F、墓葬 Y 或 Z；而在介绍出土遗物时，又有可能只是从房址 B 或 D、灰坑 G 或 H、墓葬 W 或 X 的出土遗物中挑选一部分。其结果可能是，无论是房址、灰坑，或是墓葬，报告中都没有一个完整的信息单元保存下来。更何况所谓"典型"例证的选择，在很大程度上出于报告作者的主观判断，受认识水平的局限是不言而喻的。如果没有科学地加以规范，如此这般的"列举"，就会导致在有意无意中将原本信息完整的一个个单元肢解得七零八落，使得报告作为资料信息库的作用明显下降。回顾 20 世纪的各类考古报告，难道类似的"拆分"现象还少吗？对于有些报告而言，如果谁想检验一下报告的结论，或者换一个角度对报告的资料进行重新排比分析，就会发现简直无从着手。这样一来，就连那些"典型"例证是否真的典型，也都无从判断了。从这样的报告中，读者所能获取的更多的只是一些结论，而不是系统完整的资料。时间一长，当人们觉得这些报告中的结论已不大靠得住时，报告就似乎失去了存在的价值。可见，正是由于这种研究式考古报告没有把报道资料、保存信息放在第一位，才导致有"时过境迁"的结局。

随着我国考古事业的发展，中国考古学的系统框架已基本建立，有关研究在不断深入的同时也越来越细化、多样化。在新的理论、新的方法不断涌现的情况下，对考古报告的要求也逐渐发生了变化。在新的历史时期，考古报告应如何定位，是该考虑的时候了。很明显，那种缺乏科学规范地列举资料的做法，已逐渐失去了市场。从要求公布所有资料的呼声中便可以看出，人们对考古报告的资料信息作用越来越看重。可以预见，资料式的考古报告必将越来越受青睐。因为资料信息才是考古报告的生命力所在。当然，对于考古学资料信息的收集整理，都应该是以符合科学的学术规范为前提的。

现在，《中国文物报》就"理想的考古报告"展开讨论，我认为是非常及时的。

回顾 20 世纪，展望将来，可以说，这是考古学界同仁在总结已取得的成就的同时，从考古报告这样一个角度对考古学发展方向的一次思考。希望这样的思考，成为中国考古学从"重发现"的豪情中走出，迈向理性研究新纪元的一个良好开端。

（本文原名"考古报告的定位与生命力——关于报告'过时'问题的思考"，载《中国文物报》2001 年 6 月 13 日 7 版。）

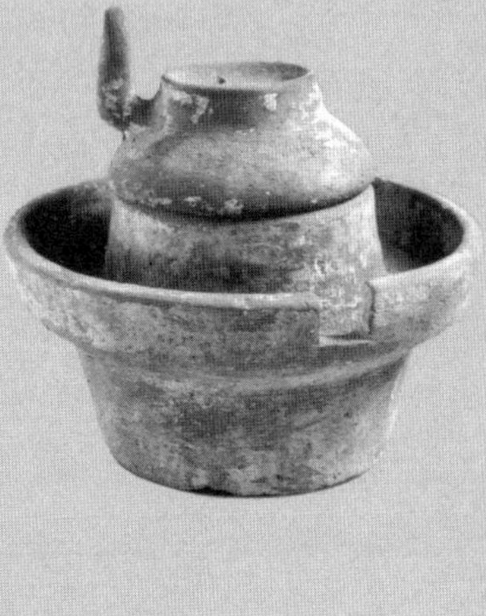

31
考古资料报道中的普遍性与特殊性

　　为配合1998年北京—福州高速公路建设、2000年日照至菏泽铁路复线工程建设，山东省文物考古研究所与滕州市博物馆、兖州市博物馆、济宁市文物局、曲阜市文物局、嘉祥县文物局等单位联合在鲁中南地区清理了8处汉代墓地——即滕州封山墓地、滕州东郑庄墓地、滕州东小宫墓地、滕州顾庙墓地、兖州徐家营墓地、曲阜花山墓地、曲阜柴峪墓地、嘉祥长直集墓地，共清理各类汉代墓葬1675座[1]。由山东省文物考古研究所编著的《鲁中南汉墓》（文物出版社，2009年），采用以各墓地为单位分别撰写发掘报告、然后汇编成集的方式，全面综合报道了上述8处墓地的汉墓发掘资料。这是目前山东地区报道汉墓资料最为集中、内容最为丰富的一部发掘报告集。就全国范围已发表的汉墓专题报告（或报告集）而言，《鲁中南汉墓》所报道的汉墓数量也是空前的。

　　由于事先"对每一篇报告在体例、次序及描述上都有一定的规范"（1页），《鲁

---

[1] 本文对于《鲁中南汉墓》报告集发表汉墓数量的统计，均按原报告的墓葬编号进行，括弧内标注的页码也均指报告中的页码。需要说明的是，发掘者在"前言"中指出8处汉代墓地"共发现汉代墓葬1676座"（1页）。经笔者仔细核对，封山109座、东郑庄170座、东小宫312座、顾庙82座、徐家营347座、花山96座、柴峪243座、长直集316座，累计各墓地报道的汉墓数量之和应为1675座（不包括滕州顾庙墓地有编号但未清理的6座以及仅有测绘编号的252座墓）。出现出入的1座可能与嘉祥长直集墓地有关，因为原报告中有关该墓地清理的汉墓数量有3个统计数字，分别是316座（见于816、818、892页）、317座（见于9页）、327座（见于828页），而《长直集汉代墓地墓葬登记表》中只有316个编号，与报告中所言该墓地各类墓葬之和一致，故本文采纳316座的说法。当然，对于鲁中南地区汉墓中普遍存在的两室或多室并列打破的现象，原报告集的处理方式也不完全一致。比如属于土坑墓的东小宫M68、被归入"双室石椁墓"的东小宫M65以及顾庙M40和M48、被视为"三室石椁墓"的东小宫M315等，本质上都是存在"先后"埋葬的问题，原报告基本上都是每组只编一个号。然而，如果在打破时产生了明显的"错位"或角度"交叉"，如东郑庄M121和M122、东郑庄M123和M124，报告中又是分别编号的。由此可见，对于墓葬数量的统计还会因认识的不同而发生变化。

中南汉墓》所编集的单独成篇的各墓地发掘报告体例基本保持了前后一贯：均先交代历史地理背景、发掘经过（包括参与发掘的人员构成），以及墓地概况，附有相应墓地的地理位置示意图、墓葬分布图（仅个别墓地缺分布图）；然后设"墓葬分类及典型墓例"一节详细介绍不同的墓葬类型，大致按照土坑墓、石椁墓，以及其他类型墓葬的先后顺序，在具体的形制分类基础上列举一些典型墓例；而随后的"随葬品"或"遗物"一节则大致是按照陶、铜、铁、玉石等不同质地分类介绍相关的出土遗物及其型式划分的，并列举了大量的标本；出土有画像石的墓地，还在墓葬形制与随葬品之间设专门的小节介绍有关情况（封山、东小宫、顾庙、长直集墓地除外）；在分类介绍考古资料之后，便是"分期与年代"或"墓葬分期"章节，通过分析各墓地的墓葬叠压、打破关系，结合典型墓葬的陶器组合、器形演变等，分别进行了分期研究，通常都附录有《典型墓葬陶器组合表》《主要陶器分期（或共存关系）表》《汉墓典型陶器分期图》等；各篇报告的"结语"部分，总结相应墓地的汉墓特征或探讨相关的问题，最后都附录有墓葬登记表，将相关墓地的汉墓资料全部记录在案。曲阜柴峪墓地的报告后面还附录了有关该墓地出土汉代漆棺画的分析保护研究的专题论文（810—815页）。发现有少量宋墓或清墓的墓地（仅见于东郑庄、徐家营、柴峪这三处墓地），相关资料一般都附在汉墓资料的后面单独介绍。书末（926—941页）则附录有《山东鲁中南地区周—汉代人骨研究》的专题报告。

在《鲁中南汉墓》的"前言"（王守功撰写）中，发掘者从墓葬形制特征、随葬品风格、墓葬之间的叠压打破关系等方面，对所报道的汉墓资料进行了归纳总结，并与山东境内的其他三个区域（鲁北、鲁东南、胶东）进行了比较研究，认为鲁中南汉代墓葬具有浓厚的地域特点，"是石椁墓和汉画像石分布的重要区域"。在把鲁中南地区放在山东这样一个地域背景下进行考察的同时，又将山东地区纳入更大的历史空间中进行分析，并同时注意到鲁中南8处汉代墓地的文化面貌所呈现的统一性下的具体差异问题。可以说是从多方位对报告集中所涉及的汉墓资料进行了探讨，揭示了鲁中南地区汉代墓葬"以石椁墓为主""盛行同穴与并穴合葬""随葬品中存在大量仿铜礼器"等一系列重要特征和文化现象。正如发掘者所言，"将对山东地区汉代考古学研究起到重要的推动作用"（14页）。这是毋庸置疑的。

不过细心的读者也会发现，就在综述鲁中南地区汉墓的上述各项特征的"前言"中，很少看见有具体的数据作为支撑，而整部报告集中也缺乏相应的总结性篇章对8处汉代墓地的发掘资料进行汇总和整合。这不能不说是《鲁中南汉墓》的一个不足之处。鉴于此，笔者觉得有必要在此多费一些笔墨，将《鲁中南汉墓》所报道汉墓资料的主要内容汇总一下，也算是从量化角度对原报告集的一个补充吧。

一、关于墓葬形制的分类统计

按照《鲁中南汉墓》各篇报告的墓葬编号及分类统计，该报告集实际纳入形制分类的汉墓约1650座[1]，具体包括："土坑墓"542座、"石椁墓"1057座、"砖椁墓"28座、"空心砖墓"4座、"瓮棺葬"2座、"土坑带竖穴墓道墓"2座、"石椁木椁同穴墓"1座、"侧室墓"1座、"有墓道墓"1座、"刀形墓"1座、"空墓"11座。然而，笔者在仔细阅读各墓地的发掘报告之后发现，原报告集中对有些墓葬类型的认识还存在前后不一致的现象，在分类上还有必要进行一些适当的调整。具体来说，主要有以下几点：

1. 滕州东郑庄墓地的3座"砖椁墓"——M11、M22、M154，其墓壁四周实际上是采用空心砖砌筑的，连报告中也说"均为空心砖墓"（122页），因此应划归"空心砖墓"类别。

2. 滕州顾庙墓地的1座"土坑竖穴带墓道墓"M7（359页）和兖州徐家营墓地的1座"有墓道墓"M148（436页），实际上均属于无砖石结构的竖穴土坑墓类别，只是比普通的土坑墓增加了墓道而已。参照《鲁中南汉墓》有关石椁结构墓葬的分类，对于有墓道的石椁墓如滕州东小宫M76（200页）、M307（213页）、M324（218页）等，发掘者并未与无墓道者分列成不同类型。准此，上述有墓道的顾庙M7、徐家营M148之类，似乎也可回归到"土坑墓"的范畴中，而不必单列。此外，徐家营

---

[1] 兖州徐家营墓地形制不明的25座墓葬不在统计之内。

墓地的1座"刀形墓",即M221,从报告所附墓葬登记表记录的尺寸来看,属于墓圹两端宽窄不一的竖穴墓,也可归入"土坑墓"的范畴。

3. 兖州徐家营墓地的3座Aa型"土坑墓",实际上是有木椁结构的"木棺椁墓",报告列举的M310"葬具为一椁一棺"(412页)。从传统的墓葬分类来说,对于此类有木椁的墓葬,通常都要与无木椁的墓葬区别开来。类似这种将"木椁墓"纳入"土坑墓"范畴的情况还见于曲阜柴峪墓地,共有15座"木椁墓",其中"用圆木垒砌木椁"的有6座,"用木板构筑木椁"的有9座,共列举3例,即M55、M63、M159(676—677页)。此外,在嘉祥长直集墓地的A型和B型土坑墓中也都提及"多为一棺,少有一棺一椁者"(818页),但均未交代有木椁结构的墓葬数量是多少。查《长直集汉代墓地墓葬登记表》,提及有椁的所谓单室"土坑墓"包括M101、M103、M104,本文暂以3座统计。这样一来,原报告集所说的"土坑墓"中就至少有21座可划归"木椁墓"的类型中。

4. 曲阜柴峪墓地的1座"石椁木椁同穴墓"M8(699页),从形制上讲与被归入"石椁墓"范畴的滕州顾庙墓地的3座"岩室与石椁混合墓"(如M22和M29,参见357—359页)、兖州徐家营墓地的2座"土坑与石椁合葬墓"(即M117和M135,参见428页和432页),以及嘉祥长直集墓地的1座"双石椁墓"(即M200,参见825页)类似,从前后一致的角度考虑,也应归入同一范畴。

5. 嘉祥长直集墓地的29座C型土坑墓(如M122和M190,参见818—821页),在生土二层台上"棚盖2—3块石板",应该说与其他墓地报告所说的"石盖板墓"相似。此类墓葬在封山、东郑庄、东小宫、顾庙、花山、柴峪墓地均有发现,且都是归入"石椁墓"范畴的。如果在分类上保持一致的话,长直集墓地石椁墓的数量就应该由原来的166座上升到195座。由于报告说148座土坑墓均为单室(818页),则上述29座墓均应归入单石椁墓中。如此,该墓地单石椁墓的数量就应该由原来所说的157座调整为186座。

6. 嘉祥长直集墓地的唯一一座D型土坑墓M314,实际上属于偏洞室墓类型(图见822页),应从"土坑墓"中单独出来。类似的墓葬在滕州东小宫墓地也发现1座,即M143(图见219页),被称为"侧室墓",是放在"其他墓"之中介绍的。

如果将各墓地报告实际列举的墓葬例证数量也进行统计的话,在遵从原报告的分类框架前提下经过上述一系列调整之后,《鲁中南汉墓》所收录的各类汉墓数量及列举的例证数可归结如下:土坑墓495座,例证27;木椁墓21座,例证4;石椁墓(含石盖板墓)1 087座,例证148(其中单石椁墓920座,例证96;双石椁墓152座,例证40;其他类型的石椁墓15座,例证12);砖椁墓25座,例证5;空心砖墓(含实心砖铺底的情况)7座,例证3;瓮棺葬2座,例证2;偏洞室墓2座,例证2;空墓11座,例证1。这样,累计1 650座形制清楚的汉墓中共列举了例证192座,约占11.6%。具体到各墓地不同类型的墓葬,其列举的比例也是不一样的(参见表31-1)。其他未被列举的墓葬,虽无图片资料发表,然其形制和尺寸等在相应的墓葬登记表中也都有较详尽的记录,可供参考。

表31-1 《鲁中南汉墓》各墓地汉墓形制及例证统计简表

	土坑墓	木椁墓	单石椁墓	双石椁墓	其他石椁墓	砖椁墓	空心砖墓	偏洞室墓	瓮棺葬	空墓	合计
封山	11-2		72-7	23-2	3-2						109-13
东郑庄	32-3		124-17	8-6		3-1				3-0	170-27
东小宫	41-2		190-8	71-7	3-3			1-1	1-1	5-1	312-23
顾庙	35-4		27-9	20-12							82-25
徐家营	227-10	3-1	57-7	4-1	2-1	24-4	1-1		1-1	3-0	322-26
花山	4-2		75-10	12-5	3-3	1-1	1-1				96-22
柴岭	30-2	15-3	189-32	8-5	1-1						243-43
长直集	115-2	3-0	186-6	6-2	3-2		2-0	1-1			316-13
合计	495-27	21-4	920-96	152-40	15-12	25-5	7-3	2-2	2-2	11-1	1650-192

注:表31-1中,"-"符号之前的数字均以《鲁中南汉墓》各篇报告中"墓葬分类及典型墓例"所列数字为准进行统计,指各类型墓葬的具体数量或相关墓地的汉墓总数(形制不明者不在统计范围);"-"符号之后的数字则是指报告中实际列举的墓葬例证之和,未举例者以"0"表示。

为了便于考察鲁中南地区各类型墓葬的数量关系以及最具特色的石构墓葬的变迁,表31-1中除了设立"木椁墓"一栏将之从"土坑墓"中分离出来以外,还将石构墓葬分为三大类分别进行统计,其中"其他石椁墓"是指报告集在"单石椁墓"和"双石椁墓"之外纳入"石椁墓"范畴的其他墓葬——除了石结构的三室石椁墓(封山3座、东小宫2座、花山3座)和多室石椁墓(仅东小宫有1座)以外,还包括土坑石椁合葬墓(徐家营2座)和所谓"并穴墓"(长直集3座)。另外,曲阜柴峪墓地报告中被单独归类的1座"石椁木椁同穴墓"(即M8)也纳入此类。至于在原报告集中被归入"其他墓"中介绍的各类墓葬,如"砖椁墓""空心砖墓""瓮棺葬""空墓"等,表31-1中均分别统计;对于原报告中的"侧室墓",表中按惯例改称"偏洞室墓"。

  从报道资料的方式上看,《鲁中南汉墓》采用的是"综述+列举"的方式进行描述的,属于"研究式报告"或"列举式报告"[1]。也就是说,作为墓葬发掘报告,各墓地均是将墓葬形制与随葬品各自综合,而并未以墓葬单元为单位、将某一座墓葬的形制与随葬品整合在一起进行资料报道。这样,若读者想从中获取包括墓葬形制、随葬品等在内的有关某一座墓葬的相对完整的信息,恐怕只能是通过报告所列举的各项例证进行"拼合""复原"了。因此,在资料汇总的过程中,笔者对于原报告中列举的墓例数量也给予了特别的关注(具体数据参见表31-1)[2],结果发现有一个值得注意的现象:即实际发现数量越多的墓葬类型反而会在考古报告中看到的例证相对越少,而发现数量较少的一些特殊墓葬类型往往会在报告中展现得更为充分。就拿表31-1来说,普通土坑墓的列举比例仅为5.5%;对鲁中南地区盛行的石椁墓,其列举比例上升到13.6%;而在该地区原本不多见的砖椁墓和空心砖墓,其列举比例分别达到20%和43%;至于在鲁中南地区罕见的"偏洞室墓",则为100%列举。尽管上述比例可能受到各类墓葬基数大小的影响,甚至还与在各墓地的出现频率有关,但就此类报告分类列举的方式本身而言,"特殊现象"恰是最容易受到"关注"的。若再以报告集所收录的数量庞大的石椁墓为例,虽然总的列举比例只有13.6%,然具体到不同的类型,列举的比例也是不一样的:其中单石椁墓

---

[1] 峰之《考古报告的定位与生命力》,《中国文物报》2001年6月13日。参见本书第30节。
[2] 其实,除关于墓葬形制的列举以外,有关随葬品的列举情况也是值得关注的。限于篇幅,本文暂不讨论。

累计920座,例证为96,约占该型墓葬的10.4%;双石椁墓累计152座,例证为40,比例上升至26.3%;而形制特异、数量较少的15座"其他石椁墓"中例证达到12,所占比例高达80%。这一结果同样可以表述为对普遍性的"淡化"与对特殊性的"突出"。其实,上述特点也正是所有"列举式报告"普遍存在的一个共性。从此类考古报告中被列举墓葬所占报道墓葬总数的比例上看,著名的《洛阳烧沟汉墓》也只有8%左右[1],《广州汉墓》达到11%[2],但均比《鲁中南汉墓》还要低。再进一步,即便是采用以墓葬单元为单位的方式编写的汉墓发掘报告,如《西安龙首原汉墓》和《长安汉墓》,其累计报道的181座西汉至新莽时期墓葬,也是从近800座同期墓葬中选编的,所选择(也是一种列举)的比例约在20%[3]。当然,上述采用不同方式编写的发掘报告在"列举"之外的辅助手段(如附图、附表之类)是不尽相同的。这些都是今后编写汉墓报告乃至其他时代的墓葬发掘报告时值得进一步关注和探讨的问题。

二、关于随葬品的总体情况

《鲁中南汉墓》编集的8处汉代墓地出土了大量的随葬品。尽管各墓地的发掘报告中均有详细的分类统计,但汇总以获得一个整体的印象仍是必要的。何况在汇总过程中也发现原报告中存在的某些分类问题,觉得也有必要在此说明。

首先是陶瓷器。以泥质灰陶为主,各墓地普遍存在的仿铜陶礼器上多流行彩绘,而罐类器物多有绳纹;另有少量低温铅釉陶和高温钙釉器。从器物种类来看,可归入"仿铜陶礼器"组合的器物种类虽多,但总的器物件数却与瓮罐类日用陶器

---

[1] 中国科学院考古研究所《洛阳烧沟汉墓》,科学出版社,1959年。该报告自称报道的汉墓数量为225座(其中6座形制不明),共分为五型10式,而实际列举的墓例是18座。
[2] 广州市文物管理委员会、广州市博物馆《广州汉墓》(上下册),文物出版社,1981年。该报告报道的汉墓数量为409座(其中11座存疑),共分为七型22式,实际列举的墓例为45座。
[3] 西安市文物保护考古所 韩保全、程林泉、韩国河编著《西安龙首原汉墓》(甲编),西北大学出版社,1999年;西安市文物保护考古所 郑州大学考古专业 程林泉、韩国河、张翔宇编著《长安汉墓》,陕西人民出版社,2004年。前者报道的西汉前期墓葬为42座,后者报道的西汉中晚期至新莽时期墓葬为139座。

数量基本相当,而"模型明器"很少,仅极少数墓葬有发现。经汇总,主要的器物类型及其数量大致如下:鼎246件(带釉者3件)、盒250件(带釉者3件)、壶708件(带釉者约18件)、钫37件、盘99件(带釉者约1件)、匜79件、勺38件、杯21件、罐瓮约1353件(带釉者约7件)、盆钵24件、釜12件等;属于模型明器的有仓9件、灶4件、磨1件、猪圈3件、楼3件、俑14件等,累计30余件(部分带釉),此外,还有甑、洗、熏炉、盉、豆、灯、器盖等器形,每类数量都在10件以下。至于未能拼对复原的器物,自然无法进行统计了。当然,还有一些器物的定名本身值得商榷(如262页,东小宫墓地被归入"其他罐"的标本M142:1,似应改称"盆"),这也会影响到少数相关器物的具体统计数字。就存在的问题而言,最明显的要属对带釉器物的属性判断与分类了。比如在滕州封山墓地报告中,既有"釉陶器"3件、"原始瓷器"2件,同时在180余件"陶器"中,还有4件Ca型Ⅱ式壶是"皆釉陶"(43页)。在嘉祥长直集墓地的报告中,将所有施釉的器物包括鼎、盒、壶、盘等,均与无釉的器物混杂在一起进行型式划分,没有单独作为一大类器物处理。事实上,如果将各墓地出土的施釉器物全部单列出来,我们会发现,在总数近3 000件的陶瓷器中,施釉的只有40余件[1],所占比例是十分有限的。如果再进一步考虑到胎釉性质及其产地的区别,弄清哪些是高温钙釉,哪些是低温铅釉,以及各自的来源如何,对于进一步探讨包括鲁中南地区在内的汉代各地域之间存在的文化交流等问题,都是十分重要的第一手资料。

其次是铜器。各墓地均有大量的铜钱随葬,总数超过5 000枚;在兖州徐家营墓地还集中出土了一批车马器,约251件;在滕州封山墓地还出土柿蒂形棺饰若干。扣除这些难以准确计数的铜钱、车马器和棺饰以后,可归入"铜器"范畴的遗物大概只剩下249件了。其中又以铜镜、带钩的数量较多,分别有78件和85件;而铜容器的数量很少,只有盆5件、釜14件。其他还有铜铃、铜环、铜印、铜柄刷、铜蝉、铜杖首、铜镦、铜矛、铜弩机、铜镞等,数量都较少。

再次是铁器。初步统计有454件(不含棺钉)。其显著特征是流行以刀剑随

---

[1] 在这40余件施釉器物中,以彩版方式报道的将近一半,也可以说是凸显了一种对特殊性的关注。

葬，多出土于棺内，包括剑139件、刀削191件。值得注意的是，各墓地还都有一定量的铁工具出土，包括锸67件、夯7件、凿2件，镢（钁或斧）22件、锤3件等，总数100余件。与刀剑入殓于棺内的情况不同，这些工具绝大多数发现于墓葬填土中。正如发掘者所指出的，"应是开挖墓圹及夯土的工具"（11页）。但数量如此之多，值得关注。为何"遗留"在墓中，也是值得深思的。此外，还有少量戟、矛之类铁兵器和带钩、镊子、镇之类生活实用器等。

除陶瓷、铜铁器之外，玉石器的数量也不少，总数约321件。以璧、琀、眼罩、耳鼻塞、肛塞等"葬玉"（或"敛玉"）为主，故大多出土于棺内相应位置。发掘者指出这些玉石器的随葬"与当时盛敛死者的习俗有关"（11页），无疑是正确的。其中曲阜花山M57出土的九窍塞质地为翡翠（649页），而滕州东小宫墓地出土的"耳鼻塞、琀皆滑石器"（276页），其来源问题也是值得关注的。

其他还有少量漆木器（约40件）、骨器（约20件）、泥塑泥器（约9件）等，其中也不乏值得关注的信息，如兖州徐家营M103出土的一组"骨牌"（518页）、曲阜花山M84和柴峪M132出土的泥塑动物之类。在花山和柴峪这两处墓地中还集中出土了一批采用铅、锡之类金属铸造的小型车马器（总数130余件），也应该是与某种特定的丧葬习俗有关。

三、关于墓葬分期与相关问题

通过对《鲁中南汉墓》各墓地分期的对比和汇总，将有助于从总体上考察汉代鲁中南地区不同类型墓葬的发展演变情况、随葬品的组合与器形演变，以及相应的文化变迁等问题。初步统计，《鲁中南汉墓》报道的1 675座汉墓中，纳入分期的有1 008座。依据各墓地报告的分期，相当于西汉早期的有123座、西汉中期的有217座、西汉晚期的有337座、新莽或稍后时期的有141座、东汉时期的有190座（具体参见表31-2）。其余难以分期断代的有667座，约占所报道汉墓总数的2/5。这一比例如此之高，应该是与大量墓葬被盗扰或本身就缺乏作为分期断代依据的遗物有关。

表31-2 《鲁中南汉墓》各墓地分期对应及墓葬数量统计简表

	墓葬总数	西汉早期	西汉中期	西汉晚期	新莽时期或稍后	东汉时期	时代不明
封山	109	1-13	2-6	3-17	4-16	5-17	40
东郑庄	170	1-39	2-28,3-12	4-10		5-2	79
东小宫	312		1-6,2-28	3-38	4-54	5-32,6-41	113
顾庙	82		1-1	2-18	3-20	4-14	29
徐家营	347	1-31	2-34	3-149	4-10	5-14	109
花山	96	1-20	2-10	3-43	4-9	5-14	
柴峪	243	1-8	2-6,3-15	4-26	5-7,补充3	6-14,7-13,8-8,补充6	137
长直集	316	1-12	2-71	3-36	4-22	5-15	160
合计	1675	123	217	337	141	190	667

注：在表31-2中,符号"-"之前的数字为原发掘报告中的分期(段)序号,"-"之后的数字为原报告中归入该期(段)的墓葬数量。其中曲阜柴峪墓地的部分期段,在分期后还通过类比又"补充"了少量墓葬。

从各阶段墓葬数量的变化来看,属于西汉晚期的墓葬数量似乎最多,而被归入东汉时期的墓葬数量明显减少。这种数量变化或许与当时的社会背景存在一定的关联。不过,由于是配合工程建设,各墓地均非完整揭露,上述对不同阶段墓葬数量变化情况的统计也仅仅是提供一种参考。

事实上,要正确理解某一种考古学文化现象,必须将之放回原有的时空框架之中才有可能。无论是探讨墓葬形制的演变、随葬品组合及器物形态的变化,还是其他遗迹现象,都离不开具体的时空环境。如果将前述的墓葬形制统计与分期相结合,鲁中南地区西汉早中期大量石椁墓的存在与石椁画像的出现,就成为一个特别值得关注的问题。

经笔者初步统计,在原报告推定的属于"西汉早期"的123座墓中,石椁墓约有76座,所占同时期墓葬的比例高达61.8%。就具体的分布而言,封山墓地11座、东郑庄墓地25座、徐家营墓地6座、花山墓地18座、柴峪墓地7座、长直集墓地9座。

这76座石椁墓若按墓葬形制，又包括单石椁墓73座、双石椁墓3座。最为引人注目的是大约12座墓内刻有画像，而且这些墓葬基本上都是单石椁墓。

在原报告推定属于"西汉中期"的217座墓中，石椁墓约有157座，比例上升到72.3%。其中封山墓地6座、东郑庄墓地35座、东小宫墓地33座、徐家营墓地3座、花山墓地9座、柴峪墓地20座、长直集墓地51座。以墓葬形制分，包括单石椁墓143座、双石椁墓14座。其中刻有画像的大约有12座，基本上也都以单石椁墓为主。

如此一来，在被发掘者断定为西汉早中期的340座墓中，石椁墓就有233座之多，其中约24座有石刻画像的基本上都是单石椁墓。从这些有石刻画像的单石椁墓的分布情况来看，又有17座集中发现于滕州东郑庄墓地，其余的7座分散在滕州封山墓地(2座)、兖州徐家营墓地(1座)、曲阜柴峪墓地(3座)、嘉祥长直集墓地(1座)。如果分期判断无误的话，这些数据对于探讨汉代石刻画像的起源及其早期特征都将是十分重要的资料。

就随葬品而言，属于"仿铜陶礼器"组合中的"盘匜"，在整个西汉时期的持续沿用，也是非常值得关注的一个特点。限于篇幅，不在这里展开。

另外还要补充一点的是：尽管各墓地均非完整揭露，但在大多数墓地的已发掘范围内所看到的分区集中埋葬或分片成组埋葬的现象，为探讨汉代的家族墓地提供了难得的信息。除滕州东小宫墓地以外，其余墓地的发掘报告中均附录了详尽的墓葬分布图，则为进行细致的分析提供了科学的依据。

(本文原名"读《鲁中南汉墓》"，载《文物》2011年3期。此次重刊略有修订。)

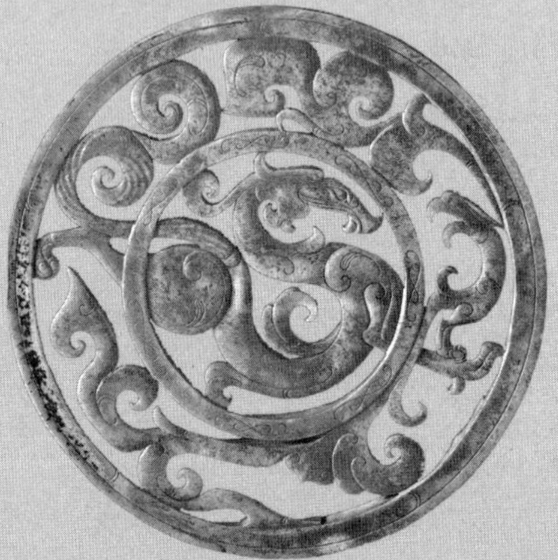

32
汉墓分类

两汉时期的墓葬类型复杂多样。如何对已知的数量庞大的各类汉墓进行综合分类,是目前仍未解决的一道难题。回顾20世纪汉代考古的发展历程,对汉墓的综合研究主要还是近30年来的事情。其中具有代表性的主要有俞伟超执笔的讲义《战国秦汉考古(上)》[1]、中国社会科学院考古研究所编著的《新中国的考古发现和研究》[2]、王仲殊《汉代考古学概说》[3]、《中国大百科全书·考古学》[4]、查瑞珍《战国秦汉考古》[5]、李发林《战国秦汉考古》[6]、宋治民《战国秦汉考古》[7]、李如森《汉代丧葬制度》[8],等等。在上述综合研究中,或多或少都涉及了汉墓的分类问题。为了便于说明,下面试按时间先后分两个阶段叙述。

第一阶段,20世纪70年代至80年代中期。

1973年,由俞伟超执笔的北大讲义《战国秦汉考古(上)》,首次对西汉墓葬进行了综合分类,共分为甲、乙、丙、丁、戊"五大类",并按照西汉前期和西汉后期两大阶段对各类墓葬进行了分别论述。

俞先生对西汉墓的分类主要是建立在墓葬"规模"的差异之上的,而墓葬形制和构造上的区别,均处于从属的地位。其目的在于揭示"这种墓葬分类所反映的等级制度"。结合汉代的爵制,各类墓主所对应的等级分别是:甲类,"相当于诸侯王

---

[1]《战国秦汉考古(上)》,北京大学历史系考古教研室,1973年。
[2]《新中国的考古发现和研究》,文物出版社,1984年。
[3]《汉代考古学概说》,中华书局,1984年。
[4]《中国大百科全书·考古学》,中国大百科全书出版社,1986年。
[5] 查瑞珍《战国秦汉考古》,南京大学出版社,1990年。
[6] 李发林《战国秦汉考古》,山东大学出版社,1991年。
[7] 宋治民《战国秦汉考古》,四川大学出版社,1993年。
[8] 李如森《汉代丧葬制度》,吉林大学出版社,1995年。

和列侯的等级";乙类,"大致相当于十九级爵关内侯至九级爵五大夫的等级,也就是相当于上卿、郡守至县令这些高官的等级";丙类,"大致相当于八级爵公乘以下诸爵的等级,也就是具有五百石官秩以下的下层官吏的身份";丁类,"大致相当于八级公乘以下无官秩的庶民的身份";戊类,"大致是无爵庶民"。很显然,俞先生对西汉墓的上述分类实际上属于一种等级分类。不过,上述五大类别之中尚不包括帝后、奴婢和刑徒等级别在内。

1984年出版的《新中国的考古发现和研究》一书,对汉代墓葬进行了综述,然未进行全面综合的墓葬分类。从该书第四章第三节的篇章结构来看,除帝陵和刑徒墓以外,主要有两种情况:一是侧重于按墓葬发现的地域(如洛阳、河西、临沂、满城、长沙、江陵和两广等)进行分别论述;二是对某些特殊的墓葬类型(即"汉代'黄肠题凑'墓""汉代的壁画墓""汉代的画像石墓")进行专题式的研究。后者的专题式归类本身具有墓葬分类的性质,对以后的综合分类也产生了一定的影响。

80年代早中期,王仲殊发表了一系列关于汉墓综合研究的论文和论著。在《中国古代墓葬概说》[1]中论及汉代墓葬时,王先生着重强调的是"汉代的墓与汉以前的墓在形制和构造上的区别"。文中先后提及的汉墓类型主要有竖穴式土坑(木椁)墓、(西汉)崖墓、空心砖墓、砖室墓、石室墓(画像石墓)、四川的东汉画像砖墓和崖墓等。在1984年出版的《汉代考古学概说》中,对汉墓的综述还附加了帝陵、刑徒墓、贫民墓的内容。不过,此时还没有就分类问题进行明确的阐述。直到1986年,《中国大百科全书·考古学》正式出版,王仲殊在其撰写的《秦汉考古》《秦汉墓葬》和《中国古代墓葬制度》等条目中明确提出"秦汉时代贵族、官僚和一般地主的墓,从墓的构造上可以分为木椁墓、土洞墓、空心砖墓、崖墓、砖室墓、石室墓等不同的种类,它们又各有规模大小的差别"(380页);并强调了秦汉时期"墓的形制和构造富于变化,种类较多"这一特点(387页)。值得注意的是,王先生从"构造"的角度对汉墓进行的分类,也没有将"帝陵""贫民墓和刑徒墓"这些特殊身份的墓

---

[1]《中国古代墓葬概说》,《考古》1981年5期。

葬包括在内。或者可以说,这是在一个大的等级框架下排除这些特殊级别的墓葬(如果这些墓葬都可以作为某种等级来看待的话)所进行的分类。若与前述俞伟超对西汉墓的分类相比较,王仲殊对汉墓的分类可以说是淡化了墓葬的规模与等级的区别,而突出了其构造特征的差异。另外,对于"壁画墓""画像石墓""画像砖墓"之类的墓葬,在王先生的论述中是分属于相应的结构类型之中的,在分类上处于从属的地位。

第二阶段,20世纪80年代后期至今。

1990—1993年间,先后出版了查瑞珍、李发林、宋治民诸位先生的《战国秦汉考古》讲义,在具体的汉墓分类上又有了一些新的变化。

查瑞珍和李发林均将汉墓先分成西汉和东汉两个大的时段再进行分类。关于西汉墓,两者都将帝陵、刑徒墓纳入等级分类之中,尽管查瑞珍分成"七类"而李发林分成"五类",但基本上都和前述俞伟超的等级分类近似,只是对具体的等级划分标准及各等级墓所对应的墓主身份的理解略有不同而已。例如,查瑞珍将帝后陵墓视为一个特殊级别,位于"甲类墓"之上;而李发林将"诸侯王、列侯以上的墓葬"统归于"甲类墓"。另外,查瑞珍还同时提出了另一种西汉墓的分类方案,即"按照墓葬形制与结构划分,西汉有木椁墓、土洞墓、空心砖墓、砖室墓、崖墓以及个别的壁画墓与画像石墓"。

关于东汉墓,李发林明确分为"五类",并指出了各类墓的等级身份,实际采用的也是等级分类。查瑞珍则是按照帝陵、砖室墓、木椁墓、崖墓、壁画墓、画像石墓、画像砖墓、贫民墓和刑徒墓的顺序分述。在诸如"砖室墓""木椁墓"等部分类别的墓葬中也曾提到甲、乙、丙之类的等级差别,不过没有像李发林那样对东汉墓的分类进行论述。另外,就"帝陵""贫民墓和刑徒墓"以外的其他六类东汉墓而言,本身也不是采用同一分类标准的产物。

与查瑞珍和李发林不同的是,宋治民的《战国秦汉考古》第四章"秦汉考古"部分,并没有将汉墓分成西汉和东汉两个大的时段,也没有对汉墓的分类问题进行综合论述。排除帝陵和刑徒墓,文中与汉墓的分类有关的主要是第一节中对"壁画墓""画像石墓""画像砖墓"的分别探讨和第四节中对"诸侯王墓""列侯墓""高级官吏墓"的论述。前三者的划分可以说是侧重于墓葬装饰特征的分类,而后三者的区别应属于等级分类的范畴。在具体内涵上,"画像砖墓"实际上还包括了有画像的"空心砖墓"在内,这与通常的理解不同[1]。另外,将"列侯墓"与"诸侯王墓"分列,也是有别于以前等级分类的独到之处。

1995年,李如森的专著《汉代丧葬制度》出版。该书被认为是"第一本系统论述汉墓的著作"。书中对大量的汉墓资料进行了综合整理和深入研究,遗憾的是,也没有就汉墓的分类进行专门探讨,只是在书的后半部分分章介绍了各种墓葬类别。其中"帝陵""刑徒墓地"和"贫民墓地"放在第五章。以后的四章依次是:第六章"木椁墓"(不包括"黄肠题凑");第七章"崖墓""空心砖墓""土洞墓";第八章"石室墓""壁画墓""画像石墓""画像砖墓";第九章"砖室墓"。后四章所介绍的墓葬内容基本上也是对应于王仲殊先生所说的"贵族、官僚、地主的墓"。所不同的是,将王先生分散于结构分类之中的、属于次级分类的"壁画墓""画像石墓""画像砖墓"之类又单列了出来,与属于结构分类的墓葬类型并列在一起。

至于大量的汉墓发掘报告和种类繁多的汉墓专题研究中所进行的各种分类或归类,彼此之间在概念上存在各种各样的交叉和重叠,也是今后进行汉墓的综合分类时应该注意的。

总体而言,近30年来的综合研究中对汉墓分类的探索可归结为两种主要的模式:一是侧重于墓葬规模与墓主身份差别的分类(或可称之为"等级分类");二是侧重于墓葬形制和结构的分类(或可称之为"构造分类")。此外,也还有一些采用其他标准的分类,如侧重于墓葬的装饰特征之类。问题是:汉墓的分类标准究竟应该如何把握?采用不同标准的分类之间内在的层次关系如何?这些在以往的综合研究中都很少探讨,以至于往往将不同分类标准的产物或某些约定俗成的归类不加分别地并列在一起,缺乏明确的层次。而综合分类本身不应该只是一种简单的平面式的分类,而应该是一种立体式的、有不同层次的、有明确体系的分类。因此,如何建立起汉墓的分类体系,就成为完善汉墓分类必须首

---

[1] 参见由俞伟超、信立祥撰写的《中国大百科全书·考古学》中"汉画像砖墓"条目。

先面对的问题。事实上,汉墓分类的逐步完善也应该是和综合研究的进步密切相关、相辅相成的。

2022 年 8 月 28 日稿。

(本文原名"近 30 年来汉墓综合研究中的墓葬分类问题",载《中国文物报》2002 年 11 月 8 日 7 版。此次重刊略有修订。)

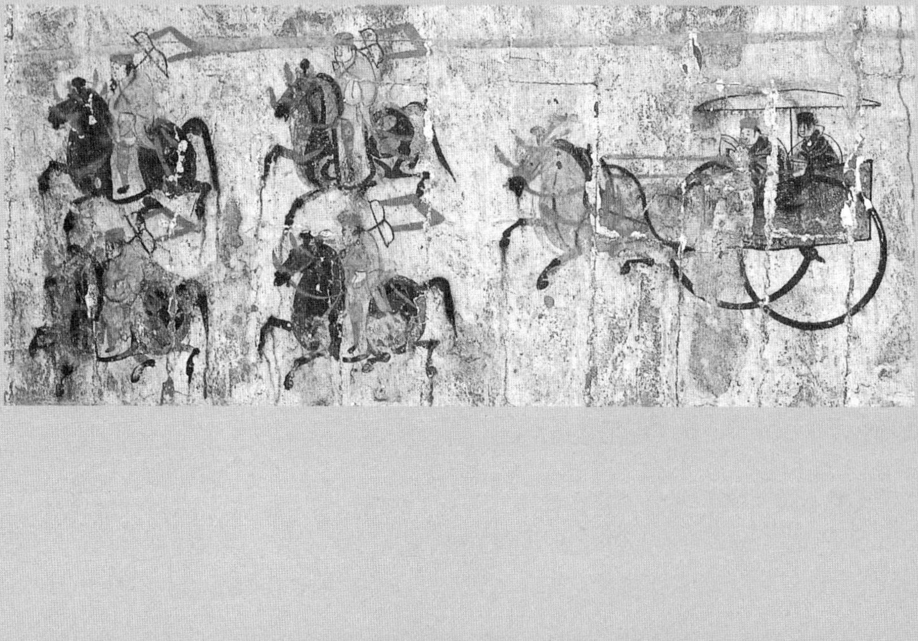

33
汉墓研究的区域选择

本文所说的区域选择,是指在(区域性)研究论著中如何界定相关研究对象的空间范围而言的。一般来说,研究者对研究对象的空间范围的界定,往往在很大程度上取决于已知研究对象的地理分布状况和资料的丰富程度,但同时也会受到研究者的"区域意识"的影响。针对一定空间范围内的汉墓资料所进行的区域性汉墓研究,是在已知两汉墓葬的发现地点越来越多、空间分布范围逐步扩大、发掘资料积累到一定阶段的情况下才逐步展开的。尤其是最近20余年来,伴随着汉墓的发掘及资料整理工作的突飞猛进,区域性汉墓研究也呈现出空前繁荣的景象。根据笔者的初步统计,已知的上百篇(部)相关研究论著(发掘报告除外)中,90%以上都是最近20余年来发表的研究成果。目前所见,常见的区域选择主要有以下七种类型:

第一种区域选择,也是最为流行的一种,是以当今省区类一级行政区划为单位作为研究的范围。这一类研究论著的数量较多,所涉及的省区已有广西、贵州、河北、河南、湖北、辽宁、宁夏、山东、陕西、四川、浙江等,通常在标题上都冠以相应省区的名称。若按研究内容区分,有的是侧重某一省区范围内汉墓的墓葬形制研究[1];有的重点在于墓葬的分期[2];还有的是对省区范围内某些特定的墓葬类型或某一特定时段的汉墓进行研究[3]。此外,有关汉墓的出土遗物、汉墓的装饰,以及汉代葬俗等方面的研究中,也都存在不少以省区为单位划定

---

[1] 如:侯宁彬《陕西汉墓形制试析》,收入《远望集——陕西省考古研究所华诞四十周年纪念文集》,陕西人民美术出版社,1998年。
[2] 如:宋世坤《贵州汉墓的分期》,收入《中国考古学会第五次年会论文集》,文物出版社,1988年。
[3] 如:罗二虎《四川汉代砖石室墓的初步研究》,《考古学报》2001年4期;何志国《浅论四川地区王莽时期墓葬》,《考古》1996年3期。

研究区域的例子[1]。总的来看，属于此类区域界定的论著绝大多数都严格地将研究对象限制在省区的范围内，也有少量超出了省区的范围[2]。还有不少研究论著（通常属于专题性的汉墓研究）虽冠以某省区之名，但实际所探讨的汉墓资料只是分布于省区内非常有限的局部地区，给人以"大帽子"的感觉。

第二种区域选择，是以省区范围内汉墓分布较为集中的地市县之类行政区划单位作为研究的范围。属于这一类的研究论著也不少，就研究内容而言，和前述第一种无大区别，只是空间范围相对缩小而已。目前已涉及的主要有扬州、苏州、徐州、洛阳、南阳、商丘、密县（新密）、西安、新洲、江陵、云梦、长沙、广州、临沂、大连、武威、酒泉、兰州、包头、绵阳、乐山等[3]。

第三种区域选择，是以省区内部习惯上划分的某些区域单位作为研究范围。已涉及的主要有陕南、陕北、苏南、苏北、辽南、湘西北、豫东、鲁南等，既有综合各类墓葬资料的区域性综合研究，也有专注于某一类别墓葬的专题研究[4]。这一类的区域界定，虽不同于严格的行政区划，但从概念上讲仍是以当今的省区行政区划为基础的。

第四种区域选择，是以超越省区界限的大区域单位作为研究的范围。常见的主要有"西南地区""南方地区""东北地区""华中华南"之类，基本上都是属于一种（以"中国"为背景的）习惯上的大区域划分。从所涉及的研究对象来看，多属于针对某一类别墓葬的专题性研究[5]。

第五种区域选择，是以自然地理单元来界定研究对象的空间范围的。常见的

---

[1] 如：郑同修、杨爱国《山东汉代墓葬出土陶器的初步研究》，《考古学报》2003年3期；孙广清《河南汉代画像石的分布与区域类型》，《华夏考古》1991年3期；林强《广西汉代厚葬习俗研究》，《广西民族研究》2000年2期；等等。

[2] 如：刘波《浙江地区西汉墓葬分期》，《南方文物》2000年1期。该文中就包括了上海地区的资料。

[3] 如：李银德《徐州汉墓的形制与分期》，收入《徐州博物馆三十年纪念文集》，北京燕山出版社，1992年；李陈广、韩玉祥、牛天伟《南阳汉代画像石墓分期研究》，《中原文物》1998年4期；刘美晶、燕戈《大连汉墓研究》，《大连文物》1996年1—2期合刊；等等。

[4] 如：杨亚长、呼林贵《略论陕南地区的两汉墓葬》，《考古与文物》1993年5期；尤振尧《苏南地区东汉画像砖墓及其相关问题探析》，《中原文物》1991年3期；等等。

[5] 如：罗二虎《中国西南地区汉代画像墓与豪族》，收入《四川大学考古专业创建四十周年暨冯汉骥教授百年诞辰纪念文集》，四川大学出版社，2001年。

有"长江中下游地区""长江下游地区""淮河流域""江汉地区"之类。相对于当今的行政区划而言,其空间范围大多都具有跨越省区界限的特点,但也有仍局限于某省区范围内的。不过,有些论著中实际探讨的空间范围往往与标题显示的自然地理单元有着明显的出入[1]。

第六种区域选择,是以具有历史文化性质的空间单元或区域划分来界定研究对象的范围的。已涉及的大多都是汉代已经存在或曾经存在的各种区域概念,如"三楚""关中""河西""乐浪",以及"长沙国""楚国"等[2],有些区域概念(如"关中地区""河西地区")本身又与自然地理单元有密切的关联。值得注意的是,也有个别论著虽强调了历史上的某种区域概念,但使用的却是汉代以后才有的行政区划单位[3]。

第七种区域选择,是根据研究对象本身的实际分布状况或区域划分来界定相应的空间范围的。最为典型的是根据画像石墓的实际分布状况提出的所谓"苏鲁豫皖交界地区"[4]。

综合而言,以上七种区域选择,基本上可归结为两大类别:一类主要以当今行政区划作为区域界定的标准,另一类则不以当今行政区划作为区域界定的标准。总体上看,目前汉墓研究中的区域选择,受当今行政区划的影响十分突出,而对汉代历史文化的空间单元的重视还很不够。笔者以为,以当今的行政区划为单位进行汉墓研究固然存在许多便利的条件(如发掘资料的收集与整理),但缺陷也是十分明显的,即现在的行政区划(尤其是省区级行政区划)与汉代历史文化的空间单元之间很少具有对应关系,由此总结出来的所谓区域特征应该说只是现行行政区划下的汉墓区域特征,并不能等同于汉代的墓葬区域特征。

---

[1] 如:雷兴军《长江中下游地区王莽时期墓葬文化结构浅析》,收入《江汉考古》编辑部《湖北省考古学会论文选集》(三),1998年。该文实际上还包括了淮河以北的"徐淮平原区"。
[2] 如:宋少华《西汉长沙国(临湘)中小型墓葬分期概论》,收入《考古耕耘录》,岳麓书社,1999年。
[3] 如:纪达凯《海州地区汉代墓葬概况——兼谈尹湾汉墓的个性表现》,收入《尹湾汉墓简牍综论》,科学出版社,1999年。该文中的所谓"海州",乃东魏时期根据刘宋之青州改设的行政区划单位(《魏书·地形志中》)。
[4] 如:王恺《苏鲁豫皖交界地区汉画像石墓的分期》,《中原文物》1990年1期。

区域选择是进行区域研究的重要前提之一。徐苹芳先生在《中国历史考古学分区问题的思考》一文中曾强调："在研究中国历史考古学文化分区时，一定要考虑到当时人们对地理分区的意见。"[1]这是就宏观研究中的分区而言的。具体到汉墓的区域性研究，在区域选择上自然也应该考虑汉代人对地理分区的意见。笔者认为，只有这样才有助于将区域性汉墓研究与汉代的文化区域相结合，进而为从宏观上把握汉代文化的区域面貌和整体特征创造条件。无论是整合小的区域，还是分割大的区域，未来汉墓研究中的区域选择都应该注重与汉代的历史文化背景相结合，同时要注意自然环境的区域差别对于丧葬文化的影响。因此，突破当今行政区划的框架，"回归"到汉代的历史背景中，才是我们应有的选择。

2004 年 10 月 26 日稿。

（本文原名"汉墓研究中的七种区域选择类型"，载《中国文物报》2004 年 11 月 19 日 7 版。发表时因篇幅所限删除了所有举例以及相应的注释，今仍据底稿刊出。）

---

[1] 徐苹芳《中国历史考古学分区问题的思考》，《考古》2000 年 7 期。

34
慎说"无"
——汉代的"大河五"铁斧

朝鲜平安南道出土的铸有"大河五"铭文的铁斧,是有关汉代铁器在朝鲜半岛北部地区传播的重要实物资料。关于铁斧铭文"大河五",王巍认为"与汉代设置的铁官有关"[1]。但具体所指的是何处铁官,王先生并未说明。对此,李京华撰文进行了探讨,认为"大河"二字和已知的铁器铭文"中山""山阳"之类相同,属于"不作省称的铁官铭","五"字是"铁作坊的编号",并指出"'大河'所在地郡国有五个铁官作坊"[2]。这些无疑都是正确的。然而,李先生却误以《汉书·地理志》中"没有以'大河'二字命名的郡县名"为前提,将"大河"与河东郡之"大阳"挂钩,从而把"大河五"铁器纳入了河东郡的铁官作坊体系。

事实上,汉代的确曾设有"大河郡"。试略述如下:

关于大河郡的设立,《史记·梁孝王世家》记载:"彭离骄悍,无人君礼,……废以为庶人,迁上庸,地入于汉,为大河郡。"据《史记·汉兴以来诸侯王年表》,济东王彭离(梁孝王之子)之立在汉景帝中元六年(前144)五月,立二十九年,武帝元鼎元年(前116)废迁。是年,济东国变更为大河郡。

后来,在汉宣帝时期又将大河郡改封为东平国。据《汉书·宣帝纪》记载:甘露二年(前52)"秋九月,立皇子宇为东平王"。《汉书·地理志》"东平国"条下明言:"故梁国,景帝中六年别为济东国,武帝元鼎元年为大河郡,宣帝甘露二年为东平国。"

---

[1] 王巍《东亚地区古代铁器及冶铁术的传播与交流》,中国社会科学出版社,1999年,76页。
[2] 李京华《朝鲜平壤出土"大河五"铁斧》,《中原文物》2001年2期。

也就是说，"大河郡"乃西汉中期所设郡之一，是由彭离的封地"济东国"改设而成。尽管从元鼎元年（前116）初设至甘露二年（前52）改封为"东平国"，"大河郡"的实际存在只有60余年时间，但并非文献无征。"大河"也并非《汉书》中没有的实际地名，除上引《汉书·地理志》的记载外，在《汉书·夏侯胜传》中讨论夏的籍贯时，就曾提到"大河后更名东平"；而《汉书·韦贤传》记载，韦贤之子韦玄成还曾任"大河都尉"；等等。

除传世文献以外，在居延出土的汉简中也发现不少有关"大河郡"的记载，尤其是简506·1、简497·21中提到的大河郡属县"东平陆"和"任城"[1]，后来也正是《汉书·地理志》所载东平国的属县，可以说是汉代"大河郡"为"东平国"之前身的又一铁证。

李先生在以往发表的有关汉代铁官的考证中，也曾注意到东平国的铁官[2]，然而，在对"大河五"的理解上却忽略了东平国的前身即为大河郡这一历史变迁。

按照已知汉代铁官铭的惯例，既然汉代曾设有"大河郡"，而河东郡铁官的编号为"东一"至"东四"之类[3]，那么，朝鲜出土铁斧上的铭文"大河五"就不会是河东郡铁官"东四"之后的编号，而应该理解为大河郡铁官第五号作坊的标志才对。若此说不误，"大河五"铁斧的铸造年代也应在大河郡设置期间，即公元前116—前52年。

2002年9月12日修改。

（本文原名"汉代的'大河郡'与'大河五'铁斧"，载《中国文物报》2002年10月11日7版。此次重刊略有修订。）

---

[1]《居延汉简甲乙编》，中华书局，1980年。
[2] 参见《汉代铁农器铭文试释》，《考古》1974年1期；《汉代大铁官管理职官的再研究》，《中原文物》2000年4期。
[3] 参见前引李京华先生文。

35
消失的过程
——两汉的贸易活动

一、东方贡纳体系的新格局与两汉时期对外贸易的特点

在古代东方,一枝独秀的华夏农耕文明很早就萌发了一种被今人称为"贡纳体系"[1]的政治理想,把周邻四方慕德而贡献方物视为一种理想统治秩序的象征。从西戎"白环",到肃慎"楛矢石砮"、越裳氏"白雉",先秦两汉历史文献中反复提及的这些贡献方物,所承载的自然都应该是对这种古老政治理想的点滴记忆。与此同时,汉朝廷也会利用这些远古的记忆来重塑时下的政治格局。透过两汉时期中央朝廷对所面临的各种困境的化解以及与周边外交关系的各种努力,我们有理由认为:上述政治理想还在一定程度上刺激了汉帝国在对外贸易方面的拓展,同时也塑造了汉代对外贸易的时代特征。

众所周知,在公元前3世纪后期,发生在古代东亚大陆文明进程中最重要的事件莫过于秦王朝的统一。秦的统一结束了东周列国纷争的局面,最终使得原来基于血缘纽带的周代分封制完全瓦解,开启了以郡县制地缘政治为基础的中央集权新时代。所谓"海内为郡县,法令由一统""日月所照,莫不宾服"[2],表达的正是这一新时代的政治愿景。在这种愿景的驱使下,大一统的观念逐渐深入人心,也进一步影响了汉王朝以及后续王朝的政治生态。尤其是在构建汉朝新的政治秩序时,鉴于秦朝短命而亡的教训,东周时已经式微的远古政治理想再次被激发。

---

[1] 关于汉代"贡纳体系"的形成与发展,可参见余英时《汉代贸易与扩张——汉胡经济关系结构研究》,上海古籍出版社,2005年。
[2]《史记·秦始皇本纪》,236、254页。

然而，就在华夏农耕文明核心区进行统一与整合、完成由血缘政治到地缘政治的转变的同时，北方草原地带的游牧人群之间的联系也逐渐加强，并最终趁秦汉之际的中原战乱，形成以匈奴为主导的部落联盟（匈奴帝国）。或许正是因为自然环境、经济形态的区别，以及相应生活方式上的分化，进一步促成了东亚大陆南北两大对立集团的内部整合。

匈奴联盟的崛起所导致的汉匈南北对立格局以及匈奴联盟对汉朝的巨大威胁，成为构建汉王朝理想统治秩序的一大障碍。在汉初郡国并行、中央朝廷力量薄弱的情况下，处于军事斗争劣势的汉高祖在白登之围后被迫采纳了与匈奴"和亲"的策略（时间是公元前200年）。所谓"约为昆弟以和亲"，表面上是一种相对平等的政治联姻。但实际上西汉早期的汉匈和亲，汉朝廷不仅"奉宗室女公主为单于阏氏"，还要"岁奉匈奴絮缯酒米食物各有数"[1]。从此，汉朝的大量生活物资开始以"岁奉"的名义源源不断地通过和亲渠道流向北方匈奴。而这些似乎才是匈奴愿意和亲的真正目的。

在与匈奴和亲的同时，汉朝也在周边边境地区"通关市"进行贸易。就北方边境而言，即便在与匈奴"绝和亲"的某些时期，边境的"关市"贸易也仍然有所保留，成为西汉王朝对外贸易的重要途径之一。

到了西汉武帝时期，汉朝的疆域空前扩大，匈奴被汉朝的军队打败后最终被驱赶至大漠以北地区。张骞"凿空"，汉朝又与西域的"乌孙"建立了和亲（前108），打通了通往西域以及更远西方的贸易渠道。宣帝时设立"西域都护府"（前60），以管理大宛以东、乌孙以南的30多个绿洲国家，进一步拓展了与西域的政治、经济联系。西域诸国纷纷遣使纳贡，至此，汉朝新的贡纳体系初步形成。

不久，历经140余年并立与冲突的汉匈关系也发生了根本性的变化。西汉宣帝甘露元年（前53），因草原地区的自然灾害导致匈奴内部纷争和分裂，呼韩邪单于南下投降了汉朝，使得汉匈关系进入了一个新的转折点，即由表面平等的和亲转入匈奴向汉朝称臣纳贡的体系之中。

---

[1]《史记·匈奴列传》，2895页。

一个值得注意的现象是：自呼韩邪单于投降之后，匈奴单于来朝日渐频繁，所获赠的物资种类和数量也有增无减。除了仍以粮食、丝织品之类生活物资为主之外，有时还赠送钱币、黄金、车马以及装饰品等。

《汉书》中明确记载了甘露三年（前51）呼韩邪单于入朝时被汉朝廷"宠以殊礼"[1]，所获汉朝廷赏赐的清单中包括：

> 冠带衣裳、黄金玺盭绶、玉具剑、佩刀、弓一张，矢四发，棨戟十，安车一乘，鞍勒一具，马十五匹，黄金二十斤，钱二十万，衣被七十七袭，锦绣绮縠杂帛八千匹，絮六千斤。

在护送呼韩邪返回北方时还"转边穀米糒，前后三万四千斛，给赡其食"[2]。两年后，呼韩邪单于再次入朝，"礼赐如初，加衣百一十袭，锦帛九千匹、絮八千斤"[3]。也就是说，这次赏赐在衣、锦帛、絮等方面均比之前有所增加。从此以后，尽管来朝的单于不断更替，所得赏赐中的丝织品之类始终是呈增加的趋势。如河平四年（前25）匈奴单于入朝，"加赐锦绣缯帛二万匹，絮二万斤，它如竟宁时"。[4] 元寿二年（前1）匈奴单于入朝，又"加赐衣三百七十袭，锦绣缯帛三万匹，絮三万斤，它如河平时"。而且单于的随从人员也由原来的"二百余人"增加到"五百人"的庞大队伍[5]。

尽管汉朝也从匈奴的"贡献"中获得一定数量的牛羊马等牲畜以及皮革制品、毛织品之类，但和赠送匈奴单于（及同行者）的物资相比，两者之间严重不对等。以至于建平四年（前3）单于提出次年将来朝，这时就有大臣建议应拒绝匈奴单于的频繁朝见，以节省汉朝廷日益增加的开支。

到了东汉时期，朝廷终于开始考虑这种贡纳关系中经济利益上的对等问题。对于匈奴分裂之后的北匈奴单于的贡献请求，回复只是"颇加赏赐，略与所献相

---

[1]《汉书·匈奴列传下》，3798页。
[2]《汉书·匈奴列传下》，3798页。
[3]《汉书·匈奴列传下》，3799页。
[4]《汉书·匈奴列传下》，3808页。
[5]《汉书·匈奴列传下》，3817页。

当",同时也同意与南北匈奴之间继续进行"合市"贸易[1]。

当然,无论是早期的"关市",还是后来的"合市""互市",汉朝廷对用于边境贸易的商品也进行了某些限制,比如严禁属于战略物资的马匹、弓弩、铁制产品等出境。从汉初吕后时期"有司请禁南越关市铁器"[2]引发的冲突可以看出,汉朝的精良铁器对于周边地区而言是何等重要。

在漠北的今蒙古和外贝加尔地区发现了大量属于两汉时期的匈奴遗存,尤其是在发掘数量越来越多的漠北匈奴墓葬中,出土的遗物中就有不少汉朝生产的铜器皿、铜钱、铜镜、漆器、丝织品等,其中一些应该就是汉匈贸易的结果。铁器罕见,也说明当时的贸易禁令似得到很好的执行。

除了陆地的边境贸易之外,《汉书·地理志》还记载了汉朝使臣前往南亚(今印度东南及斯里兰卡)进行海上贸易的情况:

> 自日南障塞、徐闻、合浦船行可五月,有都元国;又船行可四月,有邑卢没国;又船行可二十余日,有谌离国;步行可十余日,有夫甘都卢国。自夫甘都卢国船行可二月余,有黄支国,民俗略与珠崖相类。其州广大,户口多,多异物,自武帝以来皆献见。有译长,属黄门,与应募者俱入海市明珠、璧流离、奇石异物,赍黄金杂缯而往。所至国皆廪食为耦,蛮夷贾船,转送致之。亦利交易,剽杀人。又苦逢风波溺死,不者数年来还。大珠至围二寸以下。平帝元始中,王莽辅政,欲耀威德,厚遗黄支王,令遣使献生犀牛。自黄支船行可八月,到皮宗;船行可二月,到日南、象林界云。黄支之南,有已程不国,汉之译使自此还矣。

从中不难看出,当时南方海上贸易主要输出的是"杂缯"类丝织品与黄金,购入的主要是"明珠、璧流离、奇石异物"等。与北方贸易中侧重生活物资不同,南方海上

---

[1]《后汉书·南匈奴列传》。
[2]《史记·南越列传》,2969页。

贸易追求的更多的是奢侈品,当然,也同样会寻求体现贡纳系统的"殊方异物"(如生犀牛)。在南方港口城市以及东部南部近海地区汉代墓葬、遗址中出土的外来钠钙玻璃器、凸瓣纹银盒,以及各类珠宝饰品,甚至碱釉陶瓷产品,应该说是对这种海上贸易很好的诠释。

从东汉初开始,位于匈奴东侧的鲜卑族群也开始加入"朝贡"队列。随着匈奴的分裂以及北匈奴的西迁,鲜卑逐渐占领匈奴故地漠北地区,取代了匈奴的位置。依据历史文献记载,汉朝除了与匈奴、乌孙和亲之外,两汉时期帝国周边的主要族群(或区域政权)大多都先后被纳入了汉朝的贡纳体系之中。有一些曾属于贡纳体系的群体或地区,后来还被纳入汉朝廷的直接统治之下。例如在汉朝的西南,就有"哀牢夷"的内属,东汉政权因此增设了永昌郡。

《后汉书·东夷列传》还提及东汉光武帝曾赐给"倭奴国奉贡朝贺"的使者"以印绶"。日本出土的"汉倭奴国王"金印,印证了相关记载,同时也是日本列岛进入汉朝贡纳体系的重要物证。在日本出土的其他汉朝文物,如铜镜、钱币等,则大多应该是贡纳体系下贸易的结果。"丝绸之路"的开通,从陆上和海上构筑了连接汉朝与罗马帝国的贸易通道。史载公元166年,汉朝终于迎来了罗马(大秦)的使者。

总的来看,汉朝使臣所至或汉朝接受贡献的地区,除了北面和亲的匈奴、西北乌孙之外,东起大海之中的倭(今日本列岛)、南至黄支(印度半岛),甚至西至安息、大秦(古罗马)。相应的,中国古代的对外贸易在两汉时期也取得了空前的大发展。然而,两汉时期对外贸易的开展基本上以中央朝廷为主导:一方面与构建贡纳体系的政治理想具有密切的联系,在经济利益上的不对等特点非常突出,汉朝廷在贡纳体系下的赏赐往往不计成本,总是希望通过大量物资赠送以换取对方的依附以及方物之贡献,而部分赠送出去的物资尤其是丝绸还有可能被当作交易物流转至更远的地方;另一方面汉朝廷对于边境贸易中的部分战略物资又实行了严格控制,如马匹可以输入,但却控制输出。汉朝生产的精良铁工具、武器也在限制输出之列。这些显然是出于一种注重现实的国防安全的考虑。因此可以说,汉朝的对外贸易活动本质上具有一种理想与现实杂糅的特征。

二、官营私营：资源管控与两汉时期国内工商业发展

贸易离不开商人的活动，而商人的贸易活动又离不开相关资源的开发和利用，以及商品的生产。但汉王朝是典型的农耕社会，对境内商业资源的管控和商品交易的管理（包括对商人的约束）都有自己的特色。

从资源管控来看，两汉时期工商业的发展有明显的阶段性。以西汉武帝实施盐铁官营到东汉和帝解禁（约前118—88）为标志，可大致分为三大阶段。

第一阶段：汉初到汉武帝实施盐铁专卖之前（前202—前118）。秦朝奉行"上农除末"[1]政策，汉初亦承秦重农抑商，有所谓"商贾之律"对商人的行为进行限制，并设"市籍"对商人进行专门管理。汉高祖刘邦甚至"令贾人不得衣丝乘车，重租税以困辱之"[2]。到了汉惠帝、吕后统治时期情况有所改变，"为天下初定，复弛商贾之律"[3]，"开关梁，弛山泽之禁"[4]。尽管"市井之子孙亦不得仕宦为吏"，但私营工商业活跃了起来。司马迁在《史记·货殖列传》中列举了一些发家致富的典型事例，从中不难发现他们主要从事的是冶铸业，尤其是以冶铁业致富人数最多，此外还有经营渔盐、畜牧，以及囤积粮食或放贷等情况。也就是说，该阶段商人大富豪的出现，许多与兴办私营实业有关。当时司马迁所说的商业都会主要分布在长江干流以北地区，多属于交通发达的内陆城市，但也提及岭南的重要港口城市——番禺（今广州）。

第二阶段：盐铁官营时期（前118—88）。所谓盐铁官营，是由朝廷依据资源分布状况在地方设置铁官和盐官，进行相关的生产和配给、销售。除了盐铁官营之外，汉朝廷还控制酒的生产和流通，钱币的铸造权也收归中央。此外，汉朝廷在中央和地方还设置了一些生产兵器和铜器、漆器的工官，以及生产丝织品的服官等，

---

[1]《史记·秦始皇本纪》。
[2]《史记·平准书》，1418页。
[3]《史记·平准书》，1418页。
[4]《史记·货殖列传》，3261页。

有些是专供皇家或军队的,也有一部分可以进入流通环节。因实行"物勒工名"制度,属于官营手工业生产的产品上往往还有相应的制作者(作坊)标识或生产制作的管理记录。这在考古发现中多有揭示[1]。这一时期,虽然商人开始被朝廷任用,为国兴利,但新出台的一系列工商业政策,对于私营工商业者整体而言,却是一个个沉重的打击。除了控制资源、剥夺一些致富渠道(如盐铁酒,犯禁者处以重罚)之外,还开始征收商人的车船税("算缗"),并通过"告缗"对心怀侥幸的商人实施进一步打击,以致"商贾中家以上大率破"。私营工商业的发展进入低迷。

第三阶段:盐铁解禁时期(88—220)。公元88年,东汉和帝即位后,依照先帝遗戒,"罢盐铁之禁,纵民煮铸,入税县官如故事"[2],私营工商业再次获得发展机遇。私营作坊产品上的广告宣传用语、吉祥用语也日渐增多,有的还标明价格。

汉代进行商品交易的"市"一般都设在城中。据文献记载,市的周围有围墙,设门定时开闭。地方性城市往往一城一市,如和林格尔汉墓壁画"宁城图"中有标明"宁市中"的市场,周围就画有封闭的围墙(图35-1)[3]。而上谷宁城作为汉代护乌桓校尉的驻地,同时也是汉朝与乌桓、鲜卑等进行"互市"的场所。至于西汉首都长安城,在城西北部设有东、西二市,考古发现至少在西市中还有不少作坊遗址,应当从事一定的生产制作[4]。

在汉代的国内市场交易中,尽管物品的流通渠道(如长途贩运)仍受到一定程度的控制,但用于买卖的商品,无论金银铜铁,还是漆木、陶瓷器等,似乎没有进行严格的管控(涉外交易以及皇家专属产品除外)。除了大量生活物资之外,甚至用于丧葬的随葬品,也能从市场上直接采购[5]。通过大量的考古发现可以看出,铜

---

[1] 关于汉代铁官作坊的产品标识,可参见李京华《汉代铁农器铭文试释》,《考古》1974年1期;李京华《汉代大铁官管理职官的再研究》,《中原文物》2000年4期。至于漆器铭文,可参见洪石《战国秦汉时期漆器的生产与管理》,《考古学报》2005年4期。
[2] 《后汉书·和帝纪》,167页。
[3] 内蒙古自治区文物考古研究所《和林格尔汉墓壁画》图34,文物出版社,2007年。
[4] 中国社会科学院考古研究所汉城队《汉长安城窑址发掘报告》,《考古学报》1994年1期;白云翔《汉长安城手工业生产遗存的考古学研究》,收入《汉长安城考古与汉文化:汉长安城与汉文化——纪念汉长安城考古五十周年国际学术研讨会论文集》,科学出版社,2008年,97—161页。
[5] 《汉书·原涉传》,3716页。

图 35-1　和林格尔汉墓壁画中的"宁城图"

器(尤其是铜镜)已成为普通民众都能拥有的商品,往往遍布帝国疆域,甚至大量输出境外。在山东临淄还发现了铸造铜镜的作坊[1]。

在考古发现的部分铜器铭文中还记载了当时的商业购买行为。如 1968 年在河北满城汉墓出土的铜器中[2],有 2 件铜钫自铭购买自雒(洛)阳,其一铭文称

---

[1] 中国社会科学院考古研究所、山东省文物考古研究所《山东临淄齐国故城内汉代铸镜作坊址的调查》,《考古》2004 年 4 期;中国山东省文物考古研究所、日本奈良县立橿原考古学研究所《山东省临淄齐国故城汉代镜范的考古学研究》,科学出版社,2007 年。
[2] 中国社会科学院考古研究所、河北省文物管理处《满城汉墓发掘报告》,文物出版社,1980 年。

"中山内府铜钫一,容四斗,重十五斤八两,第一,卅四年,中郎柳市雒阳"(图35-2);另有2件铜锏购买自河东,其中一件铭文还标明了购买的价格,具体是:"中山内府铜锏一,容三斗,重七斤五两,第卅五,卅四年四月,郎中定市河东,贾八百卅"(图35-3)。又如1981年在茂陵附近出土的"阳信家"铜甗一套共3件,釜、甑、盆上均自铭"五年奉主买邯郸"[1]。但上述铭文中的购买地是否就是产地,还需要进一步探讨。

图35-2 满城汉墓出土铜钫及其铭文

---

[1] 咸阳地区文管会、茂陵博物馆《陕西茂陵一号无名冢一号从葬坑的发掘》,《文物》1982年9期。

图 35-3 满城汉墓出土铜铜及其铭文

至于缺乏直接文字证据的商品,如汉代的低温釉陶产品,通过系统梳理考古发现,得知其空间分布上还呈现出以两京地区为中心、逐渐向外扩展的发展趋势[1]。南方江东类型的钙釉陶瓷产品,已发现的数量众多,分布也十分广泛,在北方地区也有较多的发现(图35-4)[2]。而且在南方地区,钙釉系统内还存在着不同的地域差异。随着岭南钙釉陶瓷产品的北传流入湘赣地区[3],江东钙釉陶瓷产品在长

---

[1] 杨哲峰《试论两汉时期低温铅釉陶的地域拓展——以汉墓出土资料为中心》,收入北京市大葆台西汉墓博物馆编《汉代文明国际学术研讨会论文集》,北京燕山出版社,2009年,411—418页。

[2] 杨哲峰《北方地区汉墓出土的南方类型陶瓷器:汉代南北之间物质文化交流的考察之一》,收入中国社会科学院考古研究所、陕西省考古研究院、西安市文物保护考古所编《汉长安城考古与汉文化:汉长安城与汉文化——纪念汉长安城考古五十周年国际学术研讨会论文集》,科学出版社,2008年,507—542页。

[3] 杨哲峰《试论两汉时期岭南类型陶瓷器的北传及影响》,收入《徐苹芳先生纪念文集》,上海古籍出版社,2012年,192—215页。

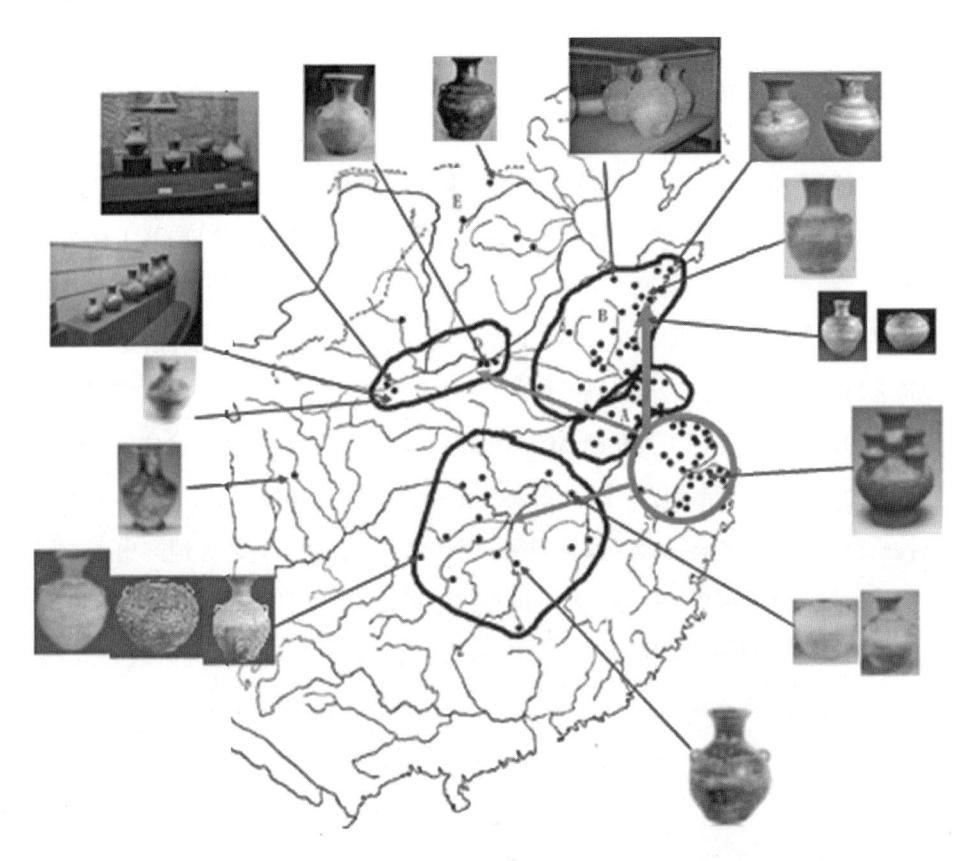

图 35-4　汉代江东类型钙釉陶瓷产品的空间分布示意图

江中游地区的分布还出现了明显的波动(向北退缩)。如果从宏观上将汉代的高温钙釉产品与低温铅釉产品的空间分布变化进行比较,还会发现相互之间也存在一个进退互动的过程。就汉晋时期的白陶制品而言,则长期处于一个相对稳定的空间分布范围[1]。

那么,通过考古发现所揭示的上述产品分布的空间变化背后,是否与某种贸易活动相关? 或者还包含了其他原因?

---

[1] 杨哲峰《环渤海地区汉晋墓出土的白陶器及相关问题》,《海岱考古》第七辑,科学出版社,2014 年,415—441 页。

三、余论：关于"贸易考古"

贸易的本质是"交换"。若从考古学角度讨论贸易，就需要通过实物遗存（辅以相关文字资料）讨论这些遗存原先作为商品曾经历的"交换"轨迹，其中自然要涉及生产制作、流通、使用等众多环节。抛开大量用于交换的商品（如丝绸）本身是有机物、难以保留痕迹，即便是铜、铁、陶瓷器之类，在通过考古发现弄清楚了空间分布之后，要讨论贸易，还需辨别产地、探讨中间的流通环节等。问题是，即便是现代科技的加入有助于探明某些产品的产地，但考古所见的物品，在经过使用环节后所产生的空间位移，原因复杂多样，并不一定都曾经历贸易的渠道。因此，考古所见物质遗存背后的各种社会关联也应引起重视。比如，通过对北方地区出土的属于汉代南方地区的陶瓷产品进行细致的甄别之后，还发现部分产品的"拥有者"和该产品的产地之间存在某种关联：或者与产地的某人存在血缘上的亲戚关系，或者"拥有者"曾经在产地为官或游历，或者"拥有者"本身就是从产地迁往他乡的移民；等等。这些都是进行贸易考古时需要注意辨别的。

（本文原名"两汉时期贸易活动的考古学观察"，据 2018 年 4 月 9 日在北京大学"帝国重现：古罗马与汉代中国文明"国际学术研讨会上的发言稿整理。）

36
公元与干支纪年相互换算的新方法

1991年秋冬,作为北京大学青年教师"下乡"队伍中的一员,我来到山西省曲沃县锻炼,曾在曲沃二中为文科班学生讲过几节历史课。当时我接到系领导的安排,准备于次年返校后讲授中国历史文选课。在乡下备课期间,感到国内出版的《中国历史纪年表》一类书中所附的"公元甲子检查表"线条过于复杂,不便于初学者掌握和运用。于是我便试图找出一种更简便的换算方法。经过一段时间的琢磨,在12月份的某一天,总算推出来一个自以为还算简单的方法,回到北大后曾在课堂上多次为学生讲解。1998年春,在瑞典斯德哥尔摩大学东方学院的一次题为"中国古代的时间概念"的讲座上,我也曾将有关方法介绍给瑞典的汉学家们。当时在座的罗多弼(Torbjorn Loden)教授曾建议我尽快发表,但我自己觉得在数学表达方法上还有不足之处。现在把这些不成熟的想法提出来,敬希指正。

一、由公元推干支

为了便于运算和使检索更加直观,我借用六十干支表并按顺序加以编号,形成表36-1如下。

该表于公元前后的推算均适用,具体的方法如下:

1. 求公元后某年(设为Y)的干支。方法是:先以Y除以60得出余数,然后再减去4,最后根据所得结果查表36-1中相应序数所对应的干支即为该年的干支。

例如求公元1911年的干支:1911÷60余数为51,减4后得47,查表36-1,47对应的干支是辛亥,即1911年为辛亥年。由于干支纪年60年一循环,当Y÷60的余数小于4时,需借干支纪年的一个周期60之数,例如1981年除以60余数为1,

表36-1　六十干支表

甲子 0	乙丑 1	丙寅 2	丁卯 3	戊辰 4	己巳 5	庚午 6	辛未 7	壬申 8	癸酉 9
甲戌 10	乙亥 11	丙子 12	丁丑 13	戊寅 14	己卯 15	庚辰 16	辛巳 17	壬午 18	癸未 19
甲申 20	乙酉 21	丙戌 22	丁亥 23	戊子 24	己丑 25	庚寅 26	辛卯 27	壬辰 28	癸巳 29
甲午 30	乙未 31	丙申 32	丁酉 33	戊戌 34	己亥 35	庚子 36	辛丑 37	壬寅 38	癸卯 39
甲辰 40	乙巳 41	丙午 42	丁未 43	戊申 44	己酉 45	庚戌 46	辛亥 47	壬子 48	癸丑 49
甲寅 50	乙卯 51	丙辰 52	丁巳 53	戊午 54	己未 55	庚申 56	辛酉 57	壬戌 58	癸亥 59

直接减4不够减,加上60之后再减4等于57,查表36-1便知1981年为辛酉年。余可类推。

上述推算也可用公式表述如下:

$$\mathrm{mod}(Y,60)-4+60f\{\mathrm{mod}(Y,60)-4\}$$

$$\text{设 } f\{\mathrm{mod}(Y,60)-4\} = \begin{cases} 0 & \text{若 } \mathrm{mod}(Y,60)-4 \geq 0 \\ 1 & \text{若 } \mathrm{mod}(Y,60)-4 < 0 \end{cases}$$

例1,求公元1911年的干支

$$\mathrm{mod}(Y,60)-4+60f\{\mathrm{mod}(Y,60)-4\}$$
$$=\mathrm{mod}(1911,60)-4+60f\{\mathrm{mod}(1911,60)-4\}$$
$$=51-4+60f\{47\}$$
$$=47$$

查表36-1,47对应的干支为辛亥,即1911年为辛亥年。

例2,求公元1981年的干支,则

$$\mathrm{mod}(1981,60)-4+60f\{\mathrm{mod}(1981,60)-4\}$$
$$=1-4+60f\{1-4\}$$
$$=57$$

查表36-1,57对应的干支为辛酉,即1981年为辛酉年。

2. 若需求公元前某年(设为X)的干支。方法是:先以X除以60求其余数,再用57减去所得余数,根据所得结果再查表36-1中对应的干支,即为该年的干支。

例如求公元前221年的干支:221÷60,余数是41,以57-41=16,查表36-1,16对应的是庚辰,即公元前221年对应的干支应为庚辰。同样由于干支纪年的循环周期为60年,当余数大于57时,也需再借60。例如求公元前479年(孔子卒年)的干支:479÷60余59,用57减59不够减,加上60之后再减59等于58,查表36-1知该年对应的干支为壬戌。其余可以类推。

同样,该推算也可用公式表述为:

$$57-\mathrm{mod}(X,60)+60f\{57-\mathrm{mod}(X,60)\}$$

$$\text{设 } f\{57-\mathrm{mod}(X,60)\}=\begin{cases}0 & \text{若 } 57-\mathrm{mod}(X,60)\geqslant 0\\1 & \text{若 } 57-\mathrm{mod}(X,60)<0\end{cases}$$

例3,求公元前221年的干支,则

$$57-\mathrm{mod}(X,60)+60f\{57-\mathrm{mod}(X,60)\}$$
$$=57-\mathrm{mod}(221,60)+60f\{57-\mathrm{mod}(221,60)\}$$
$$=57-41+60f\{57-41\}$$
$$=16$$

查表36-1,16对应的干支是庚辰,即公元前221年对应的干支应为庚辰。

例4,求公元前479年的干支,则

$$57-\mathrm{mod}(X,60)+60f\{57-\mathrm{mod}(X,60)\}$$
$$=57-59+60f\{57-59\}$$
$$=58$$

查表36-1知公元前479年对应的干支应为壬戌。

上述方法简便易行,只要记住表36-1,就完全可以不用纸笔,直接由心算推出结果。

此外,由于六十甲子是由十天干和十二地支依次搭配而成,十天干按顺序循环使用。也就是说,在干支纪年中,同一天干每十年出现一次,而公元纪年年数采用十进位制。由此推知,某天干必然和公元年份某一固定的尾数(个位数)相对应,于是得出十天干与公元纪年的个位数对照表(表36-2)。

表36-2 十天干与公元纪年个位数对照表

公元前	1	2	3	4	5	6	7	8	9	0
	庚	己	戊	丁	丙	乙	甲	癸	壬	辛
公元	1	2	3	4	5	6	7	8	9	0

根据表36-2,凡公元某年个位数为7,其对应的天干必为丁,若个位数是3,则对应天干是癸,余类推;凡公元前某年个位数为7,其对应的天干必为甲,若个位数是3,则对应天干是戊,余类推。换句话说,凡干支纪年称甲某年(如甲子、甲寅)的,其对应的公元纪年的个位数必为4,若是公元前则应为7,其余参照表36-2类推。

表36-2的优点是可以直接用来检查前述由公元推算干支的结果中尾数是否正确,当然也可以与地支配合直接用于换算。其依据是,由于地支数目为十二,在六十干支纪年中地支的循环周期就是十二年。我国古代还有把每个地支分别与某个动物联系在一起的习惯,这就是通常所说的十二属相。既然在干支纪年中十二地支是循环使用的,那么,在将公元纪年与干支纪年相对应时,十二进位的地支与十进位的公元之间仍可以找到一种余数的对应关系。这种余数对应关系可以表述为:无论是公元前还是公元后的任意年份,如果在除以12后所得余数相同,其分别对应的地支也就应该相同。具体的对应如下表(表36-3)。

表36-3 十二地支与余数对照表

酉	申	未	午	巳	辰	卯	寅	丑	子	亥	戌	公元前
0	1	2	3	4	5	6	7	8	9	10	11	
申	酉	戌	亥	子	丑	寅	卯	辰	巳	午	未	公元

也就是说，公元后任意一年，如果除以12后余数为3，则该年地支必是亥；若是公元前某年除以12的余数为3，其对应的地支则是午。若某年能被12整除，则对应的公元前、公元后的地支分别是酉、申。其余均可参照表36-3类推。

这样一来，如果觉得表36-1难以记忆的话，也可通过表36-2和表36-3分别得出公元前后任意一年的天干和地支。只要记住表36-2和表36-3，由公元推干支的问题也同样可以解决。

值得注意的有两点：第一，众所周知，完整的六十干支表早在殷商甲骨文中就已出现，通常认为六十干支在当时已用于纪日，但这并不等于那时已用于纪年。文献所见我国古代曾采用多种纪年方法，如岁星纪年、以王公在位的年次纪年等。著名的《春秋》一书就是以鲁国国君在位的时间纪年。真正以政府诏令的形式规定采用干支纪年已是东汉时候的事情了，距今还不足2000年。现在我们看到的各种历谱中在实行干支纪年以前的某年干支均为后人推算所加。第二，由于我国古代的历法属于阴阳合历，按照传统历法制定的年历长度和现行公历（即格里高利历Gregorian calendar）及其前身罗马的儒略历（Julian calendar）之年历长度并不相同，因此，有关公元与干支两种纪年的换算，说公元某年相当于某干支年，都只是一种大致的对应而已，正如现在每年公历的元旦与农历的大年初一总是难以重合一样，这一点也是应该说明的。

二、由干支推公元

如前所述，由公元推干支往往只有一个结果，即公元前后某年相当于某干支年。然而由干支推公元情况就不同了。以前汤有恩编的《公元干支推算表》[1]中由干支推算公元部分实际上是逐年排列,谈不上是"推算"。到目前为止,笔者也未看到真正采用数学公式进行推算的方法。

根据自己的研究,笔者发现尽管干支纪年60年一循环,但只要有一定的时间范围作为参照,由干支推算公元的问题也是可以解决的。现假设这一参照系为C,代表公元任意一个世纪。如果是求公元20世纪的某干支年,则C=20,余类推。

设$100(C-1)\div 60$的余数为N,则$N=\mathrm{mod}[100(C-1),60]$

若所求干支在表36-1中对应的序数为P,

则求公元某世纪C的某干支年的公式可表述为:

$$100(C-1)+[P-(N-4)]+30\{1-\mathrm{sgn}[P-(N-4)]\}$$

其中$\mathrm{sgn}[P-(N-4)]$为符号函数,满足 $\mathrm{sgn}(x)=\begin{cases} 1 & 若\ x>0 \\ 0 & 若\ x=0 \\ -1 & 若\ x<0 \end{cases}$

试举例说明:

例5,若求公元20世纪的己亥年,则C=20,P=35(查表36-1知己亥对应序数为35)。

首先由C=20算出$N=\mathrm{mod}[100(C-1),60]$的值为40,即$100(20-1)\div 60$的余数N为40;然后将C、P、N的值代入上述公式,即

$$100(C-1)+[P-(N-4)]+30\{1-\mathrm{sgn}[P-(N-4)]\}$$
$$=1900+[35-(40-4)]+30\{1-\mathrm{sgn}[35-(40-4)]\}$$
$$=1900-1+60$$
$$=1959$$

也就是说,20世纪的己亥年为1959年。

---

[1] 汤有恩编《公元干支推算表》,文物出版社,1961年。

例6,求公元19世纪(C=19)的甲午年(查表36-1知P为30)。

首先由C=19算出N=mod[100(C-1),60]的值为0,即100(C-1)÷60的余数N为0;然后将C、P、N的值代入上述公式,即

$$100(C-1)+[P-(N-4)]+30\{1-\text{sgn}[P-(N-4)]\}$$
$$=100(19-1)+[30-(0-4)]+30\{1-\text{sgn}[30-(0-4)]\}$$
$$=1800+34+0$$
$$=1834$$

也就是说,19世纪的甲午年为1834年。

在此需特别提醒的是:由于一个世纪等于100年,大于干支纪年的周期60,因此,同一世纪内有2/3的干支将出现两次,而另外1/3的干支(即位于每世纪的40和50年代)只出现一次。当[P-(N-4)]+30{1-sgn[P-(N-4)]}的值小于或等于40时,表明所求干支年在同一世纪内还将重现一次,这时需再加上60便可得出该世纪内另一个干支相同的年份。上述举例6推算19世纪的甲午年时,[P-(N-4)]+30{1-sgn[P-(N-4)]}的值等于34,小于40,故19世纪的甲午年必然有两个:除了1834年外,还有1834+60,即1894年(甲午战争)。而例5中推算20世纪的己亥年时,[P-(N-4)]+30{1-sgn[P-(N-4)]}的值等于59,大于40,故该世纪只有一个己亥年,即1959年。

上述公式对于不够减时需借一甲60的弥补是采用符号函数sgn(x)进行调整的,但只适用于当[P-(N-4)]大于或小于0时。若[P-(N-4)]=0,则情况比较特殊。好在其出现的频率很低,平均每300年只有2次,即当C=3k(k为正整数)时的庚辰年,或当C=3k+2(k为正整数或0)时的庚子年,此时,庚辰或庚子年均位于该世纪的第60年(本文将"世纪年"看作一个世纪的结束而不是时下流行的新世纪之始)。当然,也可以通过采用自定义的方法,将上述公式改写成:

$$100(C-1)+[P-(N-4)]+60f\{P-(N-4)\}$$

此时,f{P-(N-4)}为自定义函数,且满足

$$f\{[P-(N-4)]\} = \begin{cases} 0 & 若[P-(N-4)]>0 \\ 1 & 若[P-(N-4)]\leq 0 \end{cases}$$

如此，则上述例5可表述为：

$$100(C-1)+[P-(N-4)]+60f\{P-(N-4)\}$$
$$=1900+[35-(40-4)]+60f\{35-(40-4)\}$$
$$=1900-1+60$$
$$=1959$$

上述例6可表述为：

$$100(C-1)+[P-(N-4)]+60f\{P-(N-4)\}$$
$$=100(19-1)+[30-(0-4)]+60f\{30-(0-4)\}$$
$$=1800+34+0$$
$$=1834$$

如果不用上述公式进行运算，也可采用较为简易的心算，如上述例5求公元20世纪（C=20）的己亥年（P=35）的推算可表述为以下步骤：

第一步，由C=20算出$100(C-1)÷60$的余数N为40；

第二步，算出N-4的结果等于36（注意不够减时借60）；

第三步，用干支己亥对应于表36-1中的序数（P=35）减去第二步所得的值36，求出其结果等于59（同样，不够减时需借60）；

最后，用59加上100(C-1)，得出20世纪的己亥年为1959年。

上述由干支推算公元的方法，可运用于历史时期的考古学研究。尤其是在野外考察时，对于有干支纪年的文物，在根据文物本身的特征推断出大致时代的情况下，可运用上述方法得出较为确切的年份，而无须借助任何历史纪年表。在对于两个以上不同干支纪年的历史文物进行比较时，上述方法更有帮助。

至于公元前某世纪的某干支年，也可以用类似方法推导出来，只是具体推算略有不同。由于我国干支纪年主要是公元后的事情，对公元前干支的推算本文暂从略。

1991年冬初稿于山西曲沃县曲村工作站,1999年国庆节前夕修改于北京育新花园,2000年9月6日三稿。

(本文原名"公元与干支纪年相互换算的新方法",载《古代文明研究通讯》2000年9月总第六期。2023年初据第三稿补充。)

图表索引

陵与墓

图1-1	渭北西汉帝陵的分布与基线示意图	6
图1-2	长陵东、西陵卫星照片	8
图1-3	安陵卫星照片（西北侧小冢为惠帝张皇后陵）	8
图1-4	长陵陵园平面图	9
图1-5	茂陵陵园平面图	11
图1-6	茂陵与长陵东、西陵的连线穿过中间诸陵时的情形	13
表1-1	渭北西汉帝陵相关信息表	4
表3-1	东汉皇后卒葬情况简表	24
表4-1	东汉时期的"追尊陵"简表	28
图6-1	盐城三羊墩M1中棺（棺侧及头端）	44
图6-2	海州侍其繇墓木棺	44
图6-3	安徽天长M6整木棺结构示意图	46
图7-1	西北医疗设备厂M164	51
图7-2	青海大通县上孙家寨M135	52
图8-1	咸阳马泉镇M2	56
图8-2	咸阳马泉镇M1	56
图8-3	咸阳第二针织厂M3	59
图8-4	茂陵空心砖M1	59
图8-5	咸阳市空心砖墓M36及其四神纹饰	60
图9-1	曲村秦汉墓葬分布图	64
图9-2	陶鼎	73
图9-3	陶盒	75
图9-4	陶壶	77
图9-5	陶茧形壶	79
图9-6	陶瓿	81
图9-7	陶罐、陶瓮	83
图9-8	陶器	85
图9-9	陶器	86
图9-10	A、B两类陶器组合关系示意图	91
图9-11	分期	94
表9-1	A、B两类组合与主要器形关系简表	92
表9-2	墓型与陶器组合相互关系简表	93
图11-1	《烧沟》和《西郊》所见墓葬埋藏人数情况	113
图11-2	多人葬中的占比情况	113
图11-3	多人葬的阶段性变化示意图	116
图11-4	洛阳西郊M9002平面图	118
图11-5	洛阳烧沟M36（左）和M1034（右）平面图	119
表11-1	《烧沟》和《西郊》汉墓群埋藏人数统计表	110
表11-2	《烧沟》和《西郊》墓葬类型与埋藏人数对应表	113
表11-3	《烧沟》和《西郊》所见"多人葬"分期统计简表	115
图12-1	无锡施墩M5出土陶器	135
图12-2	上海青浦福泉山M4出土陶器	135
图12-3	江苏苏州真山D2M1出土陶器	135

图 12-4	浙江余姚老虎山 D1M14 出土的泥质陶器	137		伎与艺		
图 12-5	浙江余姚老虎山 D1M14 出土的"原始瓷器"	138		图 25-1	汉画像	256
				图 25-2	汉画像	257
				图 25-3	汉画像	258
表 12-1	浙江余姚老虎山一号墩战国—西汉墓出土随葬品分类统计简表	136		图 25-4	汉画像	260
				图 25-5	汉画像	262
				图 25-6	汉画像	263
				表 26-1	烧沟东 M61、浅 CM1231、卜千秋墓陶器组合及型式表	269
量制				图 28-1	蒲城元墓壁画(局部)	283
表 15-1	公量及其转换	156		表 28-1	元匜出土资料简表	287
表 15-2	陈氏家量诸说对比表	160				
图 17-1	"中山内府"铜锤及铭文拓本	171		**理论方法与纵论**		
图 17-2	阳信家铜锤	171		表 31-1	《鲁中南汉墓》各墓地汉墓形制及例证统计简表	305
图 18-1	阳信家铜锤	178		表 31-2	《鲁中南汉墓》各墓地分期对应及墓葬数量统计简表	310
图 18-2	容十斗铜锤的尺寸变化示意图(由高到低排列)	178		图 35-1	和林格尔汉墓壁画中的"宁城图"	332
表 18-1	铜锤统计表	176		图 35-2	满城汉墓出土铜钫及其铭文	333
				图 35-3	满城汉墓出土铜锏及其铭文	334
民族与边疆				图 35-4	汉代江东类型钙釉陶瓷产品的空间分布示意图	335
图 19-1	宁夏倒墩子匈奴墓及出土遗物	194		表 36-1	六十干支表	338
图 19-2	内蒙古三道湾出土的鲜卑文化遗物	199		表 36-2	十天干与公元纪年个位数对照表	340
图 19-3	晋宁石寨山出土的滇文化遗物	204		表 36-3	十二地支与余数对照表	341
图 19-4	赫章可乐"套头葬"与威宁中水出土陶器	207				
图 20-1	大石墓类型及出土遗物	215				
图 21-1	石棺葬出土遗物及墓葬结构示意图	226				

北京大学考古学丛书
（2022）

◈ 旧石器时代考古研究
　　王幼平　著

◈ 史前文化与社会的探索
　　赵辉　著

◈ 史前区域经济与文化
　　张弛　著

◈ 多维视野的考古求索
　　李水城　著

◈ 夏商周文化与田野考古
　　刘绪　著

◈ 礼与礼器
　中国古代礼器研究论集
　　张辛　著

◈ 行走在汉唐之间
　　齐东方　著

◈ 汉唐陶瓷考古初学集
　　杨哲峰　著

◈ 墓葬中的礼与俗
　　沈睿文　著

◈ 科技考古与文物保护
　原思训自选集
　　原思训　著

◈ 文物保护技术：理论、教学与实践
　　周双林　著
　（即将出版）

上海古籍出版社

北京大学考古学丛书
(2023)

❖ **史前考古与玉器、玉文化研究**
赵朝洪 著
(即将出版)

❖ **周秦汉考古研究**
赵化成 著

❖ **历史时期考古研究**
杨哲峰 著

❖ **分合**
北朝至唐代墓葬文化的演变
倪润安 著
(即将出版)

❖ **山西高平古寨花石柱庙建筑考古研究**
徐怡涛 著
(即将出版)

❖ **山西高平府底玉皇庙建筑考古研究**
彭明浩、张剑葳 编著
(即将出版)

❖ **何谓良材**
山西南部早期建筑大木作选材与加工
彭明浩 著

上海古籍出版社

图书在版编目（CIP）数据

历史时期考古研究 / 杨哲峰著. —上海：上海古籍出版社，2023.11

（北京大学考古学丛书）

ISBN 978-7-5732-0925-2

Ⅰ.①历… Ⅱ.①杨… Ⅲ.①考古学—研究—中国 Ⅳ.①K870.4

中国国家版本馆CIP数据核字（2023）第199065号

北京大学考古学丛书

历史时期考古研究

杨哲峰　著

上海古籍出版社出版发行

（上海市闵行区号景路159弄1-5号A座5F　邮政编码201101）

(1) 网址：www.guji.com.cn
(2) E-mail：guji1@guji.com.cn
(3) 易文网网址：www.ewen.co

苏州市越洋印刷有限公司印刷

开本710×1000　1/16　印张22.5　插页3　字数341,000

2023年11月第1版　2023年11月第1次印刷

ISBN 978-7-5732-0925-2

K·3500　定价：108.00元

如有质量问题，请与承印公司联系